ALVOS EM MOVIMENTO

MARGARET ATWOOD
ALVOS EM MOVIMENTO
UMA COLETÂNEA DE TRAJETÓRIAS 1982–2004

Tradução de Maira Parula

Título original
MOVING TARGETS
Writing with Intent 1982-2004

Copyright © 2004 *by* O. W. Toad Ltd.

Todos os direitos reservados.
Nenhuma parte desta obra pode ser reproduzida
ou transmitida por meio eletrônico, mecânico, fotocópia ou
sob qualquer outra forma sem a prévia autorização do editor.

Edição brasileira publicada mediante acordo com
House of Anansi Press Inc., Toronto, Canadá

Direitos para a língua portuguesa reservados
com exclusividade para o Brasil à
EDITORA ROCCO LTDA.
Rua Evaristo da Veiga, 65 – 11º andar
Passeio Corporate – Torre 1
20031-040 – Rio de Janeiro – RJ
Tel.: (21) 3525-2000 – Fax: (21) 3525-2001
rocco@rocco.com.br | www.rocco.com.br

Printed in Brazil/Impresso no Brasil

CIP-BRASIL. CATALOGAÇÃO NA PUBLICAÇÃO
SINDICATO NACIONAL DOS EDITORES DE LIVROS, RJ

A899a

    Atwood, Margaret
        Alvos em movimento : uma coletânea de trajetórias : 1982-2004 / Margaret Atwood ; tradução Maira Parula. - 1. ed. - Rio de Janeiro : Rocco, 2023.

        Tradução de: Moving targets : writing with intent, 1982-2004
        ISBN 978-65-5532-321-4
        ISBN 978-65-5595-169-1 (recurso eletrônico)

        1. Ensaios canadenses. I. Parula, Maira. II. Título.

22-81319
                      CDD: 819.14
                      CDU: 82-4(71)

Meri Gleice Rodrigues de Souza - Bibliotecária - CRB-7/6439

O texto deste livro obedece às normas do
Acordo Ortográfico da Língua Portuguesa.

Para minha família

SUMÁRIO

Introdução / 11

PARTE I: 1982-1989

   1982-1989 / 19

1. Dennis Revisitado / 23
2. Imaginando como é ser uma mulher: *As bruxas de Eastwick*, de John Updike / 28
3. O feiticeiro como aprendiz: *Os amores difíceis*, de Italo Calvino / 35
4. Margaret Atwood recorda Marian Engel / 38
5. Introdução: *Roughing It in the Bush*, de Susanna Moodie / 47
6. Norte verdadeiro / 57
7. Assombrada por seus pesadelos: *Amada*, de Toni Morrison / 76
8. Posfácio. *A Jest Of God*, de Margaret Laurence / 83
9. Prefácio: *The Canadian Green Consumer Guide* / 88
10. Ótimas tias / 91
11. Leitura às cegas: Introdução: *The Best American Short Stories* / 106
12. A mulher pública como homem honorário: *The Warrior Queens*, de Antonia Fraser / 122
13. Escrever utopia / 126

PARTE II: 1990-2000

1990-2000 / 139

14 Uma faca de dois gumes: O riso subversivo
    em dois contos de Thomas King / 143

15 Nove começos / 156

16 Um escravo da própria libertação:
    O general em seu labirinto, de Gabriel García Márquez / 164

17 Posfácio: *Anne de Green Gable*s, de Lucy Maud Montgomery / 169

18 Introdução: *The Poetry of Gwendolyn MacEwen,
    The Early Years* / 176

19 Por que adoro *A noite do caçador* / 182

20 A vilania de mãos maculadas: Problemas de mau
    comportamento feminino na criação da literatura / 187

21 O visual grunge / 205

22 Nem tão Grimm assim: O poder permanente dos
    contos de fadas: *Da fera à loira: Sobre contos de fadas
    e seus narradores*, de Marina Warner / 217

23 A sobremesa farta de uma Carter insolente: *Burning Your Boats:
    The Collected Short Stories*, de Angela Carter / 223

24 *Um experimento de amor*, de Hilary Mantel / 227

25 Em busca de *Vulgo Grace*: Sobre a escrita de ficção
    histórica canadense / 232

26 Teatro da obra-prima: *A astúcia cria o mundo: Trickster: Trapaça,
    mito e arte* e *The Gift: Imagination and the Erotic
    Life of Property*, de Lewis Hyde / 257

27 O sublime desajeitado / 263

PARTE III: 2001-2004

2001-2004 / 267

28 Mordecai Richler: 1931-2001: O Diógenes de Montreal / 271
29 Introdução: *Ela*, de H. Rider Haggard / 274
30 Quando o Afeganistão estava em paz / 283
31 O homem misterioso: Algumas pistas para
    Dashiell Hammett / 287
32 Dos mitos e dos homens: *Atanarjuat: O corredor mais veloz* / 303
33 Polícia e bandido: *Cassino Blues*, de Elmore Leonard / 308
34 Tiff e os animais / 321
35 A mulher indelével: *Ao farol*, de Virginia Woolf / 325
36 A rainha do Quinkdom: *The Birthday of the World
    and Other Stories*, de Ursula K. Le Guin / 328
37 Introdução: *Ground Works*, organização de Christian Bök / 342
38 A caixa errada: Matt Cohen, fabulismo e taxonomia crítica / 350
39 Introdução: *Doutor Glas*, de Hjalmar Söderberg / 367
40 Os dois maiores erros de Napoleão / 373
41 Carta à América / 377
42 A escrita de *Oryx e Crake* / 381
43 George Orwell: Algumas ligações pessoais / 384
44 Argumento contra o sorvete: *Enough: Staying Human
    in an Engineered Age*, de Bill McKibben / 393
45 Jardins vitorianos: Prefácio: *A Breath of Fresh Air*,
    de Elise Houghton / 406
46 Carol Shields escreveu livros cheios de encantos / 416
47 Resistência ao véu: Relatos de uma revolução / 421

48   Introdução: *The Complete Stories, Volume 4*,
     de Morley Callaghan   / 430
49   Ele brota eterno: *Hope Dies Last: Keeping the Faith
     in Difficult Times*, de Studs Terkel   / 441
50   Rumo à ilha de Beechey   / 457
51   Mortificação   / 470

    Agradecimentos   / 475
    Créditos   / 477

INTRODUÇÃO

Alvos em movimento é um livro que complementa o *Second Words: Selected Critical Prose*, uma seleção de meus ensaios e incursões no jornalismo publicada em 1982. Em 1982, eu tinha 42 anos e já me achava bem idosa. Agora, 22 anos depois, ainda penso o mesmo, porém — paradoxalmente — com menos frequência. A grande diferença entre o passado e o presente é que eu conheço melhor a trama. Já suspeito no que tudo isso vai dar, para mim, em longo prazo, mas, se o tempo seguir como de costume, ainda me restam algumas surpresas.

Como *Second Words*, a coletânea *Alvos em movimento* consiste em artigos ocasionais; isto é, artigos escritos para ocasiões específicas. As ocasiões em *Second Words* iam desde o lançamento do livro de alguém, gerando, de minha parte, uma resenha crítica, a uma reunião pública, que dava em uma palestra, ou ao lançamento de uma antologia ou edição comemorativa, para as quais era necessária uma observação mais focalizada. Esse padrão continua em *Alvos em movimento*. Alguns destes ensaios foram beneficentes: para levantar fundos, em apoio a causas dignas, foram varinhas mágicas para abater dragões ou invocar fadas-madrinhas. Depois de ter meu caráter arruinado pelo escotismo em minha juventude, tenho certa dificuldade para resistir a apelos por ajuda.

INTRODUÇÃO

Uma escoteira sempre cede aos mais velhos, uma escoteira nunca cede a si mesma; mas inevitavelmente chega o dia em que nos olhamos no espelho mágico e percebemos que, *faute de mieux*, nós é que *somos* os mais velhos, uma vez que a maioria dos legítimos postulantes a esse título morreu. Não é coincidência que só houvesse um artigo obituário em *Second Words*, mas eles existem, infelizmente, em maior número em *Alvos em movimento*.

Mas fazer parte do grupo dos mais velhos tem suas vantagens. Não ficamos mais tão nervosos sobre nossa reputação, porque é tarde demais para acabar com ela. Nem nos preocupamos muito em antagonizar este ou aquele crítico: tudo de ruim que podia ser dito a nosso respeito já foi dito, e várias vezes. Sabemos que a fama é uma bênção duvidosa, porque para cada estátua de pessoas tão notáveis quanto você supostamente é há pelo menos cem pombos defecando em sua cabeça. Sabemos também que, segundo as gerações mais novas — e quantas dessas gerações mais novas parecem existir! —, nós já estamos meio mortos, porque não é verdade que todas as personalidades estudadas no colégio já morreram?

Mas certa margem de manobra também pode nos ser concedida: as mesmas coisas que aos trinta anos faziam com que fôssemos xingadas de vagabundas, perigosas, radicais e sanguinárias, agora fazem com que sejamos tratadas como aquela velhota fofa desmiolada. Ainda não cheguei lá, mas já estou vendo a rampa de acesso.

O que mais mudou? Quando comecei a escrever críticas, era 1960, eu ainda estava na universidade e escrevia para a revista da faculdade. Passei a pequenas críticas literárias — na época, escrevi muito sobre poesia — e, por fim, me vi aparecendo em lugares maiores, como o *Globe and Mail*, o *New York Times* e o *Washington Post*. Foi onde *Second Words* terminou: era o ano de 1982, o movimento feminista tinha passado por seu empolgante mas exaustivo período dos

INTRODUÇÃO

anos 1970 e parado para tomar fôlego, o nacionalismo cultural canadense parecia ter atingido muitos de seus objetivos, *pós-modernismo* e *desconstrução* eram as palavras de ordem fundamentais da época, a era pontocom estava quase chegando, poucas pessoas tinham aparelhos de fax ou computadores pessoais, e não existiam celulares. Eu era mãe de uma criança de seis anos, com muita roupa para lavar. Tinha publicado cinco romances e vários livros de poesia, mas não era mundialmente famosa. Porém, eu era o que Mordecai Richter costumava chamar de "mundialmente famosa no Canadá", e esse status, embora dúbio, atraía alguma atenção.

O que não mudou? Examinando agora este conjunto de páginas, vejo que meus interesses continuaram constantes, embora eu prefira fingir que sua abrangência se ampliou um pouco. Algumas de minhas antigas preocupações — minha aflição ambiental, por exemplo — eram consideradas quase loucas quando as verbalizei pela primeira vez, mas desde então passaram ao centro do palco. Não gosto de advogar na escrita — não é divertido, porque as questões que geram essa escrita não são divertidas —, mas me sinto compelida a fazer um pouco disso, de todo modo. Os efeitos nem sempre são agradáveis, uma vez que algo que pode ser questão de bom senso para uma pessoa é polêmico e irritante para outra.

Ainda tenho dificuldades para dar palestras; ainda deixo a redação de discursos para a última hora; ainda sinto que estou fazendo uma apresentação escolar da segunda série. Sou assombrada pela metáfora do conto de Edith Wharton, "The Pelican", em que as palavras de um palestrante são comparadas ao truque em que um mágico tira resmas e mais resmas de papel em branco da boca. Ainda acho problemática a crítica de um livro: mais parece dever de casa e me obriga a ter opiniões, em lugar da Capacidade Negativa, que é muito mais calmante para a digestão. Mesmo assim faço, porque quem é resenhado deve corresponder fazendo resenhas ou o princípio da reciprocidade é rompido.

INTRODUÇÃO

Mas há outro motivo: resenhar o trabalho de outras pessoas nos obriga a examinar nossa ética e gosto estético. O que queremos dizer ao chamar um livro de "bom"? Que características consideramos "ruins", e por quê? Não existem na verdade dois tipos de críticas, derivadas de dois diferentes ancestrais? Existe a crítica de jornal, que descende da fofoca em volta do poço da aldeia (a adorava, o odiava, ela não devia usar vermelho, mas o que se pode esperar de uma família como aquela, e você viu aqueles sapatos?). E existe a crítica "acadêmica", que descende da exegese bíblica e de outras tradições que se dedicam ao exame minucioso de textos sagrados. Este tipo de análise ainda acredita, no fundo, que alguns textos são mais sagrados do que outros, e que a aplicação de uma lente de aumento ou de um pouco de suco de limão ou de fogo revelará significados ocultos. Já explorei as duas vertentes.

Ainda me recuso a resenhar um livro de que não gosto, embora fazer isso sem dúvida seria divertido para a Sra. Hyde que existe em mim e entreteria a classe mais maldosa de leitores. Mas ou o livro é realmente ruim, e neste caso ninguém deve fazer uma resenha dele, ou é bom, mas não é do meu gosto, e neste caso outra pessoa deve resenhar. É um ótimo luxo não ser crítica profissional em tempo integral: estou livre para fechar livros que não conseguiram me pegar. Com o passar dos anos, história — inclusive história militar — passou a me interessar mais; assim como biografias. Quanto à ficção, parte de minhas preferências de leitura menos pretensiosas (policiais, ficção científica) saiu do armário e se assumiu.

Por falar nisso, é bom mencionar um padrão recorrente nestas páginas. Como observou um leitor deste manuscrito, tenho o hábito de começar minha discussão de um livro ou autor ou grupo de livros dizendo que o li (ou a ele, ou a ela, ou a eles) no porão quando era adolescente; ou que dei com eles na estante em casa; ou que os encontrei no chalé; ou que os peguei na biblioteca.

INTRODUÇÃO

Se essas declarações fossem metáforas, eu as cortaria todas, menos uma; mas são simplesmente fragmentos de minha história como leitora. Minha justificativa para mencionar onde e quando li um livro pela primeira vez é que creio que a impressão que um livro nos causa em geral está ligada à nossa idade e circunstâncias na época em que lemos, e nosso carinho por livros que amamos quando jovens continua por toda a vida.

Second Words foi dividido em três partes e mantive o mesmo plano cronológico em *Alvos em movimento*. A Parte Um cobre os anos 1980, durante os quais escrevi e publiquei *O conto da aia*, meu romance com mais chances de aparecer nas listas de leitura de calouros. Esse foi o período em que me evoluí de ser mundialmente famosa no Canadá e passei a ser mais ou menos mundialmente famosa, como escritores costumam ser. (Nunca como os Rolling Stones.) Ela termina em 1989, ano da queda do Muro de Berlim. A Parte Dois reúne artigos dos anos 1990, culminando em 2000, quando começou o século XXI. A Parte Três vai de 2001 — ano do notório desastre do 11 de Setembro — aos dias atuais. Não é de surpreender que eu tenha me visto escrevendo mais sobre questões políticas neste último período do que fazia já em algum tempo.

Por que o título *Alvos móveis* [*Moving Targets* no original em inglês]? Existem dois significados para a palavra *moving*, e um deles é "emocionante": um *"moving target"* é algo que mexe com você. A língua não pode ser separada do sentimento, porque a língua é em si um registro de como nós, seres humanos, reagimos ao mundo, não só intelectualmente, mas com o que costumava se chamar o coração. Não consigo escrever sobre temas pelos quais não sinto nada. Portanto, *moving*, emocionante.

O segundo significado é o mais óbvio: *moving* quer dizer "em movimento", e "alvos em movimento" se movem. Esses artigos ocasionais fazem pontaria, mas estão mirando em destinos nada estacionários. Em vez disso, são como patos mecânicos de parque de diversões, visíveis a olho nu, mas em geral difícil de acertar. Eles estão fixados no tempo, fluem com ele, são alterados por ele, e qualquer coisa dita a respeito deles — como qualquer coisa dita a respeito do formato de uma ameba — só pode ser uma aproximação. Revendo agora alguns destes ensaios — *ensaio* no sentido de *tentativa* —, sinto que os escreveria de outro jeito, se estivesse escrevendo hoje. Mas é claro que não os escreveria hoje, porque os alvos agora são diferentes.

Pense no rastro deixado no ar por uma flecha em voo. *Trajetória* é uma palavra que pode descrever algo assim: "o caminho de qualquer corpo em movimento sob a ação de determinadas forças".

Aqui está, então, *Alvos em movimento*: uma coletânea de trajetórias.

— Margaret Atwood, 2004

PARTE I
1982-1989

1982-1989

Os OITO ANOS entre 1982 e 1989 foram agitados para mim e se mostraram significativos para o mundo. No início, a União Soviética parecia firmemente estabelecida, pronta para durar por muito tempo ainda. No entanto, já havia sido sugada para uma guerra dispendiosa e debilitante no Afeganistão, e, em 1989, o Muro de Berlim desmoronaria. É incrível a rapidez com que determinadas estruturas de poder se esfacelam depois que cai o primeiro pilar. Mas, em 1982, ninguém previa este resultado.

Comecei o período muito tranquila. Eu tentava, sem sucesso e pela segunda vez, escrever o livro que se tornaria — muito mais tarde — *Olho de gato* e ruminava sobre *O conto da aia*, embora evitasse este segundo livro o máximo possível: parecia uma tarefa desesperançada demais e um conceito de uma estranheza demasiado profunda.

Nossa família morava no Chinatown de Toronto, em uma casa geminada que tinha sido modernizada pela retirada de várias portas internas. Eu não conseguia escrever porque era barulhento demais, assim ia de bicicleta até o bairro português a oeste, onde escrevia no terceiro andar de outra casa geminada. Eu tinha acabado de organizar para publicação uma antologia de poesia canadense, *The New Oxford Book of Canadian Verse in English*, e o material se espalhava por todo aquele terceiro andar. Esta foi uma atividade retrospectiva, assim como é o primeiro texto de *Alvos em movimento*. É um tributo a Dennis Lee, que conheci e com quem colaborei no início de minha vida de escritora.

No outono de 1983, mudei-me com minha família para a Inglaterra, onde alugamos uma casa paroquial em Norfolk cuja sala de estar diziam ser mal-assombrada por freiras, a sala de jantar, por um cavalheiro sorridente, e a cozinha, por uma mulher decapitada. Nada disso foi visto por nós, embora um cavalheiro sorridente tenha entrado por engano em nossa casa, vindo de um pub ali perto, procurando pelo banheiro. O telefone era um aparelho público na calçada de casa, em uma cabine também usada para armazenar batatas, e eu precisava driblá-las para resolver — por exemplo — qualquer problema na edição da resenha de John Updike que aparece neste livro.

Eu escrevia em um espaço separado — um chalé de pescador convertido em casa de veraneio —, onde lutava com o aquecedor Aga e com o romance que começara a escrever. Tive meu primeiro episódio de freiras fazendo isso, mas precisei desistir do romance quando me vi enrolada na passagem do tempo, sem ver saída.

Logo depois disso, fomos para Berlim Ocidental, onde, em 1984, comecei *O conto da aia*. Fizemos algumas viagens para a Polônia, a Alemanha Oriental e a Tchecoslováquia, o que sem dúvida contribuiu para a atmosfera do livro: as ditaduras totalitárias, embora de costumes diferentes, partilham o mesmo clima de medo e silêncio.

Terminei o livro na primavera de 1985, quando fui professora-visitante na Universidade do Alabama, em Tuscaloosa. Foi o último livro que escrevi em uma máquina elétrica. Quando estavam concluídos, eu mandava os capítulos por fax para serem datilografados em Toronto, depois redatilografados corretamente, e me lembro de ficar admirada com a magia da transmissão instantânea. O livro foi lançado no Canadá em 1985, e na Inglaterra e nos Estados Unidos em 1986, e foi finalista do Booker Prize, entre outras formas de comoção. Comprei uma roupa preta para o jantar.

Passamos parte de 1987 na Austrália, onde enfim consegui me entender com o livro *Olho de gato*. As cenas com mais neve foram escritas durante dias amenos de primavera em Sydney, com cucaburras pedindo comida aos berros na varanda dos fundos. O livro foi publicado em 1988 no Canadá e nos Estados Unidos e na Inglaterra, em 1989, onde também foi finalista do Booker Prize. Tive de comprar outra roupa preta. Logo depois disso, foi proclamada a *fatwa* contra Salman Rushdie. Quem diria que esta seria a gota d'água no que se tornaria não apenas um vento, mas um furacão?

Em todo esse tempo, *O conto da aia* tinha avançado pelos intestinos da indústria do cinema. Por fim surgiu na forma acabada, com roteiro de Harold Pinter e dirigido por Volker Schlöndorff. O filme estreou nas duas Berlins em 1989, justo quando o Muro tinha caído: era possível comprar pedaços dele, com os coloridos sendo os mais caros. Compareci a festivais de cinema. Lá estavam os mesmos guardas de fronteira da Alemanha Oriental que foram tão frios em 1984, mas agora estavam sorridentes e trocando charutos com turistas. A plateia de Berlim Oriental foi a mais receptiva ao filme. "Essa era a nossa vida", disse-me uma mulher em voz baixa.

Que euforia senti, por um curto tempo, em 1989. Que deslumbramento com o espetáculo do impossível virando realidade. E como estávamos errados quanto ao admirável mundo novo em que estávamos prestes a entrar.

1
DENNIS REVISITADO

Quando fui solicitada a escrever um pequeno artigo sobre Dennis Lee, comecei contando há quantos anos eu o conhecia. Foi um ligeiro choque descobrir que passavam de vinte. Eu o conheci, embora pareça ridículo, em uma festa de calouros na Victoria College, Universidade de Toronto, no outono de 1957. Estava meio encantada com ele porque, assim como todo mundo, eu sabia que ele tinha ganhado a Bolsa Príncipe de Gales por ter tirado as treze notas mais altas na província de Ontário; ainda assim, lá estava eu, dançando com ele, enquanto ele explicava que se tornaria um ministro da Igreja Unida do Canadá. Eu, por outro lado, já botara na cabeça que seria escritora, embora tivesse ideias muito vagas de como concretizar isso. Na época, eu pensava, de meu jeito intolerante de universitária, que poesia e religião — em particular a religião da Igreja Unida — não se misturavam, o que nos levou ao fim da dança.

Houve então um hiato, enquanto Dennis se envolvia com a literatura convencional e eu me desviava para filosofia e literatura, pensando de modo tolo que assim ampliaria minha mente. Mas lógica e poesia não se misturavam também, e no segundo ano eu troquei novamente, já tendo perdido de vez as aulas de bibliografia. Algum tempo depois, Dennis e eu nos tornamos amigos e colaboradores. Suponho que fosse inevitável. Qualquer tipo de arte, no final dos anos 1950, em Toronto, na Victoria College, não era exatamente um tema atraente, e aqueles de nós que se arriscavam a receber o rótulo pejorativo de "artístico" viviam em bandos e se vestiam de modo autoafirmativo. Trabalhamos na *Acta Victoriana*, a revista literária; escrevemos as peças satíricas anuais e atuamos nelas. A certa altura, Dennis e eu inventamos um pseudônimo para as paródias literárias, que combinava nossos nomes e que permaneceu depois que nós partimos: Shakesbeat Latweed. "Shakesbeat" porque a primeira coisa que escrevemos foi um poema chamado "Sprattire", que era variações sobre os quatro primeiros versos de "Jack Spratt", como se escritos por vários luminares, de Shakespeare a um poeta beat. Segundo minha mãe, rimos muito enquanto escrevíamos. Dennis, tanto na época como agora, tinha um escandaloso senso de humor oculto por trás de seu semblante habitualmente preocupado.

Dennis partiu para a Alemanha no quarto ano, permitindo-me assim conseguir uma bolsa Woodrow Wilson (se estivesse lá, *ele* teria ganhado a bolsa). Depois disso, passei os dez anos seguintes fora de Toronto. Portanto, deve ter sido por carta ou durante uma de minhas visitas infrequentes à cidade (acho que me lembro do teatro Hart House, durante um intervalo; mas intervalo de quê?), que ele entrou em contato comigo para falar da House of Anansi Press. Algumas pessoas tinham fundado uma editora, disse ele, e elas queriam reeditar meu livro de poemas, *The Circle Game*, que recebera o Governor General's Award de Poesia naquele ano, mas estava esgotado. Ele disse que queriam imprimir dois mil exemplares. Achei que estavam loucos. Também achava a ideia de uma editora meio louca; ainda estávamos em 1967. Mas nessa época, Dennis e eu éramos uma espécie de nacionalistas culturais, embora tenhamos chegado a isso por vias separadas. Ambos tínhamos consciência de que as editoras consagradas receavam a nova literatura, em particular em prosa de ficção, embora também, até certo ponto, em poesia. A assustadora "mentalidade colonial" ainda não era uma palavra de ordem, mas estava chegando lá. Os quatro primeiros autores da Anansi receberam pequenos auxílios do Conselho Canadense, cuja maior parte revertemos para a editora. Agora fico admirada ao perceber como criar a Anansi exigiu tão pouco dinheiro. Mas exigiu muito mais sangue e coragem, e bastante de ambos da parte de Dennis.

No final dos anos 1960 — período do rápido crescimento da Anansi e do estabelecimento da reputação de Dennis como editor —, eu estava em Boston, depois fui para Montreal, depois Edmonton, e assim mantinha contato apenas por carta. Trabalhei com Dennis de várias maneiras em três livros da Anansi: *The Gangs of Kosmos*, de George Bowering, *Nobody Owns the Earth*, de Bill Bissett, e, menos intensamente, em *The Collected Works of Billy the Kid*, de Michael Ondaatje. Quando meu próprio livro, *Políticas do poder*, estava pronto para ser visto, senti que era um livro para a Anansi e o enviei a Dennis. Voltei para a Inglaterra em 1971, juntei-me à diretoria da Anansi e trabalhei com vários autores (às vezes com Dennis, às vezes sozinha), incluindo Paulette Jiles, Eli Mandel, Terrence Heath, P. K. Page, John Thompson e Patrick Lane; e com o próprio Dennis, com quem colaborei na segunda edição do seu *Civil Elegies*. Nossa colaboração mais profunda na época, porém, foi quando ele editou minha obra de pesquisa sobre literatura canadense, *Survival*. Dennis foi indispensável para o livro, e editorialmente perfeito: rápido, incisivo, cheio de sugestões úteis e, no fim, acabou tão exausto quanto eu.

Uma editora pequena suga muita energia, como qualquer um que tenha trabalhado em uma pode testemunhar. Por volta de 1973, Dennis começou a se afastar cada vez mais da Anansi e, pouco tempo depois, fiz o mesmo.

Creio que foi no verão de 1974 que Dennis leu meus originais de *Senhora do oráculo*, com os resultados úteis de sempre. A reunião editorial aconteceu no alto de uma cerca, o que era típico de Dennis como editor. O processo de trabalho nunca era o que se chamaria de formal. Entre uma mesa de jantar ou uma cozinha cheia de pratos sujos, carcaças de frango e caixas de areia para gatos, Dennis preferia a cozinha sempre.

Este é um momento válido para dar minha opinião sobre Dennis como editor. Sua reputação é inteiramente merecida. Quando está "ligado", ele é capaz de dar a outro escritor não só um generoso apoio moral, como também uma visão aguçada e clara dos caminhos que determinado livro está tentando tomar. Em geral, isso é transmitido não só em conversas, mas em páginas e mais páginas de anotações detalhadas, em espaço simples e com emendas. Nunca trabalhei com um editor que fizesse tanto e de forma tão condensada. Sua disposição de entrar tão inteiramente nas fontes de energia de um livro o tornava mais vulnerável do que o normal à invasão da psique do autor e às exigências de seu ego clamoroso. A certa altura de sua vida, ele fazia não apenas papel de uma parteira, mas também o de um psicanalista e confessor para muitas pessoas. Não surpreende que ele de vez em quando fugisse do processo de edição. Não surpreende também que às vezes ficasse entediado ou impaciente com o uniforme de Supereditor. Ele também era escritor, e seu tempo, sua atenção e o reconhecimento alheio foram para a edição quando muitas vezes podiam ou deveriam ter sido dedicados à escrita. É a escrita que tem importância primordial para Dennis. Também é, segundo penso, o tema mais difícil de abordar com ele e a coisa mais difícil para ele fazer.

Quando tento formar a imagem de Dennis, são as rugas de ansiedade em sua testa que aparecem primeiro, como o sorriso do Gato de Cheshire. Depois vem o cachimbo, eternamente aceso, ou às vezes um charuto. Em seguida, aparece o restante dele, fugidio, amarrotado, assediado por demônios invisíveis, repleto de energia subterrânea, um tanto absorto, às vezes perplexo, bem-intencionado apesar de tudo, gentil de um jeito hesitante e constrangido; e, quando ele está lhe falando de algo importante, esforça-se muito para dizer exatamente o que quer, o que costuma ser complexo. Às vezes Dennis é menos complexo quando toma alguns drinques e toca piano, por exemplo, ou quando está fazendo um trocadilho infame. Esse lado meio amalucado de Dennis é mais visível em seus livros infantis de poesia, como *Alligator Pie* [Torta de jacaré], e provavelmente o mantém são; mas o velho e amigável tio Dennis, naturalmente, não representa a história toda.

Não tenho a história toda, e para mim está claro, depois de vinte anos, que provavelmente nunca a terei. Dennis não é o que se pode chamar de uma pessoa facilmente acessível. De todo modo, a história toda ainda não terminou. Há mais por vir.

2
IMAGINANDO COMO É SER UMA MULHER

AS BRUXAS DE EASTWICK
DE JOHN UPDIKE

As BRUXAS DE EASTWICK é o primeiro romance de John Updike desde o aclamado *O coelho está rico*, e se mostra um organismo estranho e maravilhoso. Como o seu terceiro romance, *O centauro*, ele se afasta do realismo barroco. Mais uma vez, Updike transpõe a mitologia para a escala menor das cidades do interior dos Estados Unidos, mas desta vez com sucesso, possivelmente porque, como Shakespeare e Robert Louis Stevenson antes dele, Updike acha a maldade e a insídia temas mais desafiadores do que a bondade e a sabedoria.

Os títulos de Updike costumam ser bastante literais e *As bruxas de Eastwick* é exatamente o que diz ser. Realmente trata de bruxas, bruxas de verdade, que podem voar, levitar, amaldiçoar pessoas e fazer feitiços de amor que funcionam, e elas moram em uma cidade chamada Eastwick. É Eastwick e não Westwick porque, como todos nós sabemos, é o vento leste que sopra com malícia. Eastwick, no caso, fica em Rhode Island porque, como o próprio livro aponta, Rhode Island foi local de exílio de Anne Hutchinson, uma pregadora puritana que foi expulsa da colônia da baía de Massachusetts pelos homens por insubordinação feminina, uma qualidade que essas bruxas têm de sobra.

Essas não são as bruxas do Poder Feminino dos anos 1980. Elas não têm nenhum interesse em curar a terra, comunicar-se com a Grande Deusa ou adquirir Poder Interior (em contraposição ao Poder Sobre Outros). Essas são bruxas *más*, e o Poder Interior, no que diz respeito a elas, não serve de nada a não ser que se consiga eliminar alguém com ele. Elas são descendentes espirituais da linhagem da Nova Inglaterra do século XVII e frequentam sabás, alfinetando imagens de cera, adorando a figura do Diabo e venerando o falo; sendo esta última — como se trata de Updike — uma veneração apreciada. A Grande Deusa só está presente na forma da Natureza em si, ou, nesse livro, da Natureza como força feminina, com a qual elas, como mulheres e bruxas, devem ter afinidades especiais. A Natureza, entretanto, está longe do grande seio materno de Wordsworth. Ela tem dentes, garras e células cancerígenas bem vermelhas, sendo, na melhor das hipóteses, bonita e cruel, e, na pior, apenas cruel. "A Natureza mata constantemente e a chamamos de bela."

Como essas mulheres de classe média, de cidade pequena, que em outro contexto seriam comuns, adquiriram seus poderes de bruxaria? Simples. Não tendo marido. As três são divorciadas e a encarnação do que a sociedade americana do interior tende a pensar das divorciadas. Quer você tenha abandonado o marido ou sido abandonada "não faz nenhuma diferença", o que será novidade para muitas mulheres largadas e condenadas a sustentar os filhos sozinhas. E assim, divorciadas, e com as imagens dos ex-maridos encolhidas, murchas e guardadas no fundo da mente e da cozinha e do sótão, elas são livres para ser elas mesmas, uma atividade que Updike encarava com certo receio, assim como encara a maioria das palavras de ordem e transtornos mentais da moda.

Ser você mesma envolve atividade artística, mesmo que de um gênero menor. Lexa faz esculturas da mãe-terra de cerâmica, que são vendidas em lojas de artesanato locais, Jane toca violoncelo e Sukie escreve, mal, uma coluna de fofocas para o jornal semanal, seus particípios em evidência como brincos. As três são amadoras, mas sua "criatividade" é vista segundo a mesma ótica da de outras artistas mais bem-sucedidas. A população de Eastwick, que age como um coro coletivo, atribui a elas "certa distinção, uma ebulição interna semelhante à que, em outras cidades ermas, deu origem aos versos de Emily Dickinson e ao inspirado romance de Emily Brontë". É duvidoso, porém, que qualquer das Emilys citadas tivesse os mesmos arroubos sexuais dessas três irmãs estranhas. Irmãs em vários sentidos, porque o romance é ardilosamente ambientado em um momento preciso da história americana recente. O movimento feminista já estava em atividade havia tempo suficiente para que parte de seu vocabulário tivesse vazado de Nova York para as trevas periféricas de cidades provincianas como Eastwick, e as bruxas soltam palavras como "chauvinista" em suas conversas espirituosas. No mundo público e masculino, que fica nos bastidores, a Guerra do Vietnã continua, vista pelos filhos das bruxas em seus televisores, e os ativistas antiguerra estão fazendo bombas em sótãos.

No entanto, as bruxas não se ocupam com "causas". No início, elas estão apenas inquietas e entediadas; divertem-se com fofocas venenosas, fazendo truques maldosos e seduzindo homens em casamentos infelizes, que Eastwick fornece aos montes; pois se as bruxas são más, as esposas são piores, e os homens estão eviscerados. "O casamento é como duas pessoas trancadas com uma lição para ler, repetidamente, até que as palavras virem loucura", pensa um dos maridos.

Mas eis que entra em cena o Diabo, o melhor remédio do mundo para o tédio das mulheres, na forma de um homem sombrio e não muito bonito, mas definitivamente misterioso: o desconhecido Darryl Van Horne, que coleciona obras de Pop Art e tem um nome óbvio, que remete ao diabo e a chifres. Então a malícia transforma-se em *malefício*, o verdadeiro mal acontece e gente morre, porque o chifre de Van Horne torna-se o pomo da discórdia — não há nada como não ter homens suficientes por perto para fazer ferver o caldeirão das bruxas. E quando Van Horne é levado ao casamento por uma bruxinha recém-chegada, é aí que a coisa realmente pega fogo.

Essa pode parecer uma estrutura pouco promissora para um romancista sério. Terá o Sr. Updike entrado na segunda infância e voltado ao bercinho do bebê de Rosemary? Creio que não. Para começar, *As bruxas de Eastwick* é muito bem escrito. Como Van Horne, Updike sempre imaginou como seria ser uma mulher, e suas bruxas lhe dão muito escopo para essa fantasia. Em particular, Lexa, que é a mais velha, mais roliça, mais gentil e a mais próxima da Natureza, é um veículo adequado para parte de suas símiles mais espetaculares. Na linha de descendência, talvez ele esteja mais próximo do que qualquer outro escritor americano vivo da visão puritana da Natureza como um léxico escrito por Deus, mas em hieróglifos, e assim é necessária uma tradução interminável. A prosa de Updike, aqui mais do que nunca, é um amálgama de metáforas sugestivas e referências cruzadas, que aponta constantemente para um significado constantemente evasivo.

A versão de bruxaria dele tem uma estreita relação tanto com a carnalidade quanto com a mortalidade. A magia é esperança diante da inevitável decadência. O bolor das casas e dos móveis, assim como das pessoas. A descrição de Felicia Gabriel, esposa-vítima que ainda exibe vestígios degenerados da "vivaz" namoradinha americana que foi um dia, é macabramente convincente. Corpos são descritos em detalhes amorosos, desde o menor tufo de pelos até rugas, verrugas e um fiapo de comida preso nos dentes. Ninguém melhor do que Updike para transmitir a tristeza do sexual, a melancolia dos romances de motel — aquela "estranheza humana amigável", como chama Lexa. Esse é um livro que redefine o realismo mágico.

Há espaço também para uma escrita carregada de virtuosismo. A dança ritualística, retratada como um jogo de tênis em que a bola lançada no ar se transforma em um morcego, seguida pelo sabá como uma sessão de maconha-na-banheira, é particularmente encantadora. Estudiosos de demonologia tradicional se divertirão tanto com essas transposições quanto Updike deve ter se divertido. Van Horne, por exemplo, é em parte Mefistófeles, propondo pactos faustianos e desejando almas, em parte alquimista e químico, e em parte o Satã de John Milton, vazio até o âmago; mas é também um bobalhão cujo gibi preferido é — o que mais poderia ser? — *Capitão Marvel*.

Grande parte de *As bruxas de Eastwick* é satírica, parte dele brincadeiras literárias e parte pura sacanagem. Pode ser que qualquer tentativa de analisar o livro mais a fundo seja como levar um rifle para uma confeitaria: um Updike não pretende ser, ele é. Mas, de fato, não penso assim. O que uma cultura tem a dizer sobre bruxaria, seja em forma de pilhéria ou com seriedade, tem muito a ver com sua visão de sexualidade e poder, e em particular com a distribuição de poderes entre os gêneros. As bruxas foram queimadas não porque eram vítimas, e sim porque eram temidas.

Deixando de lado Cotton Mather e Nathaniel Hawthorne, o grande clássico americano da bruxaria é *O mágico de Oz*, e o livro de Updike parece uma reescrita. No original, uma menina boazinha e seu cachorro, acompanhados por três machos amputados, um sem cérebro, outro sem coração e o terceiro sem coragem, partem em busca de um mágico que se revela um charlatão. As bruxas em Oz realmente têm poderes sobre-humanos, mas as figuras masculinas não. A Terra de Oz de Updike é a verdadeira América, mas os homens nela precisam de muito mais do que autoconfiança; não existe nenhuma Glinda, a bruxa boa, e a mocinha estilo Dorothy é uma "banana" que tem o que merece. São as três bruxas de Eastwick que voltam, no final, ao equivalente do Kansas — o casamento, talvez insípido e triste, mas pelo menos conhecido.

As bruxas de Eastwick poderia ser interpretado, e provavelmente será, como apenas outro episódio da longa série americana chamada "A culpa é da mãe". O pacote Mulher-como-Natureza--como-magia-como-poderosa-como-péssima-Mãe já teve sua vez, às vezes acompanhado do cheiro de queimado. Se conversas de bruxaria são ouvidas no território, poderia o caçador estar muito atrás? Updike não nos propicia uma forma sem culpa de ser mulher. Vozes raivosas se erguerão, a palavra *retaliação* será pronunciada; mas qualquer um que a pronuncie deveria dar uma olhada nos homens desse livro, que, embora proclamem o seu vazio individual, estão coletivamente, nos bastidores, explodindo o Vietnã. Essa é a magia *masculina*. Os homens, dizem várias vezes as bruxas, são tão furiosos porque não conseguem gerar filhos, e até os bebês meninos têm em seu centro "aquele vácuo agressivo". De fato, Shazam!

Um marciano poderia se perguntar sobre a propensão americana a esse futebol do poder. Cada gênero arremessa violentamente a bola no outro com uma regularidade impressionante, cada um atribuindo ao outro mais poder do que o outro pensa ter, e os personagens nesse livro participam alegremente do jogo. O objetivo parece ser evitar a responsabilidade, a reversão a um estado infantil de "liberdade" nos moldes de Huckleberry Finn. O que as bruxas querem do Diabo é jogar sem maiores consequências. Mas só o que o Diabo pode oferecer é tentação; a banheira tem seu preço e o Diabo deve receber o que lhe é devido; com o ato de criação vêm a irreversibilidade e a culpa.

Updike leva "a sororidade é poderosa" ao pé da letra e a imagina literalmente. E se a sororidade for realmente poderosa? As irmãs usarão seus "poderes" para quê? E — em vista da natureza humana, da qual Updike não tem uma visão muito otimista — o que vem depois? Por sorte, essas bruxas só estão interessadas no "pessoal", e não no "político"; caso contrário, poderiam ter feito algo menos frívolo, como inventar a bomba de hidrogênio.

As bruxas de Eastwick é uma excursão, e não um destino. Como seus personagens, o livro se permite metamorfoses, lembrando em um momento Kierkegaard, no seguinte *Modesta proposta*, de Jonathan Swift, e no outro uma história em quadrinhos do Archie, com uma pitada de John Keats no meio. Essa peculiaridade faz parte de seu encanto porque, apesar de tudo, é um livro encantador. Quanto às bruxas em si, há uma forte sugestão de que sejam produtos da própria vida fantasiosa de Eastwick — leia-se, da América. Se for o caso, é bom saber disso. Esse é o motivo sério para ler o livro.

Os outros motivos têm relação com a habilidade e a inventividade da escrita, a precisão nos detalhes, a pura energia das bruxas e, sobretudo, o caráter prático dos feitiços. Aqueles feitos para se conseguir bons maridos são particularmente úteis. Você quer um marido rico, para variar? Primeiro borrife seu perfume e seus preciosos fluidos corporais em um smoking e depois...

3
O FEITICEIRO COMO APRENDIZ

OS AMORES DIFÍCEIS
DE ITALO CALVINO

Os AMORES DIFÍCEIS é uma coletânea belamente traduzida de contos da juventude do consagrado escritor italiano Italo Calvino. Calvino talvez seja mais conhecido na América do Norte por seu antirromance, *Se um viajante numa noite de inverno*, por sua pseudogeografia, *As cidades invisíveis*, e também por *Fábulas italianas*, o que realmente são. A sua opinião sobre a ficção do Calvino maduro dependerá em parte se você considera o flerte um prazeroso jeito de passar o tempo ou um desperdício enfadonho, e se considera um espetáculo de mágica fascinante ou enganação. É possível ter a sensação de que estão brincando com você, que Calvino está de troça e não se importa muito se Roma está em chamas ou não; que "realidade" e "verdade" são, para ele, categorias irrelevantes para o hermético mundo da arte. Há algo a ser dito nesse aspecto: por que uma rosa, ou Isak Dinesen, aliás, precisam demonstrar relevância social? Ainda assim, se você for longe demais no palácio do artifício, poderá se transformar em um relógio rococó, um destino que Calvino até agora tem se mostrado hábil o bastante para evitar.

Fica ainda mais interessante, então, abrir *Os amores difíceis* esperando truques ilusionistas e, em vez disso, perceber que está vendo um escritor no processo de atingir o patamar que ele mais tarde alcançaria. O livro traz contos bem iniciais: o mais antigo deles escrito em 1945, quando Calvino era um jovenzinho de 22 anos, e o de data mais recente é da década de 1950, quando ele estava com trinta e poucos anos.

Das quatro partes do livro,[1] a primeira, Contos da Riviera, é a de inclinações mais realista. Os contos não são histórias, mas estudos, esboços cuidadosamente observados e detalhados de pessoas em determinadas paisagens, situações sociais e posturas. Calvino já exibe um prazer sensual na descrição, um estilo pictórico, se preferir assim, mas essas descrições são, em sua maior parte, fragmentárias, como os estudos de Leonardo da Vinci sobre mãos. Entre eles, dois contos — "Um guardador de rebanhos no almoço" e "Homem na terra desolada" — são menos embrionários, mas é apenas na segunda parte, Contos de Guerra, que os vestígios de um talento maior começam a ficar visíveis. Do assunto em foco — camponeses e *partisans* contra soldados alemães e fascistas italianos — pode-se esperar estilhaços e sangue, morte e sordidez, e alguns desses elementos de fato estão presentes. Mas a surpresa é o frescor, doçura até, que o texto revela apesar disso. "Floresta animal", sobre um soldado alemão perdido em uma floresta em que os camponeses esconderam seus animais, tem um nítido encanto de conto de fadas, e "Um dos três ainda está vivo" consegue transformar outro alemão, este nu e atormentado, em uma espécie de Adão momentâneo.

Na terceira parte, Contos do Pós-guerra, vemo-nos em uma paisagem urbana que lembra os primeiros filmes de Fellini e é povoada de crianças abandonadas e sem-teto, excêntricos, prostitutas gordas e/ou desfiguradas e homens dados a excessos bizarros.

---

[1] Atwood baseia-se na edição de *Difficult Loves* publicada em 1985 pela Vintage, Nova York. Nessa edição, a coletânea de Calvino foi organizada em quatro partes mencionadas aqui pela autora, com mais contos incluídos. (N. da T.)

O barroco se mescla com o grotesco na glutonaria sensual de "Furto na pastelaria". E "Desejo de novembro" é a realização do sonho de todo fetichista de roupas de peles de animal.

Por fim, na quarta parte, Contos de Amor e Solidão, Calvino alcança o que viria a se tornar cada vez mais seu estilo. Dos oito contos dessa parte, cinco exploram o limite que separa (ou não?) ilusão de realidade, a imaginação do mundo real, a arte de seu tema. O fotógrafo que termina sendo incapaz de fotografar qualquer coisa exceto outras fotografias e destrói seu caso amoroso no processo, o homem que não consegue ter prazer com uma mulher de verdade porque está envolvido demais na leitura de uma mulher imaginária, o homem míope que deve escolher entre ver e ser visto e o poeta para quem a mulher, a natureza, o silêncio e a serenidade formam um cenário, enquanto homens, civilização, palavras e sufocamento formam outro — essas são articulações iniciais do dilema do ilusionista, da relação complexa do artista com um mundo no qual ele não crê porque o vê como material para uma arte que também não é crível. É o amor do artista pelo mundo "real" que o impele a transformá-lo em um artefato e, paradoxalmente — segundo a lógica —, a negá-lo. Como diz o fotógrafo: "No instante em que você começa a dizer de alguma coisa 'Ah, que bonito! Preciso fotografar!', você já está no terreno daqueles que pensam que tudo que não é fotografado se perde, como se nunca tivesse existido."

Os amores difíceis tem algo do fascínio de um álbum de fotografias (o autor aos 22 anos, o autor aos 26, o autor aos 30), mas tem muito mais a oferecer do que isso. A peculiaridade e a elegância da escrita, a originalidade da imaginação em funcionamento, a ocasional incandescência de visão e certa loucura adorável fazem com que essa coletânea valha a leitura, e por motivos que vão além dos arqueológicos.

4
MARGARET ATWOOD RECORDA MARIAN ENGEL

Ele fala por sua própria voz.
Ela se sentou e disse isso em voz alta.
— MARIAN ENGEL, *Urso*

Ficamos todos nervosos quando se trata disso, mas alguns de nós escreveram livros e creio que merecemos crédito por isso.
— MARIAN ENGEL, EM UMA CARTA

Ela entendeu que ele nunca ficaria com ela mais do que no momento presente. A surpresa que viria era que ele não ficaria com ela por menos do que isso.
— ALICE MUNRO, *Who Do You Think You Are?*

CONHECI MARIAN POR meio de um livro dela. Intitulava-se *No Clouds of Glory* e na capa havia uma mancha circular de xícara de café que parecia ser real até se tentar limpá-la. A contracapa mostrava a autora, uma jovem com ar de moleque, mas bonita, com um corte de cabelo curto, os primeiros botões da blusa abertos, segurando um cigarro e apanhada no ato de puxar um trago, olhando de lado o espectador com um sorriso divertido, malicioso e até, pode-se dizer, provocante. Por algum motivo, Marian não gostava dessa foto. (Também não gostava do título, que não foi dela. Assim que teve a oportunidade, com a edição em brochura, ela colocou seu próprio título: *Sarah Bastard's Notebook*.)

Eu não sabia disso na época. Achei a foto boa. Eu mesma era uma jovem escritora e reparava em outros escritores, em particular mulheres. Li o livro, olhei a foto, pensei: *Ela seria demais para mim*. Por acaso, Marian pensou o mesmo a meu respeito; assim, depois de superarmos a questão, ficamos amigas.

A última foto que vi dela era do agrado de Marian. É aquela estampada na capa de *Room of One's Own*, publicado no verão de 1984. Circulavam dúvidas se ela estaria viva para ver a foto, mas estava. Havia meses em que ela melhorava e piorava. ("Muito lisonjeira", disse ela. "Provavelmente devido ao estado em que me encontro." Ela ficou satisfeita, mas nada lhe escapava. Porém, não falou *morrendo*.)

Na foto, ela está sentada em uma cadeira na sala de estar e parece bem. Não dá para saber que mal conseguia andar. Ela me mostrou a foto, depois virou a revista. Na quarta capa estava o restante da foto: livros empilhados e caídos, uma mesa com uma pilha de objetos. "O caos de sempre", disse ela. Marian gostava de ter aquilo na foto, porque era verdadeiro, sem retoques, não a artista-como-ícone. Nenhuma de suas heroínas são jovenzinhas incorpóreas, e várias são completamente desleixadas, uma condição que ela, como escritora, descrevia com excelência.

Alice Munro, escritora: "Em minha juventude, nos anos 1950, eu costumava me sentar em uma cozinha com minhas amigas casadas; havia diálogos, revelações, uma sinceridade desesperada, um espírito subversivo. Quando li pela primeira vez os livros de Marian — em particular *The Honeyman Festival* —, tive a mesma sensação de alívio e satisfação. Ela captava algo semelhante ao tom daquelas antigas conversas; não era só uma extensão, era uma *re-*

cuperação de toda aquela conversa. Estava no *modo* como Marian escrevia. Um material desses não costumava ser usado; temas domésticos ou eram sentimentalizados e açucarados, ou voltados contra si mesmos, cheios de ironia e autodepreciação. Mas ela os usava como material literário direto e me fez ver que esse uso era possível."

Ela se achava mais desorganizada do que aquela fera mítica, "os outros". Tinha um ideal de perfeição que sentia que os outros incorporavam, mas que lhe era inatingível. Talvez isso proviesse de sua primeira infância devastadora, talvez fosse parte da criação protestante, provinciana, típica de Ontário, voltada para o imaculado que recebeu de seus pais adotivos. O que quer que fosse, isso sempre a metia em problemas com entrevistadores. Ela sentia uma necessidade de ser franca com eles, de mostrar-se como plenamente humana, com pratos sujos, garrafas vazias e tudo; ou talvez estivesse presa àquela modesta autodepreciação que exigem as cidades pequenas. Então ela contava histórias a respeito de si mesma, ocasiões em que dizia coisas de que se arrependia ou se fazia de boba, e é claro que os entrevistadores publicavam essas histórias e as apresentavam como sendo toda a verdade, e então ela ficava chateada consigo mesma e com todos. Marian não era uma santa, e em sua opinião ninguém era — a santidade a irritava —, mas essa outra descrição também não era o seu retrato fiel e ela sabia disso. Ela, entre outras coisas, tinha senso de decoro e era-lhe difícil não deixar que aquilo a sufocasse como escritora.

Timothy Findley, escritor: "Ela costumava retrair a cabeça como uma tartaruga quando ria, porque rir alto era algo que não se fazia, não de acordo com a sua criação, e a minha também. Certa vez, quando eu era presidente do sindicato de escritores, recebi uma ovação por alguma coisa e Marian estava sentada na primeira fila.

Ela apontou o dedo para mim e disse: 'Olha só para você!' Porque nós dois sabíamos que aquilo era uma coisa que não se fazia.

"Sempre existiu esse conflito — a 'dama' que lhe ensinou a ser e a coisa boêmia. Na época de estudante, era contestadora quanto aos rapazes com quem saía — escolhia os mais esquisitos de propósito; mas a 'dama', a formação repressiva que recebeu, desta ela não conseguia se livrar nunca. Escrever *Urso* quase a matou; ela ficava assombrada com o próprio atrevimento. 'Pus aquela *palavra* no papel', ela me disse."

Marian sabia por que os pratos estavam sujos: ela era uma escritora profissional, e não uma dona de casa profissional, e poucas podem arcar com as duas atividades. Pensava na escrita como uma profissão honrosa. Mas sentia que o Canadá ainda não tinha realmente uma língua para isso. Durante seus anos na França, ela conheceu um homem que perguntou o que ela fazia. Marian lhe disse. "*C'est un bon métier*", respondeu ele. Era uma das histórias de seu passado que mais lhe agradava, especialmente a palavra *métier*. Essa palavra libertava o escritor das fileiras de celebridades e malabaristas, daqueles que ganhavam a vida fazendo caras e bocas, e, em vez disso, levava a escrita a sério.

Junto com esse profissionalismo (pois embora a louça pudesse estar suja, os prazos eram cumpridos) vinha sua obsessão pelo próprio sustento, difícil como habitualmente era.

"Não conte a ninguém que tenho câncer", ela me disse, bem no começo.

"E por que não?", perguntei. Ela estava quase falida, como sempre; eu podia ver algumas vantagens, e de todo modo era a verdade.

"Talvez eu não consiga outro trabalho."

Ela não queria regalias, tratamento especial. Também não queria condolências no leito de morte. Uma pessoa moribunda pode ser vista como alguém à beira da morte ou alguém vivo. Marian se considerava viva.

Ela não negava o que estava acontecendo. Simplesmente não queria que isso interferisse em seu prazer pela vida que, em seu ápice, era vasto. Assim, quando conversávamos sobre sua doença, falávamos de arranjos práticos: camas reclináveis, mesas em que fosse possível aparafusar uma máquina de escrever. De jeito nenhum ela desistiria de escrever. E não desistiu.

Dois meses antes de morrer, Marian pretendia ir a Paris, com os dois filhos adolescentes e uma cadeira de rodas. Na época, não podia mais andar e vivia sob efeito de analgésicos, mas queria rever a cidade onde fez tantas descobertas importantes para si mesma, 25 anos antes, ou antes disso. Todos os amigos a estimularam a ir, sabendo que talvez ela não conseguisse chegar lá, que dirá voltar. Mas sua atitude era confiante, "cheia de coragem e comédia", como descreveu George Woodcock. Ou pelo menos parecia ser.

"Mesmo perto do fim", diz Jane Rule, escritora, "havia aquelas brincadeiras e hilaridade. Ela me escreveu de Paris: 'Você só viveu depois de andar pelas ruas calçadas de pedras de Paris em uma cadeira de rodas.' Mandou-me um postal. Era a vista de uma rua de Paris, tirada de dentro de um porão, de quem olhava para o alto através de uma grade. Ela escreveu no cartão: 'A vista de Engel — sempre olhando para o alto.'"

O que nem sempre era inteiramente verdade. Para nós, ela trouxe um presente mais profético: uma vela aromática em um recipiente de vidro que dizia na embalagem: *FOIN COUPÉ* (FENO CORTADO).

São muitas as histórias que a epitomizam, porque Marian tinha muitos amigos. Uma delas é relatada por Bob Weaver, ex-produtor do programa de rádio *Anthology*, da CBS, e incentivador de muitos escritores. Quando ainda conseguia andar, embora de bengala, Marian se encontrou com ele para almoçar. Na metade do almoço, disse:

"Ai, meu Deus."
"Que foi?", perguntou Bob, temendo uma emergência médica.
"Vim com o vestido pelo avesso."
"Ah", disse Bob, vendo que era verdade.
"Em geral minha filha verifica para mim. Mas ela saiu. O que eu faço?"
"Você tem três alternativas", disse Bob. "Pode se trocar aqui, pode ir ao banheiro ou podemos deixar por isso mesmo."
"Vamos deixar por isso mesmo", disse Marian.

Quando se despediram na rua, ela o chamou. Ele olhou para trás e viu que Marian se apoiava na bengala, acenando.
"Pode usar isso em suas memórias", gritou ela.
Ela nem sempre dava permissões assim. "Meus direitos autorais, hein?", dizia quando contava algo de sua vida que queria guardar para uso próprio. Ela sabia dos riscos de ter outros escritores como amigos.

Byrna Barclay, escritora: "Quando Marian Engel começou a publicar, eu estava até o pescoço de fraldas e outros símbolos domésticos sobre os quais ela escrevia. Quando li *The Honeyman Festival* — na banheira, na época minha fuga preferida —, quase me afoguei na declaração artística que ela criou sobre a vida de todas nós. Anos depois, após ela ter sido agraciada com o Governor General's Award e eu me atrever a realizar meu próprio sonho de escrever, encontrei Marian em uma conferência sobre literatura regional em Banff. No banquete, ela contou a mim — e aos outros em nossa mesa — uma história sobre o dia em que ganhou o cobiçado prêmio literário GG. Marian recebeu quinze convites para distribuir, mas não tinha ninguém para levar à cerimônia oficial. Ela comprou um vestido de noite vermelho. No dia da premiação, disseram-lhe que seria uma festa ao ar livre, à tarde, e ela não tinha outra roupa para vestir. Usou o vestido vermelho mesmo assim e, flanqueada pela mãe e sua analista, foi para a festa. Ninguém mais falou com ela. Só Joe Fafard, o escultor, que chegou com um terno de jeans. Parece-me que aquele vestido de noite vermelho deveria ficar pendurado no hall da fama dos escritores."

Frequentemente conversávamos sobre a escrita. Não sobre o conteúdo, nem a forma, mas sobre como conseguir escrever. Para ela, em vista das circunstâncias de sua vida, que mesmo antes da doença em geral eram proibitivamente aflitivas e difíceis, este era um tema muito caro. Eu costumava me espantar de ela ser capaz de escrever tanto e tão bem sem se queixar. Ela fazia com que eu me sentisse preguiçosa e um tanto mimada.

Certa vez, durante um período fragmentado de minha vida, ela me deu dois conselhos. "Não deixe que os outros tirem proveito de você." E: "Arrume tempo."

David Young, escritor: "Era difícil para ela aceitar presentes das pessoas ou se permitir coisas. Ela era muito econômica, tinha um tremendo senso de frugalidade. Mas nos últimos anos, isso arrefeceu — ela fez um jardim do que costumava ser um monte de lixo, em seu quintal. Era uma versão reduzida de algo grandioso; Marian extraía um prazer infinito dali. Se você a visitasse, ela o obrigava a arrancar ervas daninhas nos locais mais ao fundo, onde ela própria não conseguia.

"Ela era obstinada e tinha um gênio difícil, se necessário lhe dizia palavras duras. Podia ser cáustica e nada diplomática em suas negociações oficiais, mas era idealista e persistente também — em política cultural, por exemplo. Trabalhou como primeira presidente do sindicato de escritores canadenses e decidiu que o pagamento governamental pelo uso público — de livros de escritores em bibliotecas — seria sua luta, e nunca desistiu disso.

"Ela me telefonou à meia-noite duas semanas antes de morrer. 'Esta dor não vai melhorar', disse ela. E foi isso. Ela havia decidido."

Graeme Gibson, escritor: "Algum tempo antes, em julho, quando ela quase morreu, eu tinha acabado de voltar da Inglaterra. Fui vê-la no hospital; ela estava péssima. 'Queria tanto estar bem quando você voltasse', disse ela. Sentei-me com ela e depois de um tempo ela se desculpou por não estar sendo divertida, e percebi que era melhor ir embora, porque enquanto eu estivesse ali, ela ia se esforçar por minha causa."

Uma vez, durante um período ruim, fui visitá-la no hospital e ela realmente teve uma crise. Soaram apitos, enfermeiras entraram correndo e tive de ir embora. Enquanto saía — e ela estava sendo erguida e levando agulhadas —, no meio de tudo isso, ela piscou para mim.

Aquela piscadela acabou comigo. Era tão típico dela, mas também tão significativo de bravura e obstinação, gaiteiros de fole entrando em batalha, a cavalaria polonesa levando os canhões no lombo dos cavalos. Pretendia, eu sabia, me animar, mas dizia outras coisas também: que não importava o quanto as coisas fossem terríveis, elas tinham um lado divertido; que havia entre nós uma espécie de conspiração que os médicos não viam. Os médicos e o corpo de Marian estavam envolvidos em uma operação solene que dizia respeito a ela, mas isso não contava a história toda.

Apesar das alterações produzidas pela doença e pela medicação, lá estava a mesma expressão que primeiro vi nela, naquela capa de livro: malícia, diversão. *Desfrutar* era uma palavra de que Marian gostava. "Fui uma menina má", ela diria, com certo prazer. Então havia algo para ser provado, saboreado, visto, compreendido, mesmo em um momento daqueles.

Ela não teria considerado aquela sua piscadela um gesto de bravura. A não ser que tivesse partido de outra pessoa, naturalmente.

INTRODUÇÃO

ROUGHING IT IN THE BUSH
DE SUSANNA MOODIE

O LEITOR, ASSIM espero, me perdoará por começar esta introdução com meu próprio envolvimento com Susanna Moodie. Não sou acadêmica nem historiadora, mas uma escritora de ficção e poesia, e esse tipo de gente é notoriamente subjetiva em suas leituras.

Durante meus anos de formação, nos anos 1940 e 1950, *Roughing It in the Bush*, um livro de memórias de Susanna Moodie, ficava em nossa estante, cuja limpeza era tarefa minha. Posicionado entre os livros para adultos, sua capa sempre chamava a minha atenção devido aos dois *O*s entrelaçados do sobrenome da autora, que tinham sido feitos no estilo tipográfico arredondado de 1913. Lembro-me de abrir o livro e ver o frontispício — uma cabana de madeira coberta de neve —, mas na época não o li. Primeiro porque não era um romance, e eu não tinha interesse por livros que não fossem romances. E depois, meu pai me disse que era um "clássico" e que eu "acharia a leitura interessante um dia". Eu tendia a fugir dos livros que eram descritos dessa forma. Em terceiro lugar, o livro falava de pessoas que viviam em uma cabana na floresta. Eu mesma tinha passado grande parte de minha infância em cabanas, de madeira ou não, na floresta, e não via nada de exótico na ideia. Estava mais interessada em castelos medievais ou, por outro lado, em armas de raios. *Roughing It in the Bush*, pensei eu, seria monótono demais para mim.

Meu segundo encontro com esse livro foi na sexta série, quando um trecho dele apareceu em nossa apostila. Era a parte em que a chaminé dos Moodie pega fogo e a casa também. Isso me pegou: chaminés pegando fogo por superaquecimento era um dos bichos-papões de minha infância. Ainda assim, para o leitor da sexta série, todo autor aparecia vestido com o manto cinza enfadonho da leitura obrigatória, e eu me esqueci de Susanna Moodie e optei por outros autores, como Jane Austen.

Minha terceira experiência com Susanna Moodie foi de uma ordem inteiramente diferente. Quando eu era aluna de pós-graduação no Departamento de Literatura Inglesa de Harvard, na época uma espécie de estufa junguiana, tive um sonho particularmente vívido. Eu tinha composto uma ópera sobre Susanna Moodie, e lá estava ela, sozinha, em um palco completamente branco, cantando como Lucia di Lammermoor. Eu mal sabia ler partituras, mas não era de ignorar presságios: corri para a biblioteca, onde a autora canadense era mantida atrás de pilhas e pilhas de volumes de Bruxaria e Demonologia, retirei *Roughing It in the Bushes* e o último livro de Moodie, *Life in the Clearings versus the Bush*, e li os dois a todo vapor.

A princípio, pensei que meu inconsciente tinha me dado uma *bad trip*. Apesar do drama dos muitos incidentes descritos, a prosa era vitoriana de um jeito semijocoso quase dickensiano, descambando para a rapsódia no estilo de Wordsworth quando se voltava para pores do sol, e havia uma pátina de afetação aristocrática que incomodava minha alma jovem, assim como as digressões sobre a questão do trabalhador doméstico e a classe inferior de muitos emigrantes já instalados.

Mas a Sombra não deve ser ridicularizada, e Susanna Moodie começou a me assombrar. Cerca de um ano e meio depois, comecei uma série de poemas que se tornaram livro, *The Journals of Susanna Moodie*, que agora sem dúvida são enfiados goela abaixo

INTRODUÇÃO: *ROUGHING IT IN THE BUSH*

de muitos estudantes adolescentes. O que vivia me puxando de volta ao tema — e à própria obra de Susanna Moodie — eram as sugestões, os hiatos entre o que era dito e o que pairava, não dito, nas entrelinhas, e o conflito entre o que Moodie sentia que devia pensar e sentir e o que realmente pensava e sentia. Provavelmente meus poemas falavam dessas tensões. Assim como os livros dela.

Alguns anos depois, escrevi um roteiro para televisão baseado em um célebre duplo assassinato de *Life in the Clearings versus the Bush*, e mais tarde ainda um curto livro de história social do período entre 1815 e 1840; e essas duas experiências me obrigaram a lidar um pouco com o contexto e o clima dos livros de Susanna Moodie. Isso também me fez considerar a própria Moodie sob uma nova ótica. A vida em uma cabana de madeira na floresta era normal e agradável para mim, mas era evidente que para ela era, e tinha de ser, bem o contrário. Eu tive o choque cultural das descargas de banheiro, ela teve o de mosquitos, pântanos, mata fechada sem trilhas e a preocupação com ursos. De certo modo, éramos o anverso uma da outra.

As forças que se combinaram para levar Susanna Moodie ao Alto Canadá, em 1832, também levaram muitos outros. Em 1760, com a captura de Quebec, a Grã-Bretanha adquiriu os Canadás, o Alto e o Baixo (assim chamados porque, embora o Alto Canadá fosse "mais baixo" que o Baixo Canadá, viajava-se aos dois pelo rio St. Lawrence, e o Alto Canadá ficava rio acima). Depois veio a Revolução Americana e um influxo de imigrantes, os Legalistas do Império Unido, chegou ao Alto Canadá. A seguir veio a guerra de 1812 na América do Norte e as Guerras Napoleônicas na Europa. O fim dessas guerras mandou muitos soldados de volta à força de trabalho britânica, e o resultado foi desemprego em massa.

Os efeitos das Highland Clearances, a expulsão de camponeses das Terras Altas da Escócia e da Grande Fome (Fome da Batata) na Irlanda ainda eram sentidos. Muitos pobres na Grã-Bretanha viam a emigração para as colônias como uma solução que lhes proporcionaria pelo menos a esperança de melhorar de situação, uma crença encorajada pelas classes governantes na Inglaterra e também pelos proprietários de terras criadores de ovelhas, mercadores e especuladores imobiliários. Panfletos, guias dos colonos e outras formas de propaganda começaram a ser divulgados, descrevendo o Alto Canadá como uma terra bucólica maravilhosa com um clima parecido com o da Grã-Bretanha, onde a diligência e a virtude inevitavelmente seriam recompensadas.

Seduzidos por esses atrativos ou impelidos pela necessidade, sete milhões e meio de pessoas atravessaram o oceano a partir da Grã-Bretanha entre 1800 e 1875. Em 1832, cinquenta mil emigrantes entraram no Alto e no Baixo Canadá. A população do Alto Canadá aumentou em sete vezes durante o primeiro terço do século. "Em 1830, o Canadá tornou-se o grande ponto de referência para os ricos de esperança e pobres de bolso", como disse Moodie.

Susanna Moodie não era de uma família pobre, mas de uma refinada classe média alta: porém, muitos de famílias como a dela também decidiram emigrar naquela época. Havia um excedente de jovens rapazes na Grã-Bretanha, o Sr. Moodie era um deles, e muitos dos membros da pequena aristocracia rural, ou quase aristocracia, viram uma chance, nas Colônias, de ficarem mais próximos do que eles já pensavam ser: aristocratas proprietários de terras. Susanna Moodie, sua irmã Catharine Parr Traill, mais tarde a autora de *The Canadian Settler's Guide* [Guia do colono canadense], e seu irmão Samuel Strickland foram três que tomaram essa decisão.

INTRODUÇÃO: *ROUGHING IT IN THE BUSH*

O que eles devem ter esperado de antemão pode se presumir lendo *The Young Emigrants; or, Pictures of Canada* [Os jovens emigrantes; ou, imagens do Canadá], um livro infantil escrito por Catharine Parr Traill em 1826, seis anos antes de ela e Susanna realmente irem para o Canadá. Nele, uma perfeita família imigrante, que é de classe média como os Moodie, adquire rapidamente uma fazenda próspera, da qual cuidam com a ajuda de criados amigáveis e das mulheres, que alimentam algumas galinhas e fazem horticultura. Eles constroem rapidamente uma habitação confortável e espaçosa de quatro quartos, onde passam o dia supervisionando tarefas e as noites exercitando seus dotes musicais e em "conversas sociais ou diversões inocentes" com seus vizinhos igualmente refinados.

A realidade, quando Susanna Moodie e Catharine Parr Traill toparam com ela, foi bem o oposto. A terra mais "inglesa" do Alto Canadá, a fértil e relativamente cálida península do Niágara, já tinha sido tomada. Depois de uma travessia de primeira classe suficientemente agradável, bem acima dos horrores da terceira classe, onde os pobres viajavam na semiescuridão fétida e abarrotada de gente, elas tiveram a primeira prova dos Canadás quando aportaram na ilha Grosse e descobriram que, para muitos viajantes da terceira classe, o Novo Mundo significava um deplorável nivelamento das classes sociais. "Urrah! Rapazes!... Claro que aqui a gente vai ser tudo cavalheiro", Susanna Moodie ouviu um trabalhador irlandês gritar. Ela encontraria esse espírito de muitas formas depois: criados que queriam comer na mesma mesa dos patrões, colonos mais antigos que a olhavam com desprezo, Legalistas vindos dos Estados Unidos que a enganavam e nunca devolviam qualquer coisa que ela tivesse a ingenuidade de emprestar. Pessoas educadas ali pareciam alvo de uma maldade considerável, ela descobriu: quando a família se mudou para uma casa, descobriu o chão inundado, as árvores frutíferas cortadas e um gambá morto na chaminé. Mais tarde, quando ela teve tempo de meditar sobre o assunto, passou a entender o que aquelas pessoas poderiam ter contra ela: sim, o sistema de classes britânico podia ser repressivo. Mas na época este era apenas um dos muitos obstáculos que foram colocados em seu caminho.

Havia outros. A natureza, que, segundo o poeta Wordsworth, "nunca traiu/ O coração que a amava", parecia bem diferente nas densas florestas arborizadas do Canadá, se comparada com mesmo as partes mais escarpadas da Inglaterra. Susanna Moodie tirou o máximo proveito possível das paisagens, dos panoramas e das cenas pitorescas, mas preferia muito mais ver a natureza canadense de longe; do convés de um barco em movimento, por exemplo. De perto, geralmente havia mosquitos, lama, buracos, charcos e tocos de árvore. E também tinha o inverno, que não era nada parecido com o que ela conhecia. E havia o pesadelo de limpar a terra, sem a ajuda de tratores, e da colheita de alguns legumes de um solo aparentemente hostil.

Havia sobretudo sua própria inexperiência, sua inaptidão para o tipo de dureza e labuta a que se viu compelida. Sua primeira casa lá, perto de Cobourg, foi alugada no escuro, com a informação de que era "uma deliciosa residência de verão", mas não passava de uma choça de um quarto só, sem porta, que Susanna julgou, à primeira vista, ser um chiqueiro. A segunda casa ficava ainda mais para o interior da floresta. Depois de sete anos na floresta, Susanna Moodie tinha adquirido parte das habilidades necessárias à esposa de um colono — sabia fazer café de raízes de dente-de-leão e assar pão que não parecesse cinzas, por exemplo —, mas, apesar de suas sentimentalidades *post facto* sobre sua casa na floresta, ela ficou feliz em lucrar com a promoção do Sr. Moodie a xerife de Belleville e em mandar um beijo de *adieu* à vida no mato.

Precisamos nos lembrar também de que os anos que ela passou na floresta foram os da criação de filhos; naquela época antes da medicina moderna, quando um médico, quando havia algum disponível, não era de muita utilidade, nem todos os filhos conseguiam sobreviver. Moodie é reticente a esse respeito, mas diz a certa altura, de forma bem fria e direta, que só se sentiu realmente em casa no Canadá depois que enterrou alguns de seus filhos naquelas terras. Ela pode ter passado a "amar" a casa rústica e seu novo país de algum modo, mas para chegar a esse ponto teve de passar por "um ódio tão intenso que eu desejava morrer, que a morte pudesse efetivamente nos separar para sempre". A intenção do livro, ela nos lembra várias vezes, é desestimular outros ingleses da classe alta a fazer o que ela própria fizera. A fronteira canadense, ela alega, é para as classes trabalhadoras, que têm força suficiente para suportar. Embriaguez, dívidas, declínio e uma "ruína irremediável" serão mais provavelmente o quinhão de cavalheiros transplantados.

Agora que essas advertências não são mais necessárias, o que *Roughing It in the Bush* tem a oferecer ao leitor contemporâneo? Muita coisa, na verdade. Embora não seja um romance, mas um daqueles livros que pretendem contar a verdade nua e crua — como de fato também fizeram os primeiros romances —, é estruturado como um romance. Há uma trama, que combina a jornada com a provação, os emigrantes-viajantes que encontram uma nova terra, lidam com os habitantes e costumes desconhecidos que lá encontram, superam dificuldades que vão da cólera à fome. Visto desta perspectiva, pode-se considerar que *Roughing It in the Bush* pertence a uma tradição distinta dos relatos de viagem — uma tradição que talvez tenha seu ápice em *A Short Walk in the Hindu Kush*, de Eric Newby —, em que o horror da viagem, a imundície das acomodações e a comida intragável são superados apenas pela admissão do viajante da loucura de ter sequer realizado a viagem. Também há um cenário meticulosamente descrito: o confronto com uma geografia dura e vasta era, e passou a ser, um tema dominante na escrita canadense. Também há personagens; "esboços de personagens", com diálogos incluídos, são algo que Moodie sabe fazer particularmente bem, e "Brian, The Still Hunter" frequentemente foi antologizado como um conto. Mas o personagem mais complexo e mais ambíguo de seu livro é ela mesma.

Se Catharine Parr Traill, com seu espírito prático imperturbável, é o que gostamos de pensar que seríamos naquelas circunstâncias, Susanna Moodie é o que no fundo desconfiamos que seríamos. Repetidas vezes ela supera os preconceitos de sua idade e posição, mas repetidas vezes volta a afundar neles. Ela não sabe como fazer as coisas direito, comete erros, tem medo de vacas, é pega no lago no meio de tempestades. Mas (certamente como nós!) ela não é uma tola completa; sabe manter o controle em emergências, tem uma decência inata e um respeito pela virtude e pela cortesia naturais, e tem senso de humor, sabendo rir da própria inépcia.

Há outro jeito de ler Moodie, que é colocá-la com outras três escritoras que estiveram entre as primeiras a produzir grande parte de qualquer coisa próxima de literatura no Alto Canadá. Uma, naturalmente, foi a irmã de Susanna Moodie, Catharine Traill. Outra foi Anne Langton, que se estabeleceu perto do lago Sturgeon e escreveu *A Gentlewoman in Upper Canada* [Uma dama no Alto Canadá]. A quarta não se estabeleceu lá, mas visitou longamente: Anna Jameson, autora de *Winter Studies and Summer Rambles in Canada* [Estudos de inverno e divagações de verão no Canadá]. Todas eram damas, todas viam a crescente colônia com um olhar crítico, mas não inteiramente rigoroso, e todas demonstraram que o gênero não é a única coisa a ser levada em conta quando se avalia algum tipo de realização: sua classe conferiu a essas mulheres uma superioridade literária em relação aos seus concidadãos menos instruídos, que por acaso eram homens.

INTRODUÇÃO: *ROUGHING IT IN THE BUSH*

Na verdade, quando colocamos a literatura primitiva do Canadá ao lado da dos Estados Unidos, surge algo curioso. É possível cobrir a literatura estadunidense de, digamos, 1625 a 1900, sem despender muito tempo com as escritoras, com exceção de Ann Bradstreet e Emily Dickinson. A atenção se concentra mais nos homens, nos "grandes" e preponderantes escritores estadunidenses do período: Melville, Poe, Hawthorne, Whitman, Thoreau. O Canadá inglês não produziu clássicos assim na época — foi colonizado mais tarde —, mas se você estudar a literatura de modo geral não poderá ignorar as mulheres. Possivelmente o motivo para a relativa predominância de escritoras no Canadá pode ser encontrado nas diferentes épocas em que as duas terras foram inicialmente colonizadas: os Estados Unidos, no puritano século XVII, o Canadá inglês, no século XIX, a era das cartas e dos diários, em uma época em que muitas mulheres já eram letradas. De todo modo, é uma situação que persiste até hoje: a porcentagem de escritoras de destaque e admitidamente talentosas, em prosa e poesia, é mais alta no Canadá do que em qualquer outro país anglófono. O mesmo pode ser dito de Quebec, em que alguns dos primeiros escritos foram de freiras que para lá se mudaram a fim de converter os indígenas (e onde, aliás, foi escrito o primeiro romance em língua inglesa do Canadá, também de uma mulher).

Susanna Moodie não pretendia escrever um clássico canadense, nem teria previsto ou gostado de ser classificada como uma ancestral do movimento feminista atual; ela era um produto de sua sociedade e teria reprovado muitos dos princípios feministas. Mas como outros, inclusive T. S. Eliot, observaram, uma obra literária ganha significado não só pelo seu próprio contexto, mas por contextos posteriores em que possa ser colocada. O relato de Susanna Moodie de suas lutas, fracassos e sobrevivência tem ressonância para nós agora em parte porque produzimos nossa própria literatura de lutas, fracassos e sobrevivência. Ela não era uma Supermulher, mas de alguma forma se superou, e viveu para escrever sobre isso, e até conseguiu tirar alguma sabedoria das provações por que passou.

6
NORTE VERDADEIRO

Land of the silver birch,
Home of the beaver,
Where still the mighty moose
Wanders at will,
Blue lake and rocky shore,
I will return once more;
Boom-diddy-boom-boom
Boom-diddy-boom-boom
Boo-OO-oo-oo-oom.
— Canção Arcaica[2]

Costumávamos entoar essa canção agachadas em volta da cabaninha de papel machê do grupinho de escoteiras, ou fingindo ser lobos, ou olhando marshmallows virarem isopor derretido na ponta de gravetos em algum acampamento de verão bem administrado e seguro nas florestas de Muskoka, Haliburton ou Algonquin Park. Depois crescemos e passamos a achar a canção boba. Só queríamos saber de Jean-Paul Sartre e da atração do repugnante. Por fim, ao chegarmos à era da nostalgia, redescobrimos a

---

[2] Terra da bétula prateada,/ Lar do castor,/ Onde o poderoso alce/ Ainda passeia à vontade,/ Lago azul e rochosos litorais,/ Eu voltarei uma vez mais;/ Boom-diddy-boom-boom/ Boom-diddy-boom-boom/ Boo-OO-oo-oo-oom.

canção em uma fita cassete à venda em uma livraria infantil, em uma versão assustadora que a investia de toda a ressonância emocional que achávamos que tinha no passado, e a compramos, sob o pretexto de dar a nossos filhos um pouco de formação musical étnica.

A canção trouxe lágrimas aos nossos olhos, e não por motivos simples. As baleias também nos causam essa reação, e os grous-assobiadores, e outras coisas que pairam à beira da extinção, mas ainda mantêm uma tênue presença no mundo do real. Os castores estão indo bem — sabemos disso porque eles dizimaram nossos álamos —, mas o poderoso alce está passando por tempos difíceis. Quanto ao azul dos lagos, ele nos preocupa: está azul demais e temos a chuva ácida.

Nós *voltaremos* uma vez mais ou iremos para Portugal? Depende, temos de admitir, em parte da taxa de câmbio, e isso faz com que nos sintamos desleais. Estou, quixotescamente, no Alabama, ministrando, ainda mais quixotescamente, um curso de literatura canadense. Neste momento, estamos pensando no romance de Marian Engel, *Urso*. Como tudo no Canadá, exceto Toronto, começa pela geografia, abri um grande mapa de Ontário e tracei a rota da protagonista para o norte; localizei a mítica casa do livro em algum lugar bem na margem norte da baía georgiana. Sobrepus um mapa com a mesma escala do Alabama nesse esquema, para dar aos alunos uma ideia das distâncias. No norte, o espaço é maior do que se imagina, porque os pontos de referência são bem mais distantes.

"Alguma palavra daqui deixou vocês confusos?", pergunto.

Blackfly é mencionada. Uma grande mosca negra é a resposta proposta. Explico que são os mosquitos borrachudos, falo de sua pequenez, sua infestação, seus hábitos malignos. Tenho certo prazer ao fazer isso: afinal, estou competindo com a letal serpente mocassim d'água da região.

Mackinaw [truta]. Uma capa de chuva? Não exatamente. *Loon* [mergulhão]. *Tamarack* [ganso]. *Reindeer moss* [cladônia]. *Portage* [caminho de terra entre dois rios]. *Moose* [alce]. *Wendigo* [espírito maligno do folclore canadense].

"Por que ela faz Lucy, a velha índia, falar de um jeito tão engraçado?", perguntam. Lucy, observo, não é apenas indígena, mas uma indígena *que fala francês*. Isso, para eles, é um conceito estranho.

O norte é outro país. Também tem outra língua. Ou línguas.

Onde fica o norte, exatamente? Não é só um lugar, mas uma direção, e como tal sua localização é relativa: para os mexicanos, os Estados Unidos são o norte, para os estadunidenses, o norte é Toronto, embora esteja na mesma latitude aproximada de Boston.

Não importa o que seja, é muito grande. Você está em Windsor e imagina uma linha indo para o norte, até o polo. A mesma linha que vai para o sul terminaria na América do Sul. É com esse tipo de mapa que crescemos, com a Projeção de Mercator na frente da sala de aula, fazendo com que ele parecesse ainda maior do que era, todo aquele cor-de-rosa se estendendo infinitamente, com algumas cidades pontilhadas pela margem inferior. Não é só espaço geográfico, é espaço relacionado com a imagem corporal. Quando ficamos de frente para o sul, como fazemos com frequência, nossa mente consciente pode ser dirigida para lá, para multidões, luzes intensas, uma versão hollywoodiana de fama e fortuna, mas o norte fica no fundo de nossa mente, sempre. Há algo, não alguém, olhando por cima de nossos ombros; há um arrepio na nuca.

O norte concentra nossas ansiedades. Ao nos virarmos para o norte, de frente para o norte, entramos em nosso inconsciente. Sempre, em retrospecto, a jornada para o norte parece um tanto onírica.

* * *

Onde começa o norte? Cada província, cada cidade, tem sua estrada para o norte. De Toronto, você pega a rodovia 400. Onde você cruza a fronteira, daqui para lá, é questão de opinião. Será no rio Severn, onde o Escudo canadense de granito surge de repente da terra? Será na placa que anuncia que você está a meio caminho entre o Equador e o Polo Norte? Será na primeira loja de suvenires com formato de tenda tipi, na primeira cidade — existem várias — que se autoproclama Porta de Entrada para o Norte?

À medida que prosseguimos, as fazendas tornam-se mais esparsas, mais rochosas, de aparência mais desesperada, as árvores mudam de proporção, as coníferas dando lugar a decíduas. Aparecem mais lagos, suas margens são mais ásperas. Nossos olhos se estreitam e olhamos as nuvens: o clima volta a ser importante.

Um de nós costumava passar os verões em um chalé em Muskoka, antes de haver estrada, quando se pegava o trem, quando havia por lá grandes navios de cruzeiro e lanchas a motor, bailes vespertinos nos hotéis e homens com ternos brancos de flanela nos gramados, o que ainda pode haver. Não era apenas um chalé, mas um chalé de Muskoka, com casa de barcos e dependências de empregados. Os ricos iam para o norte no verão, naquela época, longe das cidades e das multidões; isso foi antes da cura da poliomielite, que fez a diferença. Nesse tipo de norte, tentavam reproduzir o sul, ou talvez algum sonho de vida rural na Inglaterra. Na sala de estar havia poltronas, estantes envidraçadas, fotos de família em porta-retratos de prata, aves empalhadas sob redomas de vidro. O norte, como eu disse, é relativo.

NORTE VERDADEIRO

* * *

Para mim, o norte costumava chegar efetivamente a partir da madeireira de Trout Creek. Aquelas pilhas de madeira recém-cortada eram a verdadeira porta de entrada para o norte, e a norte dali estava a cidade de North Bay, que costumava ser, para ser franca, um lugar desolador. Era a terra do sanduíche de carne em pão branco com molho de carne e ervilhas enlatadas. Mas não é mais assim. North Bay agora tem shoppings, cestos de flores pendurados nos postes em calçadas pavimentadas com pedras e um centro da cidade. Tem um clube social e atlético. Tem os novos prédios elegantes e acarpetados da Universidade Laurentian. Tem restaurantes gourmet. E no aeroporto, onde DC-9s seguindo para o sul param lado a lado com Twin Otters seguindo para o norte, há também uma cafeteria com uma estante exibindo livros de Graham Greene e Kierkegaard, o que não é muito o padrão de aeroportos.

O sul está se mudando para o norte.

Contornamos North Bay, que agora é contornável, avançando para o sul, e não vamos, desta vez, visitar o Dionne Quints Museum, onde cinco pequenas silhuetas de preto brincam eternamente ao lado de uma antiga cabana de madeira, inclusive com o cesto onde vieram embrulhadas em algodão cru, o forno onde eram mantidas aquecidas, os cinco carrinhos de bebê, os cinco vestidos de Comunhão.

Depois de North Bay há um breve turbilhão de excentricidades — gramados povoados por bandos de gansos de madeira —, e então passamos por quilômetros e mais quilômetros de nada senão árvores, sem encontrar nada além de um ou outro caminhão carregado de madeira. Essa área não tinha um nome. Agora chamam de Near North Travel Area [Área de Viagem Norte Próxima]. Há placas dizendo isso. "Near/Próxima" de onde?, perguntamos apreensivos. Não queremos nada próximo. Queremos ir para longe.

Enfim vemos o rio Ottawa, que é a fronteira. Há uma represa do outro lado, duas represas, e uma ilha entre elas. Se houvesse uma alfândega, ficaria aqui. Uma placa à nossa frente diz *Bienvenue*; pelo para-brisa de trás, outra diz *Welcome*. Essa é minha primeira lição de pontos de vista.

E ali, do outro lado da fronteira, em Quebec, na cidadezinha de Témiscaming, há uma imagem saída de minha infância: uma imensa montanha feita de serragem. Eu sempre quis escorregar do alto daquela montanha de serragem, até que finalmente consegui e descobri que não parecia areia, seca e escorregadia, mas era úmida e pegajosa, e difícil de tirar das roupas. Foi minha primeira lição sobre a natureza da ilusão.

Passando pela montanha de serragem, depois pelo losango de beisebol, morro acima, você chega ao centro de Témiscaming, que é notável por pelo menos três coisas: um jardim de pedras público que ocupa várias quadras, ainda florido depois de mais de 45 anos; duas estátuas, uma delas em uma fonte, que dão a impressão de que vieram direto da Europa, o que creio que aconteceu; e os excelentes hambúrgueres de preços incrivelmente baixos que você pode comprar no Boulevard Restaurant, onde a decoração, com um Papai Noel de cartolina do ano passado e um peixe empalhado de uns dez quilos, é decididamente típica do norte. Pergunte ao dono sobre o peixe, um lúcio, e ele lhe contará sobre outro duas vezes maior, de vinte quilos, que um amigo lhe mostrou amarrado na caçamba de sua caminhonete.

Você pode ter esta conversa em francês ou em inglês: Témiscaming é uma cidade de fronteira e do norte, e as distinções tornam o lugar tão norte-sul quanto anglo-francês. Por aquelas paragens, você vai ouvir tantas queixas, ou mais, sobre a cidade de Quebec quanto ouvirá sobre Ottawa, que, afinal de contas, fica mais perto. Cuspa no rio e o cuspe vai dar em Ottawa, sabe como é.

Para o norte, Témiscaming é antiga, estabelecida, organizada, tendo até uma aparência meio próspera. Mas teve suas crises. Témiscaming é a personificação da economia dos recursos naturais. Não muito tempo atrás, era uma cidade de uma empresa só, e quando a madeireira foi fechada, o que teria fechado a cidade também, os trabalhadores deram o passo sem precedentes de tentar comprá-la. Com alguma ajuda, eles conseguiram, e o resultado foi a criação da empresa de produtos florestais Tembec, que ainda segue forte. Mas Témiscaming ainda é uma cidade de um só setor econômico, como muitas cidades do norte, e sua existência portanto é precária.

Não muito tempo atrás, a indústria madeireira era um negócio diferente. Os homens entravam nas florestas no inverno, atravessavam o gelo, usando trenós puxados a cavalo, e montavam acampamento. (Você ainda topa com esses acampamentos de lenhadores de vez em quando em suas viagens pelos lagos, abandonados, já parecendo antigos como aquedutos romanos; mais antigos, uma vez que não têm conservação nenhuma.) Eles cortavam seletivamente, uma árvore de cada vez, usando machados, serrotes e as habilidades que eram necessárias para não serem esmagados ou mutilados. Eles deslizavam as árvores para o gelo; na primavera, depois que o gelo derretia, as toras desciam pela corredeira mais próxima até a serraria mais perto.

Agora isso é feito com escavadeiras e caminhões, e o resultado é, com muita frequência, um bombardeio de destruição: cortem tudo, deixem para trás os destroços de galhos mortos facilmente inflamáveis. Tempo é dinheiro. Mas não toquem nas margens da costa, precisamos disso para os turistas. Em alguns lugares, a floresta é apenas uma cortina ao longo da água. Atrás, está tudo oco.

Os que olham pelo lado positivo dizem que isso é bom para os mirtilos.

Às vezes íamos para o outro lado, seguindo para a cidade de Sudbury, as árvores cada vez menores e por fim desaparecendo à medida que nos aproximávamos. Sudbury foi outro lugar mágico de minha infância. Parecia uma viagem interplanetária, o que gostávamos de imaginar, e que na época ainda era só imaginação. Com seus montes de cinzas, pedras e terra árida, parecia a superfície da lua. Naquela época, contamos às crianças, antes dessas modernas máquinas de lavar e secar, quando usávamos uma lavadora antiga e pendurávamos os lençóis em algo chamado varal, quando ainda nem existiam lençóis coloridos, mas eram todos brancos, quando lançaram o primeiro sabão em pó com seu bordão alegre, e Mais Branco que o Branco era o slogan, e o status feminino realmente tinha relação com a roupa lavada, Sudbury era o pesadelo das donas de casa. Conhecíamos gente de lá; o peitoril das janelas de suas casas estava sempre cinza.

Agora as árvores estão começando a voltar porque construíram chaminés mais altas. Mas para onde vai toda essa fumaça agora?

O Acid Rain Dinner [Jantar da Chuva Ácida], no Sheraton Centre de Toronto, em 1985. O primeiro desses eventos para levantar fundos foi bem pequeno. Mas o movimento cresceu e o evento ganhou um peso enorme. Os líderes dos três partidos da província de Ontário estão presentes. Assim como o ministro do meio ambiente representante do governo federal. Estão presentes também inúmeros líderes de trabalhadores, vários capitalistas de alto escalão e representantes de numerosas câmaras de comércio do norte, associações de veranistas, donos de acampamentos para turistas, comerciantes em geral. Ineptos profissionais liberais urbanos, que costumam dizer "francamente" com frequência, estavam lado a lado com caçadores, atiradores, pescadores e ruralistas conservadores grosseiros que não seriam apanhados nem mortos dizendo "francamente". Ali não era um bom lugar para ser entreouvido dizendo que na verdade a chuva ácida não é tão ruim, porque ela elimina toda aquela sujeira marrom e as sanguessugas do lago, ou quem se importa, porque dá para fazer esqui aquático de qualquer jeito. Teddy Kennedy, parecendo um suéter volumoso, é o orador convidado. Todo mundo usando um pequeno broche de lapela dourado no formato de gota de chuva. Parece uma lágrima.

Por que a chuva ácida se tornou o pesadelo coletivo dos canadenses? Por que ela ganhou maior importância, como "boa causa", do que a matança de filhotes de focas? Os motivos não são apenas econômicos, embora existam muitos deles, como o pessoal dos acampamentos de pesca e os guardas florestais podem lhe dizer. É mais do que isso, e tem relação com a indignação provocada pela viagem não solicitada do quebra-gelo estadunidense *Polar Sea* pela Passagem do Noroeste, onde quase nenhum de nós jamais vai. A questão é territorial, em parte; em parte, uma violação sentida de uma área em que nós quase nunca pensávamos, só quando a invadiam ou mexiam com ela. São os vizinhos jogando lixo no seu quintal. É a nossa infância morrendo.

Estando ali, no verão e longe do vidro e do bronze do Sheraton Centre, olhamos nervosos para os nossos lagos. As sanguessugas ainda existem? O lagostim, entre os primeiros ameaçados, já está extinto? (Pensamos em termos de "já".) Os mergulhões canadenses estão se reproduzindo? Vocês viram algum filhote? Algum peixe vairão? E o líquen nas pedras? Esses inventários agora viraram rotina, e é por isso que estamos dispostos a pagar cem dólares o prato no evento para dar apoio a nossos lobistas da chuva ácida em Washington. Um verão sem mergulhões é impensável, mas como explicar o fato às pessoas que não fazem ideia disso porque nunca tiveram mexilhões, para começar?

Estamos passando de carro por Glencoe, nas Terras Altas da Escócia. É imponente, como paisagem: sombria, vasta, descampada, aparentemente vazia. Podemos entender por que os escoceses se adaptaram tão bem ao Canadá. Entretanto, sabemos que os vales e penhascos em volta estão cheios de pelo menos mil pessoas acampadas, alpinistas e outros amantes da natureza; também sabemos que, no final deste vale, os Campbell massacraram os MacDonald no século XVII, levando ambos os clãs a entrarem para a história. Numa caminhada por ali, você encontrará traços da passagem humana; contornos de muros de pedra agora tomados de mato, cacos de sítios abandonados.

Na Europa, cada pedaço de terra foi reclamado, possuído, repossuído, disputado, capturado, com muito sangue derramado. As estradas são a única terra de ninguém. No norte do Canadá, as estradas são a civilização, de propriedade do coletivo humano *nós*. Fora da estrada é *os outros*. Tente caminhar nela e logo descobrirá por que todo o trânsito inicial aqui era feito pela água. "Floresta impenetrável" não é apenas retórica.

E imagine que você sai da estrada. Imagine que se perde. Ficar perdido, em outro local e mais perto da cidade, é não saber exatamente onde se está. Você pode sempre perguntar, mesmo em outro país. No norte, perder-se é não saber como sair.

Você pode se perder em um lago, é claro, mas perder-se na floresta é pior. É emaranhado ali dentro, e escuro, e uma árvore começa a ficar extraordinariamente parecida com outra. As folhas e galhos emitem sons e você começa a se sentir vigiado: não por alguém, nem mesmo por um animal, nem nada que possa nomear, simplesmente vigiado. Começa a se sentir julgado. É como se algo estivesse de olho em você para saber o que fará.

E o que você fará? Em que lado das árvores cresce o musgo, e ali, onde existem samambaias e a terra é úmida, ou mesmo onde é seco como lenha, parece que o musgo cresce em toda parte, ou não cresce em lugar nenhum. Ensinamentos dos escoteiros ou truísmos aprendidos nos acampamentos de verão lhe voltam, mas embaralhados. Você se diz para não entrar em pânico: sempre pode viver do que a terra dá.

Você logo descobre que é mais fácil falar do que fazer. O Escudo Canadense é uma região relativamente sem alimentos, e é por isso que até os indígenas tendem a passar por ela e não formar grandes assentamentos, a não ser onde exista terra arável, e permanecem em número limitado. Ali não é o delta do Mekong. Se você tiver uma arma e conseguir atirar em alguma coisa, talvez, quem sabe um esquilo; mas se estiver perdido, provavelmente não estará armado nem terá uma vara de pescar. Pode comer mirtilos, espigas de taboas, lagostim ou outras iguarias de que se lembra remotamente de histórias de pessoas que se perderam na mata e foram encontradas depois em boa saúde, embora um pouco mais magras. Você pode cozinhar um pouco de cladônia, se tiver fósforos.

Assim, você passar a fantasias sobre como acender um fogo com uma lupa — que você não tem — ou esfregando dois gravetos, uma proeza na qual você suspeita que seria incrivelmente inepto.

A realidade é que não são muitos de nós que sabem como sobreviver no norte. Dizem os boatos que só um prisioneiro de guerra alemão conseguiu, embora muitos tenham conseguido sobreviver em verdadeiros campos de prisioneiros de guerra. O melhor conselho de sobrevivência no norte é: *não se perca*.

Um jeito de olhar uma paisagem é pensar nas maneiras como se costuma morrer nela. Em vista da pior, qual é a pior coisa que pode acontecer? Será delirar por beber água salgada em alto-mar, ressequir no deserto, levar picada de cobra na selva, em maremotos em uma ilha do Pacífico, respirar fumaça vulcânica? No norte, existem vários riscos. Embora você provavelmente esteja muito mais seguro ali do que na via expressa na hora do rush, dadas as probabilidades, ainda assim precisa ter certa cautela.

Como a maioria das lições do gênero, aquelas sobre o norte são ensinadas por regras e exemplos, mas também, o que é mais agradável, por histórias pavorosas que podem servir de lição. Tem a morte causada por borrachudos, aquela sobre um amigo cujos punhos da camisa não eram apertados o suficiente na primavera e, ao tirar a roupa à noite, descobriu que estava todo ensanguentado, aquelas sobre os viajantes perdidos que incharam de tantas picadas e que, quando encontrados, tinham o dobro do tamanho, estavam irreconhecíveis e mortos. Tem a morte por inanição, a morte por animais, a morte por incêndio na floresta; tem a morte por algo chamado "exposição", que costumava me confundir quando ouvia falar de homens que se expuseram: por que eles fariam uma coisa fatal dessas de propósito? Tem a morte por tempestades, que não devem ser subestimadas: no meio do lago, em uma das excessivas tempestades de verão no norte, uma canoa ou um hidroavião é um alvo vulnerável. O norte é cheio de histórias estilo *João Felpudo* sobre pessoas que não seguiram conselhos e foram atingidas por raios. Sobretudo, tem a morte por congelamento e a morte por afogamento. A taxa de perda de calor do corpo na água é vinte vezes maior do que no ar, e os lagos do norte são frios. Mesmo com um colete salva-vidas, mesmo agarrando-se à canoa virada, você corre esse risco. Todo verão o número aumenta.

Toda cultura tem seus mortos exemplares, sua hagiografia de mártires da paisagem, aqueles desafortunados que, pelo triste fim que tiveram, parecem resumir em um único episódio sinistro o que pode estar atrás da próxima pedra espreitando a nós, a todos nós que entramos no território que no passado era deles. Eu diria que dois dos maiores mártires do norte são Tom Thomson, o pintor que foi encontrado misteriosamente afogado perto de sua canoa virada sem nenhuma causa provável à vista, e Albert Johnson, o Caçador Louco do Rio Rat, também misterioso, que foi tão acossado pela Polícia Montada que matou um policial e atirou em outros dois durante uma espantosa caçada de inverno antes de finalmente ser baleado e morto. Quando contamos essas histórias, o mistério é um elemento fundamental. Assim como é fundamental, estranhamente, a unicidade presumida com a paisagem em questão. O Caçador Louco conhecia tão bem a paisagem que sobreviveu nela por semanas, vivendo da terra e contando com os cadarços das botas para evitar seus perseguidores. Nas entrelinhas dessas histórias há um alerta: talvez não seja tão bom chegar perto *demais* da Natureza.

Lembro de um documentário sobre o pintor Tom Thomson que terminava, de forma ameaçadora, com a afirmação de que o norte o tomou para si. Isso naturalmente era uma falácia ridícula que caiu no esquecimento, mas era também um comentário sobre nossa desconfiança do mundo natural, uma desconfiança que permanece, apesar de nossos protestos, nossos estudos da ética da ecologia, nossa promoção do "meio ambiente" a uma expressão sagrada, nossas campanhas de "salvem as árvores". A questão é: as árvores nos salvariam, se pudessem? A água, as aves, as rochas nos salvariam? No norte, temos nossas dúvidas.

Estou com um grupo sentado à mesa no que agora é um chalé de verão na Baía Georgiana. Antigamente era uma casa, construída por um habitante local para sua família, que por fim totalizou onze filhos, depois que eles já tinham excedido o espaço dessa casa e se mudado para outra. O fogão a lenha original ainda está na casa, mas há também algumas lâmpadas elétricas e um fogão a gás, que vieram após o final dos velhos tempos. Nos velhos tempos, esse homem de algum jeito conseguia arrancar todo o seu sustento da terra: um pouco disto, um pouco daquilo, alguma pesca aqui, alguma madeira ali, alguma caça no outono. Isso era na época em que se atirava para comer. *Arrancar* é uma palavra adequada: não há muita coisa aqui entre o solo e as pedras.

1982-1989

Estamos sentados à mesa e comemos peixes, entre outras coisas, pescados pelas crianças. Alguém fala nos mexilhões: ainda existem muitos, mas quem sabe o que há neles agora? Mercúrio, chumbo, coisas assim. Mordiscamos o peixe. Alguém me diz para não beber a água da torneira. Já bebi. "O que vai acontecer?", pergunto. "Provavelmente nada", respondem. "Provavelmente nada" é uma frase relativamente recente por aqui. Nos velhos tempos, você comia o que parecesse comestível.

Estamos falando dos velhos tempos, como as pessoas costumam fazer quando saem das cidades. Quando exatamente os velhos tempos terminaram? Porque sabemos que terminaram. Os velhos tempos terminaram quando o mais jovem de nós tinha dez, quinze ou vinte anos; os velhos tempos terminaram quando o mais velho de nós tinha cinco, doze ou trinta. Superbarcos com cascos de plástico não são dos velhos tempos, mas motores de popa de dez cavalos, *circa* 1945, são. Há um antigo refrigerador na varanda dos fundos, agora sem uso, um modelo utilitário simples de madeira, com a câmara gelada na parte superior, as prateleiras de metal na inferior. Todos vamos admirá-lo. "Eu me lembro dos velhos refrigeradores", digo, e de fato me lembro vagamente deles, eu devia ter uns cinco anos. Que parte de nosso lixo cotidiano — nossas torradeiras, nossos computadores de bolso — logo ficará obsoletas e, portanto, comovente? Quem ficará olhando para eles e admirando seu desenho e funcionalidade como fazemos com esse refrigerador? "Então isto era um *assento de privada*", pensamos, ensaiando o futuro. "Ah! Uma *lâmpada*", as sílabas antigas estranhas em nossa boca.

As crianças concluíram algum tempo atrás que toda essa conversa é chata e perguntaram se podiam ir nadar no píer. Elas podem, mas precisam ficar atentas, porque aqui é um lugar estreito e lanchas passam voando, nem sempre reduzindo a velocidade. Desperdício de combustível, diriam nos velhos tempos. Ninguém na época ia a lugar algum por prazer, havia a guerra, e a gasolina era racionada.

"Ah, *aqueles* velhos tempos", diz alguém.

Lá se vai uma lancha agora, puxando um homem ajoelhado em uma espécie de prancha, parecendo ter sofrido um acidente horrível, ou prestes a sofrer um. Isso deve ser uma variedade moderna de esqui aquático.

"Lembra do Klim?", digo. As crianças passam, arrastando toalhas.

"O que é Klim?", uma delas pergunta, atraída pelo som de era espacial da palavra.

"Klim era 'milk' dito de trás para a frente", respondo. "Era leite em pó."

"Eca", dizem elas.

"Não era igual ao de agora", digo. "Era leite integral, não desnatado; não era instantâneo. Era preciso bater com um batedor de ovos." E mesmo assim parte dele não se dissolvia. Uma das delícias de infância eram os pequenos nódulos de Klim puro e seco que flutuavam em nosso leite.

"Também tinha o Pream", diz alguém. O creme pronto para colocar no café. Como parecia revolucionário.

As crianças descem para correr seus riscos na água motorizada e perigosa. Talvez, muito mais tarde, elas venham a se lembrar de nós sentados à mesa, comendo peixe que elas mesmas pescaram, quando ainda se podia (o quê? Pescar? Ver uma árvore? Que desolações estão à nossa espera, depois dos cascos de plástico e dos esquiadores ajoelhados?). Então nós seremos os velhos tempos, o delas. Quase já estamos lá.

Uma parte diferente do norte. Estamos à mesa, à luz de lampião — ainda são os velhos tempos aqui, sem eletricidade —, falando de maus caçadores. Maus caçadores, maus pescadores, todo mundo tem uma história. Você dá de cara com um acampamento, em algum canto afastado, sem estradas para o lago, eles devem ter vindo de hidroavião, e lá está, lixo por todo lado, latas de cerveja, fezes humanas com papel higiênico se desmanchando e vinte e dois peixes que ficaram apodrecendo em uma pedra. Executivos de empresas, que chegam em aviões durante a temporada de caça com seus rifles de alta potência, atiram em um cervo, cortam a cabeça, cumprem sua cota, veem outro com chifres maiores, largam a primeira cabeça, cortam a segunda. A floresta está coberta de cabeças descartadas, e quem liga para os corpos?

Uma nova forma de atirar em ursos-polares: coloca-se os nativos na área para encontrá-los, depois eles mandam a localização por rádio ao acampamento-base, o acampamento-base telefona para Nova York, o sujeito entra no avião, chega até lá voando, tem o rifle e as roupas esperando por ele, é levado por ar até os ursos, o sujeito aperta o gatilho do avião, nem mesmo sai da porcaria do *avião*, é levado de volta, os outros cortam a cabeça do urso, esfolam, mandam a coisa toda para Nova York.

Essas são as histórias de terror do norte, uma marca. Substituem aquelas em que você é atacado por um carcaju, ou tem o braço mastigado por uma ursa com filhotes, ou é perseguido no lago por um alce no cio, ou até aquelas em que seu cachorro morde um porco-espinho ou rola em hera venenosa e passa para você. Nas novas histórias, os inimigos e as vítimas dos velhos tempos trocaram de lugar. A Natureza não é mais implacável, perigosa, pronta para atacá-lo; ela está em fuga, perseguida por vários agressores injustos com a mais recente tecnologia.

Uma das peças-chave dessas histórias é o *hidroavião*. Essas atrocidades, esse banditismo, não seriam possíveis sem eles, porque os maus caçadores têm músculos notoriamente fracos e são considerados incapazes de transportar uma canoa, que dirá remar.

Entre suas outras ruindades, eles são cheios de frescura. Outro tema importante é o dinheiro. O que o dinheiro compra hoje em dia, entre outras coisas, é o privilégio de uma matança sem riscos.

    Quanto a nós, que contamos essas histórias, dando muxoxos à luz do lampião, somos os bons caçadores, ou assim pensamos. Desistimos de dizer que só matamos para comer; comidas pré-prontas e liofilizadas destruíram esses planos. Na verdade, não há desculpas para nós. Porém, ainda nos restam algumas virtudes. Ainda conseguimos apanhar uma mosca. Não cortamos cabeças e as penduramos, empalhadas, na parede. Jamais compraríamos um casaco de pele de jaguatirica. Remamos nossas próprias canoas.

Estamos sentados no píer à noite, tremendo apesar dos suéteres, em meados de agosto, olhando o céu. Há algumas estrelas cadentes, como sempre nesta época em agosto, quando a Terra passa pelas Perseidas. Nós nos orgulhamos de saber algumas coisas assim, sobre o céu; avistamos a Ursa Maior, a Estrela Polar, Cassiopeia, e falamos de consultar uma carta celeste, que sabemos que não consultaremos de verdade. Mas esse é o único lugar em que você realmente pode *ver* as estrelas, dizemos uns aos outros. As cidades são um caso perdido.

    De súbito, aparece uma luz estranha, muito veloz. Descreve espirais como um fogo de artifício, depois explode, deixando uma nuvem de poeira luminosa, apanhada talvez na luz do sol, ainda em algum lugar lá no alto. O que pode ser? Vários dias depois, ficamos sabendo que era parte de um satélite soviético extinto, ou foi o que disseram. E o que diriam, não é? Concluímos que não sabemos mais muita coisa sobre o céu noturno. Tem todo tipo de lixo por lá: aviões espiões, velhos satélites artificiais, latas, matéria sintética que vaga descontrolada. Também nos ocorre que, para ter esse conhecimento, somos totalmente dependentes de algumas pessoas que não nos contam muita coisa.

Antigamente, pensávamos que se o balão chegasse a subir iríamos para a floresta e nos esconderíamos ali, vivendo — supúnhamos ingenuamente — do que a terra dá. Agora sabemos que se as duas superpotências começarem a atirar coisas uma na outra pelo céu provavelmente farão isso pelo Ártico, com explosões e precipitações radioativas por todo o norte. O vento sopra para todo lado. Ter equipamento de sobrevivência e saber que vegetação é comestível não será de grande ajuda. O norte não é mais um refúgio.

Na volta de carro a Toronto, vindo de Near North, uma pequena reprise passa em minha cabeça:

> Land of the septic tank,
> Home of the speedboat,
> Where still the four-wheel-drive
> Wanders at will,
> Blue lake and tacky shore,
> I will return once more:
> Vroom-diddy-vroom-vroom
> Vroom-diddy-vroom-vroom
> Vroo-OO-oo-oom[3]

De certa forma, assim como dirigir para o norte inspira saga e tragédia, dirigir para o sul inspira paródia. E lá vêm: as lojas de suvenires com formato de tenda tipi, os empórios de xarope de bordo construídos imitando as antigas cabanas produtoras do xarope; e, mais para o sul, os restaurantes que fingem oferecer produtos orgânicos, as lojas que fingem ser armazéns, vendendo *quilts*,

---

[3] Terra da fossa séptica,/ Lar da lancha veloz,/ Onde carros quatro-por-quatro/ Ainda passeiam à vontade,/ Lago azul e viscosos litorais,/ Eu voltarei uma vez mais;/ Vroom--diddy-vroom-vroom/ Vroom-diddy-vroom-vroom/ Vroo-OO-oo-oom.

sabonetes em forma de coração, conservas caras e ornamentadas com tampas forradas de tecido preguedo, como se deve supor ternamente que a vovó (quem quer que seja) tenha feito.

E lá vêm os conjuntos habitacionais, hectares de terras férteis convertidas da noite para o dia em "moradias de tijolinhos de alta qualidade para a sua família"; depois vêm os Parques Industriais; e ali, em pleno antiflorescimento, está a cidade em si, agigantando-se como uma miragem ou uma zona de guerra química no horizonte. Uma poluição acinzentada paira acima dela e pensamos, como sempre pensamos quando estamos diante de nossa reentrada naquela atmosfera, vamos entrar *nisso*? Vamos respirar *isso*?

Mas seguimos em frente, como sempre fazemos, para o que agora é para nós o desconhecido. E depois que entramos, respiramos o ar, nada de muito ruim nos acontece, nem percebemos. É como se nunca tivéssemos estado em outro lugar. Mas é o que pensamos também quando estamos no norte.

7
ASSOMBRADA POR SEUS PESADELOS

AMADA
DE TONI MORRISON

AMADA É O quinto romance de Toni Morrison e outro triunfo. De fato, a versatilidade e a amplitude técnica e emocional de Morrison parecem ilimitadas. Se havia alguma dúvida a respeito de sua estatura como uma proeminente romancista estadunidense, de sua própria geração ou de qualquer outra, *Amada* dá um ponto final a ela. Em poucas palavras, é de arrepiar.

Em *Amada*, Morrison afasta-se da cena contemporânea que vinha sendo sua preocupação ultimamente. Esse novo romance é ambientado depois do final da Guerra Civil, no período da chamada Reconstrução, quando muita violência aleatória caiu sobre os negros, tanto escravizados libertos pela Emancipação como outros que receberam ou compraram sua liberdade antes. Mas há flashbacks de um período mais distante, quando a escravidão ainda era uma preocupação contínua no Sul e as sementes para os eventos bizarros e calamitosos do romance foram plantadas. O cenário é dividido de igual forma: a área rural próxima de Cincinnati, onde os personagens principais foram parar, e uma *plantation* escravagista no Kentucky, ironicamente chamada de Doce Lar, da qual eles fugiram dezoito anos antes do início do romance.

São muitas as histórias e vozes nesse romance, mas a central pertence a Sethe, uma mulher de trinta e poucos anos que mora em uma fazenda no Ohio com a filha, Denver, e a sogra Baby Suggs.

Amada é um romance tão coeso que é complicado discuti-lo sem entregar a trama, mas deve-se dizer já de saída que ele é, entre outras coisas, uma história de fantasmas, pois a casa de fazenda também é lar de um fantasma triste, malicioso e colérico, o espírito da filha bebê de Sethe, que teve a garganta cortada em circunstâncias horripilantes dezoitos anos antes, quando tinha dois. Nunca sabemos o nome completo da filha, mas pensamos — assim como Sethe — nela como Amada, porque está assim em sua lápide. Desde o serviço fúnebre, Sethe queria a inscrição "Querida Amada", mas só teve condições para pagar por uma palavra. O pagamento foi dez minutos de sexo com o gravador de lápides. Esse ato, contado no início do romance, é a tônica dominante do livro todo: no mundo da escravidão e da pobreza, onde seres humanos são mercadorias, tudo tem seu preço, e o preço, é tirânico.

"Quem imaginaria que uma bebezinha de tanto tempo atrás pudesse ainda nutrir tanta fúria?", pensa Sethe, mas ela nutre; quebrando espelhos, deixando marcas de mãozinhas na cobertura do bolo, quebrando pratos e manifestando-se em poças de luz vermelha como sangue. Na abertura do romance, o fantasma está de plena posse da casa, após afugentar os dois filhos jovens de Sethe. A velha Baby Suggs, depois de uma vida inteira de escravidão e uma breve pausa de liberdade — comprada para ela pelo trabalho dominical do filho Halle, marido de Sethe —, desistiu e morreu. Sethe vive com suas lembranças, quase todas ruins. Denver, a filha adolescente, corteja a bebê fantasma porque, como a família é ostracizada pelos vizinhos, não tem com quem brincar.

O elemento sobrenatural é tratado não no estilo "vou fazer você tremer dos pés à cabeça" de *Horror em Amityville*, mas com um caráter prático magnífico, como o fantasma de Catherine Earnshaw em *O morro dos ventos uivantes*. Todos os personagens principais do livro acreditam em fantasmas, assim é natural que aquele esteja ali. Como diz Baby Suggs: "Não tem uma só casa nesta terra que não esteja abarrotada até as vigas do teto com o sofrimento de um negro morto. Sorte a nossa que o fantasma é um bebê. Se o espírito do meu marido volta para cá? Ou o do seu? Não me venha com essa conversa. Você tem sorte." Na verdade, Sethe prefere ter o fantasma ali do que não ter. Afinal, é sua filha adorada, e qualquer sinal dela, para Sethe, é melhor do que nada.

Esse equilíbrio doméstico grotesco é perturbado pela chegada de Paul D., um dos "homens da Doce Lar" do passado de Sethe. Os homens da Doce Lar eram os escravos do estabelecimento. Seu senhor, Garner, não era do tipo cruel como Simon Legree, o vilão do livro *A cabana do pai Tomás*; em vez disso, era um escravagista mais indulgente dentro das circunstâncias, tratando bem sua "propriedade", confiando neles, permitindo-lhes o direito de escolha na administração de sua pequena *plantation* e os chamando de "homens" em desafio aos vizinhos, que queriam que todos os homens negros fossem chamados de "meninos". Mas Garner morre, e a fraca e adoentada Sra. Garner chama para ser capataz da *plantation* seu parente homem mais capacitado, que é conhecido como "o professor". Esse protótipo de Goebbels combina crueldade com pretensões intelectuais; é uma espécie de defensor da raça superior que mede a cabeça dos escravos e registra os resultados para demonstrar que eles são mais animais do que gente. Acompanham-no seus dois sobrinhos sádicos e repulsivos. A partir daí tudo vai ladeira abaixo na Doce Lar, enquanto os escravizados tentam fugir, enlouquecem ou são assassinados. Sethe, em uma jornada árdua que faz a cena de fuga pelos blocos de gelo de *A cabana do pai Tomás* parecer um passeio no quarteirão, consegue fugir por pouco; o marido, Halle, não. Paul D. foge, mas há algumas aventuras desagradáveis pelo caminho, inclusive uma temporada literalmente nauseante em uma prisão de serviços forçados da Geórgia do século XIX.

* * *

Através das diferentes vozes e rememorações do livro, inclusive a da mãe de Sethe, uma sobrevivente da ignominiosa travessia do navio negreiro, experienciamos a escravidão norte-americana, como foi vivida por aqueles que foram seus objetos de troca, em seus melhores momentos — que não foram muito bons — e nos piores, que são tão ruins quanto se possa imaginar. Sobretudo, é vista como uma das instituições antifamília mais violentas que os seres humanos já produziram. Os escravos não têm mãe, não têm pai, são privados de seus parceiros, dos filhos, dos parentes. É um mundo em que as pessoas de repente desaparecem e nunca mais são vistas, não por acidente, operação secreta ou terrorismo, mas como uma questão de política legal cotidiana.

A escravidão também nos é apresentada como um paradigma de como a maioria das pessoas se comporta quando lhes dão poder absoluto sobre os outros. O primeiro efeito, naturalmente, é de que comecem a acreditar na própria superioridade e justifiquem seus atos com ela. O segundo efeito é o de transformar em um culto a inferioridade das pessoas que subjugam. Não é coincidência que o primeiro dos pecados capitais, ao qual todas as outras pessoas devem resistir, seja o Orgulho, um pecado de que Sethe, aliás, é acusada.

Em um romance repleto de corpos negros — decapitados, enforcados em árvores, queimados até esturricar, trancados em barracões para serem estuprados, ou boiando correnteza abaixo, afogados —, não é de surpreender que "os brancos", em particular os homens, não sejam bem-vistos. Crianças negras apavoradas veem os brancos como homens "sem pele". Sethe pensa que eles têm "dentes limosos" e está disposta, se necessário, a arrancar a cara deles a dentadas, e coisas piores, para não sofrer mais atrocidades de sua parte. Há uns poucos brancos que se comportam com algo que se aproxima da decência. Tem Amy, a jovem criada fugida que ajuda Sethe no parto durante sua fuga para a liberdade, e incidentalmente lembra ao leitor de que o século XIX, com sua mão de obra infantil, escravidão do salário e violência doméstica generalizada e aceita, não foi difícil só para os negros, mas para todos, excetos os brancos mais privilegiados. Há também abolicionistas que ajudam Baby Suggs a encontrar uma casa e um emprego depois de ser libertada. Mas até a decência desses brancos "bons" tem um lado mesquinho, e mesmo eles têm problemas para ver as pessoas que estão ajudando como seres humanos, embora mostrá-los como totalmente livres de xenofobia e senso de superioridade teria sido anacronismo.

Toni Morrison tem o cuidado de não caracterizar todos os brancos como pavorosos e todos os negros como maravilhosos. Os vizinhos negros de Sethe, por exemplo, têm suas próprias invejas e tendências a encontrar bodes expiatórios, e Paul D., apesar de muito mais gentil do que, por exemplo, os agressores de mulheres do romance de Alice Walker, *A cor púrpura*, tem suas próprias falhas e limitações. Mas, considerando tudo por que passou, é um espanto que ele não seja um assassino em massa. Na verdade, ele é até amável demais, levando em conta as circunstâncias.

No capítulo um, que se passa no presente, Paul D. e Sethe fazem uma tentativa de formar uma família "de verdade", e a bebê fantasma, ao sentir-se excluída, demonstra uma fúria violenta, mas é expulsa pela vontade mais forte de Paul D. Pelo menos assim parece. Porém, surge depois uma estranha jovem bonita, real, de carne e osso, de uns vinte anos, que não parece se lembrar de onde vem, fala como uma criancinha, tem uma voz estranha e áspera e não tem linhas nas palmas das mãos, demonstrando um interesse intenso e devorador por Sethe, e dizendo que seu nome é Amada.

Quem estuda o sobrenatural ficará encantado de ver como essa reviravolta na história é manejada. Morrison mistura um conhecimento do folclore — por exemplo, em muitas tradições, os mortos só podem voltar do túmulo se chamados, e são as paixões dos vivos que os mantêm vivos — com uma abordagem bastante original. O leitor fica conjecturando; há muito mais em Amada do que qualquer outro personagem pode ver, e ela consegue ser muitas coisas para várias pessoas. Ela é um catalisador para revelações, assim como para autorrevelações; por ela, passamos a saber não só como, mas por que a criança Amada original foi morta. E por ela também Sethe chega, enfim, a sua própria forma de autoexorcismo, a paz de sua autoaceitação.

Amada é escrito em uma prosa antiminimalista que é alternadamente rica, elegante, excêntrica, brusca, lírica, sinuosa, coloquial e muito direta. Aqui, por exemplo, está Sethe lembrando-se da Doce Lar:

> [...] de repente lá estava a Doce Lar se desenrolando, desenrolando, desenrolando diante de seus olhos, e embora não houvesse uma folha sequer naquela fazenda que não lhe desse ganas de gritar, a Doce Lar se desenrolava na sua frente com desavergonhada beleza. Nunca parecia tão terrível como era, o que a fazia imaginar se o inferno também seria um lugar bonito. Fogo e enxofre, é verdade, mas ocultos em bosques fechados. Meninos pendurados nos mais belos sicômoros do mundo. Deu-lhe vergonha — lembrar-se mais das maravilhosas árvores sussurrantes do que dos meninos. Por mais que ela tentasse evitar, os sicômoros sobrepujavam as crianças sempre, e ela não perdoava a sua memória por isso.

Nesse livro, o outro mundo existe e a magia funciona, e a prosa está à altura disso. Se você acreditar na primeira página — e a autoridade verbal de Morrison impele a crença —, é arrebatado pelo restante.

* * *

A epígrafe de *Amada* vem da Bíblia, Romanos 9:25: "Chamarei meu povo ao que não era meu povo; e amada à que não era amada." Em si, isso pode parecer favorecer a dúvida sobre, por exemplo, até que ponto Amada foi realmente amada, ou até que ponto a própria Sethe foi rejeitada por sua comunidade. Mas há mais do que isso. A passagem é de um capítulo em que o apóstolo Paulo pondera, como Jó, os caminhos de Deus para a humanidade, em particular as maldades e iniquidades visíveis em toda parte da terra. Paulo passa a falar do fato de que os gentios, até então desprezados e proscritos, agora foram redefinidos como aceitáveis. A passagem proclama não a rejeição, mas a reconciliação e a esperança. E continua: "E sucederá que no lugar em que lhes foi dito, Vós não sois meu povo; aí serão chamados filhos do Deus vivo."

Toni Morrison é inteligente demais e uma escritora grande demais para não ter tencionado esse contexto. Ali está, se é que está, seu próprio comentário sobre os acontecimentos relatados no romance, sua resposta final à mensuração, divisão e exclusão dos "professores" deste mundo. Uma epígrafe de um livro é como uma armadura de clave na música, e *Amada* é escrito em tom maior.

8
POSFÁCIO

A JEST OF GOD
DE MARGARET LAURENCE

Ainda tenho meu primeiro exemplar de *A Jest of God*. Na verdade, é a primeira edição, com um formato médio, em um papel de qualidade não muito boa, sobrecapa discreta, fundo marrom, borda verde formal, sem ilustração. Ganhei de Natal em 1966, de meus pais, que souberam, com certa apreensão, que eu queria ser escritora e fizeram o máximo me dando um livro de uma das poucas escritoras canadenses que eles (ou qualquer outra pessoa) conheciam na época. Eu fazia pós-graduação em literatura inglesa na Universidade de Harvard. Li o livro de uma sentada.

Eu já havia lido outro romance de Margaret Laurence, *The Stone Angel*, colocado nas minhas mãos por Jane Rule quando morava em Vancouver. O livro me impressionou bastante, para falar o mínimo. Então, quando li *A Jest of God* avidamente, foi em parte para saber se o impacto do primeiro poderia ser repetido.

Pôde. Porém, falarei mais disso em breve.

Quatro meses depois, fui notificada por telefone que havia conquistado o Governor General's Award de Poesia por meu primeiro livro, *The Circle Game*, lançado no outono. A princípio, pensei que o anúncio fosse um equívoco ou uma brincadeira. Quando se revelou verdadeiro, a felicidade se instaurou — eu estava completamente falida e o dinheiro serviria por um bom tempo —, e depois veio o pânico. Meu guarda-roupa na época consistia em saias de tweed, cardigãs escuros com bolinhas de lã e mocassins cinza, todos adequados para estudantes de pós-graduação, mas nada apropriados para o jantar formal da cerimônia. Com que roupa eu iria?

Pior ainda, o que eu diria a Margaret Laurence, vencedora do Governor General's Award de Ficção naquele ano por *A Jest of God*? Eu tinha examinado a fotografia austera e bonita dela na orelha da sobrecapa do livro e concluí que ninguém, exceto Simone de Beauvoir, teria tal poder de me reduzir a uma gelatina trêmula. Eu estava assombrada com seu talento, mas também tinha medo do seu penteado. Ela era uma pessoa séria, que emitiria julgamentos: os mais desfavoráveis, a meu respeito. Um zás daquele intelecto e eu seria esmagada como um inseto.

Minhas duas colegas de quarto em Harvard me deram uma mão. Elas não sabiam o que era o Governor General's Award, mas não queriam que eu desapontasse. Colocaram uns bobes no meu cabelo, depois fizeram um penteado e me emprestaram um vestido. Eu ainda estava me adaptando a novas lentes de contato e elas foram inflexíveis a esse respeito: eu tinha que usar as lentes na noite de gala, nada de óculos com armação de tartaruga.

A cerimônia e o jantar que se seguiu foram mais longos do que eu esperava e, no final do primeiro prato, comecei a chorar. Eram as lentes: eu ainda não tinha desenvolvido o truque de retirá-las sem usar o espelho. Os dois cavalheiros de Quebec que me ladeavam acharam que eu estava tomada pela emoção e foram solícitos. Fiquei sentada ali em um frenesi de constrangimento, com lágrimas escorrendo dos olhos, perguntando-me como poderia fugir com decência. Assim que a apresentação foi concluída, corri ao toalete como Cinderela fugindo do baile.

E quem estava lá senão Margaret Laurence? Estava de preto e dourado, mas sua atitude não foi nada do que eu havia previsto.

POSFÁCIO: *A JEST OF GOD*

Foi calorosa, simpática e solidária. Também estava mais trêmula e nervosa do que eu.

Foi um momento digno de Rachel Cameron, aquele avatar de inadequação social e constrangimento pessoal. Como Rachel, eu me fiz de idiota; também como Rachel, recebi minha parcela de gentileza de uma fonte inesperada.

Por mais que eu admire outros livros de Margaret Laurence, *A Jest of God* tem um lugar especial para mim. Talvez porque, quando o li, eu estivesse na idade certa para valorizar a habilidade que está por trás de sua aparente despretensão artística. Alguns anos antes, talvez eu tivesse preferido o mais visivelmente artístico, o mais abertamente experimental. Talvez eu tivesse rejeitado sua simplicidade de maçã em favor de algo mais barroco ou — sejamos francos — mais existencial e francês.

Do jeito que foi, eu o achei um livro quase perfeito, no sentido de que cumpria o seu propósito, sem faltas nem excessos. Como um poço, ele cobre uma área pequena, mas desce bem fundo. Certa vez ouvi um escritor norueguês descrever o trabalho de outro autor como "um ovo em forma de livro". *A Jest of God* também é um ovo em forma de livro — simples, autocontido, elegante na forma, guardando em si o essencial da vida.

Essa vida é a de Rachel Cameron, que divide com vários protagonistas de Laurence um sobrenome escocês e um nome bíblico. Sua homônima, porém, não é a Raquel da saga de Jacó e Lia no Gênese, mas aquela de Jeremias 31:15: "Raquel chora por seus filhos e recusa ser consolada, porque os seus filhos já não existem." Como várias das ficções de Margaret Laurence, em particular as relacionadas com os habitantes da cidade de Manawaka, a história de Rachel é contada em primeira pessoa e é a de uma mulher que está aprisionada, em parte por si mesma. Mas aquela prisão ali é menor e mais trancada do que qualquer outra. Hagar, a personagem de *The Stone Angel*, vai para Vancouver, assim como a personagem Stacey, de *The Fire-Dwellers*; Morag Gunn, de *The Diviners*, viaja para ainda mais longe, para Toronto e também para a Inglaterra. Mas além de sua ida ao hospital, nunca vemos Rachel em lugar nenhum exceto em sua cidade natal: sua fuga para a liberdade no final do livro existe principalmente no tempo futuro. É tão difícil Rachel sair de sua prisão porque ela é feita principalmente de virtudes frustradas: devoção filial, sacrifício pessoal, a preocupação com as aparências defendida por São Paulo, um senso de dever, o desejo de não magoar os outros e o desejo de ser amada. Pode ser difícil nos lembrarmos agora de que Rachel não é nenhuma aberração, apenas a epítome de como eram educadas as boas meninas da época. Ir contra esses pressupostos sociais opressores, autoafirmar-se, como Rachel por fim faz, requer bastante coragem e uma boa dose de desespero. O desespero e a coragem são os dois polos magnéticos desse livro, que começa com o primeiro e chega no segundo.

O desespero é transmitido pela tessitura da prosa, a precisão dos detalhes físicos. O monólogo interno de Rachel é, em si, uma pequena obra-prima, escrito com uma linguagem que alterna coloquialidade, despojamento, concisão e ironia, gracejos, autoescarnecimento, e carregada de irritabilidade nervosa e da eloquência de salmos. Há também pequenas descrições domésticas inteiramente críveis, inteiramente secundárias e inteiramente apavorantes da vida claustrofóbica de Rachel com sua mãe doce, enervante e hipocondríaca, que toca a culpa como se fosse um violino: o horror dos sanduíches de aspargos nas noites de bridge, a podridão monstruosa da bolsa de água quente que Rachel desencava em sua febril experimentação sexual. Qualquer romancista escrevendo um realismo desses precisa entrar bem em tais detalhes ou toda a ilusão se desfaz. Em *A Jest of God*, Laurence não dá um passo sequer em falso.

POSFÁCIO: *A JEST OF GOD*

Estranhamente, para um romance sobre o que costumavam chamar de solteirona, *A Jest of God* é estruturado quase inteiramente em torno de crianças, e o fluxo de tempo e emoção passa em torno delas; assim como em torno de mães e da maternidade, de pais e da paternidade, e dos relacionamentos, em geral intercambiáveis, entre aquelas que são mães e têm mães, aquelas que dão e recebem cuidados e conforto. A falsa gravidez de Rachel é um sinal ambíguo da lição que ela virá a aprender: como ser mãe, acima de tudo para si mesma, uma vez que a verdadeira maternidade lhe foi negada.

Rachel Cameron começa quando criança, ainda presa nos tempos das canções que ouve as garotinhas entoando pela janela aberta da sala de aula, ainda bancando a filha zelosa com uma mãe que a trata como se ela não tivesse crescido. Aos 34 anos, ela chega à adolescência desajeitada, em agonia com sua aparência e sexualidade, passando por uma paixão dolorosa e não correspondida. Mas termina como adulta, depois de perceber a infantilidade da própria mãe e, assim, sua incapacidade de proporcionar segurança emocional, depois de aceitar os riscos inerentes de estar viva, depois de assumir seu verdadeiro lugar no tempo: "A meu lado dorme minha filha idosa... o que acontecerá? O que acontecerá. Pode ser que meus filhos sejam sempre temporários, nunca permaneçam. Mas todos os filhos são assim."

Relendo *A Jest of God* mais uma vez, fiquei feliz por constatar o pouco que ficou datado. Parte dos costumes sociais e repressões sexuais pode ter desaparecido, mas as expectativas impostas às mulheres, embora com uma roupagem diferente, ainda estão presentes – beleza física perfeita, completa autoconfiança, dedicação angelical e abnegada de uma forma ou de outra. O que Rachel tem a nos oferecer agora, como leitoras, é algo que ainda precisamos saber: como reconhecer nossas limitações humanas e necessárias, nossa própria inépcia. Como dizer tanto Não quanto Sim.

PREFÁCIO

THE CANADIAN GREEN CONSUMER GUIDE

Atualmente, a maioria das pessoas já sabe que estamos em perigo.

Tomamos conhecimento do afinamento da camada de ozônio, do efeito estufa, da chuva ácida, da destruição das florestas, terras aráveis e água potável do mundo. Corremos um risco enorme: se não fizermos algo a respeito, o resultado pode ser devastador como o de uma catástrofe nuclear global. Enfim percebemos que não podemos continuar a jogar substâncias químicas tóxicas e lixo na água, no ar e na terra deste planeta sem acabarmos matando o planeta e a nós mesmos — porque tudo que comemos, bebemos e cultivamos tem sua fonte definitiva no mundo natural.

Porém, a maioria das pessoas não sabe o que fazer. Diante de um problema global de tal envergadura, sentem-se impotentes. Mas embora o problema seja global, as soluções devem ser locais. Se não começarmos por algum lugar, jamais começaremos. Uma ausência de pequenos começos vai acelerar o fim.

Durante a Depressão e a guerra, a conservação era um estilo de vida. Não era chamada por esse nome. Dizia-se "poupar", "economizar" ou "fazer racionamento". As pessoas poupavam coisas e as reutilizavam porque a matéria-prima era cara ou escassa. Elas guardavam barbante, elásticos, banha de porco, jornais, latas e garrafas de vidro, roupas velhas. Faziam coisas novas a partir das

PREFÁCIO: *THE CANADIAN GREEN CONSUMER GUIDE*

antigas; meias eram cerzidas, viravam colarinhos do avesso. Cultivavam hortas caseiras. "Sem desperdiçar, não vai faltar" era o seu lema.

E então veio o fim da guerra, uma nova riqueza e a Sociedade do Descartável. Fomos estimulados a gastar e desperdiçar; faria bem à economia. Jogar fora as coisas passou a ser um luxo. Nós cedemos.

Não podemos mais bancar nossos hábitos perdulários. É a Volta ao Básico, a hora de um retorno aos Três Rs.: *Reduzir. Reutilizar. Reciclar. Recusar*, também, comprar produtos poluentes e *repensar* seu comportamento. Por exemplo, usar menos energia: cortar despesas e aumentar os lucros, e evitar aumento de impostos. Secar as roupas em um varal: vai umidificar a sua casa e reduzir a conta de água. Deixe o excesso de embalagens na loja: que *ela* se desfaça disso. Os fabricantes receberão a mensagem bem rápido, não só de você, mas de varejistas descontentes. Comece uma composteira. Vote em políticos com os melhores programas ambientalistas. Escolha não descartáveis: barbeadores com lâminas de verdade em vez de plástico descartável, canetas-tinteiro em vez das esferográficas. Compre verduras e legumes orgânicos; faça isso usando um cesto de compras, assim não terá de levar para casa todos aqueles irritantes sacos plásticos que se acumulam debaixo da pia. Procure por rótulos com país de origem em todos os alimentos, assim você saberá que não está comendo a floresta tropical amazônica destruída a cada dentada no hambúrguer.

O controle da poluição, assim como a caridade, deve começar em casa. É verdade que as indústrias são as maiores poluidoras, mas as indústrias, em última análise, são impelidas pelo mercado e, portanto, pelos consumidores. Se um número suficiente de nós se recusar a comprar produtos poluentes, os fabricantes sairão do mercado. Mesmo uma porcentagem pequena mudando seus padrões de consumo pode fazer a diferença entre o lucro e a perda.

Este é um tempo de guerra. Neste momento, estamos perdendo, mas é uma guerra que ainda podemos vencer, com alguma sorte, muita boa vontade e muitas e ótimas decisões inteligentes. Este livro é um guia para algumas destas decisões. Embora tratem de objetos familiares, cotidianos e de aparência inofensiva, são, em última análise, a escolha entre a vida e a morte.

E a escolha é sua.

10
ÓTIMAS TIAS

Tia J., minha terceira tia e a mais nova delas, levou-me à minha primeira conferência de escritores. Isso foi em Montreal, em 1958, quando eu tinha dezoito anos. Eu já havia escrito uma série de poemas impressionantes; pelo menos, eu fiquei impressionada com eles. Falavam de folhas mortas, latas de lixo, guimbas de cigarro e xícaras de café. Eu havia caído na emboscada de T. S. Eliot vários meses antes, e lutei com ele até chegar a um impasse. No entanto, eu não sabia na época que agora o comum era referir-se a ele como T. S. Idiot.

Não mostrei meus poemas impróprios para minha mãe, que era a mais velha das três irmãs e, portanto, pragmática, uma vez que foi ela que teve de cuidar das outras. Ela era a atleta da família e gostava de cavalos, de patinação no gelo e de qualquer outra forma de movimento rápido que proporcionasse uma fuga dos deveres domésticos. Minha mãe escreveu apenas um poema na vida, quando tinha oito ou nove anos; começava mais ou menos assim: "Asas eu tinha,/ Elas eram tão lindinhas", e prosseguia, o que era típico dela, descrevendo a velocidade do voo subsequente. Eu sabia que se eu a obrigasse a ler meus versos livres, ela diria que eram muito bons, sendo esta sua resposta padrão a outras perplexidades, como minhas experiências cada vez mais obstinadas com o guarda-roupa. As roupas também não eram uma prioridade dela.

Mas minha tia J. havia escrito aos montes, segundo minha mãe. Era uma figura romântica, porque no passado teve pleurisia e passou uma temporada em um sanatório, onde confeccionara broches floridos de conchas; quando criança, eu ganhara vários desses tesouros como presentes de Natal, dentro de caixinhas mágicas forradas com lã de algodão. Caixinhas, lã de algodão: isso não era o estilo de minha mãe. A tia J. precisava cuidar da saúde, uma enfermidade que parecia acompanhar sua escrita, pelo que sabia. Ela chorava nas partes tristes dos filmes, como eu, e quando criança fantasiava que voava pelo Annapolis Valley, na Nova Escócia, onde todas elas foram criadas. Seu nome do meio era Carmen, e, para punir o que elas pensavam ser seu orgulho desproporcional por esse nome, as duas irmãs mais velhas tinham dado o nome de Carmen a uma porca.

Tia J. tinha uma silhueta redonda, era míope (como eu) e se descrevia como uma tonta sentimental, embora isso não passasse de uma ficção útil, parte da camuflagem autodepreciativa adotada pelas mulheres da época, para vários fins úteis. Por trás da fachada de fragilidade cor de lavanda, ela era turrona, como as três irmãs. Era essa mistura de suavidade e dureza que me chamava a atenção.

Assim, mostrei meus poemas a tia J. Ela os leu e não riu, ou pelo menos não na minha presença; mas, conhecendo-a, duvido que tenha rido em algum momento. Ela sabia o que era ter ambições de escritora, embora as dela tenham sido adiadas por conta do meu tio M., que era gerente de banco, e pelos dois filhos. Muito mais tarde, ela mesma estaria falando em conferências, sentando-se em mesas-redondas, aparecendo nervosa em programas de entrevista, depois de publicar cinco livros. Enquanto não tinha nada publicado, ela escrevia histórias infantis para os jornais escolares dominicais e esperava o momento adequado.

Ela enviou meus poemas sombrios ao seu primo em segundo grau, Lindsay, que era professor de língua inglesa na Universidade de Dalhousie. Ele disse que eu tinha potencial. Tia J. mostrou-me a carta dele, radiante de prazer. Esse foi meu primeiro encorajamento oficial.

A conferência de escritores a que tia J. me levou foi montada pela Associação Canadense de Autores, que na época era a única organização de escritores do Canadá. Eu sabia da reputação da associação — era a mesma turminha sobre a qual F. R. Scott tinha escrito: "Expansivos fantoches performam a autounção/ Sob um retrato do príncipe de Gales." Diziam os boatos que a associação era cheia de amadores idosos; era improvável que eu visse alguém ali exibindo uma barba de três dias ou vestindo um pulôver preto de gola rulê, ou remotamente parecido com Samuel Beckett ou Eugene Ionesco, que era mais ou menos meu ideal de escritores. Mas tia J. e eu estávamos tão desesperadas para ter contato com qualquer coisa que cheirasse ao mundo das letras que nos dispusemos a nos arriscar na associação.

Já na conferência, optamos por uma palestra ministrada por um especialista em Fanny Burney. Eu dei uma olhada pelo salão: havia muitas mulheres que me pareciam de meia-idade, usando vestidos floridos — que não diferiam do vestido da própria tia J. — e terninhos, embora não houvesse ninguém ali parecido com minha ideia de uma escritora: pálida, desgrenhada, de olhos vermelhos. Mas estávamos no Canadá e não na França, então o que eu poderia esperar?

Naquela altura da vida, eu só havia visto um escritor canadense em carne e osso. Seu nome era Wilson MacDonald e ele se apresentara no auditório de nossa escola, velho, franzino e de cabelos brancos, onde recitou de cor vários poemas insossos sobre esqui e imitou um corvo. Eu tinha uma boa ideia do que Jean-Paul Sartre teria pensado dele, e tive medo de eu mesma acabar daquele jeito: entediando um bando de adolescentes selvagens que atiravam bolinhas de papel, piando como um pássaro. Não dá para ser uma escritora de verdade e ao mesmo tempo canadense, isso estava muito claro. Assim que pudesse, eu iria para Paris e me tornaria incompreensível.

Nesse meio-tempo, lá estava eu em Montreal, esperando pelo especialista em Fanny Burney com a tia J. Nós duas estávamos nervosas. Sentíamo-nos como espiãs infiltradas; e assim, como infiltradas, começamos a entreouvir os outros. Bem atrás de nós, estava sentada uma mulher cujo nome reconhecemos porque ela frequentemente publicava poemas sobre abetos cobertos de neve no jornal de Montreal. Ela não falava de abetos naquele momento, mas de um enforcamento que ocorrera na véspera, na prisão. "Foi tão pavoroso para ele", dizia ela. "Ele estava tão nervoso."

Ficamos de orelhas em pé: ela conhecia pessoalmente o condenado? Se era isso, que coisa mais horripilante. Mas continuamos a ouvir e entendemos que o homem nervoso não era o enforcado; era o marido dela, capelão do presídio.

Vários abismos se abriram a meus pés: o abismo entre o sentimentalismo dos poemas daquela mulher e a realidade de sua vida, entre a realidade de sua vida e suas percepções; entre os enforcadores e os enforcados, entre os consoladores do enforcado e os consoladores dos enforcadores. Essa foi uma de minhas primeiras indicações de que, sob sua fachada de xícaras de chá, atividades ao ar livre e inúmeras espécies de árvores, o Canadá — até este segmento literário refinado do Canadá, pelo qual eu tinha um desdém juvenil — era bem mais problemático do que eu havia imaginado.

Mas eu já devia saber disso.

Na minha primeira infância, eu não conhecia parente nenhum, porque eles moravam na Nova Escócia, a mais de três mil quilômetros de distância. Meus pais tinham saído da Nova Escócia durante a Depressão porque não havia empregos por lá. Quando nasci, a Segunda Guerra Mundial tinha começado e ninguém percorria grandes distâncias sem motivos oficiais e cupões de gasolina. Mas embora minhas tias não estivessem presentes fisicamente, elas se faziam muito presentes em espírito. As três irmãs trocavam cartas semanalmente, e minha mãe lia essas cartas em voz alta para o meu pai, mas, por extensão, para mim e meu irmão depois do jantar. Elas eram chamadas de "as cartas de casa". A *casa*, para minha mãe, sempre foi a Nova Escócia, não importava onde estivéssemos morando na época, o que me dava a vaga ideia de que eu estava no lugar errado. Onde quer que eu estivesse morando, a *casa* não ficava ali.

Desse modo, eu acompanhava a vida de minhas tias e também de meus primos, meus primos em segundo grau e muitas outras pessoas que tinham seu lugar, mas eram parentes mais distantes. Na Nova Escócia, a coisa mais significativa sobre uma pessoa não é o que ela faz nem quem ela conhece. É de que cidade ela é e de quem é parente. Qualquer conversa entre duas pessoas nascidas nas províncias marítimas do Canadá e que nunca se encontraram antes começa assim e segue até que as duas partes descubram que, na verdade, são aparentadas. Fui criada em uma imensa família estendida de gente invisível.

Não foram minhas tias invisíveis em sua encarnação atual que mais me marcaram. Foram as minhas tias do passado. Lá estavam elas quando crianças, naqueles vestidinhos inacreditáveis, engomados, cheios de babados, e exibindo no cabelo os laços de cetim frouxos das primeiras décadas do século; ou quando adolescentes, em preto e branco no álbum de fotografias, vestindo roupas estranhas — chapéu clochê, casacos abertos até os joelhos, ao lado de carros antigos ou posando na frente de rochas ou do mar em trajes de banho listrados que iam até a metade das pernas. Às vezes estavam abraçadas. Tinham recebido legendas, feitas por minha mãe: "Nós Três", "As Belles Banhistas". Tia J. era magra quando criança, de olhos escuros, intensos. Tia K., a irmã do meio, parecia elegante e vivaz. Minha mãe, com enormes olhos pré-rafaelitas, cabelos ondulados e maçãs do rosto de modelo, era a bonita, uma apreciação que ela minimizava: ela foi, e ainda era, famosa pelo mau gosto na escolha de roupas, uma ideia que cultivava para não ter de fazer compras sozinha para as outras. Porém, as três irmãs tinham o mesmo nariz de ponte elevada; narizes romanos, como dizia minha mãe. Eu ficava vendo e revendo essas fotos, intrigada com a ideia de três narizes idênticos. Não tinha uma irmã na época e a mística da sororidade era potente para mim.

O álbum de fotos era um modo de existência para minhas tias invisíveis. Elas ficavam ainda mais vivas nas histórias de minha mãe, porque, embora ela não fosse poeta, era uma boa contadora de histórias e uma incrível mímica. Os personagens de suas histórias sobre "lá em casa" passaram a ser familiares como personagens de livros; e, como morávamos em lugares isolados e nos mudávamos muito, eles eram mais familiares do que a maioria das pessoas que eu de fato conhecia.

O elenco era invariável. Primeiro vinha meu avô rigoroso e imponente, um médico rural que percorria estradas de terra a cavalo e trenó, atravessando nevascas, fazendo partos na madrugada e ameaçando açoitar as filhas — em particular minha mãe — por transgressões reais ou imaginárias. Eu não sabia o que era um açoite, e assim esse castigo tinha a atração extra do bizarro.

Depois vinha minha distraída, amorosa e divertida avó, e minha tia K., um ano mais nova que minha mãe, porém muito mais intelectual e mais teimosa, segundo mamãe. Depois a tia J., sentimental e propensa a sentir-se excluída. Essas três eram "as meninas". Então, um tanto depois, "os meninos", meus dois tios, um dos quais explodiu o fogão da escola rural com algum explosivo caseiro escondido em uma acha de lenha, o outro que era enfermiço, mas frequentemente fazia todo mundo rir às gargalhadas. E as figuras periféricas: moças contratadas que acabavam indo embora pelas maquinações de minha mãe e da tia K., que não gostavam de tê-las por perto; rapazes contratados que respingavam leite nelas enquanto ordenhavam as vacas; as vacas em si; a porca; os cavalos. Os cavalos não eram realmente personagens periféricos; embora não tivessem falas, tinham nomes, personalidades e histórias, e eram os parceiros de escapada de minha mãe. Dick e Nell eram os nomes deles. Dick era o meu preferido; minha mãe o ganhou por ser um animal de carga maltratado e cansado, mas ela o ajudou a recuperar a saúde e a beleza reluzente. Esse era o tipo de final feliz que eu achava satisfatório.

As histórias sobre essas pessoas tinham tudo que se podia querer: trama, ação, suspense — embora eu soubesse como se desenrolariam, por ter ouvido antes — e medo, porque sempre havia o perigo de meu avô descobrir e recorrer à ameaça do açoite, embora eu não acredite que ele realmente tenha açoitado alguém.

O que ele poderia descobrir? Quase tudo. Havia muitas coisas que ele não devia saber, muitas coisas que as meninas não deviam saber, mas sabiam. E se ele descobrisse que elas sabiam? Nessas histórias e nessa família, quase tudo era segredo; o que você fez ou o que não contou; o que foi dito em contraposição ao que quis dizer. "Se não puder dizer nada de bom, não diga nada", dizia minha mãe, já dizendo tudo. As histórias dela foram minha primeira lição sobre ler nas entrelinhas.

Minha mãe aparece nessas histórias como uma pessoa fisicamente corajosa, uma andarilha de cercas e também de telhados de celeiros, o que seria um pecado de proporções dignas de açoites — mas tímida. Era tão tímida que se escondia das visitas atrás do celeiro, e só foi à escola quando a tia K. teve idade para ir junto. Além da coragem e da timidez, porém, minha mãe tinha um gênio violento. "Como o do papai", dizia ela. O que, para mim, parecia improvável, porque eu não conseguia me lembrar de nenhum exemplo. Minha mãe perdendo a calma teria sido uma visão e tanto, como a rainha plantando bananeira. Mas aceitei a ideia por fé, junto com o resto de sua mitologia.

Tia K. não era tímida. Embora fosse mais nova que minha mãe, não dava para perceber: "Parecíamos gêmeas." Era uma criança de nervos de aço, segundo minha mãe. Parecia uma chefe de gangue, bolava tramas e planos, que realizava com eficiência impiedosa. Minha mãe era arrastada para eles a contragosto: alegava ser molenga demais para resistir.

"As meninas" tinham afazeres domésticos, que aumentaram depois que expulsaram as empregadas, e tia K. era uma trabalhadora esforçada e crítica rigorosa das tarefas das outras. Mais para a frente na história, tia K. e minha mãe tiveram um casamento duplo; na noite de véspera desse evento, elas leram seus diários adolescentes em voz alta uma para a outra e os queimaram. "Limpamos a cozinha", dizia o diário de tia K. "As outras não fizeram um serviço decente." Minha mãe e tia J. sempre riam quando repetiam isso. Como diria o crítico Matthew Arnold, aquela frase se tornou uma frase referência para elas.

Mas tia K. era ainda mais que isso. Ela era uma estudante brilhante e fez mestrado em história na Universidade de Toronto. Meu avô achava que minha mãe era uma hedonista cabeça-oca até que ela poupou dinheiro suficiente como professora para pagar a própria faculdade; mas, para minha tia K., ele se dispôs a financiar uma pós-graduação em Oxford. Porém, ela declinou a oferta para se casar com um médico de Annapolis Valley e ter seis filhos. O motivo, insinuou minha mãe, tinha a ver com nossa tia-avó Winnie, que também fizera mestrado, a primeira mestra pela Universidade de Dalhousie, mas que nunca se casou. Tia Winnie foi condenada — pensava-se nisso como uma condenação — a ser professora para sempre, e aparecia nos Natais da família com um ar tristonho. Naquela época, dizia minha mãe, se você não se casasse até certa idade, era improvável que um dia viesse a se casar. "A gente nem considerava não se casar", disse-me a tia J., muito tempo depois. "Não era uma *escolha*. Era o que se fazia e pronto."

Enquanto isso, lá estava minha tia K. no álbum, com um vestido de cetim e um véu idêntico ao de minha mãe, e mais tarde, com os seis filhos, vestida como uma personagem de história infantil no desfile da Festa da Maçã. Ao contrário das histórias dos livros, as de minha mãe não tinham uma moral clara, e a moral dessa era a mais obscura de todas. O que era melhor? Ser brilhante e ir para Oxford ou ter seis filhos? Por que não se podia ter as duas coisas?

Quando eu tinha seis ou sete anos e meu irmão, oito ou nove, e a guerra tinha acabado, começamos a visitar a Nova Escócia todo verão, ou um verão sim, outro não. Tínhamos de ir: meu avô tinha algo chamado doença coronariana e podia morrer a qualquer momento. Apesar de sua severidade e do que pareciam, para mim, atos de injustiça grosseiros, ele era amado e respeitado. Todos concordavam com nisso.

Essas visitas eram extenuantes. Íamos à Nova Escócia a partir de Ontário, dirigindo em alta velocidade e por longas horas na época das rodovias pós-guerra de Quebec, Vermont e New Brunswick, e assim chegávamos irritados e exaustos, em geral no meio da noite. Durante as visitas, tínhamos de ser comportados e falar baixo naquele casarão branco de meu avô, e encontrar muitos parentes que mal conhecíamos.

Mas a parte mais cansativa era encaixar aquelas pessoas reais — muito menores e mais velhas e menos vívidas do que deveriam ser — na mitologia que eu possuía. Meu avô não galopava pelos campos, rugindo ameaças e salvando bebês. Em vez disso, ele entalhava pequenas figuras de madeira e tinha de cochilar toda tarde, e seu maior esforço era um passeio pelo pomar ou um jogo de xadrez com meu irmão. Minha avó não era a atormentada, embora cômica, mãe de cinco filhos, mas a cuidadora de meu avô. Não havia mais vacas, e onde estavam os lindos cavalos, Dick e Nell?

Sentia-me roubada. Eu não queria que a tia J. e a tia K. fossem mães adultas de meus primos, debulhando vagens na cozinha. Queria as duas como deveriam ser, com aqueles penteados de bobes e saias curtas do álbum de fotografias, pregando peças nas empregadas, sendo respingadas de leite pelos empregados, vivendo sob a ameaça de serem açoitadas, falhando em fazer serviços decentes.

Uma vez, fiz um programa literário com minhas duas tias.

Era o início dos anos 1970, quando eu tinha mais de trinta anos e já havia publicado vários livros. O marido de tia J. tinha morrido e ela se mudou de Montreal, voltando para a Nova Escócia para cuidar de minha avó idosa. Eu estava de visita e minhas tias e eu decidimos ir de carro a Bridgetown, que ficava perto, para fazer uma visita a um escritor chamado Ernest Buckler. Ernest Buckler tinha escrito um romance intitulado *The Mountain and the Valley*, sendo a montanha a cordilheira North Mountain, e o vale, o Annapolis Valley. O livro fez algum sucesso nos Estados Unidos — naquela época, no Canadá, isso era uma garantia infalível para o ódio e a inveja —, mas como Buckler era um recluso excêntrico, o quociente ódio e inveja foi suavizado. Porém, seu sucesso nos Estados Unidos não se reproduziu no Canadá, porque os editores de Toronto eram abstêmios da Igreja Unida, conhecidos por promover almoços festivos em que serviam suco de fruta. (A modernização enfim chegaria, com o acréscimo de xerez, oferecido em um salão separado, onde aqueles que ansiavam pela bebida podiam entrar furtivamente.) Esses editores descobriram haver no livro de Buckler o que minha mãe chamava de certos "acontecimentos", e o esconderam no depósito. Se alguém realmente quisesse comprar um exemplar, seria como comprar pornografia do Vaticano.

Li esse livro quando adolescente porque alguém tinha dado a meus pais com a impressão de que eles iam gostar, porque falava da Nova Escócia. O comentário de minha mãe foi de que as coisas não eram daquele jeito quando ela morava lá. Eu peguei o livro sorrateiramente e o levei comigo para o telhado da garagem, que era plano, onde rapidamente localizei os tais acontecimentos, depois li o restante do livro. Provavelmente foi o primeiro romance para adultos que li na vida, com a exceção de *Moby Dick*.

Assim, lembro-me do livro de Ernest Buckler com ternura; e nos anos 1970 eu iniciei uma troca de correspondência com ele. Então lá fomos nós vê-lo pessoalmente. Minha tia J. ficou toda ansiosa, porque Ernest Buckler era um escritor de verdade. Minha tia K. assumiu a direção do carro. (Tia J. nunca dirigia, depois de ter arrancado as maçanetas do carro em uma de suas poucas tentativas, segundo ela própria contou.)

Tia K. conhecia bem as imediações e ficava apontando os lugares de interesse ao passarmos. Tinha boa memória. Foi ela que me disse algo que todo mundo tinha esquecido, inclusive eu mesma: que eu anunciara, aos cinco anos de idade, que seria escritora.

Durante essa viagem de carro, porém, sua mente estava em outras questões históricas. "Foi nesta árvore que se enforcou o homem que morava na casa branca", disse ela. "Foi este celeiro que pegou fogo. Eles sabem quem provocou o incêndio, mas não conseguiram provar nada. O homem lá dentro estourou a cabeça com um tiro de espingarda." Esses acontecimentos podiam ter ocorrido anos, décadas antes, mas ainda eram comentados na região. Parecia que Annapolis Valley tinha mais semelhanças com o *The Mountain and the Valley* do que eu suspeitava.

Ernest Buckler morava em uma casa que não devia ver uma reforma havia uns cinquenta anos. Ainda tinha um sofá de crina de cavalo, mantinhas nas poltronas, um aquecedor a lenha na sala de estar. O próprio Ernest foi imensamente simpático e estava muito nervoso, ansioso para nos receber bem. Andava de um lado para o outro, falando pelos cotovelos e entrando e saindo da cozinha rapidamente. Conversamos principalmente sobre livros, e sobre os planos dele de escandalizar a vizinhança telefonando para mim na casa de minha avó, pela linha compartilhada, e fingir que tínhamos um caso. "Isso daria o que falar a esses velhos chatos", disse ele. Todo mundo ouviria, é claro, se ele desse um telefonema, mas não só por ser ele uma celebridade local. As pessoas ouviam a conversa de todo mundo.

Depois que fomos embora, minha tia J. disse: "Mas que coisa! Ele disse que você tinha um cérebro fervilhante!" (Ele tinha dito isso.) O comentário de minha tia K. foi: "Aquele homem estava bêbado." De nós três, ela foi a única que deduziu por que o Sr. Buckler ia com tanta frequência à cozinha. Mas era compreensível que ele precisasse fazer tanto segredo disso: em Annapolis Valley, havia gente que bebia e havia gente decente.

E também: havia gente que escrevia e havia gente decente. Tolerava-se certa quantidade de escrita, mas tinha limites. Colunas de jornal sobre crianças e a mudança das estações, tudo bem. Sexo, palavrões e bebedeiras eram absolutamente inaceitáveis.

Eu mesma, em determinados círculos de Annapolis Valley, estava cada vez mais inaceitável. À medida que me tornei mais conhecida, também fui mais amplamente lida na região, não porque pensassem que meus livros tinham qualquer mérito particular, mas porque eu era Aparentada. Tia J. me disse, rindo, que tinha se escondido atrás da porta da sala durante uma visita escandalizada de uma vizinha à minha avó. O escândalo era um de meus livros: como, perguntou a vizinha ultrajada, minha avó permitia que a neta publicasse um lixo tão imoral?

Mas o sangue fala mais alto, em Annapolis Valley. Minha avó olhou serenamente pela janela e comentou a beleza daquele outono, enquanto minha tia J. ficava boquiaberta atrás da porta. Minhas tias e minha mãe sempre achavam irresistível o espetáculo de minha avó preservando sua dignidade, provavelmente porque havia muita dignidade a ser preservada.

Essa era a vizinha, a mesmíssima vizinha, que quando criança desviou minhas tias do bom caminho, em algum momento durante a Primeira Guerra Mundial, convencendo-as a escorregar de um barranco de argila vermelha com suas pequenas pantalonas brancas debruadas de renda. Ela depois grudou o nariz no vidro da janela só para vê-las levando uma surra, não apenas por terem escorregado, mas por terem mentido a respeito. Minha avó então fechou as cortinas, e fez isso de novo naquele momento. Quaisquer que fossem seus pensamentos sobre os "acontecimentos" relatados em meus livros, ela ia guardar para si mesma. Também nunca falou nesse assunto comigo.

Por isso eu era silenciosamente grata. Suponho que qualquer pessoa, mas especialmente qualquer mulher, que escreve já sentiu, em particular no começo, que fazia isso contra uma pressão imensa e em grande parte muda, a pressão da expectativa e do decoro. Essa pressão é sentida com mais força pelas mulheres, de dentro da família, e ainda mais quando a família é uma unidade forte. Existem coisas que não devem ser ditas. Não as diga. Se não consegue dizer nada de bom, não diga nada. Será que isso contrabalançou adequadamente outro ditado de minha mãe, "Faça o que você acha correto, independentemente do que os outros pensem"?

E será que nesses outros, cuja opinião não importa, estariam incluídos os parentes?

Com a publicação de meu primeiro livro de verdade, eu morri de medo da reprovação. Não me preocupava muito com meus pais, que sobreviveram com elegância a várias outras excentricidades minhas — as saias estampadas à mão exibindo trilobitas e salamandras, a prática de frequentar bares, os namorados beatniks —, embora eles provavelmente tenham mordido a língua algumas vezes ao longo do processo. De todo modo, eles moravam em Toronto, onde acontecimentos de variados tipos tinham passado a ser comuns; não na Nova Escócia, onde, embora não se comentasse, as coisas podiam ser um pouco mais estreitas. Em vez disso, eu me preocupava com minhas tias. Pensei que talvez elas se escandalizassem, até a tia J. Embora ela tivesse visto alguns de meus primeiros poemas, uma coisa eram xícaras de café e folhas mortas, outra era que havia mais do que louça suja e compostagem nesse livro. Quanto à tia K., tão crítica de trabalho doméstico malfeito e hábitos beberrões, o que ela pensaria?

Para minha surpresa, minhas tias superaram todas as expectativas. Tia J. achou tudo maravilhoso — um livro de verdade! Disse que estava explodindo de orgulho. A tia K. disse que havia algumas coisas que não se fazia na geração dela, mas que podiam ser feitas pela minha, e que bom que eu as fazia.

Esse tipo de aceitação significou mais para mim do que deveria, para o meu eu artístico obstinado de 26 anos. (Certamente eu deveria ser mais impermeável a tias.) Porém, como a moral das histórias de minha mãe, o que exatamente isso significava não está nada claro para mim. Talvez fosse uma imposição de mãos, o passar de algo de uma geração para outra. O que estava sendo passado era a história em si: o que era sabido e o que podia ser contado. O que estava nas entrelinhas. A permissão de contar a história, aonde quer que levasse.

Ou talvez tenha significado que eu também tinha permissão para entrar na mágica saga estática, mas eterna, do álbum de fotografias. Em vez de três jovens de aparências diferentes com roupas arcaicas e idênticos narizes romanos, de pé e abraçadas, agora haveria uma quarta. Eu tinha permissão de entrar *em casa*.

11
LEITURA ÀS CEGAS

INTRODUÇÃO: *THE BEST AMERICAN SHORT STORIES*

SEMPRE QUE SOU solicitada a falar do que constitui uma "boa" história, ou o que torna uma história bem escrita "melhor" do que outra, começo a ficar muito desconfortável. Depois que começamos a fazer listas ou elaborar regras para histórias, ou qualquer outro tipo de escrita, algum escritor decerto trilhará outro caminho e infringirá despreocupadamente cada regra abstrata em que você ou qualquer um tenha pensado, e nos surpreenderá com isso. A palavra *deve* é de uso perigoso quando se fala da escrita. É uma espécie de desafio à astúcia, à inventividade, à audácia e à perversidade do espírito criativo. Mais cedo ou mais tarde, alguém apegado demais ao *deve* estará sujeito a acabar usando a palavra como um chapéu de burro. Não julgamos uma boa história com base em algum conjunto de medidas externas, como julgamos abóboras gigantes numa feira agrícola. Julgamos pelo modo como nos afeta. E isso depende de muitos imponderáveis subjetivos, que agrupamos sob o título genérico de gosto.

Tudo isso pode explicar por que, quando me sentei para ler a pilha imensa de contos que preciso selecionar para a coletânea [*The Best American Short Stories*], fiz isso com receio. Havia muitos contos bons a escolher, e todos, como se diz, publicáveis. Eu sabia disso porque eles já tinham sido publicados. Ao longo do ano passado, a infatigável e dedicada editora Shannon Ravenel leu cada conto de cada revista conhecida, grande ou pequena, famosa ou obscura, dos Estados Unidos e do Canadá — um total de mais de dois mil contos. Destes, ela escolheu cento e vinte, dos quais eu deveria selecionar vinte. Mas como eu faria isso? Quais seriam meus critérios, se houvesse algum? Como eu seria capaz de distinguir os melhores dos meramente ótimos? Como eu *saberia*?

Tinha decidido ler esses contos "às cegas", o que significava que Shannon Ravenel tinha coberto com tinta os nomes dos autores. Eu não sabia, de antemão, como aqueles pequenos retângulos pretos transformariam o ato de organizar uma coletânea de uma tarefa judiciosa a um prazer muito divertido. Ler aqueles originais sem autoria foi como matar aula: com cento e poucos traços de uma caneta piloto preta, eu havia sido libertada do peso da reputação autoral. Não precisava prestar atenção em quem deveria entrar na coletânea por valor autoral genérico ou pelas hosanas críticas anteriores que recebeu. Não precisava me preocupar com quem se sentiria menosprezado se não fosse incluído. Esse meu lado analista, aferidor e calculista — que mesmo o editor mais escrupulosamente desinteressado tem — tinha sido seguramente isolado, deixando-me livre para chafurdar entre as páginas sem dono. Escolher cada novo conto era como brincar de pescar. Nunca sabia o que ia obter: podia ser um pedaço de plástico ou algo maravilhoso, um presente, um tesouro.

Além de ignorar o valor autoral, eu podia ignorar também quaisquer considerações sobre o território. Não tinha como saber, por exemplo, se um conto com uma narradora feminina era de uma escritora mulher, se outro com um narrador masculino foi escrito por um homem; se um conto sobre um imigrante chinês foi escrito por alguém de origem chinesa, se outro sobre um poeta canadense do século XIX era de um canadense. Recentemente ouvi o argumento de que os escritores deveriam contar histórias partindo apenas de sua própria perspectiva, ou da do grupo a que pertence. Escrever do ponto de vista do "outro" seria uma forma de apropriação de um material que você não ganhou e ao qual não tem direito. Os homens, por exemplo, não devem escrever como mulheres; embora se diga com menos frequência que mulheres não devem escrever como homens.

Essa visão é compreensível, mas, no fim das contas, contraproducente. Não só condena como ladrões e impostores autores como George Eliot, James Joyce, Emily Brontë e William Faulkner, como, incidentalmente, vários escritores presentes neste livro; ela também inibe a imaginação de forma crucial. Há apenas um pequeno passo entre dizer que não podemos escrever da perspectiva do "outro" e dizer que não podemos ler da perspectiva dos outros também, e daí para a posição de que ninguém pode realmente entender ninguém, então nem vale mais a pena tentar. Siga essa linha de raciocínio até sua conclusão lógica e ficaremos todos condenados a ler somente o nosso próprio trabalho, infinitamente; o que seria minha ideia pessoal de inferno. Certamente o prazer e o deslumbramento não vêm de quem conta a história, mas do que a história diz, e como diz.

Ler às cegas é uma metáfora intrigante. Quando lemos às cegas, vemos tudo, menos a autoria. O autor pode ser vislumbrado esporadicamente, em um truque de estilo, um cenário sobre o qual ninguém mais escreveria, uma característica reviravolta no enredo; mas, além dessas pistas, a autoria é uma incógnita. Ficamos presos à voz da história.

A VOZ DA HISTÓRIA, A HISTÓRIA COMO VOZ

> Nas casas das pessoas que nos conheciam, éramos convidados a entrar e nos sentar, recebíamos água gelada ou limonada; e enquanto estávamos sentados ali nos refrescando, as pessoas continuavam suas

conversas ou suas tarefas. Pouco a pouco, começávamos a juntar as peças da história, uma história secreta, terrível, assombrosa.

— Toni Morrison, *O olho mais azul*

Só a história é capaz de prosseguir além da guerra e do guerreiro [...]. Só a história [...] salva nossa progênie de tropeçar como pedintes cegos nos espinhos da cerca de cactos. A história é nossa acompanhante; sem ela, ficamos cegos. Será que o cego é dono de sua acompanhante? Não, não somos donos da história; em vez disso, é a história que nos possui.

— Chinua Achebe, *Anthills of the Savannah*

Como aprendemos nossas noções do que é uma história? O que separa "uma história" do mero ruído de fundo, do marulho de sílabas que nos cercam e flui por nós e é esquecido diariamente? O que faz de uma boa história um todo unificado, algo completo e satisfatório em si? O que faz dela um discurso significativo? Em outras palavras, que qualidades estava eu procurando, talvez sem saber, enquanto lia diligentemente minha pilha de folhas soltas?

Falei na "voz da história", que se tornou uma espécie de lema geral; mas por voz da história eu pretendia dizer algo mais específico: uma voz falante, como a voz que canta na música, que atravessa não o espaço, não a página, mas o tempo. Certamente cada história escrita é, em última análise, uma partitura para a voz. Aquelas marquinhas pretas na página não significam nada sem sua tradução em som. Mesmo quando lemos em silêncio, lemos com os ouvidos, a não ser que estejamos lendo extratos bancários.

Talvez, ao abolir a prática vitoriana da leitura em família e retirar do currículo escolar aqueles antigos recursos, como a memorização e a declamação, tenhamos privado escritores e leitores de algo essencial nas histórias. Nós os levamos a acreditar que a prosa aparece em blocos visuais, não em ritmos e cadências; que sua textura deve ser lisa, porque a página é lisa; que a emoção escrita não deve ser imediata, como um toque de tambor, porém mais remota, como uma paisagem pintada: algo a ser contemplado. Mas o eufemismo pode ser excessivo, o canto simples pode ficar simples demais. Quando perguntei a um grupo de jovens escritoras, no início deste ano, quantas delas leram o próprio trabalho em voz alta, nenhuma delas disse ter feito isto.

Não estou defendendo a abolição dos olhos, apenas a reintegração da voz e uma apreciação de como a voz leva o ouvinte no ritmo da história. (Aliás, ler em voz alta coíbe a trapaça; quando lemos em voz alta, não podemos pular à frente.)

Nossas primeiras histórias nos chegam pelo ar. Ouvimos vozes.

As crianças em sociedades orais são criadas dentro de uma teia de histórias; assim como todas as outras crianças. Ouvimos antes de sabermos ler. Parte desse ouvir é mais um prestar atenção: às vozes calamitosas ou sedutoras do mundo adulto, do rádio, da televisão ou do que acontece em nossa vida diária. Em geral é um entreouvir de coisas que não deveríamos ouvir, como fofocas escandalosas ou segredos de família. De todos esses fragmentos de vozes, sussurros e gritos que nos cercam, até dos silêncios assustadores, dos significados ocultos, nós montamos sozinhos uma ordem dos acontecimentos, uma trama ou tramas; essas, então, são as coisas que acontecem, são as pessoas com quem acontecem, esse é o conhecimento proibido.

Todos já fomos pequenos jarros com orelhas enormes, enxotados da cozinha quando o não dito está sendo dito, e provavelmente todos nós já fomos fofoqueiros, deixando escapar segredos à mesa do jantar, violadores involuntários das regras adultas da censura. Talvez os escritores sejam isso: aqueles que nunca largaram o hábito. Continuamos a ser uns futriqueiros. Aprendemos a ficar de olhos abertos, mas não a manter a boca fechada.

Se tivermos sorte, podemos também conseguir histórias feitas para os nossos ouvidos, histórias destinadas a nós. Podem ser histórias da Bíblia para crianças, higienizadas e simplificadas, com as partes cruéis deixadas de fora. Podem ser contos de fadas, igualmente açucarados, mas se tivermos muita sorte podemos receber as versões originais nos dois casos, com carnificinas, raios e sapatos vermelhos incluídos. De todo modo, essas histórias terão uma forma intencionalmente trabalhada, ao contrário das histórias que juntamos as peças sozinhos. Elas conterão montanhas, desertos, burros falantes, dragões; e, ao contrário das histórias entreouvidas na cozinha, terão um fim definido. É provável que aceitemos essas histórias como estando no mesmo nível de realidade das histórias de cozinha. É só quando ficamos mais velhos que aprendemos a considerar um tipo de história como real e outro como mera invenção. Isso acontece na época em que aprendemos a acreditar que dentistas são úteis e escritores, não.

Por tradição, as fofocas de cozinha e os leitores de histórias são as mães ou as avós, a língua natal é a língua materna, e os tipos de histórias contadas a crianças são chamados de histórias de ninar ou histórias da carochinha.[4] Não me pareceu uma grande coincidência quando recentemente soube que, quando inúmeros escritores importantes foram requisitados a escrever sobre a pessoa da família que teve a maior influência em sua carreira literária, quase todos, homens e mulheres, disseram ter sido a mãe. Talvez isso reflita até que ponto as crianças norte-americanas têm sido privadas dos avós, esses outros grandes repositórios de histórias; talvez

---

[4] Na língua portuguesa, chama-se pela classificação genérica de histórias ou contos infantis. "Nursery tales" contém a ideia de histórias contadas a crianças pequenas em idade de escola maternal.

isso mude, se os homens passarem a compartilhar os primeiros cuidados dos filhos e possamos ter os "contos do carochinho". Mas do jeito que as coisas estão, a língua, inclusive a língua das primeiras histórias que ouvimos, é uma matrix verbal, e não uma patrix verbal.[5]

Antes, eu me perguntava por que, aparentemente, muito mais homens preferem escrever do ponto de vista feminino do que o contrário. (Nesta coletânea, por exemplo, os homens com narradoras femininas são mais numerosos do que o contrário em uma proporção de quatro para um.) Mas é possível que o gênero predominante da voz que contava histórias na primeira infância tenha algo a ver com isso.

Dois tipos de histórias com que nos deparamos primeiro — o conto formatado e a narrativa improvisada do que ouvimos e juntamos as peças — formam nossa ideia do que é uma história e tingem as expectativas que levamos às histórias posteriormente. Talvez isso venha da colisão entre esses dois tipos de histórias — o que se costuma chamar de "vida real" (e que os escritores consideram avidamente como seu "material") e o que às vezes é desprezado como "mera literatura" ou "coisas que só acontecem nas histórias" — que geram a escrita original e viva. Um escritor sem nada além de preocupação com a forma produzirá um trabalho morto, mas também morto será o trabalho daqueles cuja única desculpa para o que está na página seja o fato de ter realmente acontecido. Qualquer pessoa que tenha ficado presa em um ônibus ao lado de alguém que não para de falar sem a menor habilidade narrativa ou noção de *timing* pode ser testemunha. Ou, como diz Raymond Chandler em *A simples arte do crime*:

---

[5] Literalmente "histórias da velha esposa" (ou mulher). Pela tradição eram as mulheres mais velhas que contavam as histórias fantasiosas e invencioniças às crianças. Em português, o equivalente recebeu a denominação de *contos da carochinha*. (N. da T.)

Toda linguagem começa com a fala, e é a fala dos indivíduos comuns, mas quando se desenvolve a ponto de se tornar um meio literário a linguagem apenas se parece com a fala.

Expressar-se não basta. Devemos expressar a história.

O Princípio da Incerteza

Nada disso me aproxima de uma explicação para eu ter escolhido um conto em vez de outro, vinte contos em detrimento dos cem restantes. O princípio da incerteza, aplicado à escrita, pode ser declarado da seguinte forma: *Podemos dizer por que uma história é ruim, mas é muito mais complicado dizer por que ela é boa.* Determinar a qualidade na ficção pode ser tão difícil quanto determinar a razão para a felicidade nas famílias, só que ao contrário. O velho ditado diz que todas as famílias felizes são iguais, mas cada família infeliz é infeliz à sua maneira. Na ficção, porém, a excelência reside na divergência, ou de que outro modo seríamos surpreendidos? Daí a complexidade das formulações.

O que fiz foi o seguinte. Sentei-me no chão, espalhei os contos e os li sem nenhuma ordem determinada. Pus cada conto concluído em uma pilha de "sim", uma pilha de "não" e uma pilha de "talvez". Quando terminei, tinha cerca de 25 contos na pilha do "sim", um número igual na do "não" e o resto em "talvez".

Aí as coisas ficaram mais complicadas. Os primeiros catorze contos do sim foram escolhas imediatas: eu sabia que não mudaria de ideia a respeito deles. Depois disso vinham as gradações, sim meio talvez, talvez que poderia muito bem estar no fim da pilha do sim. Para tomar as decisões finais, fui obrigada a ser mais atenta e ponderada. Voltei a meus 14 contos de sim imediato e tentei entender o que tinham em comum, se é que tinham alguma coisa.

Eram muito diferentes no conteúdo, no tom, no cenário, na estratégia narrativa. Alguns eram engraçados, outros melancólicos, outros contemplativos, outros tristes demais, outros ainda violentos. Alguns abordavam temas que Deus bem sabe que já foram abordados antes: colapso, ruptura, amor e morte. Coletivamente, eles não representavam nenhuma escola literária nem propunham nenhuma filosofia em comum. Eu começava a me sentir idiota e carente de padrões. Será que seria jogada de volta àquela velha muleta do Seminário de Escrita Criativa, o *"eu gostei"*?

Talvez, pensei, meus critérios fossem muito simplórios. Talvez eu só quisesse de um bom conto o que as crianças querem quando ouvem histórias contada ou entreouvida por acaso — o que, no fim das contas, é muita coisa.

As crianças querem que sua atenção seja atraída, e eu também. Sempre leio até o fim, por um senso puritano e adulto de dever; mas se eu começar a me remexer ou a pular páginas, e achar que a consciência exige que eu volte e leia o meio, é um sinal de que a história me perdeu, ou eu a perdi.

As crianças querem sentir que estão em mãos seguras, que podem confiar no contador de histórias. Com as crianças, isso pode significar simplesmente que elas sabem que o contador não as trairá fechando o livro no meio ou confundindo heróis e vilões. Com leitores adultos, é mais complicado, e envolve muitas dimensões, mas existe o mesmo elemento de manter a fé. A fé deve ser mantida com a linguagem — mesmo que a história seja engraçada, sua linguagem deve ser levada a sério —, com os detalhes concretos de cenário, maneirismos, vestuário; com a forma da história em si. Uma boa história pode instigar, desde que essa atividade seja preliminar e não usada como um fim em si mesma. Se houver uma promessa, deve ser honrada. O que estiver escondido atrás da cortina deve ser revelado no fim, e deve ser ao mesmo tempo totalmente inesperado e inevitável. É neste último aspecto que o conto (diferente do romance) se parece mais com dois de seus predecessores orais, o enigma e a piada. Os dois, ou os três, exigem a mesma progressão mistificadora, a mesma reviravolta surpreendente, a mesma noção impecável de timing. Se adivinharmos o enigma prontamente, ou se não conseguirmos resolvê-lo porque a resposta não faz sentido — se antecipamos a piada, ou se o sentido se perde porque quem conta se atrapalha —, há o fracasso. Os contos podem fracassar da mesma forma.

Mas qualquer um que tenha contado ou tentado contar uma história a crianças sabe que existe uma coisa sem a qual o resto não presta. As crianças pequenas têm pouco senso de deferência ou de expectativas adiadas. Elas querem ouvir uma história, mas só se você quiser contar. Elas não vão tolerar a sua lassitude ou tédio: se quiser toda a atenção delas, deve lhes dar a sua. Seus olhos devem estar brilhando para manter a atenção delas ou você sofrerá beliscões e resmungos. Você precisa do elemento da "Balada do Velho Marinheiro", precisa do elemento de Sherazade: um senso de urgência. *Esta é a história que preciso contar; esta é a história que você precisa ouvir.*

Urgência não quer dizer frenesi. A história pode ser tranquila, uma história sobre desalentos ou oportunidades perdidas, ou uma revelação muda. Mas deve ser contada com urgência. Deve ser contada com o máximo de determinação, como se a vida do contador dependesse disso. E, se você for escritor, vale o mesmo, porque a sua vida como escritor de cada história específica é tão longa, e tão boa, quanto a história em si. A maioria das pessoas que a ouvem ou leem jamais conhecerá você, mas conhecerá a sua história. A escuta dessas pessoas é a reencarnação da história.

Isso tudo é pedir demais? Na verdade, não; porque muitas histórias, muitas dessas histórias, fazem isso de forma soberba.

Especificidades

Mas elas o fazem de múltiplas formas. Quando estava lendo os contos, alguém me perguntou: "Há uma tendência?" Não há tendência alguma. São apenas vinte contos fortes, emocionantes e singulares.

Não achava que alguém pudesse escrever um conto sobre usar drogas nos anos 1960 que prendesse a minha atenção por mais de cinco minutos, mas Michael Cunningham faz isso brilhantemente em "White Angel" — porque o narrador é um garoto, "o garoto de nove anos mais criminoso da minha turma da quarta série", que está sendo iniciado em quase tudo pelo adorado irmão de dezesseis anos. A riqueza sensorial desse conto é impressionante; assim como sua oscilação entre uma febre descontrolada e a hilaridade, quando os dois irmãos atordoam seus cérebros com ácido tendo como pano de fundo uma domesticidade típica do antigo seriado de TV *Leave It to Beaver* ("Colocamos os tabletes na boca no café da manhã, enquanto nossa mãe se ocupava do bacon"), até a pungência quase insuportável de seu fim trágico.

Outro conto que me pegou de surpresa por usar um tema improvável e virá-lo pelo avesso foi "The Flowers of Boredom". Quem esperaria escrever com convicção ou refinamento sobre trabalhar como escriturário para a indústria armamentista? Mas Rick DeMarinis conseguiu. O vislumbre visionário de horror cósmico no final nos chega sem rodeios, passo a passo, através do cotidiano e das pequenas repulsas. Esse conto é um daqueles choques verdadeiramente originais entre a forma delicadamente tratada e o conteúdo banal, mas alarmante, que nos deixa perplexos e um tanto atormentados.

"O inferno os rodeava desde a infância", comenta Graham Greene em seu livro *The Lawless Roads*, e esse é o tom de "Disneyland", de Barbara Gowdy. Se em "The Flowers of Boredom" a indústria militar é vista como um padrão gigantesco e sobre-humano, "Disneyland" aperta os olhos para vê-la pelas lentes de um Groucho Marx corrompido. A figura controladora é um pai dominador com seu abrigo nuclear do início da década de 1960. Ele e sua loucura seriam ridículos, quase uma paródia, vistos de uma distância segura; mas a distância não é segura. Esse homem é visto de baixo pelos filhos, que são obrigados a bancar os soldados enquanto ele banca o sargento no inferno fedorento, escuro, tirânico e apavorante em que ele os aprisionou. A sensação de claustrofobia e aprisionamento é intensa.

Há vários outros contos ótimos que se preocupam com os terrores, e às vezes os prazeres, da infância e com a impotência das crianças subjugadas sob os pés gigantescos e negligentes do mundo adulto. "Strays", de Mark Richard, com seus dois meninos brancos e pobres abandonados pela mãe fugitiva e resgatados, de certa maneira, pelo tio que é um jogador trapaceiro, é um ótimo exemplo. Sua descrição sarcástica do sórdido e do grotesco nos lembra que tudo que acontece com as crianças é aceito como normal por elas; ou, se não exatamente normal, inalterável. Para elas, realidade e encantamento são a mesma coisa, e elas se deixam capturar.

"What Men Love For", de Dale Ray Phillips, contém outra criança que está sob um feitiço, este lançado pela mãe frágil e maníaco-depressiva. Contra os variados rituais que ela usa para se manter íntegra, e os rituais que o próprio menino começa a inventar para se proteger, vemos a magia de seu pai — uma magia de sorte, risco, esperança e oportunidade incorporados na moto que ele pilota rápido demais.

"The Boy on the Train", de Arthur Robinson, é uma espécie de biografia maravilhosa e pervertida. Em lugar de tratar da infância de uma pessoa, fala de duas. Dois garotos criados para serem pais, dois pais que não compreendem os filhos, e dois filhos que atormentam os pais de forma mesquinha, constrangedora ou nauseante, planejada para irritá-los ao máximo: "Pré-pubescente, Edward olhava bastante seu rosto no espelho e examinava os efeitos que podia obter com ele. Certa vez descobriu que um pouco de creme dental habilidosamente colocado pouco abaixo da narina produzia um efeito que poderia facilmente revirar o estômago do pai. O resultado provou-se maior do que ele podia esperar." A beleza com que essa história gira em torno de si mesma, dá meia-volta, executando variações sobre três gerações, é um prazer de acompanhar.

Dois desses contos têm uma simplicidade e uma estrutura de fábula. Um deles é "The Letter Writer", de M. T. Sharif, cujo protagonista desafortunado, Haji, é preso durante a revolução iraniana porque é suspeito de ser o irmão de um suposto espião e não consegue provar o contrário. Mas as autoridades não conseguem provar que ele é, e como ele não confessa e eles não o condenam, Haji recebe uma tarefa a cumprir: cobrir os braços, pernas, cabeças e pescoços desnudos de mulheres retratadas em revistas ocidentais, desenhando roupas nelas com caneta e tinta. Em um trecho anterior do conto, um dervixe de passagem havia profetizado que Haji acabaria morando em um palácio, servido por concubinas e servos. A forma como esse destino é cumprido lembra ao mesmo tempo Kafka e a tradição do conto irônico oriental.

"Edie: A Life", de Harriet Doerr, tem o encanto simples de uma amostra. Viola quase todas as regras de que ouvi falar sobre a construção de contos. Não se concentra, por exemplo, em um estudo profundo do personagem, nem em um curto período de tempo, ou um único incidente que focalize uma vida. Em vez disso, dá a vida inteira, embora em miniatura, completa, redonda e inexplicada como uma maçã.

Outros contos nos convencem e nos movem de outras formas. Larry Brown, em "Kubuku Rides (This Is It)", dá à triste história de uma esposa alcoólatra toda a intensidade, urgência e vigor de sua linguagem, assim como Blanche McCrary Boyd em seu bem-humorado e inquietante "The Black Hand Girl". (A mão, que é de um homem, fica preta ao sofrer uma torção provocada por um espartilho. Leia.) Douglas Glover, em "Why I Decide to Kill Myself and Other Jokes", também recorre ao humor mordaz e autodepreciativo das mulheres. Há um assassinato com um martelo, um resgate na neve, uma tentativa de resgate com uma frigideira. Tem uma chinesa em "Displacement", de David Wong Louie, que tenta tirar o melhor da América, e uma indígena, em "Aunt Moon's Young Man", de Linda Hogan, que também tenta fazer o melhor que pode de sua vida no país. Há uma mãe de esquerda cujo filho se rebela e se volta para a religião. Mas essas são apenas pistas. Para ter a história real, precisamos ler os contos, como sempre.

Devo admitir que, embora eu estivesse lendo às cegas, adivinhei a identidade de três dos autores. "The Management of Grief", de Bharati Mukherjee, nem mesmo foi uma conjectura, porque eu já o havia lido e não o esqueci. É um conto primorosamente escrito e agudamente sensível sobre as reações da esposa de um imigrante quando o avião que leva o marido e os filhos é atacado por terroristas sobre o mar da Irlanda e explode. A intensidade sonambulesca com que ela tateia o seu caminho pelos destroços emocionais deixados por essas mortes sem sentido e por fim tira delas um sentido místico para si é economicamente descrita sem deixar de ser generosa.

Quando li "The Concert Party", adivinhei que ou era de Mavis Gallant ou de algum escritor que fazia uma boa imitação dela. Quem mais escreveria, ou poderia escrever, de forma tão convincente e com tanto interesse sobre um incorrigível nerd da província canadense de Saskatchewan vagando desajeitadamente pela França no início dos anos 1950? Acabou que o conto era de Mavis Gallant, o que me fez admirar mais uma vez sua destreza na representação dos detalhes, a habilidade de entrelaçar os destinos dos personagens, o olhar afiado para os pormenores de pequenas pomposidades e seu trabalho de câmera, se pode ser chamado assim. Veja como Gallant muda, no fim, do close para a panorâmica:

> Lembrando de Edie na fração de segundo em que ela tomou a decisão, descubro em mim que os invejo. O resto de nós nasceu sabendo a verdade, o que significa que estávamos num beco sem saída. Quando enfim desviei os olhos dela foi para outro foco de luz de velas, e para as crianças alegres e radiantes. Agora me pergunto se havia alguma coisa em nós para ficar na memória das crianças, se elas sequer se lembrariam umas das outras: tinha aquela mesa comprida de pessoas falando inglês, ainda em botão.

Creio que reconheceria um conto de Alice Munro escrito até em Braille, embora eu não leia em Braille. A força e a distinção de sua voz sempre a entregam. "Meneseteung" é, para mim, um dos melhores de Alice Munro e, na forma como é contado, o mais peculiar de todos. Ele se propõe a falar de uma "poetisa" sentimental pouco famosa — a palavra poetisa aqui é apropriada —, que vive em uma cidade pequena, rude, alastrada de esterco e sem árvores, no século XIX, muito distante de nossas concepções idílicas de um passado dourado porque os versos açucarados da poeta são da vida real. Nossa imagem lírica dos tempos de outrora é destruída e, com ela, nossas noções de como um conto deve ser conduzido. Da mesma forma, a própria poeta se desintegra na presença inclemente e múltipla da vida intensa que a cerca e que finalmente se prova imensa e real demais para ela. Será? Ela se desintegra ou se integra? Cruzar as fronteiras da convenção levam à insanidade ou à sanidade? "Ela não confunde aquilo com a realidade, e nem confunde nada com a realidade", nos é dito quando as rosas de crochê na toalha de mesa começam a flutuar, "e é assim que ela sabe que está sã."

A última palavra não é da poeta, porém, mas da narradora sem nome, o "eu" que está em busca da poeta, ou do que restou dela, com o passar do tempo. As últimas palavras a seguir podiam ser a epígrafe desta coletânea de contos ou do ato da escrita em si:

> As pessoas são curiosas. Algumas são. Elas são impelidas a descobrir coisas, até as mais banais. Elas juntam peças, sabendo o tempo todo que podem estar enganadas. Podemos vê-las por aí com cadernos, raspando a terra de lápides, lendo microfilmes, na simples esperança de ver um fio no tempo, de fazer uma ligação, de resgatar um objeto do lixo.

Agradeço a todos os autores deste livro pelo prazer que seus contos me deram e pelo que eles acrescentaram a minha própria noção do que é e pode ser uma história.

Ouvindo as histórias dos outros, aprendemos a contar as nossas.

12
A MULHER PÚBLICA COMO HOMEM HONORÁRIO

THE WARRIOR QUEENS
DE ANTONIA FRASER

The Warrior Queens, o mais recente ensaio histórico de Antonia Fraser, é repleto de saberes de abordagem peculiar e leitura fascinante. Se os livros de não ficção podem ser pensados como respostas detalhadas a perguntas não verbalizadas, então a pergunta respondida por esse é: como as líderes políticas e militares conseguiram fazer o que quiseram? Como conseguiram se impor e convencer os mais duros soldados e outros políticos — os quintessencialmente masculinos idealizadores e participantes dos clubinhos dos meninos — de que eram líderes dignas do comando ou capitãs do navio do Estado, mas de cabelos compridos e peitos protuberantes? Foram tão poucas essas mulheres que as exceções basicamente provaram a regra. Mas e quanto às exceções? Qual foi a estratégia delas, seu truque? Qual foi seu segredo?

Em busca de respostas, Fraser reuniu um grupo extraordinário de mulheres para nossa contemplação. Começa pela própria Boadicea, aquela famosa mas obscura rainha de uma tribo celta do século I que liderou uma rebelião contra os romanos opressores e invasores, matou muitos deles e diz-se que cometeu suicídio quando suas tropas foram massacradas em retaliação. Fraser nos dá um relato fiel dos acontecimentos sempre que possível, uma vez que as informações são raras e os relatos variam. Mas ela só está interessada na metamorfose de Boadicea encontrada em relatos históricos e literários através dos tempos — de patriota pia e mártir, mãe de seu povo, a uma megera não feminina e sedenta de sangue, a símbolo do imperialismo heroico britânico, uma ironia em vista do fato de que sua rebelião combateu um imperialismo anterior. Os relatos variavam de acordo com o que os homens consideravam o comportamento feminino adequado e o que os britânicos consideravam comportamento britânico adequado: assim, Boadicea tem sido ao mesmo tempo prostituta e santa. Bem em seus primórdios, o mito se desligou da mulher real em questão e tem flutuado por aí desde então, pronta para grudar como uma sanguessuga em qualquer mulher forte o bastante para brandir uma lança ou se declarar candidata a um cargo público.

Fraser prossegue seu ensaio com uma relação variada de mulheres através dos séculos e civilizações que seguraram, embora brevemente, as rédeas do poder: Zenóbia, a rainha de Palmira do século III que também desafiou o governo de Roma; a imperatriz Matilde, das guerras de sucessão inglesas do século XII; a rainha Tamara da Geórgia, "A Leoa do Cáucaso"; Elizabeth I, inspirando seus soldados a combater a armada espanhola; Isabel da Espanha; a notável guerreira Jinga, rainha de Angola, que desafiou com sucesso os colonizadores portugueses; Catarina, a Grande, da Rússia; as heroínas vietnamitas Trung Trac e Trung Nhi; a incrível Rani de Jhansi, que combateu o domínio britânico na Índia; Indira Gandhi; Golda Meir; e muitas outras, concluindo com este útil fecho a Boadicea, Margaret Thatcher. A infância dessas mulheres, seus caminhos até a liderança e seus estilos variam imensamente, mas elas têm uma coisa em comum: todas foram mitologizadas de imediato. Líderes militares homens, se considerados em sua totalidade, foram homens, e isso tem bastado; mas as mulheres não podem ser meras mulheres. São aberrações e, como tal, considera-se que tomem parte do sobrenatural ou do monstruoso: anjos ou demônios, paradigmas da castidade ou diabos da luxúria, Prostitutas da Babilônia ou Donzelas de Ferro. Às vezes tiravam proveito das santas ou deusas disponíveis a elas em suas culturas, às vezes tiveram de lutar contra essas imagens. Sua feminilidade era ao mesmo tempo um grilhão e um estandarte.

Como líderes, elas tiveram de ser, assim como as médicas de uma década atrás, melhores que os homens. Envergonharam seus seguidores homens quando exibiram uma coragem superior; envergonharam os adversários homens quando lhes infligiram a derrota nas mãos de uma mera mulher. Elas foram superiores em manobras, no discurso, na bazófia e, em alguns casos, no uso das armas e na montaria em comparação com os melhores da safra masculina. Reunidas, são um grupo impressionante, e Fraser está de parabéns por resgatá-las de seus próprios mitos e por lhes dar o que lhes é devido como indivíduos, tanto às menos conhecidas entre elas como às de maior reputação.

Embora elas sejam largamente apregoadas por muitas defensoras da igualdade das mulheres e apresentadas sob muitos pretextos — desde concursos de beleza da virada do século XX à obra de arte *O banquete*, de Judy Chicago —, em geral essas mulheres não se aliavam com outras mulheres, nem com movimentos pela melhoria da condição feminina. Era mais comum que se distanciassem das mulheres, como Elizabeth I, que era contra o governo feminino, mas se via como uma exceção colocada no panteão divino, ou como Catarina, a Grande, que falava da "espécie fraca, frívola e lamurienta das mulheres". Muitas preferiram o status de homens honorários. Se você participa de brincadeiras de meninos, precisa ser um deles.

Este livro deve ser leitura obrigatória para qualquer mulher que entre na política, dirija caminhões ou vá para o exército; na verdade, por qualquer mulher que vá fazer qualquer coisa, a não ser que seu campo de escolha seja exclusivamente feminino. As mulheres públicas enfrentam diferentes provas de coragem, atraem diferentes tipos de crítica e são sujeitas a diferentes mitologizações dos homens, e *The Warrior Queens* indica quais são esses tipos.

Aquelas de nós para quem a política é um esporte para espectadores também o acharão útil. Vai muito longe para explicar as várias transformações na mídia de, por exemplo, Margaret Thatcher, de seu período de Átila, o Huno, passando pela fase Dama de Ferro da Guerra das Falklands, a sua encarnação como uma Boadicea de charge editorial, com chicote e biga, triunfante no dia das eleições, arrastando a reboque um grupo de homens pigmeus. Às líderes mulheres, ao que parece, é complicado ser de tamanho natural. Para melhor ou para pior, elas são gigantes.

13
ESCREVER UTOPIA

COMO *O CONTO DA AIA* foi escrito? Em parte, a resposta pode ser: em uma máquina de escrever elétrica alugada com um teclado alemão em um apartamento do tamanho de um armário em Berlim Ocidental e, em parte, em uma casinha em Tuscaloosa, no Alabama — que, anunciaram-me com certo orgulho, é a capital de homicídios *per capita* dos EUA. "Meu Deus", falei. "Acho que eu não deveria estar aqui." "Ai, não fique tão preocupada", responderam. "Eles só atiram em parentes." Mas embora esses dois lugares tenham proporcionado, digamos, certa atmosfera, há mais na história do que isso.

O conto da aia, devo explicar para aquela pessoa do público que talvez ainda não o tenha lido — lançado em brochura, por uma pechincha de emocionantes e arrepiantes 4,95 dólares —, é ambientado no futuro. Isso levou algumas pessoas a acreditarem que é ficção científica, e o livro, a meu ver, não é. Defino ficção científica como a ficção em que acontecem coisas que não são possíveis na atualidade — depende, por exemplo, de viagem espacial avançada, viagem no tempo, a descoberta de monstros verdes em outros planetas ou galáxias, ou que contenha tecnologias variadas que ainda não desenvolvemos. Em *O conto da aia* não acontece nada que a raça humana já não tenha feito em algum momento do passado, ou que não esteja fazendo agora, talvez em outros países, ou para o que já não desenvolvemos a tecnologia. Nós já fizemos, ou estamos fazendo, ou começaremos a fazer amanhã. Não acontece nada de inconcebível e as tendências projetadas nas quais se baseia minha sociedade do futuro já estão em movimento. Assim, penso em *O conto da aia* não como ficção científica, mas como ficção especulativa; e, mais particularmente, como aquela forma negativa da ficção utópica que passou a ser conhecida como distopia.

Em geral uma utopia é considerada uma sociedade fictícia perfeita, mas na realidade a palavra não significa "sociedade perfeita". Significa "lugar que não existe" e foi usada com sarcasmo por sir Thomas More como título de seu discurso ficcional do século XVI sobre o governo. Talvez ele tenha pretendido indicar que, embora sua Utopia fizesse mais sentido do que a Inglaterra da época, era improvável ser encontrada em qualquer lugar fora do livro.

A utopia e a distopia preocupam-se com o projeto de sociedades; boas sociedades para as utopias, ruins para as distopias. Há algo do mesmo prazer nisso, para o escritor, que costumávamos ter quando crianças quando construíamos cidades de areia, ou selvas de dinossauros de massa de modelar, ou desenhávamos guarda-roupas inteiros para bonecas de papel. Mas, em uma utopia, é preciso planejar tudo — as cidades, o sistema judiciário, os costumes, até aspectos da linguagem. O projeto ruim da distopia é o bom projeto da utopia ao contrário — isto é, nós, leitores, temos de deduzir o que é uma boa sociedade vendo, em detalhes, o que não é.

Como forma, a utopia-distopia tende a ser produzida apenas por culturas baseadas no monoteísmo — ou, como no sistema de Platão, em uma ideia única do Bem — e que postulem também uma cronologia única e orientada para objetivos. Parece que as culturas baseadas no politeísmo e na circularidade do tempo não as produzem. Por que se dar ao trabalho de tentar melhorar a sociedade, ou mesmo imaginá-la melhorada, quando sabemos que tudo vai girar em círculos novamente, como roupas na máquina de lavar? E como podemos definir uma sociedade "boa" em oposição a outra "má" se vemos o bem e o mal como aspectos da mesma coisa? Mas o judaico-cristianismo, sendo um monoteísmo linear — um Deus e um único enredo, do Gênese ao Apocalipse —, gerou muitas utopias ficcionais e várias boas tentativas de criar a utopia real bem aqui, na terra, sendo uma delas a aventura dos colonos ingleses, os "pais peregrinos" calvinistas — "Seremos como uma cidade edificada sobre uma colina, uma luz para todas as nações" —, e sendo outra o marxismo. No marxismo, a história substitui Deus como determinante e a sociedade sem classes substitui a Nova Jerusalém, mas a mudança com o passar do tempo, na direção da perfeição, é postulada da mesma forma. No fundo de cada utopia moderna espreita a República de Platão e o Livro do Apocalipse, e as distopias modernas *não* deixaram de ser influenciadas por várias versões literárias do Inferno, em particular as de Dante Alighieri e John Milton, que por sua vez remontam à Bíblia, fonte indispensável da literatura ocidental.

A *Utopia* original de sir Thomas More tem uma longa lista de descendentes, muitos dos quais li enquanto trilhava meu caminho pelo colégio, a faculdade e, mais tarde, a pós-graduação. A lista inclui *As viagens de Gulliver*, de Jonathan Swift, e, no século XIX, *Notícias de lugar nenhum*, de William Morris, em que a sociedade ideal é uma espécie de colônia de artistas; *A máquina do tempo*, de H. G. Wells, em que as classes inferiores literalmente comem as superiores; *Erewhon*, de Samuel Butler, em que o crime é uma doença e a doença é um crime; e *A Crystal Age*, de W. H. Hudson. No século XX, os clássicos são *Admirável mundo novo*, de Aldous Huxley, *Looking Backward*, de Edward Bellamy, e, naturalmente, *1984*, de Orwell, para citar alguns. As utopias escritas por mulheres também são dignas de nota, embora não sejam tão numerosas. Há, por exemplo, *Herland: a terra das mulheres*, de Charlotte Perkins Gilman, e *Woman on the Edge of Time*, de Marge Piercy.[6]

Em geral as utopias são satíricas, sendo a sátira dirigida à sociedade em que vive o autor; isto é, as disposições superiores dos utópicos refletem mal em *nós*. As distopias costumam ser mais advertências terríveis do que sátiras, sombras profundas lançadas pelo presente no futuro. Elas são o que nos acontecerá se não fizermos um trabalho melhor.

Que aspectos desta vida interessa a esses escritores? Para surpresa de ninguém, suas preocupações são idênticas às da sociedade. Existem, por exemplo, as questões superficiais do vestuário e da culinária; a nudez parcial e o vegetarianismo fazem aparições constantes. Mas os principais problemas são distribuição de riqueza, relações trabalhistas, estruturas de poder, proteção dos despossuídos, se houver alguma, relações entre os gêneros, controle populacional, planejamento urbano, em geral na forma de um interesse por ralos e esgotos, criação de filhos, a doença e sua ética, o mesmo para a insanidade, a censura de artistas e gentalha semelhante, e elementos antissociais, a privacidade individual e sua invasão, a redefinição da linguagem e a administração da justiça. Isto é, se for necessária tal administração. É uma característica da utopia radical, por um lado, e da distopia radical, por outro, que nenhuma das duas contenha jurista algum. As utopias radicais são comunidades espirituais, em que não pode haver nenhuma divergência real entre seus integrantes porque todos são iguais e têm a mentalidade certa; as distopias radicais são tiranias absolutas, em que não existe a possibilidade de discórdia. Na utopia, então, não precisam de juristas; na distopia, não permitem juristas.

---

[6] Publicado originalmente em 1888. (N. da T.)

É entre uma coisa e outra, porém, que recai a maioria das utopias-distopias, assim como a maioria das sociedades humanas, e aqui os compositores dessas ficções mostraram uma fecundidade fora do comum. As relações entre os gêneros talvez exibam o leque mais amplo. Algumas utopias apelam para uma espécie de gênero comunitário mentalmente saudável; outras, como *A Crystal Age*, de W. H. Hudson, para uma organização como a das formigas em que a maioria dos cidadãos é sexualmente neutra e só um casal de cada localidade realmente procria, e é assim que reduzem a taxa de natalidade. Outros ainda, como o livro de Marge Piercy, permitem aos homens participar quase igualmente da criação dos filhos, deixando que amamentem por meio de injeções de hormônio, uma opção que pode não rejubilar o seu coração, mas pelo menos tem a virtude da novidade. E há também o sexo grupal ritualístico e os bebês de garrafa de Huxley, as caixas de Skinner, e várias ficções científicas menores, escritas por homens, apresso-me a acrescentar, em que as mulheres devoram os parceiros ou os paralisam e põem ovos neles, como aranhas. As relações sexuais em distopias radicais costumam exibir alguma forma de escravidão ou, como em Orwell, a extrema repressão sexual.

Os detalhes, então, variam; mas a utopia-distopia como forma é um meio de primeiro experimentar coisas no papel para saber se podemos gostar delas ou não, se um dia tivermos a oportunidade de colocá-las em prática. Além disso, desafia-nos a reexaminar o que entendemos pela palavra *humano*, sobretudo o que pretendemos dizer com *liberdade*. Pois nem utopia, nem distopia são um processo em aberto. A utopia é um exemplo extremo do impulso para a ordem; é a palavra *deve* desenfreada. A distopia, sua imagem especular de pesadelo, é o desejo de esmagar a dissidência, levado a extremos inumanos e insanos. Nenhuma das duas é o que chamaríamos de tolerante, mas ambas são necessárias para a imaginação: se não conseguimos imaginar o bem, o ideal, se não conseguimos formular o que queremos, teremos o que não queremos, e de sobra. É um triste comentário a respeito de nossa época que achemos as distopias muito mais críveis do que as utopias: as utopias só podemos imaginar, as distopias, já imaginamos. Mas se nos esforçarmos muito para aplicar a utopia, a distopia rapidamente aparece; porque se um número suficiente de pessoas discorda de nós, teremos de eliminar ou reprimir, aterrorizar ou manipular essas pessoas, e aí chegamos a *1984*. Como regra, a utopia só é segura quando continua fiel a seu nome: lugar que não existe. É um ótimo lugar para se visitar, mas será que queremos mesmo viver ali? E essa pode ser a moral definitiva dessas histórias.

Tudo isso serve de pano de fundo para que você saiba que fiz as leituras necessárias muito antes de me lançar em *O conto da aia*. Existem outros dois grupos de leitura necessária que gostaria de mencionar. O primeiro tem relação com a literatura da Segunda Guerra Mundial — li as memórias de Winston Churchill quando estava no colégio, para não falar de uma biografia de Rommel, a Raposa do Deserto, e muitos outros volumes de história militar. Li estes livros em parte porque eu era uma leitora onívora e eles estavam ali; meu pai era apaixonado por história e essas coisas ficavam pela casa. Por extensão, li vários livros sobre regimes totalitários, do presente e do passado; um que se destaca chamava-se *O zero e o infinito*, de Arthur Koestler. (Essa não era minha única leitura quando era secundarista; também li Jane Austen e Emily Brontë e um livro de ficção científica particularmente escabroso intitulado *Donovan's Brain* [O cérebro maligno]. Eu lia de tudo, e ainda lerei; na falta de qualquer coisa, leio revistas de companhias aéreas e, tenho de dizer, estou ficando cansada daqueles artigos sobre executivos bilionários. Vocês não acham que está na hora de partir para outros tipos de ficção?)

Esta área dita "política" de minhas leituras foi reforçada posteriormente pelas viagens a vários países onde, para falar com gentileza, algumas coisas que consideramos liberdades não são universalmente aplicadas, e por conversas com muitas pessoas; lembro-me em particular de conhecer uma mulher que tinha participado da Resistência Francesa durante a guerra e um homem que fugiu da Polônia na mesma época.

O outro grupo de leituras necessárias tem relação com a história dos puritanos no século XVII, em especial aqueles que acabaram indo parar nos Estados Unidos. No início de *O conto da aia*, há duas dedicatórias. Uma para Perry Miller, que foi meu professor no temido curso de pós-graduação na Universidade de Harvard e que foi responsável quase sozinho pela ressurreição dos puritanos americanos como campo de pesquisa literária. Eu tinha de usar muito desse material e precisava "preencher meus hiatos" para passar em meus exames, e essa era uma área que eu não havia estudado na graduação. Perry Miller observou que, ao contrário do que me ensinaram antes, os puritanos americanos não vieram para a América do Norte em busca de tolerância religiosa, ou do que pretendemos dizer com isso. Queriam a liberdade de praticar a religião *deles*, mas não se interessavam particularmente por qualquer outro praticar a própria. Entre suas realizações dignas de nota estavam o banimento dos chamados heréticos, o enforcamento de quacres e os conhecidos julgamentos de bruxas. Preciso dizer essas coisas ruins sobre eles porque foram meus ancestrais — de certo modo, *O conto da aia* é meu livro sobre meus ancestrais. A segunda dedicatória, para Mary Webster, na realidade está entre esses mesmos ancestrais. Mary foi uma bruxa famosa, ou pelo menos foi julgada por bruxaria e enforcada. Mas isso foi antes de inventarem o alçapão, que quebra seu pescoço — eles se limitaram a pendurá-la e deixá-la pendurada, e na manhã seguinte, quando apareceram para soltá-la, ela ainda estava viva. Segundo a lei de dupla incriminação, não se podia executar uma pessoa pelo mesmo crime duas vezes, então ela viveu mais 14 anos. Senti que se eu ia arriscar meu pescoço escrevendo esse livro, era melhor dedicar a alguém com um pescoço bem forte.

A Nova Inglaterra puritana era uma teocracia, não uma democracia; e a sociedade do futuro proposta em *O conto da aia* tem a forma também de uma teocracia, baseada no princípio de que nenhuma sociedade se afasta completamente de suas origens. A Rússia stalinista teria sido impensável sem a Rússia czarista que a antecedeu, e assim por diante. Além disso, as formas mais potentes de ditadura sempre foram aquelas que impuseram a tirania em nome da religião; e até mesmo os revolucionários franceses e Hitler esforçaram-se para conferir força religiosa e sanção a suas ideias. O necessário para uma boa tirania é uma ideia ou autoridade inquestionável. Divergência política é divergência política; mas divergência política em uma *teocracia* é heresia, e muita vanglória farisaica pode ser imposta ao extermínio dos hereges, como a história demonstrou com os cruzados, as conversões forçadas ao islamismo, a Inquisição espanhola, a queima na fogueira no reinado de Maria I, a rainha sanguinária inglesa, e assim por diante com o passar dos anos. Foi à luz da história que os constitucionalistas americanos do século XVIII separaram Igreja de Estado. Também é à luz da história que meus leitores de *O conto da aia* os recombinam.

Todas as ficções começam com a pergunta *E se...?*. O *e se* varia de um livro para outro — e se John ama Mary, e se John não ama Mary, e se Mary é devorada por um enorme tubarão, e se os marcianos invadem, e se você encontra um mapa do tesouro e por aí vai — mas sempre existe um *e se* a que o romance tem de responder. O *e se?* de *O conto da aia* pode ser formulado: e se isso *pudesse* acontecer aqui? O que *isso* seria? (Nunca acreditei em nenhuma ficção sobre os russos tomando o poder. Se eles não conseguem fazer com que suas geladeiras funcionem, francamente não teriam muita chance. Então isso, para mim, é um *isso* implausível.)

Ou *e se* você quisesse tomar o poder nos EUA e instaurar um governo totalitário, sendo o desejo de poder o que é? Como você faria? Que condições estariam a seu favor, e que lema você proporia, que bandeira hastearia, que atraísse os necessários 20% da população, sem os quais nenhum totalitarismo pode ficar no poder? Se você propusesse o comunismo, seria improvável conseguir muitos apoiadores. Uma ditadura de democratas liberais seria vista, até pelos ligeiramente obtusos, como uma contradição terminológica. Vamos encarar a realidade, embora tenham sido cometidos atos muito duvidosos em nome do grande deus democracia, em geral foram feitos em segredo ou com uma boa dose de adornos verbais os acobertando. Neste país, seria mais provável você tentar uma versão do puritanismo calvinista, se quisesse tomar o poder. Este sem dúvida seria seu melhor plano.

Mas as verdadeiras ditaduras não assumem o poder nos bons tempos. Aparecem nos tempos ruins, quando as pessoas estão dispostas a abrir mão de parte de suas liberdades para alguém — qualquer um — que possa assumir o controle e lhes prometer tempos melhores. Os tempos ruins que possibilitaram Hitler e Mussolini foram na questão econômica, com alguns detalhes a mais, como escassez de homens em proporção às mulheres devido às altas taxas de mortalidade durante a Primeira Guerra Mundial. Para possibilitar minha sociedade do futuro, propus algo um pouco mais complexo. Tempos ruins na economia, sim, devido a uma área cada vez menor de controle global, o que significaria mercados cada vez menores e menos fontes de matéria-prima baratas. Mas também um período de catástrofe ambiental ampla, o que teria várias consequências: uma taxa de infertilidade e esterilidade mais alta devido a danos por substâncias químicas e radiação (isto, aliás, já está acontecendo) e uma taxa de anomalias congênitas mais elevada, o que também está acontecendo. A capacidade de conceber e criar um filho saudável passaria a ser rara e, portanto, valorizada;

e todos nós sabemos quem consegue a maior parte — em qualquer sociedade — das coisas que são raras e valorizadas. Aqueles no topo da pirâmide. Daí minha sociedade do futuro proposta, como muitas sociedades humanas antes dela, atribuir mais de uma mulher a seus membros homens favorecidos. Existem muitos precedentes dessa prática, mas minha sociedade, sendo derivada do puritanismo, naturalmente precisaria de sanção bíblica. Para sorte deles, os patriarcas do Antigo Testamento foram notadamente polígamos; o texto que eles escolheram como pedra fundamental é a história de Raquel e Lia, as duas esposas de Jacó, e sua competição para ter um filho. Quando ficaram sem bebês, elas pressionaram suas aias e contaram os bebês como delas, dando assim uma justificativa bíblica para a maternidade substituta, se é que alguém precisava de alguma desculpa. Entre essas cinco pessoas — não duas —, foram produzidas as 12 tribos de Israel.

O lugar da mulher, na República de Gilead — batizada com o nome da montanha onde Jacó prometeu ao sogro Labão que protegeria suas duas filhas —, o lugar da mulher é estritamente em casa. Meu problema como escritora foi: dado que minha sociedade tinha metido todas as mulheres em casa de novo, como é que elas iam proceder? Como você *coloca* as mulheres em casa de novo, agora que elas estão zanzando *fora* de casa, com empregos, e agindo por aí de modo geral? Simples. Basta você fechar os olhos e refazer vários passos gigantescos, para o passado não muito distante — o século XIX, para ser exata —, privá-las do direito de voto, de possuir bens imóveis ou de ter empregos, e ainda por cima proibir a prostituição pública, para impedir que elas andem pelas esquinas e pronto, lá estão vocês, voltaram para dentro de casa. Para evitar que elas usem seus cartões Amex ouro e fujam rapidamente de avião, congelei seu crédito da noite para o dia; afinal, se todo mundo usa computadores e o dinheiro ficou obsoleto — para onde estamos indo agora —, seria muito simples destacar qualquer dado grupo — todos com mais de sessenta anos, todos de cabelo verde, todas as mulheres. Das muitas características assustadoras de minha sociedade do futuro, esta parece afetar a maioria das pessoas. Que seus amados, simpáticos e bem treinados cartões de crédito possam se erguer contra elas! É material para pesadelos.

Assim, isto faz parte da essência do que espero que você vá pensar que seja a lógica implacável que funciona como a espinha dorsal de *O conto da aia*. Enquanto o estava escrevendo e por algum tempo depois disso, mantive um caderno com recortes de jornais referindo-se a toda sorte de material que se encaixasse nas premissas em que se baseava o livro — de tudo, de artigos sobre o nível alto de PCBs encontrados em ursos-polares a mães biológicas atribuídas a soldados da SS por Hitler, além de suas esposas legais, para fins de geração de crianças, a condições em prisões do mundo todo, tecnologia de computação, poligamia clandestina no estado de Utah. Não há, como eu disse, nada no livro que não tenha precedentes. Mas esse material em si não constituiria um romance. Um romance sempre é a história de um indivíduo, ou de vários indivíduos, nunca a história de uma massa generalizada. Assim, os verdadeiros problemas para escrever *O conto da aia* foram os mesmos envolvidos na escrita de qualquer romance: como tornar a história real no nível humano e individual. As armadilhas em que caem tão frequentemente os utópicos são aquelas da dissertação. O autor fica entusiasmado demais com a rede de esgoto ou com esteiras transportadoras, e a história empaca enquanto essas belezas são explicadas. Eu queria que o pano de fundo factual e lógico de minha história continuasse como pano de fundo; não queria que usurpasse o primeiro plano.

PARTE II
1990-2000

1990-2000

O ANO DE 1990 deveria ter sido o primeiro de uma nova era. A União Soviética transformou-se completamente. A Alemanha se reunificava, algo que pensávamos que nunca testemunharíamos nesta vida. O Ocidente e aquele corpo de práticas e valores ligados a algo chamado "capitalismo" ou "economia de livre mercado" pareciam triunfantes. Ainda não estava previsto que, com o desaparecimento de seu inimigo, o balão moral ocidental perderia seu gás hélio: é ótimo defender a liberdade na ausência dela, mas complicado se sentir sinceramente nobre com shoppings, estacionamentos e o direito de se matar por comer demais.

Aproximamo-nos da última década antes daquela articulação artificial de mudança dos tempos, O Milênio, em um estranho estado de desorientação. Mas, como observou o escritor italiano Roberto Calasso, os heróis precisam de monstros, embora os monstros possam se sair muito bem sem os heróis; e as energias produtivas de monstros se reuniam ao longo da década.

As coisas estavam mais tranquilas no front da escrita, pelo menos no meu. Em 1991 publiquei *Dicas da imensidão*, uma coletânea de contos escritos no final da década de 1980. No mesmo ano, fomos à França em busca de tempo para escrever. Não podíamos alugar uma casa para todo o período, então alugamos três casas sucessivas — uma para o outono, uma para o inverno, uma para a primavera — dentro e nos arredores de Lourmarin, na Provença. Foi nessas três casas que comecei a escrever meu romance *A noiva ladra*, ocasião para o ensaio neste volume intitulado "A Vilania de Mãos Maculadas". Também organizei uma coletânea de contos curtos chamada *Good Bones*, um complemento de *Murder in the Dark*, de 1983. Foi publicado em 1992, com uma colagem no projeto de capa que reuni de edições da *Vogue* francesa. (Os dois livros foram feitos para uma tiragem pequena e a colagem da autora economiza dinheiro.)

Voltamos ao Canadá a tempo de pegar o verão de 1992. Concluí *A noiva ladra* em janeiro de 1993, em um trem que atravessava o Canadá. Meu pai tinha morrido no início daquele mês, logo depois de eu mesma ficar gravemente doente, com febre escarlatina, e o livro foi terminado à custa de força de vontade.

Um livro de poemas, *Morning in the Burned House*, saiu em 1995. Também nesse ano publiquei uma série de quatro palestras que dera na Universidade de Oxford sobre o tema da literatura canadense e do norte. O título foi *Strange Things*, com as primeiras palavras do poema "The Cremation of Sam McGee", de Robert Service. Esse poema fala dos homens que labutam por ouro e foi uma década que exigiu certo esforço.

Comecei o romance *Vulgo Grace* enquanto estava em turnê de lançamento na Europa — na Suíça, um local adequadamente freudiano/junguiano. O processo é descrito no ensaio "Em Busca de *Vulgo Grace*". O que eu não disse é que logo depois de concluir o livro fomos a um vilarejo no oeste da Irlanda e tive de editar o livro por FedEx — ainda não tinha e-mail —, o que significou que precisei pendurar um pano de prato na cerca viva para que o entregador soubesse onde estávamos.

Escrevi *O assassino cego* depois de várias largadas falsas, uma delas no Canadá, outra em um curioso apartamento alugado pela internet em Londres. O avanço veio, novamente, na França, onde eu escrevia em uma junção de mesas de canto que serviram de escrivaninha. Concluí o livro em 1999 e fiz a edição em parte em Madri, onde também terminava as seis palestras que dei na Universidade de Cambridge naquele ano sobre escritores e escrita, publicadas como *Negociando com os mortos*. Assim, durante os primeiros meses daquele ano, foram céus azuis e luminosos, sol e churros, depois, na primavera, os maravilhosos jardins de Cambridge, jacintos na mata e neblina.

O assassino cego foi lançado no outono. Tornou-se o quarto de meus livros a ser finalista do Booker Prize e tive de vestir outra roupa preta. Para minha surpresa, o livro cometeu o que Oscar Wilde teria chamado de um solecismo imperdoável de estilo, ganhando o prêmio. Muitos canadenses ficaram satisfeitos com isso.

Voltando: na véspera do ano-novo de 2000, o milênio fazia sua entrada. Esperava-se que todos os nossos computadores entrariam em pane, mas não entraram. Minha mãe, na época, estava muito idosa e quase cega, mas ainda conseguia enxergar luzes fortes. Soltamos alguns fogos de artifício na frente de sua janela panorâmica para que ela pudesse participar, e minha irmã, por acidente, ateou fogo no quintal. É essa a minha imagem do grandioso evento — minha irmã pulando no mato seco, tentando apagar com os pés a conflagração.

Na página de meu diário que começou no ano 2000, escrevi: *Os fogos de artifício foram muito bons na TV, a não ser pelos comentários fátuos. Nada vazou. O sino da igreja tocou. Estava bem quente. Havia uma meia-lua, os anjos não chegaram, ou pelo menos nenhum que fosse visível a olho nu. Não caiu nenhuma bomba. Não nevou. Nenhum terrorista apareceu por aqui.*

As famosas últimas palavras.

14

UMA FACA DE DOIS GUMES

O RISO SUBVERSIVO EM DOIS CONTOS DE THOMAS KING

> Quando "Brébeuf e seus irmãos" surgiu, um amigo
> me disse que o que se devia fazer agora era escrever
> a mesma história da perspectiva dos iroqueses.
> — James Reaney, "The Canadian Poet's Predicament"

Certa vez, muito tempo atrás, em 1972, para ser exata, escrevi um livro intitulado *Survival*, que tratava da literatura canadense; um tema excêntrico naquela época, quando muitos negavam existir alguma. Nesse livro, havia um capítulo intitulado "First People: Indians and Eskimos as Symbols". O que esse capítulo examinava era a utilização, por parte de escritores não nativos, de personagens e temas nativos com o passar dos séculos e para seus próprios fins. Esse capítulo não examinou a poesia e a ficção escritas por nativos em inglês, pelo simples motivo de que na época não consegui encontrar nenhum; embora pudesse recomendar uma pequena lista de títulos de não ficção. O mais próximo da escrita "imaginativa" de nativos eram "traduções" de mitos e poesia nativos, que podiam aparecer no início de antologias, ou seriam oferecidas como uma espécie de conto de fadas indígena em livros de leitura da escola primária. (Por que omiti a poeta Pauline Johnson? Talvez porque, sendo metade branca, ela de algum modo não se classifique como indígena, nem entre os nativos; mas ela passa por um resgate de sua obra hoje em dia.)

As figuras nas histórias e poemas que analisei eram de uma gama variada. Lá estavam indígenas e esquimós vistos como mais próximos da natureza e, portanto, mais nobres, como mais próximos da natureza e, portanto, *menos* nobres, como vitimizadores selvagens de brancos e como vítimas de brancos selvagens. Havia uma forte tendência entre os escritores mais jovens de reivindicar os nativos como parentes, ou como seus "verdadeiros" ancestrais (pode haver alguma verdade nisso, uma vez que todas as pessoas no planeta descendem de sociedades de caçadores-coletores). Havia muitos adjetivos.

O que não havia entre eles era *senso de humor*. A ironia selvagem e o humor mórbido às vezes entravam no quadro como uma espécie de dispositivo de autoflagelação para os brancos, mas, no todo, os nativos eram tratados por quase todo mundo com a máxima gravidade, como se ou eles fossem espantosos demais como selvagens horripilantes, ou sacrossantos demais em seu status de vítimas sagradas para permitir alguma reação cômica a eles ou da parte deles. Além disso, parece que ninguém lhes perguntou o que *eles* achavam engraçado, no mínimo. O nativo apresentado na literatura não nativa carecia singularmente de senso de humor; meio parecido com a "boa" mulher da ficção vitoriana, que adquiria nas mãos de escritores homens a mesma solenidade de olhos trágicos e prolongado sofrimento.

As coisas estão mudando. Os nativos agora escrevem ficção, poesia e peças teatrais, e parte da literatura produzida por eles é ao mesmo tempo vulgar e hilariante. Muitos estereótipos estão ruindo, algumas suscetibilidades em vias de se ofender. O que há de confortável em um povo que não tem uma voz literária, ou pelo menos não uma voz que você possa ouvir e entender, é que você nunca tem de ouvir o que eles dizem a *seu* respeito. Os homens acharam muito desconcertante quando as mulheres começaram a escrever a verdade sobre coisas que as mulheres dizem a respeito deles pelas costas. Em particular, eles não apreciaram ver revelados os mais banais de seus pontos fracos humanos, nem apreciaram ser motivo de riso por isso. Na verdade, ninguém aprecia. Mas quando soube que o apelido dado a certo sacerdote pelos indígenas era "padre Cara de Virilha", devido a sua barba, isso me fez refletir. Por exemplo, o *Padre Cara de Virilha e Seus Irmãos* teria um tom completamente diferente, não?

Recentemente li, em "pequenas" revistas distintas, dois contos excepcionais do mesmo autor, Thomas King.[7] Parecem-me contos "perfeitos" — quero dizer com isso que, como narrativas, são extraordinariamente cronometrados, tudo neles parece estar ali por direito e que não há nada que você queira mudar ou editar. Outro jeito de dizer isso é que eles são belamente escritos. Mas além dessas qualidades estéticas, que partilham com outros contos, eles me impressionaram de maneiras bem diferentes.

Eles armam uma emboscada para o leitor. Eles sacam a faca, não para atacar na cabeça com a própria retidão moral, mas porque são engraçados. O humor pode ser agressivo e opressor, como em piadas sexistas e racistas do tipo "fique no seu lugar". Mas também pode ser uma arma subversiva, como tem sido frequentemente para pessoas que se veem em uma situação muito difícil com outras armas mais físicas.

---

[7] Thomas King foi publicado nas seguintes obras: org., com Cheryl Calver e Helen Hoy, *The Native in Literature* (Toronto: ECW, 1985); org., edição de ficção nativa da *Canadian Fiction Magazine*, nº 60 (1987); *Medicine River* (romance) (Toronto: Penguin, 1990); org., *"All My Relations": An Anthology of Contemporary Canadian Native Prose* (Toronto: McClelland & Stewart, 1990); *One Good Story, That One* (ciclo de contos).

Como esses dois contos ainda não apareceram em uma antologia (embora venham a aparecer em breve), o leitor me perdoará por resumi-los.

O primeiro conto que gostaria de discutir intitula-se "Joe the Painter and the Deer Island Massacre". É ambientado em uma pequena cidade litorânea ao norte de San Francisco. O narrador é um indígena; o objeto da narrativa é um homem branco chamado "Joe, o Pintor". Ninguém na cidade, exceto o narrador, gosta sinceramente de Joe. Ele é ruidoso e abertamente simpático, e tem o hábito desconcertante de assoar o nariz na sarjeta, uma narina de cada vez. "Sempre que ele sente uma obstrução em sua 'armadilha para respirar', como ele próprio chama, vai para o meio-fio, inclina-se para não sujar os sapatos, tampa uma narina com o polegar, bufa e assoa a outra." Mas o que realmente pega para as pessoas é a sinceridade de Joe. Ele sabe dos podres de todo mundo e anuncia isso a plenos pulmões na forma de perguntas, por exemplo, "'Olá, Sra. Secord, como estão as meninas? Parece que a senhora esteve vivendo de pudim. Me diga uma coisa, grávida de novo?'", ou, "'Olá, Connie, como está o furúnculo?'".

A ação engrena quando Joe descobre que a cidade pretende ter um concurso em comemoração ao próprio centenário e que há uma grande soma disponível para aqueles que desejem participar. Joe fica transbordando de espírito cívico e decide entrar no concurso. Sua participação falará do fundador da cidade, um certo Matthew Larson, e um incidente do passado distante chamado de "O Massacre da Ilha Deer", envolvendo um grupo local de indígenas. Joe descreve os acontecimentos como se segue: "Sim, um massacre. Os dois irmãos de Larson foram mortos, mas Larson sobreviveu e construiu a cidade. Foi assim que este lugar começou. Dá um boa peça, hein?"

A essa altura, o narrador — que conhecemos apenas como "chefe", porque é assim que Joe o chama — supõe que o massacre é do tipo habitual nos filmes, isto é, instigado por índios traiçoeiros, com perdas pesadas, mas com o triunfo final dos brancos. Ele é solicitado por Joe a recrutar os índios para esse negócio, mas não sabe se os amigos e parentes vão gostar da ideia. Porém, ele é convencido por Joe: "O que há para se gostar? É tudo história. Não se pode brincar com a história. Nem sempre é do jeito que gostaríamos, mas é o que é. Não pode ser mudada."

Antes do concurso, os índios se reúnem na Ilha Deer — "Como nos velhos tempos", diz o pai do narrador — e começam os ensaios. Joe decide que eles não parecem tão índios assim e arruma na cidade umas perucas e umas tranças pretas. Chega o dia do concurso e Joe apresenta a peça da forma adequada. Será representada, diz ele, por Atores Filhos de Nativos. O narrador gosta disso. "'Caramba, esse Joe é criativo! Parece profissional', pensa ele." (Nós, leitores, gostamos disso porque é um toque cruel e porque confunde em vários níveis. É o tipo de fraseado popularesco que Joe inventaria; fala em "Nativos"; e estes *são* os Filhos de Nativos, embora os americanos brancos tenham se apropriado com frequência da designação só para si.)

O primeiro ato conta a chegada de Larson, representado por Joe, que é recebido por Pássaro Vermelho, representado pelo narrador. O segundo ato dramatiza o atrito crescente entre índios e brancos à medida que estes últimos ocupam a Ilha Deer e querem construir coisas ali. O terceiro é o massacre em si, e é aqui que todos tomamos um susto, público e leitores — porque o massacre não é perpetrado pelos índios. É feito pelos brancos, chegando furtivamente na calada da noite e chacinando os índios enquanto eles dormem. Os índios que representam os brancos abrem fogo, soltando barulhos de *bang*. Os índios que representam índios saltam, batendo saquinhos plásticos de ketchup de restaurante para mostrar sangue. "'Protejam as mulheres e as crianças'", exclama

Pássaro Vermelho — uma fala saída de trás da carroça de muitas sequências de filmes de faroeste com índios e uma caravana.

Os atores indígenas estão se divertindo. Logo todos estão prostrados e "mortos", enquanto moscas zumbem em volta do ketchup e Joe faz um solilóquio acima dos corpos: "'Abomino tirar uma vida humana, mas a civilização precisa de um braço forte para abrir a fronteira. Adeus, pele-vermelha. Saiba que de seus ossos brotará uma comunidade nova e mais forte para sempre.'"

A plateia fica paralisada com a apresentação de Joe. Não era nada disso que eles tinham em mente! Parece ser, de certo modo, do mau gosto mais ultrajante. Disse — como é hábito de Joe — algo considerado indizível. E faz isso com a simplicidade e a franqueza de uma criança, o que é de enfurecer. (Como disse o barman da cidade antes, "'A sinceridade deixa as pessoas nervosas'".) A cidade fica escandalizada. Mas, afinal de contas, o que Joe fez? Só o que ele fez foi reencenar a história, a parte dela que não costuma ser celebrada; e isso colocou em questão a própria noção de "história".

A peça de Joe não vence. É denominada "inapropriada" pelo prefeito. A peça que vence — sobre a fundação da primeira prefeitura — é inteiramente "apropriada" e inteiramente tediosa. "A história", aquela que escolhemos contar, é o que achamos "apropriado". Os indígenas vão para casa, dizendo que se Joe um dia precisar de uns indígenas de novo é só falar com eles.

O conto termina onde começa: o narrador ainda é a única pessoa na cidade que gosta de Joe.

Ora, ora, dizemos. O que podemos tirar desse conto aparentemente ingênuo, mas no fundo calculado? E por que ficamos ali sentados, como a plateia, boquiabertos? Por que nos sentimos tão *sabotados*? E — como ele não nos conta nunca — por que o narrador *gosta mesmo* de Joe?

Acho que as respostas serão um tanto diferentes, dependendo — por exemplo — de o leitor ser uma pessoa branca ou um nativo. Mas suponho que o narrador goste de Joe por alguns motivos. Primeiro, Joe é inteiramente sincero, embora não tenha tato nenhum, e por essa razão é o único branco na cidade que pode examinar a fundação da cidade, ver que se baseou no massacre impiedoso dos titulares anteriores e proclamar isso. Segundo, Joe não tem sentimentalismos com isso. Não romantiza os indígenas chacinados, nem chora lágrimas de crocodilo por eles, agora que não são mais os principais concorrentes. Ele lida com a história do mesmo jeito prático e despretensioso com que assoa o nariz. Também não sente nenhuma culpa hipócrita. Ele mostra os atos e deixa que falem por si.

Terceiro, Joe tem o narrador em alta conta. O título de "Chefe" não é uma brincadeira dele. Ele sabe que o narrador não é um chefe indígena, mas pensa nele assim, de todo modo. Joe e o "Chefe" possuem qualidades que um valoriza no outro.

Lido à luz da longa tradição norte-americana de "indígenas como personagens na ficção branca", esse conto maravilhosamente satírico mas impassível pode ser visto como uma miniparódia dos *Leatherstocking Tales*, de James Fenimore Cooper, ou do Cavaleiro Solitário e Tonto — o líder branco intimorato com tendência a falar com franqueza e ver a justiça sendo feita, o índio leal e secundário que aparece com o recurso humano e os efeitos sonoros. Não funcionaria tão bem como emboscada se nossa mente já não estivesse embalada para dormir com muitas histórias em que as coisas foram vistas da forma contrária.

O segundo conto nos dá uma saída ainda mais radical do que o esperado. Intitula-se "One Good Story, That One", e nele Thomas King inventa não só um novo ângulo sobre uma velha história, mas um novo tipo de voz narrativa. O "Chefe" em "Joe the

Painter and the Deer Island Massacre" morava em uma cidade de brancos e estava familiarizado com seu vocabulário e seu estilo de vida. Não é assim com o narrador de "One Good Story", um indígena mais velho que parece passar a maior parte do tempo na floresta canadense, embora estivesse em Yellowknife. Fica claro, desde o início, que a língua inglesa está longe de ser sua língua materna ou sua primeira opção. Mais parece uma língua de último recurso. Porém, como ele a usa para contar a história, passa a ser estranhamente eloquente. King emprega esta voz criada e truncada para sugerir, entre outras coisas, o ritmo de um narrador nativo. Esse contador de histórias vai fazer valer seu tempo, vai se repetir, às vezes para dar ênfase, às vezes pela cadência, em algumas ocasiões como uma tática de protelação, em outras para que as coisas sejam entendidas direito.

Sua história fala de contar uma história, e dos tipos de histórias que se espera dele, e daquelas que lhe foram contadas; é também uma história sobre se recusar a contar uma história, mas só sabemos disso no final do conto.

Ele está cuidando da própria vida em sua "casa de verão" quando o amigo Napaio aparece com três homens brancos:

> Três homens chegam à minha casa de verão, e também meu amigo Napaio. Falam muito alto, aqueles três. Um é grandão. Digo a ele que talvez pareça Big Joe. Talvez não.
> Não importa.
> Eles chegam e Napaio também. Fazem saudações, como vai, muitas coisas gentis eles dizem. Três.
> Todos brancos.
> Uma pena, aqueles.

O que esses três querem? Acontece que são antropólogos e querem uma história. A princípio, o narrador tenta livrar-se deles com histórias sobre pessoas que ele conhece: Jimmy, que é dono da loja, Billy Frank e o porco morto no rio. Mas não dá certo.

> Aqueles gostam de uma história antiga, diz meu amigo, talvez como o mundo foi feito. Uma boa história de índio assim, diz Napaio. Aqueles têm gravadores, diz ele.
> Tudo bem, eu digo.
> Tomem um chá.
> Fiquem acordados.
> Era uma vez.
> Essas histórias começam assim, muitas delas, aquelas, começam no tempo.

A história que ele passa a contar não é o que os antropólogos procuram. Em vez disso, é uma versão hilariante do Livro do Gênese, uma história de brancos tocada para eles em uma chave indígena, com os comentários do narrador.

"Não havia nada", começa ele. "Muito difícil acreditar nisso, talvez." Entra o criador. "Só uma pessoa andando por aí. Chamam ele de Deus." Deus fica cansado de zanzar, então começa a criar. "Talvez ele diga, vamos fazer umas estrelas. Então ele faz. Depois ele diz, talvez devamos ter uma lua. Então, eles têm uma dessas também. Alguém escreve tudo isso, não sei. Ficou muita coisa de fora."

O narrador passa a uma longa lista de coisas que deus agora "tem", uma lista que ele narra em sua própria língua e em inglês, e que inclui vários animais, uma pederneira, um aparelho de TV e um "armazém". Deus depois cria o Jardim do "Evening" e dois seres humanos, a própria Evening — o jardim claramente é ela — e um homem, "Ah-damn". "Ah-damn e Evening muito felizes, aqueles dois. Sem roupas, eles, sabia? Ha, ha, ha, ha. Mas eles muito burros, naquele tempo. Novos, essas coisas."

Evening descobre a famosa árvore, em que crescem muitas coisas, como batatas, abóboras e milho. Também tem umas "mee-so", maçãs. Evening tem em mente comer algumas, mas "aquele sujeito, deus" volta a entrar na história. Ele tem mau gênio e grita, e isso é comparado pelo narrador com um homem chamado Harley James, que costumava bater na mulher. "Deus" ordena a Evening deixar as maçãs em paz. Ele é egoísta e não divide nada.

Mas Evening come a maçã e, sendo uma boa mulher, leva um pouco para dividir com Ah-damn. Este último está ocupado escrevendo os nomes dos animais que desfilam por ali. "Muito chato isso", diz o narrador. Escrever não interessa a ele.

Mais uma vez, temos uma longa lista de animais, em duas línguas. Mas agora a história vai além da trilha batida da Bíblia, porque o Coiote aparece muitas vezes, em diferentes disfarces. "Fica fantasiado, se divertindo."

E agora o narrador passa inteiramente a sua própria língua, que nós, leitores caras-pálidas, não conseguimos acompanhar. Ele chega a contar uma piada, presumivelmente sobre o Coiote, mas como vamos saber? *Mas que raios de conto é esse?* Bom, está mudando para uma história sobre o coiote. "Malandro, esse coiote. Anda em círculos. Furtivo."

Evening reconhece de pronto, pelos rastros no chão, que o coiote esteve rondando mais de uma vez. Mas dá a comida a Ah-damn mesmo assim, porque ele é burrinho, como "homem branco". Ela própria é incisivamente identificada como indígena, o que conta para sua inteligência.

Deus aparece e fica zangado porque as maçãs foram comidas. Evening diz a ele para "se acalmar, ver uma televisão", mas deus quer expulsar Evening e Ah-damn do jardim, "vão para outro lugar qualquer. Como todo indígena hoje em dia".

Evening diz que por ela tudo bem, há muitos outros lugares bons por aí, mas Ah-damn mente sobre quantas maçãs comeu e também choraminga. O que não lhe adianta de nada e ele é jogado de lá, "bem nas pedras. Ai, ai, ai, diz esse aí". Evening precisa voltar e curá-lo.

E a serpente? Foi esquecida pelo narrador, mas volta a ele no final. Está na árvore junto com as maçãs, mas não há muito a contar a respeito dela. O motivo para ela sibilar é que Evening meteu uma maçã na boca da serpente, tentando ser simpática.

A história do narrador termina com Ah-damn e Evening chegando "aqui" e tendo um monte de filhos. "É isso. Acabou."

Mas a história de Thomas King termina de outro jeito. Os antropólogos brancos guardam seus pertences, nenhum deles satisfeito, mas fingem satisfação. "Todos aqueles sorriram. Balançaram a cabeça. Olharam pela janela. Fizeram ruídos satisfeitos. Se despediram, a gente se vê depois. Saíram rapidinho." O último brilho do narrador é: "Limpei todos os rastros do coiote no chão."

Se o narrador tinha uma "boa história de índio" para contar, guardou para si. Certamente não vai contá-la aos antropólogos brancos, que são vistos como coiotes furtivos, malfeitores, entregando-se a disfarces e fazendo suas travessuras. Ele lhes dá uma de suas próprias histórias, mas mudou a moral. Não há criação secundária de Eva a partir de uma costela, nem pecado original, nem tentação por Satanás, nem culpa, nem a maldição do "suor do teu rosto". O mau comportamento ali é exibido por "deus", que é ganancioso, egoísta, gritão e violento. Adão é burro, e Eva, que é generosa, equilibrada, amante da paz e carinhosa, aparece como a heroína da história. Durante a narrativa, o narrador indígena consegue transmitir aos brancos mais ou menos o que pensa do comportamento dos brancos em geral. E eles não podem fazer nada a respeito disso, porque essa é uma situação que eles próprios procuraram — para benefício próprio, porque, supomos, querem usar a história do indígena como "material" —, e a etiqueta das narrativas os impede de interferir na história para protestar contra a forma ou o conteúdo.

"One Good Story" pode ser visto como uma variação do tema do Camponês Sábio, ou "enrolar o povo da capital", fingindo ser muito mais burro do que realmente é; mas, nesse caso, a categoria de povo da capital inclui qualquer leitor branco. Sentimo-nos "tomados" pela história, de várias maneiras: ela nos leva, porque essa voz narrativa tem um encanto considerável e uma sutileza imperturbável; mas também nos deixamos levar, como os três antropólogos. Talvez tenhamos sido mais levados por ela do que percebemos. Como sabemos o que *realmente* significam todas aquelas palavras indígenas? Não sabemos, e essa é uma das questões. O narrador mesmo não sabe o que significa "Saint Merry". Uma coisa pela outra. Outro olho por olho é que somos obrigados a experimentar em primeira mão como é ver as próprias histórias religiosas contadas em uma versão que não as "entende" nem as reverencia particularmente. A Queda Bíblica do Homem raramente foi contada com tanta despreocupação.

Ao mesmo tempo, e no meio de nosso nervosismo intercultural, nós nos solidarizamos com o narrador e não com os antropólogos, como em "Joe the Painter" assumimos o lado de quem não era da turma, Joe e o "Chefe", contra o povo convencional da cidade. Thomas King sabe muito bem o que está fazendo.

Esses dois contos falam de indígenas de quem se espera que "banquem os índios", que encenem alguma versão deles criada pelo homem branco, que sirvam a uma pauta simbólica diferente da própria. Os dois narradores, à sua própria maneira, recusam-se a isso: o primeiro, ao participar de uma peça farsesca que solapa todo o mito de "Como o Oeste foi conquistado", o segundo por esconder suas histórias autênticas "de índio" e subverter comicamente uma história central e sacrossanta "de brancos".

Que outras guinadas inventivas de narrativa e mudanças alarmantes de perspectiva estão reservadas para nós pelo autor? O tempo, que começa todas as histórias, dirá.

NOVE COMEÇOS

1. *Por que você escreve?*
Comecei este artigo nove vezes. Joguei cada começo no lixo. Detesto escrever sobre minha escrita. Quase nunca o faço. Por que faço agora? Porque disse que faria. Recebi uma carta. Respondi *não*. Depois estive em uma festa e a mesma pessoa estava lá. É mais difícil se recusar pessoalmente. Dizer *sim* tem algo a ver com ser gentil, como as mulheres são ensinadas a ser, e algo a ver com ser útil, o que também é ensinado. Ser útil para as mulheres é como doar sangue. Tem a ver com não reivindicar para si prerrogativas sagradas, a autoproteção "não me toque" do artista, com não ser egoísta. Com conciliação, com fazer a sua parte, com o apaziguamento. Tive uma boa criação. Tenho dificuldades para ignorar as obrigações sociais. Dizer que você vai escrever sobre sua escrita é uma obrigação social. Não é uma obrigação para com a escrita.

2. *Por que você escreve?*
Joguei no lixo cada um dos nove começos. Pareciam irrelevantes. Assertivos demais, pedagógicos demais, frívolos ou beligerantes demais, falsamente sábios demais. Como se eu tivesse alguma autorrevelação especial que encorajaria os outros, ou algum conhecimento especial para transmitir, algum dito conciso

que agiria como um talismã para os compulsivos, os obcecados. Mas não tenho esses talismãs. Se tivesse, não continuaria, eu mesma, a ser tão compulsiva e obcecada.

3. *Por que você escreve?*

Detesto escrever sobre minha escrita porque não tenho nada a dizer sobre ela. Não tenho nada a dizer sobre ela porque não consigo me lembrar do que se passa quando estou escrevendo. Esse tempo é como pequenas peças cortadas de meu cérebro. Não é um tempo que eu mesma tenha vivido. Consigo me lembrar dos detalhes dos cômodos e lugares onde escrevi, das circunstâncias, das outras coisas que fiz antes e depois, mas não do processo em si. Escrever sobre escrever requer autoconsciência; a escrita em si requer a abdicação disso.

4. *Por que você escreve?*

Muita coisa pode ser dita sobre o que se passa às margens da escrita. Algumas ideias que você pode ter, determinadas motivações, projetos grandiosos que não são realizados. Posso falar de críticas ruins, de reações sexistas ao que escrevo, de me fazer de idiota em programas de televisão. Posso falar de livros que fracassaram, que nunca foram concluídos e do motivo de seu fracasso. Aquele que tinha personagens demais, aquele que tinha camadas de tempo demais, pistas falsas que me distraíam quando o que eu realmente queria era outra coisa, um certo ângulo do mundo visual, uma certa voz, uma paisagem inarticulada.

Posso falar das dificuldades que as mulheres encontram como escritoras. Por exemplo, se você for uma escritora, em algum momento, em algum lugar, ouvirá a pergunta: *Você se coloca primeiro como escritora ou como mulher?* Cuidado. Quem faz essa pergunta odeia e teme ambas: a escrita e as mulheres.

Muitas de nós, da minha geração pelo menos, já toparam com professores ou escritores homens, ou outros imbecis na defensiva, que nos diziam que as mulheres não podiam realmente escrever porque não podíamos ser motoristas de caminhão ou fuzileiras navais e, portanto, não entendíamos o lado sórdido da vida, que incluía o sexo com mulheres. Diziam que escrevíamos como donas de casa ou que, de outra forma, seríamos tratadas como homens honorários, como se ser uma boa escritora fosse suprimir o feminino.

Essas declarações costumavam ser feitas como se fossem uma verdade inconteste. Agora são questionadas. Algumas coisas mudaram para melhor, mas nem tudo. Há uma falta de autoconfiança que é instilada muito cedo em muitas meninas novas, antes mesmo que a escrita seja vista como uma possibilidade. É preciso ter uma boa dose de coragem para ser escritora, uma coragem quase física, do tipo necessário para descer a correnteza de um rio sobre uma tora. O cavalo a derruba e você sobe de novo no cavalo. Aprendi a nadar sendo jogada na água. É preciso saber que pode afundar e sobreviver a isso. As meninas deveriam ter permissão para brincar na lama. Deveriam ser liberadas das obrigações da perfeição. Parte do que escrevemos, pelo menos, deveria ser evanescente como o brincar.

Certa proporção de fracassos ocorre no processo de escrever. O cesto de lixo não evoluiu à toa. Pense nele como o altar da Musa do Oblívio, a quem você sacrifica seus primeiros rascunhos atamancados, os símbolos de sua imperfeição humana. Ela é a décima Musa, aquela sem a qual nenhuma das outras pode servir. O dom que ela lhe oferece é a liberdade da segunda chance. Ou de quantas chances você precisar.

5. *Por que você escreve?*

Em meados dos anos 1980, comecei um diário esporádico. Hoje voltei a ele, procurando por algo que eu pudesse desencavar dali e que passasse como pertinente em vez de escrever este artigo sobre a escrita. Mas foi inútil. Não havia nada no diário sobre a verdadeira composição de qualquer coisa que eu tenha escrito nos últimos seis anos. Em vez disso, havia exortações a mim mesma — para acordar mais cedo, andar mais, resistir a tentações e distrações. *Beba mais água*, estava escrito. *Vá dormir mais cedo.* Havia listas de quantas páginas escrevi por dia, quantas redatilografei, quantas ainda faltavam. Tirando isso, não havia nada além de descrições de cômodos, relatos do que cozinhei e/ou comi e com quem, cartas escritas e recebidas, frases notáveis de crianças, aves e animais vistos, o clima. O que tinha aparecido no jardim. Doenças, as minhas e as dos outros. Mortes, nascimentos. Nada sobre a escrita.

1º de janeiro de 1984. Blakeny, Inglaterra. Até o dia de hoje fiz cerca de 130 páginas do romance, e ele está começando a tomar forma & chegar ao ponto em que sinto que ele existe e pode ser terminado, e pode valer a pena. Trabalho no quarto do casarão e aqui, na sala de estar, com a lareira acesa e o fogo de coque no dilapidado Roeburn da cozinha. Como sempre sinto frio demais, o que é melhor do que sentir calor demais — hoje está cinzento, cálido para a época do ano, úmido. Se eu acordar mais cedo, talvez trabalhe mais, mas também posso passar mais tempo procrastinando — como agora.

E por aí vai.

6. *Por que você escreve?*

Aprendemos a escrever lendo e escrevendo, escrevendo e lendo. Como uma habilidade, é adquirida pelo sistema de aprendizagem, mas escolhemos nossos mestres. Às vezes eles estão vivos, às vezes mortos.

Como vocação, envolve a deposição de mãos. Recebemos nossa vocação e devemos passá-la adiante. Talvez façamos isso apenas por intermédio do trabalho, talvez de outras maneiras. Seja como for, fazemos parte de uma comunidade, a comunidade de escritores, a comunidade de narradores de histórias que remonta aos primórdios da sociedade humana.

Quanto à sociedade humana particular a que pertencemos, às vezes sentiremos que estamos falando para ela, às vezes — quando assume uma forma injusta — contra ela, ou para outra comunidade, a comunidade dos oprimidos, dos explorados, dos que não têm voz. Seja como for, as pressões sobre nós serão intensas; em outros países, talvez fatais. Mas mesmo aqui — falamos "para mulheres", ou para qualquer outro grupo que sinta o peso da bota, e haverá muitos disponíveis, tanto a favor como contra, para dizer que se calem, ou para dizer o que querem que digamos, ou para dizer isso de um jeito diferente. Ou para salvá-los. O prestígio espera por nós, mas se sucumbirmos a suas tentações acabaremos bidimensionais.

Digamos o que nos cabe dizer. Que os outros digam o que cabe a eles.

7. *Por que você escreve?*

Por que somos tão viciados na causalidade? *Por que* você *escreve?* (Tratado de psicologia infantil: para mapear seus traumas de formação. Ou o contrário: leitura de mãos, astrologia e estudos genéticos, apontando as estrelas, o destino, a hereditariedade.) *Por que você escreve?* (Isto é, por que você não faz alguma coisa de útil em vez disso?) Se você exercesse a medicina, poderia contar alguma história moral aceitável sobre como você costumava fazer curativos em seus gatos quando criança, que você sempre desejou curar o sofrimento. Ninguém pode argumentar diante disso: Mas escrever? Serve *para quê?*

Algumas respostas possíveis: *Por que o sol brilha? Em face do absurdo da sociedade moderna, por que fazer outra coisa? Porque sou uma escritora. Porque quero descobrir os padrões no caos do tempo. Por-*

que preciso. Porque alguém tem de dar testemunho. Por que você lê? (Esta última é capciosa: talvez as pessoas não leiam.) *Porque quero forjar na oficina de minha alma a consciência incriada de minha raça. Porque quero fazer um machado para quebrar o mar gelado por dentro.* (Essas já foram usadas, mas são boas.)

Se estiver perdida, aperfeiçoe o dar de ombros. Ou diga: *É melhor do que trabalhar num banco.* Ou diga: *Para me divertir.* Se disser isso, não acreditarão em você, ou você será considerada banal. Seja como for, você terá evitado a pergunta.

8. *Por que você escreve?*

Não muito tempo atrás, durante a limpeza do excesso de papelada em meu escritório, abri uma gaveta do arquivo que eu não examinava havia anos. Nela havia um maço de folhas soltas, dobradas, amarrotadas e pegajosas, amarradas com um barbante. Eram coisas que eu escrevera no final dos anos 1950, no colégio e nos primeiros anos da universidade. Havia poemas rabiscados e manchados de tinta sobre a neve, o desespero e a Revolução Húngara. Havia contos sobre garotas que precisavam se casar, sobre desalentadas professoras de inglês do secundário com seus cabelos sem graça — naquela época, qualquer dos dois finais era minha visão do Inferno —, todos datilografados dedo por dedo em uma antiga máquina que deixava vermelha metade das letras.

Lá estou, então, de volta a meu 12º ano, folheando as revistas para escritores depois de ter concluído o dever de casa de francês, datilografando meus poemas lúgubres e meus contos cheios de sujeira. (Eu era ótima em sujeira. Tinha olho para o gramado imundo e os cocôs de cachorro nas calçadas. Nesses contos, em geral nevava com umidade ou chovia; no mínimo, tinha neve derretida. Se fosse verão, o calor e a umidade sempre eram desanimadoramente elevados e meus personagens tinham marcas de suor nas axilas; se fosse primavera, o barro úmido se grudava em seus pés. Mas alguns diriam que tudo isso era normal no clima de Toronto.)

No canto superior direito de algumas páginas, meu ser esperançoso de 17 anos datilografara, "Direitos Exclusivos para Primeira Edição Norte-americana". Eu não sabia o que significavam os "Direitos Exclusivos para Primeira Edição Norte-americana"; pus ali porque as revistas para escritores diziam que deveria ser colocado. Na época, eu era aficionada por revistas para escritores, sem ter para onde me voltar em busca de conselhos profissionais.

Se eu fosse arqueóloga, cavando pelas camadas de papel antigo que marcam as eras de minha vida de escritora, teria encontrado, na camada mais baixa ou no nível da Idade da Pedra — digamos, lá pelos cinco a sete anos —, alguns poemas e contos, precursores banais de toda a minha escrita frenética posterior. (Muitas crianças escrevem nessa idade, assim como muitas crianças desenham. O estranho é que tão poucas delas se tornem escritoras ou pintoras.) Depois disso há um grande vazio. Por oito anos, simplesmente não escrevi. E então, de súbito, e sem ligação nenhuma entre uma coisa e outra, há um maço de manuscritos. Em uma semana eu não era escritora, na outra era.

Quem eu pensava que era, para ser capaz de me safar dessa? O que eu pensava estar fazendo? Como peguei esse caminho? A essas perguntas, ainda não tenho respostas.

9. *Por que você escreve?*

Existe a página em branco e o que te deixa obcecada. Existe a história que quer dominar você e sua resistência a ela. Existe seu desejo de se livrar disso, dessa servidão, de jogar o tempo fora, de fazer qualquer outra coisa: lavar a roupa, ver um filme. Existem as palavras e suas inércias, seus vieses, suas insuficiências, suas glórias. Existem os riscos que você assume e sua perda de coragem, e a ajuda que aparece quando você menos espera. Existe a revisão laboriosa, existem as páginas rabiscadas e amassadas que se acumulam pelo chão como lixo entornado. Existe aquela frase que você sabe que vai te salvar.

No dia seguinte, lá está a página em branco. Você se entrega a ela como uma sonâmbula. Acontece algo de que você não consegue se lembrar depois. Você olha o que fez. É inútil.

Você recomeça. Nunca fica mais fácil.

16
UM ESCRAVO DA PRÓPRIA LIBERTAÇÃO

O GENERAL EM SEU LABIRINTO
DE GABRIEL GARCÍA MÁRQUEZ

O GENERAL DO título do novo romance de Gabriel García Márquez é Simón Bolívar, "El Libertador", que nos anos 1811-24 liderou as forças revolucionárias da América do Sul em uma série brilhante e extenuante de campanhas que varreram os espanhóis das antigas colônias. No processo, muitas cidades ricas e há muito fundadas foram arrasadas, uma vasta riqueza foi capturada e esbanjada, populações inteiras dizimadas por chacinas, fome e doenças, e, depois de tudo isso, a América do Sul que Bolívar desejava com tanto ardor — uma região que teria equilibrado e desafiado os Estados Unidos — fragmentou-se em uma série de conflitos gananciosos, intrigas, assassinatos, secessões, escaramuças locais e golpes militares.

Se Bolívar não tivesse existido, García Márquez precisaria tê-lo inventado. Não houve combinação melhor entre autor e tema. García Márquez mergulha em seu material extravagante, com frequência improvável e definitivamente trágico, com enorme entusiasmo, amontoando detalhes sensoriais, alternando graciosidade com horror, perfume com o fedor da corrupção, a linguagem elegante da cerimônia pública com a vulgaridade dos momentos privados, a clareza racionalista do pensamento de Bolívar com a intensidade material de suas emoções, mas sempre acompanhando a compulsão principal que impele o protagonista: o desejo por uma América do Sul independente e unificada. Esta, segundo o próprio Bolívar, é a pista para todas as suas contradições.

Neste momento em que impérios se desintegram e o mapa político é radicalmente redesenhado, o tema de *O general em seu labirinto* é muito oportuno. É digno de nota que García Márquez escolheu descrever seu herói não nos dias de seus triunfos assombrosos, mas nos últimos meses de amargura e frustração. Sente-se que, para o autor, a história de Bolívar é exemplar não só para sua própria época turbulenta, mas também para a nossa. As revoluções têm uma longa história de devorar seus progenitores.

Cada livro de García Márquez é um evento literário importante. Cada um deles também é muito diferente de seus predecessores, e o novo romance, traduzido habilidosamente para o inglês por Edith Grossman, não é exceção. É ambientado no passado, mas seria cometer uma injustiça chamá-lo de romance histórico. Nem é uma daquelas ficções – como, por exemplo, *A Maggot*, de John Fowles — em que alguns personagens reais são misturados com outros imaginários. Nesse livro, o elemento do real assume a frente e o centro: a maioria das pessoas nele realmente viveu; todos os acontecimentos e grande parte dos incidentes realmente ocorreram, e o resto teve fundamento em uma pesquisa volumosa: se alguém come uma goiaba, então as goiabas existiram naquele lugar e naquela estação do ano.

Mas García Márquez evita uma narrativa cronológica (embora, muito amavelmente, a sequência linear dos acontecimentos seja dada em uma nota de rodapé). Em lugar disso, ele começa o livro no ponto em que o general Bolívar, um velho aos 46 anos, literalmente encolhido pela doença inespecífica que logo o matará, é rejeitado como presidente do novo governo que ele próprio ajudou a criar. Tratado com frieza pela elite, escarnecido pelo populacho, ele parte da cidade de Bogotá, na Colômbia, para uma jornada tortuosa de barcaça pelo rio Magdalena com a intenção declarada de navegar até a Europa.

Não consegue. Frustrado pelo clima opressivo e calamitoso, pelas maquinações dos inimigos — em particular o companheiro revolucionário e arquirrival Francisco de Paula Santander —, pelas ambições políticas dos amigos, pela própria doença e sobretudo pela própria relutância em deixar a cena de suas glórias do passado, ele vaga de cidade em cidade, de casa em casa, de refúgio em refúgio, arrastando a comitiva desconcertada e indócil. Em alguns lugares é tratado com desdém, em outros, com veneração; suporta celebrações intermináveis em sua homenagem, pedidos por intercessão, *fiestas* e recepções oficiais, pontuados pelas brutais intervenções da natureza — enchentes, ondas de calor, epidemias — e por episódios recentes na decadência do próprio corpo.

Ele é sempre atormentado pela pergunta que se recusa a responder: conseguirá recapturar a presidência para reprimir a anarquia e a guerra civil que ameaçam dividir o continente? Em outras palavras, estará ele disposto a entregar a unidade em troca de uma democracia rudimentar, e ao preço de uma ditadura chefiada por ele mesmo? É possível que ele esteja esperando pelo momento certo para fazer o retorno; mas esse momento nunca chega. "A corrida impetuosa entre seus males e seus sonhos" é vencida pelos males e o monstro no centro de seu "labirinto" o apanha no final.

A própria estrutura do livro é labiríntica, voltando a narrativa para si mesma, distorcendo e confundindo o fio do tempo até que não só o general mas também o leitor não conseguem dizer exatamente onde estão, ou quando. Entretecidas no presente, como memória, devaneios, sonho ou alucinação febril, há muitas cenas da vida pregressa do general: quase catástrofes em guerra, triunfos esplêndidos, proezas de resistência sobre-humanas, noites de comemoração orgiásticas, guinadas portentosas do destino e encontros amorosos com belas mulheres, das quais parece haver um grande número. Há a imagem profundamente reprimida de sua jovem esposa, morta depois de oito meses de casamento; há sua amante amazônica dedicada e fumante de charutos, Manuela Sáenz, que uma vez o salvou de ser assassinado. Mas também há — de acordo com seu fiel servidor, José Palacios, que representa o Leporello do Don Juan que é Bolívar — outros 35 casos amorosos sérios, "sem contar as noitadas, naturalmente".

Naturalmente: porque Bolívar não é apenas um grande expoente do conhecido machismo latino-americano, mas um verdadeiro filho da era romântica. Sua imaginação política foi formada pela Revolução Francesa; seus heróis eram Napoleão e Rousseau. Como Byron, ele era um ironista romântico, um cético na religião, um desdenhador das normas sociais, um mulherengo — um homem capaz de grande sacrifício pessoal na busca pela consecução de objetivos amplos e gloriosos, mas também um adorador no altar do próprio ego. Abordava cada nova mulher como um desafio; "depois de saciado, [...] enviava-lhes presentes extravagantes para se defender do esquecimento, mas sem comprometer o mínimo de sua vida com elas num sentimento que se assemelhava mais à vaidade do que ao amor".

No tema da política, o Bolívar de García Márquez é quase profético. Pouco antes de sua morte, proclama que a América do Sul "é ingovernável, o homem que serve a uma revolução lavra no mar, esta nação cairá inevitavelmente nas mãos da turba desenfreada e depois irá parar nas mãos de tiranetes quase indistinguíveis". Ele prevê os perigos da dívida: "Avisei a Santander que qualquer bem que fizéssemos pela nação de nada valeria se assumíssemos dívidas, porque estaríamos pagando juros até o fim dos tempos. Agora está claro: a dívida acabará nos destruindo." Ele tem algo a dizer também sobre o papel dos Estados Unidos nos assuntos da América Latina: convidar os Estados Unidos ao Congresso do Panamá é "como convidar o gato à *fiesta* dos ratos".

"Não vá [...] aos Estados Unidos", ele alerta um colega. "São onipotentes e terríveis, e aquela história de liberdade acabará resultando em uma praga de infortúnios para todos nós." Como observou Carlos Fuentes, os padrões da política da América Latina, e da intervenção dos Estados Unidos nela, não mudaram muito em 160 anos.

Além de ser um *tour de force* literário fascinante e um tributo comovente a um homem extraordinário, *O general em seu labirinto* é um triste comentário sobre a brutalidade do processo político. Bolívar mudou a história, mas não tanto quanto gostaria. Existem estátuas do "Libertador" por toda a América Latina, mas, aos próprios olhos, ele morreu derrotado.

17

POSFÁCIO

ANNE DE GREEN GABLES
DE LUCY MAUD MONTGOMERY

Anne de Green Gables é um daqueles livros que nos sentimos quase culpados por gostar, porque muitas outras pessoas também gostam dele. Se é tão popular assim, pensamos, não pode ser bom, ou não pode ser bom para nós.

Como muita gente, li este livro quando criança e o absorvi tão completamente que nem mesmo me lembro quando. Li para minha filha quando tinha oito anos, e li novamente para ela mais tarde, e adquiri todas as sequências — que ela, como todo mundo, e inclusive a autora perceberam que não estavam no mesmo nível do original. Vi também a série de televisão e, apesar das reescritas e dos cortes, a história central era forte e atraente como sempre foi.

E vários verões atrás, quando minha família e eu passávamos algum tempo em Prince Edward Island, cheguei a ver o musical. A loja de suvenires do teatro vendia bonecas de *Anne*, livro de receitas de *Anne*, todo tipo de parafernália de *Anne*. O teatro em si era grande, mas estava lotado; à nossa frente, uma longa fila de turistas japoneses. Durante um momento particular e culturalmente específico — uma dança em que uma horda de gente salta segurando ovos colados a colheres presas entre os dentes —, perguntei-me o que os turistas japoneses poderiam pensar disso. Depois passei a imaginar o que eles pensariam de todo o fenômeno. O que pensavam das bonecas *Anne*, das quinquilharias *Anne*, dos próprios livros de *Anne*? Por que Anne Shirley, a órfã ruiva e tagarela, era tão incrivelmente popular entre eles?

Talvez pelo cabelo vermelho: deve ser exótico, pensei. Ou talvez as mulheres e meninas japonesas achassem Anne encorajadora: arriscando-se à rejeição porque ela não é o menino desejado e valorizado, ela consegue conquistar o coração dos pais adotivos e termina o livro com muita aprovação social. Mas ela triunfa sem sacrificar seu senso de identidade: não vai tolerar insultos, defende-se, até perde a cabeça e se sai bem dessa. Ela quebra tabus. Em um nível mais convencional, ela estuda com afinco na escola e ganha uma bolsa de estudos, respeita os mais velhos, ou pelo menos parte deles, tem um grande amor pela natureza (embora seja a natureza em seu aspecto mais submisso; a dela é o mundo pastoril dos jardins e das árvores em flor, e não de montanhas e furacões).

Foi útil para mim tentar enxergar as virtudes de *Anne* pelos olhos dos outros porque, para uma mulher canadense — antes uma menina canadense —, *Anne* é um truísmo. Os leitores de minha geração, e de várias gerações antes e depois dela, não pensam que *Anne* foi "escrita". Simplesmente sempre esteve ali. É difícil não pensar no livro como algo natural, um fato, e quase impossível vê-lo como uma novidade, perceber que impacto pode ter tido quando surgiu.

É tentador pensar em *Anne* como apenas um "livro para meninas", muito bom, sobre — e para — pré-adolescentes. E em certo nível, é justo isso. A amizade intensa de Anne com a sempre fiel Diana Barry, o ódio de Josie Pye, a política da sala de aula, a tempestade em copo d'água dos "arranhões", a vaidade exagerada de Anne e sua consciência da moda em roupas e marcadores de livros — tudo isso é familiar a nós, tanto por observação e experiência próprias como por outros "livros para meninas".

Mas *Anne* bebe de uma linhagem literária mais sombria e, alguns diriam, mais respeitável. Anne Shirley, afinal, é uma órfã, e os capítulos de abertura de *Jane Eyre*, *Oliver Twist* e *Grandes esperanças* e, mais tarde e mais próximo de Anne, da Mary de mau humor, infeliz e encovada de *O jardim secreto*, todos contribuíram para a formação de Anne Shirley como órfã-heroína e para a compreensão do leitor dos perigos da orfandade no século XIX e início do XX. Se não tivesse permissão para ficar em Green Gables, teria sido o destino de Anne ser passada adiante como uma criada barata de uma casa de adultos indiferentes para outra. No mundo real, ao contrário do literário, ela teria corrido o grande risco de acabar grávida e em desgraça, estuprada — como muitas órfãs do Lar Barnardo — pelos homens das famílias em que foram "colocadas". Agora nos esquecemos de que os órfãos um dia foram desprezados, explorados e temidos, considerados a prole de criminosos ou o fruto de sexo imoral. Rachel Lynde, em suas histórias de órfãos que envenenaram e atearam fogo nas famílias que os receberam, está apenas verbalizando uma opinião absorvida. Não admira que Anne chore tanto quando pensa que será "devolvida", e não admira que Marilla e Matthew sejam considerados "esquisitos" por ficarem com ela!

Mas Anne também partilha de outra tradição "de órfã": a órfã dos contos populares que vence apesar de tudo, a criança mágica que aparece, pelo visto, do nada — como o rei Arthur — e prova ter qualidades muito superiores a de qualquer um que a cerque.

Esses ecos literários podem formar os fundamentos estruturais da história de Anne, mas a tessitura é implacavelmente local. L. M. Montgomery sustenta os parâmetros das convenções disponíveis a ela: ninguém vai ao banheiro neste livro e, embora estejamos no campo, nenhum porco é visivelmente abatido. Mas, dito isso, ela permanece fiel ao próprio credo estético, definido pela amada professora de Anne, a Srta. Stacy, que "não deixa a gente escrever nada, só o que pode acontecer em Avonlea na nossa vida". Parte do interesse corrente por "Avonlea" é que parece ser um mundo "mais alegre" e mais inocente, há muito ido e muito diferente do nosso; porém, para Montgomery, "Avonlea" era simplesmente a realidade editada. Ela estava decidida a escrever a partir do que sabia: não toda a verdade, talvez, mas também não uma completa romantização. Ambientes, roupas e fofoca maldosa são descritos como eram, e as pessoas falam na língua vernácula, com exceção dos palavrões — mas as pessoas que ouvimos falando são principalmente mulheres "respeitáveis", que de todo modo não teriam soltado palavrões. Esse mundo me era familiar pelas histórias que meus pais e tias de Maritime me contaram: o senso de comunidade e "família", a honra de ser "mencionada", a retidão presunçosa, a desconfiança de estranhos, a divisão aguda entre o que era "respeitável" e o que não era, assim como o orgulho do trabalho árduo e o respeito pela realização, tudo isso é fielmente descrito por Montgomery. A fala de Marilla a Anne — "Acredito em uma menina ser apta a ganhar seu sustento, quer ela tenha de fazer isso ou não" — pode parecer feminismo radical para alguns, mas na realidade é apenas uma amostra da autoconfiança do leste litorâneo canadense. Minha mãe foi criada assim; por conseguinte, eu também.

Montgomery escreveu com base na própria experiência também de outra forma mais profunda. Sabendo o que sabemos agora sobre sua vida, percebemos que a história de Anne era uma imagem especular da dela e extrai grande parte de sua força e pujança da satisfação frustrada do desejo. Montgomery também era praticamente uma órfã, abandonada pelo pai depois da morte da mãe nas mãos de avós rigorosos e críticos, mas jamais conquistou o amor que dedica tão prodigamente a Anne. A experiência de exclusão de Anne era sem dúvida a dela; o desejo de aceitação deve ter sido dela também. Assim como o lirismo; assim como o senso de injustiça; assim como a fúria rebelde.

POSFÁCIO: *ANNE DE GREEN GABLES*

As crianças se identificam com Anne porque ela é como as crianças costumam se sentir — impotentes, desprezadas e incompreendidas. Ela se revolta como as crianças gostariam de se revoltar, ela consegue o que elas gostariam de ter, e ela é valorizada como as crianças gostariam de ser. Quando eu era criança, pensava — como todas as crianças — que Anne era o centro do livro. Eu torcia por ela, aplaudia suas vitórias sobre os adultos, suas contrariedades à vontade deles. Mas existe outra perspectiva.

Embora *Anne* fale da infância, também é muito centrado na relação complicada e às vezes comovente entre crianças e adultos. Anne parece não ter poder, mas, na realidade, tem o vasto poder, embora inconsciente, de uma criança amada. Apesar de mudar no livro — ela cresce —, sua principal transformação é física. Como o Patinho Feio, ela se torna um cisne; mas a Anne interior — sua essência moral — permanece em grande parte o que sempre foi. Matthew também começa como se fosse permanecer assim: é um daqueles homens tímidos e pueris que deliciam o coração de Montgomery (como o primo Jimmy nos livros *Emily*). Ele ama Anne desde o momento em que a vê e assume sua defesa de todo jeito e em toda ocasião.

O único personagem que passa por alguma transformação essencial é Marilla. *Anne de Green Gables* não trata de Anne tornando-se uma boa garotinha: trata de Marilla Cuthbert tornando-se uma boa — e mais completa — mulher. No início do livro, ela mal está viva; como coloca Rachel Lynde, a voz do bom senso da comunidade, Marilla não *vive*, apenas *fica*. Marilla aceita Anne, não por amor, como Matthew, mas por um senso frio de dever. É somente no curso do livro que percebemos que há uma forte semelhança familiar entre as duas. Matthew, como já sabemos, é um "espírito irmão" para Anne, mas o parentesco com Marilla vai mais fundo: Marilla também foi "esquisita", feia, não amada. Ela também foi vítima do destino e da injustiça.

Sem Marilla, Anne seria — admitamos — tristemente unidimensional, uma criança que fala demais, cuja graça precoce pode tranquilamente ser perdida. Marilla dá o toque salvador do suco de limão. Por outro lado, Anne realiza muitos dos desejos ocultos de Marilla, seus pensamentos e anseios, e isso é a chave para o relacionamento das duas. E em suas batalhas de vontade com Anne, Marilla é obrigada a se confrontar e a resgatar o que perdeu ou reprimiu: a capacidade de amar, toda a gama de suas emoções. Por baixo da limpeza e praticidade aflitiva, ela é uma mulher passional, como testemunha seu triste desabafo com a morte de Matthew. A declaração mais comovente de amor no livro não tem nenhuma relação com Gilbert Blythe: é a confissão angustiante de Marilla no penúltimo capítulo:

> Ah, Anne, sei que tenho sido meio severa e dura com você, talvez, mas não pense que não a amo tanto quanto Matthew a amava, apesar de tudo. Quero lhe dizer agora, quando posso. Nunca me foi fácil dizer o que se passa no meu coração, mas às vezes fica mais fácil. Eu a amo tanto, como se você fosse de minha própria carne e meu sangue, e você tem sido minha alegria e conforto desde que veio para Green Gables.

A Marilla que conhecemos no início nunca teria se desnudado dessa forma. Só quando recuperou — embora dolorosamente, embora de uma forma canhestra — a capacidade de sentir e se expressar, ela se tornou o que a própria Anne tinha perdido muito antes e verdadeiramente quer: uma mãe. Mas amar é tornar-se vulnerável. No início do livro, Marilla é todo-poderosa, mas no fim a estrutura se inverteu e Anne tem muito mais a oferecer a Marilla do que o contrário.

POSFÁCIO: *ANNE DE GREEN GABLES*

Pode ser que as aventuras risíveis de Anne tornem o livro tão atraente para as crianças, mas são as lutas de Marilla que lhe dão ressonância para os adultos. Anne pode ser a órfã em todos nós, mas Marilla também é. Anne é a versão de conto de fadas e satisfação dos desejos, o que Montgomery ansiava. Marilla, mais provavelmente, é o que temia vir a ser: sem alegria, destituída, aprisionada, desesperançada, não amada. Uma salva a outra. É a precisão de seu ajuste psicológico — como a inventividade, o humor e a fidelidade da escrita — que faz de *Anne* uma fábula tão satisfatória e duradoura.

INTRODUÇÃO

THE POETRY OF GWENDOLYN MACEWEN, THE EARLY YEARS

Pois somos grandes testemunhas do nosso tempo
E por isso tudo que podemos esperar é um público restrito.

GWENDOLYN MACEWEN NASCEU em Toronto em setembro de 1941, durante os dias mais sombrios da Segunda Guerra Mundial. Morreu, inesperadamente e jovem demais, em 1987, aos 46 anos.

Devido a transtornos na família — a mãe era hospitalizada com frequência por doença mental, o pai tornou-se alcoólatra —, sua infância foi estressante; mas a convicção de que ela seria poeta lhe veio como uma salvação no início da adolescência. Começou a publicar poesia na respeitada revista *The Canadian Forum* aos 16, e aos 18 anos — embora alertada do contrário por mentes mais práticas, que consideravam um passo precipitado — deixou o secundário para ir em busca de sua vocação.

O final dos anos 1950 não era a melhor época para essa atitude, em particular para uma mulher. No mundo da cultura popular norte-americana convencional, Doris Day e Betty Crocker reinavam soberanas e a norma era a domesticidade "papai e mamãe"; a rebeldia contra a burguesia era incorporada por Marlon Brando e sua gangue de motoqueiros, todos homens, de *O selvagem*. A música era rock ou jazz, ambas fortemente masculinas. "Artista" significava pintor homem; qualquer mulher imprudente o bastan-

INTRODUÇÃO: THE POETRY OF GWENDOLYN MACEWEN

te para segurar o pincel era considerada uma diletante. Os escritores da Geração Beat reservavam um lugar para as mulheres, é verdade, mas só como companheiras complacentes; esperava-se que continuassem cozinhando, sorrindo e pagando o aluguel, e que guardassem a devida distância de seus homens geniais. Considerava-se que qualquer artista mulher, ainda naquela era freudiana, era uma desajustada. *O homem faz, a mulher é*, como colocou tão elegantemente Robert Graves; e era provável que as mulheres que insistiam em fazer além de ser terminassem com a cabeça no forno.

Para Gwendolyn MacEwen, tudo isso foi agravado pelo que se pensaria ser o lugar. Toronto não era exatamente um centro de energia artística cosmopolita na época. Montreal era considerada o coração cultural, para anglófonos e também francófonos, enquanto Toronto era considerada um fim de mundo puritano e provinciano, um lugar tedioso e entravado onde não se conseguia tomar vinho no jantar. As pessoas de bom gosto zombavam disso, até e especialmente aquelas que moravam lá. O colonialismo perdurava e supunha-se que bens culturais de primeira classe eram importados do exterior — da Europa, se você fosse antiquado, de Nova York, para quem se considerasse moderno.

Porém, para os jovens escritores, mesmo as jovens escritoras, havia compensações. As tendências culturais nunca foram opressivamente homogêneas no interior como são nos centros urbanos, e no Canadá havia uma geração de mulheres poetas, pouco antes da geração de MacEwen, que ainda não tinha ouvido falar das que deviam apenas *ser*: Phyllis Webb, Anne Wilkinson, Jay Macpherson, P. K. Page, Margaret Avison. E a comunidade de escritores era tão pequena, enclausurada e desejosa de reforços que acolhia qualquer recém-chegado com talento, em particular com um talento extraordinário como o de MacEwen. Estranhamente, esse período — tão proibitivo e desértico à primeira vista — foi, para a escrita, uma época de sucesso para os jovens. Além de Leonard Cohen, produziu Daryl Hine, que publicou sua maior coletânea quando tinha menos de vinte anos; James Reaney, o jovem prodígio de Stratford; Marie-Claire Blais, a jovem prodígio de Quebec; Jay Macpherson, que ganhou o maior prêmio literário do país quando tinha 27 anos; Michael Ondaatje, bpNichol, Joe Rosenblatt, bill bissett — todos publicaram cedo; e muitos outros. Assim, embora Gwendolyn MacEwen tenha começado a publicar muito cedo, não foi a única a fazê-lo.

Nem foi incomum para ela começar pela poesia. Como muitos de seus contemporâneos, ela acabou por produzir vários romances e coletâneas de contos, e durante sua carreira também produziu peças radiofônicas, traduções para o teatro e relatos de viagem; mas a poesia apareceu primeiro. Na verdade, na maior parte dos anos 1960, a poesia era a forma literária predominante no Canadá: as poucas editoras existentes relutavam em se arriscar com romancistas novos, porque os romances eram de produção cara e pensava-se que tinham um público muito limitado no Canadá e nenhum fora do país. Mas os poemas podiam ser publicados como encartes, ou em uma das cinco ou seis "pequenas" revistas então existentes, ou por gráficas muito pequenas, em geral operadas pelo próprio autor; ou podiam ser transmitidos pelo rádio — notadamente em um programa fundamental da CBC chamado *Anthology*. Ou os poemas podiam ser lidos em voz alta.

Conheci Gwendolyn MacEwen no outono de 1960, na Bohemian Embassy, uma cafeteria — era a época das cafeterias — onde se apresentavam artistas para tocar jazz ou música folk e, nas noites de quinta-feira, havia leituras de poesia. A Embassy tinha a decoração da época — toalhas de mesa quadriculadas, velas em garrafas de vinho Chianti; tomada de fumaça, também era uma armadilha para incêndios. Mas era a meca da comunidade de poesia,

INTRODUÇÃO: *THE POETRY OF GWENDOLYN MACEWEN*

e MacEwen, que devia ter uns 19 anos, já era uma leitora reconhecida ali. Era magra, de olhos de corça, cabelos pretos e compridos, que lia com uma voz bem colocada, sedutora e melíflua que parecia um pouco, talvez, com a de Lauren Bacall. A combinação de aparência infantil, voz intensa e autoridade poética era irresistível — saíamos de uma leitura de MacEwen sentindo que nos contaram um segredo único e delicioso.

O principal interesse de MacEwen como poeta era na linguagem e em seu corolário, a mitopoese. Nisso ela não estava só: o final dos anos 1950 e início dos 1960 abrangeram uma espécie de Era da Mitologia menor, embora existissem, é claro, outras influências. *Anatomia da crítica*, de Northrop Frye, assumia o palco central, com Marshall McLuhan e sua análise estrutural da cultura popular subindo vertiginosamente. O primeiro livro de poesias de Leonard Cohen intitulou-se *Let Us Compare Mythologies*; a revista *Alphabet*, de James Reaney, era inteiramente dedicada à abordagem "mitopoética" ou à correspondência entre "vida real" e "história criada"; e os poetas canadenses diziam-se interminavelmente que o que realmente precisavam fazer era criar uma "mitologia autóctone". Nesse contexto, parece menos bizarro o interesse de MacEwen no que podemos chamar de estruturação mítica da realidade — ou a estruturação de uma realidade mítica, em contraposição com o mundo decepcionante da experiência comum ao qual ela se refere frequentemente como "Kanada". É verdade que ninguém mais se fixou no Egito Antigo e no Oriente Médio com a intensidade de MacEwen, mas seu outro mundo imaginativo não é limitado a um tempo ou espaço. Em geral — e em especial em sua poesia inicial —, ela opõe as obras de crianças, mágicos, aventureiros, artistas da fuga, o passado hierárquico e esplêndido, o divinamente louco, o "bárbaro" e a poesia àquelas de adultos, materialistas, burocratas, a rotina diária moderna, a sanidade impassível, os "domados" e a prosa de jornal.

Um dos paradoxos da obra de MacEwen é que os protagonistas que escolhe — em termos yeatsianos, como *personae* — quase invariavelmente são homens. Ela fala em uma voz feminina ao usar a forma de tratamento, como o "Eu" lírico, um "Você" masculino, mas quando usa uma forma mais dramática, ou escreve um poema sobre uma figura heroica, em geral o personagem central é um homem, como o artista da fuga Manzini, ou sir John Franklin, ou — em uma importante obra posterior — Lawrence da Arábia. Quando figuras femininas da História ou de histórias aparecem como oradoras, provavelmente são exceções a seu gênero; princesas egípcias, não egípcias comuns; *Ela*, de H. Rider Haggard, com seus poderes sobrenaturais.

Mas isso não é de surpreender. Os papéis disponíveis às mulheres na época careciam de energia; e se o que interessava era a magia, o risco e a exploração, e não, digamos, a contemplação silenciosa no jardim entre uma refeição e outra, a escolha de uma voz masculina era quase inevitável. MacEwen queria estar no fio da navalha com os rapazes, e não ao fundo, na cozinha com as meninas; era fascinada com dilemas cósmicos, e os tempos de astronautas mulheres ainda não tinham chegado. Ela podia ter analisado a condição feminina e depois datilografado a raiva resultante, como Sylvia Plath; mas teria sido uma poeta muito diferente. O poder — inclusive o lado obscuro do poder — era muito mais interessante para ela do que a impotência. Mesmo nos poemas de amor, em que ela repetidamente invoca e exalta o que parece ser uma figura masculina transcendente — uma espécie de muso —, é evidente quem está fazendo a invocação; e invocar, afinal, é como conjurar, com o sucesso dependendo da perícia e da habilidade verbal de quem conjura. O que a envolvia não era a queixa, mas a exuberância, não a queda, mas a ascensão: não o fogo, mas o fogo *ascendente*.

INTRODUÇÃO: *THE POETRY OF GWENDOLYN MACEWEN*

O primeiro volume de uma seleta de poemas de Gwendolyn MacEwen cobre os quinze primeiros anos de sua carreira poética, do final dos anos 1950 ao início dos 1970. Traça a brilhante trajetória dos versos iniciais, seguidos pelo desenvolvimento incrivelmente rápido e da esfoliação de seu talento. Nesses poemas, sua amplitude e habilidade, sua força e inteligência poéticas falam por si. Durante esses anos ela criou, em um período extraordinariamente curto, um universo poético completo e diverso e uma voz singular e poderosa, alternadamente jocosa, extravagante, melancólica, arrojada e profunda. Ler MacEwen ainda é o que sempre foi: um prazer exigente, mas encantador, embora não lhe faltem desafios e sombras.

Dê as cartas, infiel, a noite é deveras difícil.

19
POR QUE ADORO *A NOITE DO CAÇADOR*

Sou INCAPAZ DE escolher meu preferido de qualquer coisa, portanto escolhi *A noite do caçador* por outros motivos. Primeiro, está entre aqueles filmes que deixaram em mim uma impressão indelével na época em que foi lançado. Foi em 1955, quando eu era adolescente e os cinemas eram azuis de fumaça: seu namorado segurava um cigarro numa das mãos e tentava meter furtivamente a outra em seu sutiã Peter Pan. O que passava na tela era ação secundária, e é um tributo ao filme que eu não consiga me lembrar com que namorado vi *A noite do caçador*. Tão envolvente foi que entortou meu cérebro jovem e várias de suas imagens me assombraram desde então. A Shelley Winters submersa, por exemplo, em seu aspecto de sereia naufragada, fez vários aparecimentos disfarçados em minha escrita.

Meu segundo motivo era que o festival The Word é um evento inglês e esse filme tinha uma ligação inglesa. Foi dirigido por Charles Laughton, que teve uma carreira digna de nota nos palcos londrinos e fez muitos filmes ingleses antes de se unir aos exilados europeus que iluminaram Hollywood dos anos 1930 aos 1950. Um romântico sombrio preso em um corpo estranho, ele costumava representar monstros, o que sem dúvida norteou sua direção de *A noite do caçador* — como seu interesse por arte e a ampla formação literária e bíblica. Certamente foi sua simpatia pelo material que o levou a extrair desempenhos tão extraordinários do elenco — Robert Mitchum, Shelley Winters e Lillian Gish, em particular.

O filme saiu no mesmo ano de *Sementes da violência* e de *Rebelde sem causa*, por isso não teve o impacto que merecia, embora tenha conseguido seguidores sérios desde então. A crítica europeia, em particular, aprofundou-se em suas influências cinematográficas, fez análises freudianas (mães frágeis, filhos e suas lealdades divididas com os pais, sejam mortos, falsos ou idealizados — *vide* o retrato de Abraham Lincoln metido na cena do julgamento) e fez referências bettelheimianas a sua psicologia profunda de conto de fadas, para não falar da psicologia profunda do próprio Laughton.

Esse filme e seu diretor parecem feitos um para o outro — paradoxalmente, porque *A noite do caçador* é um filme profundamente americano. Também é um filme sobre escritores, outro motivo para tê-lo escolhido para um festival de literatura. Em muitos filmes, o cenário serve apenas como um esqueleto sobre o qual o diretor pendura suas ideias e efeitos, mas quase toda imagem nesse filme — cada coelho, coruja, e assim por diante — foi inteiramente descrita no cenário. Um roteiro como esse provavelmente não seria aprovado na fase preliminar da Hollywood atual; seria considerado prolixo demais.

O filme foi adaptado do romance homônimo de Davis Grubb por James Agee — autor de *Elogiemos os homens ilustres* e *Uma morte em família*, e também do roteiro de *Uma aventura na África*. Grubb e Agee foram criados em Ohio Valley durante a Depressão, época e local em que o filme é ambientado. Ambos participaram de um movimento geral que se afastou do cosmopolitismo dos anos 1920 para se concentrar no coração sombrio e assolado pela pobreza da América. Mas Agee e Grubb, embora tenham se recordado dos anos 1930, não escreveram nessa época. Em seu tempo, eles teriam tido o benefício de uma geração de eruditos literários dedicados ao desenrolar dos novelos distorcidos e góticos do puritanismo americano por intermédio de escritores anteriores como Hawthorne, Poe, Melville e Twain. Vê-se bem.

O filme tem uma estrutura dupla. Abre com Rachel — uma mulher mais velha que depois encontramos como a salvadora de crianças perdidas — invocando o mundo das histórias para dormir e dos sonhos. (Pode-se dizer que se essa é a ideia dela de uma história repousante para crianças, ela é uma cretina sádica, porque esse sonho é um pesadelo; mas os contos populares sempre foram pesadelos. O trabalho dela como narradora é tornar o pesadelo pelo menos parcialmente seguro.) A estrutura seguinte é social: a Depressão, causa do desespero que impele o roubo inicial do filme.

Nesse duplo quadro está o conto popular em si, com seu ogro (representado por Mitchum). Seu nome é Harry, como no "Velho Harry", vernáculo para o Diabo. Faça o cruzamento de Ricardo III com o Satã de Milton, enfie o resultado num psicopata sulista que banca o pregador e você verá o que o personagem é. Ele não pode ser explicado pela Depressão — simplesmente é um mal radical —, mas nas mãos de Laughton é também uma figura complexa, daqueles vigaristas de fala acelerada recorrentes na arte americana, adotados pela sociedade, depois dilacerados por ela. Ele é um monstro, mas por fim um monstro sacrificial.

Em um nível, a trama é simplista: o pai participou de um assalto e, antes de ser preso, escondeu o dinheiro em uma boneca. Esse ídolo mamonista, uma Vênus de Willendorf com sua barriga recheada de dinheiro, torna-se o tesouro desejado na luta entre o mal e a inocência. Os dois filhos do ladrão — uma menina e um menino mais velho — juraram não contar o segredo da boneca a ninguém, em especial à mãe, a carnuda e, portanto, voluntariosa Willa. O lupino companheiro de cela Harry sabe do dinheiro, mas não onde está escondido; assim, depois que o pai é enforcado,

Harry coloca a pele de cordeiro e parte para cortejar a viúva, derramando poder sexual de cada poro, mas especialmente das pálpebras caídas. Willa fica caída e se casa com ele, mas Harry não está interessado em seu corpo. Ele a degola e a afunda no rio, depois alega que ela fugiu, como fazem as mulheres demoníacas.

Agora ele pode pôr as mãos nas crianças. Ele quer arrancar à força o segredo da boneca, mas as crianças fogem em um barco e descem o rio Ohio, caçadas pelo pregador enfurecido. É uma imagem americana quintessencial — os dois inocentes flutuando lembram Huckleberry Finn e Jim e, atrás deles, aquela imagem bíblica de que os americanos tanto gostam, a Arca cavalgando o Dilúvio com os Remanescentes — neste caso, o dilúvio que se abateu sobre a mãe das crianças. Que este dilúvio em particular esteja todo misturado com a sexualidade adulta e também com a repressão a ela, é quintessencialmente americano também — é da natureza do puritanismo produzir um mundo que repudia a sexualidade, mas também é inteiramente sexualizado.

As crianças são abrigadas por Rachel (que é uma boa mulher, uma vez que o tempo do sexo já vai longe para ela) e são assediadas por seu perseguidor. Por fim há um impasse, uma captura e um julgamento, e o vilão é neutralizado. Mas não conseguimos respirar com facilidade: a metafísica é inquietante demais. O filme é pontuado de imagens de mãos: mais para o começo, o pregador faz um show de marionetes com os nós dos dedos, tatuados com AMOR e ÓDIO. Será que o amor vencerá o ódio? Se for assim, que tipo de amor? Será que o próprio Deus ama ou odeia você, e se você se colocar nas mãos dele, qual é a natureza dessas mãos?

As mãos voltam no fim, quando há um dueto cantado por Harry, o monstro, e Rachel, a salvadora — aliás, talvez a única vez em que Jesus apareceu disfarçado numa doce velhinha munida de espingarda. Eles cantam o hino de louvor "Leaning on the Everlasting Arms" — os dois cantam, mas cada um faz referência a um braço diferente; e na extremidade de cada braço há a mão, e para cada mão direita existe também uma esquerda.

Mas para cada Canção da Experiência há uma Canção da Inocência, e é a perspectiva infantil que confere a esse filme sua transparência e candura. A perspectiva crucial é a do menino, John Harper, colocado entre a inocência e a experiência. Só ele desconfia do pregador desde o começo, só ele percebe no que se transforma sua mãe; mas, sintomaticamente, recusa-se a testemunhar contra o assassino dela. Filho de um assassino enforcado e de uma mãe assassinada, enteado de um louco, ele tem fortes motivos para não confiar no mundo adulto, mas a casa de Rachel pode abrigá-lo apenas enquanto ele ainda é uma criança. Talvez ele vá crescer e virar ladrão. Ou, quem sabe, como seu nome sugere, um cantor de sagas respingadas de sangue e autor de revelações apocalípticas?

Há um final feliz completo, com presentes de Natal, mas não damos crédito a isso, nem John. Ele sabe demais. Em outras palavras, se é a noite do caçador, será o dia do quê, depois que o sol da manhã nascer?

20
A VILANIA DE MÃOS MACULADAS

**PROBLEMAS DE MAU COMPORTAMENTO
FEMININO NA CRIAÇÃO DA LITERATURA**

MEU TÍTULO É "A vilania de mãos maculadas"; meu subtítulo, "Problemas de mau comportamento feminino na criação da literatura". Talvez eu devesse dizer "na criação de romances, peças teatrais e poemas épicos". O mau comportamento feminino ocorre na poesia lírica, é claro, mas não a esse ponto.

Comecei a pensar neste tema muito cedo na vida. Havia um poeminha infantil que dizia:

> Era uma vez uma menininha
> Que tinha um cachinho
> Bem no meio da testa;
> Quando ela era boa, era muito boazinha,
> E quando era má, ela era horrível!

Sem dúvida, isso é um resquício da dicotomia Anjo/Prostituta tão popular entre os vitorianos, mas aos cinco anos eu não sabia disso. Interpretei esse poema como de significado pessoal — afinal eu tinha cachinhos —, mas ele me lembra das possibilidades profundamente junguianas de uma vida dupla do tipo Jekyll e Hyde para as mulheres. Meu irmão mais velho usava o poema para implicar comigo. Conseguia fazer com que "muito boazinha" parecesse pior do que "horrível", o que ainda é uma análise precisa para a romancista. Crie um personagem impecável e você criará um insuportável, e talvez seja por isso que as máculas me interessam.

Alguns de vocês talvez se perguntem se a mão maculada de meu título se refere às manchas senis. Será que minha palestra estará centrada naquele tema proibido no passado, mas agora em voga, A Menopausa, sem o qual qualquer coletânea de *feminabilia* seria incompleta? Apresso-me a observar que meu título não tem relação com o envelhecimento; nem se refere a manchas senis, nem a manchas juvenis. Em vez disso, recorda a mais famosa das manchas, a invisível mas indelével na mão da perversa Lady Macbeth. Mancha no sentido de culpa, no sentido de sangue, no sentido de "sai, amaldiçoada". Lady Macbeth era maculada e Ofélia, imaculada; ambas chegaram a um fim trágico, mas a diferença é enorme.

Mas não seria, hoje em dia — bom, um tanto *não feminista* —, descrever uma mulher que se comporta mal? Não deveria ser o mau comportamento monopólio dos homens? Não é o que esperam — desafiando a vida real — que acreditemos agora? Quando mulheres más entram na literatura, o que elas estão fazendo ali, e serão elas permissíveis? E para que, quando muito, precisamos delas?

Precisamos de algo semelhante a elas; por isso quero dizer algo que rompa a ordem estática. Quando minha filha tinha cinco anos, ela e a irmã Heather anunciaram que iam fazer uma peça. Fomos recrutados como plateia. Tomamos nossos lugares, esperando ver algo digno de nota. A peça começava com duas personagens tomando o café da manhã. Isso era promissor — talvez uma peça ibseniana ou algo de G. B. Shaw? Shakespeare não é muito bom em aberturas com café da manhã, mas outros dramaturgos de talento não desdenharam delas.

A peça avançou. As duas personagens comeram mais do desjejum. Depois mais. Passavam a geleia, os cereais, a torrada uma à outra. Cada uma delas perguntava se a outra queria uma xícara de chá. O que estava acontecendo? Seria aquilo Harold Pinter, talvez, ou Ionesco, ou quem sabe Andy Warhol? A plateia fica cada vez mais inquieta. "Vocês vão fazer alguma coisa além de tomar o café da manhã?", perguntamos. "Não", disseram elas. "Então não é uma peça", dissemos. "Tem de acontecer alguma outra coisa."

E aí está a diferença entre a literatura — pelo menos a literatura incorporada em teatro e romances — e a vida. *Tem de acontecer alguma outra coisa.* Na vida, podemos pedir nada mais que um café da manhã eterno — por acaso é minha refeição preferida, e certamente é a mais esperançosa, uma vez que ainda não sabemos que atrocidades o dia pode decidir nos trazer —, mas, se vamos ficar sentados por uma ou duas horas em um teatro, ou percorrer duas ou três centenas de páginas em um livro, certamente esperamos algo mais que um café da manhã.

Que algo mais? Pode ser um terremoto, uma tempestade, um ataque de marcianos, a descoberta de que seu cônjuge tem um caso; ou, se o autor for hiperativo, tudo isso ao mesmo tempo. Ou pode ser a revelação da mancha de uma mulher maculada. Chegarei a esse pessoal de má fama em breve, mas primeiro repassarei alguns fundamentos que podem ofender sua inteligência, mas que são reconfortantes para a minha, porque me ajudam a me concentrar no que faço como criadora de ficções. Se você acha que estou perdendo tempo chutando cachorro morto — um cachorro libertado da dor muito tempo atrás —, garanto que é porque na verdade o cachorro não está morto, mas por aí afora, em algum lugar do mundo, correndo com o vigor de sempre.

E como sei disso? Leio minha correspondência. Também ouço as perguntas que as pessoas me fazem, em entrevistas e depois de leituras públicas. As perguntas de que falo têm relação com o comportamento dos personagens nos romances. Infelizmente, há uma tendência muito difundida de julgar esses personagens como se fossem candidatos a um emprego, ou servidores públicos, ou possíveis companheiros de quarto, ou alguém com quem você pensa em se casar. Por exemplo, às vezes ouço uma pergunta — quase sempre, ultimamente, de mulheres — que diz algo assim, "Por que você não faz os homens mais fortes?". Sinto que essa é uma pergunta que deve ser mais adequadamente direcionada a Deus. Afinal, não fui eu que criei Adão tão sujeito à tentação a ponto de sacrificar a vida eterna por uma maçã; o que me leva a acreditar que Deus — que é, entre outras coisas, um autor — é tão enamorado dos defeitos e tramas desastrosas do personagem quanto nós, escritores. Os personagens, na média dos romances, não costumam ser pessoas com quem você gostaria de se envolver, nos níveis pessoal e profissional. Como então vamos reagir a essas criações? Ou, de meu lado da página, que está em branco quando começo — como devo criá-las?

O que é um romance, aliás? Só uma pessoa muito boba tentaria dar uma resposta definitiva a isso, além de declarar os fatos mais ou menos óbvios de que é uma narrativa literária de certo porte que afirma, no verso da folha de rosto, não ser verídica, mas ainda assim procura convencer os leitores de que é. É típico do ceticismo de nossa época que, se você escreve um romance, todo mundo supõe que trata de pessoas reais, mal disfarçadas; mas se escreve uma autobiografia, todo mundo supõe que você conta uma mentira cabeluda. Parte disso é verdade, porque todo artista é, entre outras coisas, um farsante.

Nós, farsantes, contamos a verdade, de certo modo; mas, como disse Emily Dickinson, nós a contamos indiretamente. Por dissimulação, encontramos para que lado fica a saída — e aqui, como referência fácil, está uma lista do tipo "dança das cadeiras" do que os romances não são.

- Romances não são livros didáticos de sociologia, embora possam conter algum comentário e crítica sociais.
- Romances não são tratados políticos, embora a "política" — no sentido de estruturas de poder humanas — inevitavelmente seja um de seus temas. Mas se a principal intenção do autor em relação a nós for nos converter a alguma coisa — seja ao cristianismo, ao capitalismo, a uma crença no casamento como única resposta às orações de uma virgem ou ao feminismo —, provavelmente vamos descobrir e nos rebelar. Como certa vez observou André Gide, "É com nobres sentimentos que se faz má literatura".
- Romances não são manuais; não lhe mostrarão *como* conduzir uma vida de sucesso, embora alguns possam ser lidos dessa forma. Será que *Orgulho e preconceito* fala de como uma mulher sensível, de classe média e do século XIX, pode laçar um homem adequado e de posses, e que isso seria o melhor que ela poderia esperar da vida em vista das limitações de sua situação? Em parte. Mas não inteiramente.
- Romances não são, primordialmente, tratados morais. Seus personagens não são todos modelos de bom comportamento — ou, se forem, provavelmente não vamos ler. Mas eles *são* ligados a concepções de moralidade, porque tratam de seres humanos e os seres humanos dividem o comportamento em bom e mau. Os personagens se julgam mutuamente e o leitor julga os personagens. Porém, o sucesso de um romance não depende de um veredito de Inocente do leitor. Como disse Keats, Shakespeare teve tanto prazer na criação de Iago — o arquivilão — quanto na criação da virtuosa Imogênia. Eu diria que provavelmente mais, e a prova disso é que aposto que é mais provável você saber em que peça Iago aparece.

- Porém, embora um romance não seja um tratado político, um manual, um livro de sociologia ou um padrão da moralidade correta, ele também não é apenas uma obra de Arte pela Arte, divorciado da vida real. Não pode se haver sem uma concepção da forma e de uma estrutura, é verdade, mas suas raízes estão na lama; suas flores, se existirem, saem da crueza da matéria-prima.
- Em suma, os romances são ambíguos e multifacetados não porque sejam perversos, mas porque tentam lidar com o que no passado era conhecido como a condição humana, e o fazem usando um meio que é notoriamente traiçoeiro — isto é, a linguagem em si.

Agora voltemos à ideia de que, em um romance, algo mais tem de acontecer — além do café da manhã, quero dizer. O que será este "algo mais" e como o romancista escolhe? Em geral, remonta ao que nos ensinaram na escola, onde você teve uma certa noção de que o romancista tem um esquema ou ideia geral que depois passa a colorir com personagens e palavras, como nos livros de colorir. Mas, na realidade, o processo assemelha-se muito mais com uma luta no escuro com um porco ensebado.

Os críticos literários começam por um texto bonito, limpo, já escrito. Depois dirigem perguntas a esse texto, que tentam responder; "o que isso significa" é, ao mesmo tempo, o mais básico e o mais difícil. Os romancistas, por outro lado, começam com uma página em branco, à qual também fazem perguntas. Mas as perguntas são diferentes. Em vez de perguntar, antes de tudo, "O que isso significa", eles trabalham no nível elementar; perguntam, "Esta é a palavra certa?". "O que isso significa" só pode entrar quando existe um "isso" que signifique alguma coisa. Os romancistas precisam escrever algumas palavras antes de mexer com a teologia. Ou, dito de outra forma: Deus começou com o caos —

escuro, sem forma e vazio —, e o romancista faz o mesmo. Depois Deus fez um detalhe de cada vez. O mesmo faz o romancista. No sétimo dia, Deus tirou uma folga para pensar no que tinha feito. O mesmo faz o romancista. Mas a crítica começa no Dia 7.

A crítica, ao ver a trama, pergunta, "O que está acontecendo aqui?". O romancista, ao criar a trama, pergunta, "O que vai acontecer agora?". O crítico pergunta, "Isso é plausível?". O romancista, "Como faço para acreditarem nisso?". O romancista, fazendo eco à famosa frase de Marshall McLuhan de que a arte é tudo o que se pode fazer e sair impune, diz, "Como posso conseguir isso?" — como se o próprio romance fosse um assalto a banco. Ao passo que o crítico é passível de exclamar, nos moldes do policial fazendo uma prisão, "Arrá! Você não vai se safar dessa".

Em resumo, as preocupações do romancista são mais práticas do que as do crítico; mais preocupadas com o "como", menos preocupadas com a metafísica. Qualquer romancista — quaisquer que sejam seus interesses teóricos — tem de lutar com as seguintes perguntas ligadas ao como:

— Que tipo de história vou escolher contar? Será, por exemplo, cômica, trágica, melodramática ou tudo ao mesmo tempo? Como vou contá-la? Quem estará no centro dela, e será esta pessoa a) admirável, ou b) não? E — mais importante do que possa parecer — terá um final feliz ou não? Não importa o que esteja escrevendo — que gênero e em que estilo, seja fórmula barata ou um experimento idealista —, você ainda terá de fazer — durante a escrita — essas perguntas fundamentais. Qualquer história que vá contar deve ter algum tipo de conflito e deve ter suspense. Em outras palavras: algo além do café da manhã.

Coloquemos uma mulher no centro do "algo além do café da manhã" e vejamos o que acontece. Agora há todo um novo conjunto de perguntas. O conflito será produzido pelo mundo natural? Será que nossa protagonista vai se perder na selva, será apanhada por um furacão, perseguida por tubarões? Se for assim, a história será uma aventura e o trabalho dela será fugir, ou combater os tubarões, exibindo coragem e perseverança, ou o contrário, covardia e estupidez. Se houver um homem na história também, a trama será alterada para outras direções: ele será um salvador, um inimigo, um companheiro de luta, uma bomba sexual ou alguém resgatado pela mulher. Antigamente, o primeiro teria sido mais provável, isto é, mais crível para o leitor; mas os tempos mudaram e, como a arte é tudo que se pode fazer e sair impune, outras possibilidades entraram em cena.

As histórias sobre invasões do espaço são semelhantes, no sentido de que a ameaça vem de fora e o objetivo do personagem, seja cumprido ou não, é a sobrevivência. As histórias de guerra *per se* — idem, no sentido de que a principal ameaça é externa. Histórias de vampiros e lobisomens são mais complicadas, porque são histórias de fantasmas; nestas, a ameaça vem de fora, é bem verdade, mas o que é ameaçador também pode ocultar uma parte dividida da psique do próprio personagem. *A outra volta do parafuso*, de Henry James, e *Drácula*, de Bram Stoker, são em grande parte movidos por esses motivos ocultos; e ambos giram em torno de concepções da sexualidade feminina. Antigamente todos os lobisomens eram homens e as vampiras, em geral, eram meras coadjuvantes; mas agora existem lobisomens mulheres, e as mulheres estão avançando também nos papéis estelares de sugadoras de sangue. Se isso é bom ou ruim, hesito em responder.

As histórias policiais e de espionagem podem combinar muitos elementos, mas não seriam o que são sem um crime, quem o cometeu, uma investigação e uma revelação no fim. Mais uma vez, antigamente todos os detetives eram homens, mas o trabalho de detetive agora tem destaque, e por isso torço para que coloquem uma bola de lã votiva de vez em quando na sepultura da santificada Miss Marple. Vivemos em uma época não só de crossover de *iden-*

tidades de gênero, mas também de *gêneros literários*, assim você pode jogar tudo que eu disse aqui no caldeirão e mexer.

E existem as histórias classificadas como literatura "séria", centradas não em ameaças externas — embora possam existir algumas destas —, mas nas relações entre os personagens. Para evitar o café da manhã eterno, alguns personagens devem criar problemas para outros. É aí que as questões realmente se complicam. Como eu disse, o romance tem raízes na lama, e parte da lama é história; e parte da história que tivemos recentemente é a história do movimento das mulheres, e o movimento das mulheres tem influenciado como as pessoas leem e, portanto, com o que você pode sair impune, na arte.

Parte dessa influência foi benéfica. Áreas inteiras da vida humana que antes eram consideradas não literárias ou subliterárias — como a natureza problemática dos afazeres domésticos, as profundezas ocultas da condição de mãe, e também da condição de filha, os reinos antes proibidos do incesto e dos maus-tratos a crianças — foram trazidas para dentro do círculo que separa o que pode ser escrito daquilo que não pode. Outras coisas, como o final feliz de Cinderela — o Príncipe Encantado —, foram postas em questão. (Como me observou uma escritora lésbica, o único final feliz que ela ainda achava crível era aquele em que uma garota conhece uma garota e termina com a garota; mas isso foi quinze anos atrás e se perdeu o desabrochar até dessa rosa romântica.)

Para que você não se deprima demais, deixe-me enfatizar que nada disso significa que você, pessoalmente, não possa encontrar a felicidade com um bom homem, uma boa mulher ou um bom canário de estimação; é só que a criação de uma personagem mulher e má não significa que as mulheres devem perder o direito de votar. Se personagens homens e maus significassem isso para os homens, todos os homens perderiam o direito ao voto imediatamente. Estamos falando de com o que você pode sair impune na arte; isto é, o que você pode tornar crível. Quando Shakespeare escreveu seus sonetos à amada de cabelos escuros, não estava dizendo que as louras eram feias, ele estava meramente contrariando a ideia de que só as louras eram bonitas. A tendência da literatura inovadora é incluir o que foi excluído até agora, o que costuma ter o efeito de tornar ridículas as convenções que precederam a inovação. Assim, a forma do fim, seja ele feliz ou não, não tem a ver com como as pessoas levam a vida — neste quesito, a variedade é muita (e, afinal de contas, na vida toda história termina com a morte, o que não se pode dizer dos romances). Em vez disso, tem relação com as convenções literárias que o escritor segue ou de qual delas se afasta no momento. É claro que nas histórias existem finais felizes do tipo Cinderela, mas têm sido relegados à ficção romântica, como os romances Harlequin.

Para resumir alguns benefícios para a literatura do movimento das mulheres — a expansão do território disponível a escritoras, no personagem e na linguagem; um exame afiado de como o poder funciona nas relações de gênero, e a exposição de grande parte disso como um construto social; uma exploração vigorosa de muitas áreas de experiência antes ocultas. Mas como qualquer movimento político surgido da real opressão — e enfatizo *real* —, também existiu, pelo menos na primeira década do movimento atual, uma tendência a cortar biscoitos com forminhas: isto é, escrever segundo um padrão e açucarar demais de um lado. Algumas escritoras tendiam a polarizar a moralidade por gênero — isto é, as mulheres eram intrinsecamente boas e os homens, maus; dividir por linhas de aliança — isto é, as mulheres que dormiam com os homens dormiam com o inimigo; julgar por marcadores tribais — isto é, as mulheres que usavam saltos altos e maquiagem eram instantaneamente suspeitas, aquelas de macacão eram aceitáveis; e dar desculpas esperançosas: ou seja, os defeitos nas mulheres podiam ser atribuídos ao sistema patriarcal e se curariam depois que o sistema fosse abolido. Estas supersimplificações podem ser necessárias para algumas fases dos movimentos políticos. Mas em geral são problemáticas para romancistas, a não ser que a romancista, no fundo, queira aparecer em um outdoor publicitário.

Se uma romancista que escreva nessa época também for feminista, sente que suas opções são limitadas. Seriam todas as heroínas essencialmente de alma imaculada — combatendo a opressão masculina, fugindo dela ou feitas por ela? Será possível que a única trama é *Os perigos de Pauline*, com um monte de vilões de bigode torcido, exceto pelo herói do resgate? O sofrimento prova que a pessoa é boa? (Se for assim — pense bem nisso —, não seria melhor que as mulheres sofressem muito?) Será que enfrentamos uma situação em que as mulheres não podem fazer nada de errado, só podem ser vítimas dos erros dos outros? As mulheres estavam confinadas mais uma vez àquele pedestal de alabastro tão amado na era vitoriana, quando a Mulher como melhor que o homem dava aos homens licença para que fossem alegres e prazerosamente piores que as mulheres, enquanto proclamavam que não podiam evitar porque era da natureza deles? Estariam as mulheres condenadas à virtude para sempre, escravas nas minas de sal da bondade? Que coisa insuportável.

Naturalmente a análise feminista disponibilizou alguns comportamentos a personagens mulheres que, na antiga dispensação — a pré-feminista —, teriam sido considerados ruins, mas na nova mereciam elogios. Uma personagem podia se rebelar contra as restrições sociais sem ter de se atirar na frente de um trem, como Ana Karenina; podia pensar o impensável e dizer o indizível; podia desrespeitar a autoridade. Podia fazer novas coisas ruins-boas, como deixar o marido e até abandonar os filhos. Essas atividades e emoções, porém — segundo o novo termômetro moral dos tempos —, não eram ruins de todo; eram boas, e as mulheres que as praticavam eram dignas de elogios. Não sou contra tramas assim. Só não acho que sejam as únicas.

E havia certas coisas reprováveis novas. Por exemplo: era permitido, mais ainda, falar da vontade de poder das mulheres, porque, por natureza, não se supunha que fossem um coletivo igualitário? Podia-se descrever o comportamento desprezível costumeiramente praticado por uma mulher contra outra, ou por garotinhas contra outras garotinhas? Seria possível examinar os Sete Pecados Capitais em suas versões femininas — lembrando, Orgulho, Ira, Luxúria, Inveja, Avareza, Gula e Preguiça — sem que fossem considerados antifeministas? Ou apenas uma menção dessas coisas equivaleria a apoiar o inimigo e se cumpliciar com ele, isto é, com a estrutura masculina de poder? Levaríamos um tapa na boca como advertência, mais uma vez, para que não disséssemos o indizível — embora o indizível tivesse mudado? Daríamos ouvidos a nossas mães, mais uma vez, que entoavam, Se Você Não Pode Dizer Nada de Bom, Não Diga Nada? Os homens não passaram séculos dando má reputação às mulheres? Não devíamos formar um muro de silêncio em torno da maldade das mulheres ou, na melhor das hipóteses, explicá-la, dizendo que foi culpa do Grande Papai ou — também é permitido, ao que parece — da Grande Mamãe? A Grande Mamãe, aquela agente do patriarcado, a pró-natalista, foi fortemente criticada por algumas feministas dos anos 1970; embora as mães tenham sido admitidas de novo no bando depois que parte dessas mulheres passou a ser mãe. Em resumo: as mulheres seriam homogeneizadas — uma mulher é igual à outra — e privadas de livre-arbítrio — como, por exemplo, em "O patriarcado me obrigou a fazer isso"?

Ou, em outras palavras — os homens ficariam com todas as partes mais interessantes? A literatura não sobrevive sem o mau comportamento, mas será que todo mau comportamento está reservado aos homens? Será tudo Iago e Mefistófeles? E Jezebel,

Medeia, Medusa, Dalila, Regan, Goneril, Lady Macbeth da mão maculada, a superpoderosa *femme fatale* de H. Rider Haggard em *Ela* e a cruel Sula de Toni Morrison sumirão de vista? Espero que não. Personagens mulheres, ergam-se! Retomem a noite! Em particular, retomem a Rainha da Noite, da *Flauta Mágica* de Mozart. É um ótimo papel e merece revisão.

Eu sempre soube que havia papéis fascinantes e cruéis para as mulheres. Primeiro, fui levada em tenra idade para ver *Branca de neve e os sete anões*. Esqueça a ética de trabalho protestante dos anões. Esqueça o tema tedioso do "trabalho doméstico como virtude". Esqueça o fato de que Branca de Neve é uma vampira — qualquer um que fique deitado em um caixão de vidro sem se decompor, depois volta à vida, deve ser vampiro. A verdade é que fiquei petrificada com a cena em que a rainha má bebe a poção mágica e muda de forma. Que poder, que possibilidades indescritíveis!

Além disso, fui exposta aos *Contos de Fadas dos Irmãos Grimm* completos e sem cortes em uma idade impressionável. Por algum tempo, os contos de fadas tiveram má reputação entre as feministas — em parte porque foram higienizados, na suposição errônea de que crianças pequenas não gostam de coisas sangrentas, e em parte porque eles foram selecionados para se encaixar no *ethos* dos anos 1950 que dizia Seu Objetivo É o Príncipe Encantado. Assim, "Cinderela" e "Bela Adormecida", tudo bem, mas o "Garoto que saiu de casa para aprender o que era o medo", que trazia um bom número de cadáveres em decomposição, além de uma mulher mais inteligente que o marido, não. Porém, muitos desses contos originalmente eram contados e recontados por mulheres, e aquelas mulheres desconhecidas deixaram sua marca. Há um amplo leque de heroínas nesses contos; meninas boazinhas e passivas, sim, mas mulheres aventureiras e desembaraçadas também, e aquelas orgulhosas, e as preguiçosas, e as tolas, e as invejosas, e as gananciosas, muitas mulheres sábias e uma variedade de bruxas más, disfarçadas ou não, e madrastas malvadas e irmãs feias e cruéis, e falsas noivas também. As histórias, e as próprias figuras, têm uma vitalidade imensa, em parte porque ninguém troca socos — nas versões que li, os barris de pregos e os sapatinhos vermelhos ficaram intactos — e também porque não há emoção nenhuma que não seja representada. Isoladamente, as personagens mulheres são limitadas e bidimensionais. Mas, reunidas, formam um suntuoso quadro pentadimensional.

As personagens femininas que se comportaram mal naturalmente podem ser usadas como varas para bater em outras mulheres — mas o mesmo podem fazer as personagens femininas que se comportam bem, testemunhas do culto à Virgem Maria, melhores do que você jamais será, e as lendas das santas e mártires —, basta cortar na linha pontilhada e, com exceção de uma parte do corpo, aí está sua santa, e a única mulher realmente boa é uma mulher morta, então, se você é tão boa, por que não morreu?

Mas as personagens más também podem agir como chaves para portas que precisamos abrir e como espelhos em que possamos ver mais do que só uma carinha bonita. Podem ser explorações de liberdade moral — porque as escolhas de todos são limitadas, e as escolhas das mulheres têm sido mais limitadas do que as dos homens, mas isso não significa que as mulheres não possam ter escolhas. Essas personagens podem levantar a questão da responsabilidade, porque quem quer poder tem de aceitar a responsabilidade, e os atos têm suas consequências. Não estou sugerindo uma pauta, apenas algumas possibilidades; nem estou prescrevendo, só imaginando. Se existe uma estrada interditada, quem tem curiosidade especula sobre o motivo para a interdição e aonde pode levar, se for seguida; e as mulheres más, por algum tempo recentemente, têm sido uma espécie de estrada interditada, pelo menos para escritores de ficção.

Refletindo sobre essas questões, pensei nas numerosas personagens literárias más que conheci e tentei separá-las por categorias. Se estiver fazendo isso em um quadro-negro, pode montar uma grade: mulheres más que fazem coisas ruins por motivos ruins, mulheres boas que fazem coisas boas por motivos bons, mulheres boas que fazem coisas ruins por motivos bons, mulheres más que fazem coisas ruins por motivos bons, e assim por diante. Mas uma grade seria apenas o começo, porque existem muitos fatores envolvidos: por exemplo, o que a personagem pensa que é ruim, o que o leitor pensa que é ruim e o que o autor pensa que é ruim, tudo isso pode ser diferente. Mas vou definir uma pessoa inteiramente má como alguém que pretende fazer o mal por motivos puramente egoístas. A Rainha na "Branca de Neve" cabe bem no papel.

Assim como Regan e Goneril, as filhas más do rei Lear; muito pouco pode ser dito em sua defesa, a não ser que parece que elas foram contra o patriarcado. Lady Macbeth, porém, cometeu seu assassinato cruel por um motivo convencionalmente aceitável, que lhe granjearia aprovação nos círculos empresariais corporativos — estava alavancando a carreira do marido. Ela também paga o preço da esposa-corporativa — sujeita-se à própria natureza, o que resulta em um colapso nervoso. Da mesma forma, Jezebel estava apenas tentando agradar a um marido desgostoso; ele se recusava a comer antes se apoderar da vinha de Nabote, então Jezebel trama a morte deste. Devoção conjugal, como digo. A quantidade de bagagem sexual acumulada em torno dessa figura é impressionante, uma vez que ela não faz nada nem remotamente sexual na história original, a não ser se maquiar.

A história de Medeia, cujo marido Jasão casou-se com uma nova princesa e que, por isso, envenenou a noiva e matou os dois próprios filhos que teve com Jasão, foi interpretada de variadas maneiras. Em algumas versões, Medeia é uma bruxa e comete infanticídio por vingança; mas a peça de Eurípides é surpreendentemente neofeminista. Diz muito sobre como uma mulher deve ser durona, e a motivação de Medeia é louvável — ela não quer que seus filhos caiam em mãos hostis e sejam cruelmente maltratados —, mesma situação da mãe que mata a filha em *Amada*, de Toni Morrison. Uma boa mulher, então, que faz uma coisa ruim por um bom motivo. *Tess dos D'Urbervilles*, de Thomas Hardy, mata o amante sórdido devido a complicações sexuais; aqui também estamos no reino da "mulher como vítima", fazendo uma coisa ruim por um bom motivo. (O que, suponho, coloca essas histórias bem ao lado da primeira página, junto com mulheres que matam os maridos abusivos. Segundo uma matéria recente na *Time*, a sentença de prisão média nos EUA para homens que matam as esposas é de quatro anos, mas para as mulheres que matam os maridos — não importa a provocação — é de vinte anos. Para aquelas que acham que a igualdade já está entre nós, deixo a estatística falar por si.)

Essas personagens mulheres são todas assassinas. E existem as sedutoras; mais uma vez, os motivos variam. Preciso dizer também que, com a mudança nos costumes sexuais, a mera sedução de um homem não tem mais uma pontuação muito alta na escala do pecado. Mas experimente perguntar a várias mulheres qual é a pior coisa que uma amiga pode fazer com elas. É provável que a resposta envolva o roubo de um parceiro sexual.

Algumas sedutoras famosas foram de fato agentes patriotas de espionagem. Dalila, por exemplo, foi uma Mata Hari ancestral, trabalhando para os filisteus, trocando sexo por informações militares. Judite, que praticamente seduziu o general inimigo Holofernes, depois o decapitou e levou sua cabeça para casa em um saco, foi tratada como heroína, embora tenha perturbado a imaginação dos homens ao longo dos séculos — haja vista os inúmeros pintores homens que a retrataram — porque ela combina sexo com violência de um jeito que eles não estão acostumados e do qual não gostam. E existem figuras como a adúltera Hester Prynne de *A letra escarlate*, de Nathaniel Hawthorne, que se transforma em uma espécie de "santa sexual" pelo sofrimento — supomos que ela fez o que fez por Amor, e assim ela se torna uma boa mulher que fez uma coisa ruim por um motivo bom —, e Madame Bovary, que não só se entregou a seu temperamento romântico e a apetites sensuais voluptuosos como gastou muito dinheiro do marido fazendo isso, e esta foi sua ruína. Um bom curso de contabilidade de caixa dois a teria salvado. Suponho que ela seja uma mulher tola que fez uma idiotice por um motivo insuficiente, uma vez que os homens em questão eram uns tontos. Nem o leitor atual, nem o autor a consideram muito má, embora muitos contemporâneos considerassem, como podemos ver se lermos a transcrição do julgamento em que as forças da retidão moral tentaram obter a censura do livro.

Uma de minhas mulheres más preferidas é Becky Sharpe de *Feira das vaidades*, de Thackeray. Ela não tem pretensões à bondade. É má, gosta de ser má e age por vaidade e para proveito próprio, enganando e iludindo a sociedade inglesa — que, o autor dá a entender, merece ser enganada e iludida, porque é hipócrita e egoísta até a medula. Becky, como Undine Spragg de *The Custom of the Country*, de Edith Wharton, é dada a aventuras; vive de sua astúcia e usa os homens como contas bancárias ambulantes. Muitos aventureiros da literatura são homens — pense em *As confissões de Felix Krull*, de Thomas Mann —, mas faz diferença se você mudar o gênero. Por um motivo, a natureza do butim muda. Para um aventureiro homem, o butim é dinheiro e mulheres; para uma mulher, dinheiro e homens.

Becky Sharpe também é uma mãe ruim, e este é um tema completamente diferente — mães más e madrastas malvadas e tias opressoras, como aquela de *Jane Eyre*, e professoras horríveis, e governantas depravadas, e vovós cruéis. As possibilidades são muitas.

Mas acho que basta de comportamento feminino repreensível para vocês por hoje. A vida é breve, a arte é longa, os motivos são complexos e a natureza humana é infindavelmente fascinante. Muitas portas ficam entreabertas; outras pedem para ser destrancadas. O que há no quarto proibido? Algo diferente para todos, mas algo que você precisa saber e nunca descobrirá, a não ser que passe pela soleira. Se você for um homem, a personagem da mulher má em um romance pode ser — em termos junguianos — a sua *anima*; mas se você for uma mulher, a personagem má é sua sombra; e como sabemos pela ópera de Offenbach, *Os Contos de Hoffman*, aquela que perde a sombra, também perde a alma.

As mulheres más são necessárias nas tradições das histórias por dois motivos muito mais óbvios, é claro. Primeiro, elas existem na vida, então por que não existiriam na literatura? Segundo — o que pode ser outra forma de dizer a mesma coisa —, as mulheres guardam em si mais do que a virtude. São seres humanos plenamente dimensionais; também têm profundezas subterrâneas; por que sua pluridimensionalidade não teria expressão literária? E quando é assim, as leitoras não se retraem automaticamente de pavor. No romance *Contraponto*, de Aldous Huxley, Lucy Tantamount, a vampe destruidora de homens, é ardorosamente preferida pelas outras personagens femininas, que desprezam a mulher cujo homem ela reduziu a uma esponja molhada. Como diz uma delas, "Lucy claramente é uma força. Talvez você não goste de uma força dessas. Mas não pode deixar de admirar a força em si. Parece o Niágara". Em outras palavras, espantosa. Ou, como me disse uma inglesa recentemente, "As mulheres estão cansadas de ser *boas* o tempo todo".

Deixarei vocês com uma última citação. É de *Dame* Rebecca West, falando em 1912: "Senhoras da Grã-Bretanha [...] não há mal suficiente em nós."

Note onde ela situa o mal desejado. Em *nós*.

21
O VISUAL GRUNGE

Fui à Europa pela primeira vez em 13 de maio de 1964. Fui informada de que iria cinco meses antes por um vidente que trabalhava em uma casa de chá de Toronto. "Você irá à Europa em maio", disse ele.
"Não vou, não", respondi.
"Vai, sim", disse ele, embaralhando as cartas com presunção.
E eu fui.
Fugindo de uma vida pessoal de complexidade gordiana, e deixando para trás os originais de poesia rejeitados por todos, e idem para um primeiro romance, raspei o que tinha sobrado depois de um inverno morando em uma casa de pensão na Charles Street e escrevendo *tours de force* de gênio desconhecido enquanto trabalhava durante o dia em uma empresa de pesquisa de mercado, peguei 600 dólares emprestados com meus pais, que na época estavam compreensivelmente meio nervosos com minha opção pela vida literária, e entrei em um avião. No outono, eu estaria lecionando gramática a estudantes de engenharia às oito e meia da manhã em um barracão Quonset na Universidade da Colúmbia Britânica, então eu tinha uns três meses. Nesse período, pretendia me tornar... o quê? Não sabia exatamente, mas tinha uma ideia de que ver os variados exemplos significativos de arquitetura aprimorariam minha alma — preencheriam alguns buracos nela, livran-

do-me de umas cutículas culturais, o que fosse. Aqui, eu estivera estudando literatura inglesa por seis anos — até fiz mestrado, o que me levou a ser rejeitada para um emprego na Bell Telephone Company por excesso de qualificações — e nunca tinha visto, bom, coisas. Stonehenge, por exemplo. Uma visita a Stonehenge certamente melhoraria minha compreensão de Thomas Hardy. Ou de alguém. De todo modo, muitos amigos da faculdade já haviam passado pela Inglaterra, pretendendo ser atores e coisas assim. Então a Inglaterra foi minha primeira parada.

A verdade é que eu não tinha muita ideia do que realmente estava fazendo. É certo que eu quase não tinha ideia nenhuma de para onde ia e o quanto o lugar tinha mudado desde a última vez que verifiquei nas páginas de Charles Dickens. Tudo era muito menor e mais decaído do que eu imaginava. Era como um inglês que chega ao Canadá esperando encontrar um urso-pardo em cada esquina. "Por que tem tantos *caminhões*?", pensei. Não havia caminhões em Dickens. E nenhum em T. S. Eliot. "Jamais pensei que a Morte a tantos destruíra", resmunguei, esperançosa, enquanto atravessava a Trafalgar Square. Mas, de algum modo, as pessoas ali recusavam-se a ser plangentes e de faces encovadas, como eu esperava. Pareciam ser principalmente turistas, como eu, e estavam ocupadas tirando fotos umas das outras com pombos na cabeça.

Meu objetivo, naturalmente, era a Canada House, a primeira parada de cada viajante canadense jovem, com *jet lag* e sem recursos naqueles tempos. Mas, antes de prosseguir, vou dizer algumas palavras sobre aqueles tempos. Como foi o ano de 1964?

Era o ano depois de 1963, em que John Kennedy tinha sido tão notoriamente baleado. Era o ano antes da primeira (até onde sei) marcha pela paz e contra a Guerra do Vietnã; mais ou menos quatro anos antes da grande explosão hippie e cinco anos antes do começo da onda do feminismo do início dos anos 1970. As minissaias ainda não tinham chegado; as meias-calças se aproximavam, mas não acredito que já tivessem espremido a população local de cintas-ligas e meias. Nos cabelos, algo chamado penteado bolha estava na moda: as mulheres enrolavam o cabelo em bobs grandes e eriçados para chegar a um visual suavemente inchado, como se alguém tivesse inserido um tubo em uma orelha e soprado a cabeça como balões. Eu também cedi a essa prática, embora com resultados variados, porque meu cabelo era ferozmente crespo. No máximo parecia um campo de mato onde passaram um rolo de gramado — ainda ondulados, embora um tanto amassados. Na pior das hipóteses, parecia que eu tinha metido o dedo em uma tomada elétrica. Essa silhueta mais tarde entraria na moda, mas ainda não estava. Por conseguinte, passei a usar lenços na cabeça, no estilo "rainha Elizabeth em Balmoral". Combinado com óculos de aro de chifres de gatinha que eu usava numa tentativa de me levar a sério, o cabelo não me ajudava em nada.

Pensando nisso agora, também não ajudava no que havia em minha mala. (Os mochileiros ainda não tinham tomado a Europa, então ainda se usava uma mala.) No quesito moda, 1964 não foi definitivamente o meu ano. Os beatniks estavam sumidos e eu não descobrira o modelo cigano romântico e errante; mas ninguém mais tinha descoberto também. Os jeans ainda não tinham varrido tudo diante deles, e para ir a lugares como igrejas e museus, as saias ainda eram necessárias; blusões de flanela cinza, com blusas de gola Peter Pan, eram meu uniforme preferido. Os saltos altos eram a norma para a maioria das ocasiões, e praticamente a única coisa em que se podia andar eram uns calçados de camurça e solado de borracha conhecidos como Hush Puppies.

Carregando minha mala, então, subi com meus Hush Puppies a escada imponente da Canada House. Naquela época, ofereciam — entre outras coisas, como uma estante inteira de pesquisas geológicas — uma sala de leitura com jornais. Folheei ansiosamente a seção de Quartos para Alugar, porque eu não tinha onde passar a noite. Pelo telefone público, aluguei o mais barato que estava disponível, localizado em um subúrbio chamado Willesden Green. Revelou-se o mais distante de tudo que se quisesse alcançar pelo metrô de Londres, que eu prontamente usei (ali, por fim, pensei, olhando meus companheiros de viagem de banhos tomados eventuais, cadavéricos e/ou com problemas dentários, estavam algumas pessoas que a Morte de fato destruíra, ou estava a ponto disto). A mobília da pensão tinha cheiro de fumaça de cigarro velha e triste, e eram tão horrendas e sombrias que senti ter aterrissado em um romance de Graham Greene; e os lençóis, quando enfim me meti entre eles, não eram só frios e úmidos, estavam molhados. ("Os norte-americanos gostam desse tipo de coisa", disse-me uma inglesa, muito tempo depois. "Se não congelarem no banheiro, eles acham que foram enganados por não terem a legítima experiência inglesa.")

No dia seguinte, parti no que me parece, em retrospectiva, uma busca assustadoramente ambiciosa por troféus culturais. Meu progresso pelo bricabraque acumulado de séculos foi marcado pela compra de dezenas de folhetos e postais, que colecionei para lembrar a mim mesma de que eu realmente estive onde estive. A uma velocidade estonteante, perdi o fôlego pela abadia de Westminster, o Parlamento, a catedral de St. Paul, a Torre de Londres, o Victoria and Albert Museum, a National Portrait Gallery, o museu Tate, a casa de Samuel Johnson, o Palácio de Buckingham e o Albert Memorial. A certa altura, caí de um ônibus de dois andares e torci o pé, mas nem isso, embora tenha reduzido meu passo, impediu minha busca impetuosa e temerária. Depois de uma semana assim, meus olhos rolavam como moedas, e minha cabeça, apesar do tamanho várias vezes maior, estava na verdade muito mais vazia do que antes. Isso é um mistério para mim.

Outro mistério era por que tantos homens davam em cima de mim. Até parece que eu estava, com meus blusões de flanela cinza, vestida para matar. Os museus são o local habitual, e suponho que exista algo em uma mulher parada com a cabeça virada de lado em 90 graus que possibilite mais o assédio. Nenhum desses homens foi particularmente grosseiro. "Americana?", perguntavam, e quando eu dizia canadense, eles ou ficavam confusos, ou decepcionados, e passavam à próxima pergunta, hesitantes. Quando ouviam uma resposta negativa, simplesmente seguiam ao próximo pescoço esticado. É possível que ficassem perambulando por marcos turísticos com base na teoria de que as viajantes viajavam pelos mesmos motivos de aventura sexual que eles teriam viajado, se eles próprios fossem viajantes. Mas nisso havia — e talvez ainda haja — uma diferença de gênero. Ulisses era navegante, Circe ficava em casa com dependências confortáveis.

Quando não me injetava de cultura, procurava alguma coisa para comer. Na Inglaterra em 1964, isso era bem complicado, em particular se você não tivesse muito dinheiro. Cometi o erro de experimentar um hambúrguer e um milk-shake, mas os ingleses ainda não tinham o conceito: o primeiro era frito em uma gordura de cordeiro rançosa, o último fortificado com algo que tinha gosto de giz moído. Os melhores lugares eram as lanchonetes de peixe com fritas ou, tirando estas, as cafeterias, onde se podia comer ovos, salsichas, batata frita e ervilhas, em qualquer combinação. Por fim, encontrei alguns companheiros canadenses, que estavam na Inglaterra havia mais tempo do que eu e me indicaram um restaurante grego no Soho, que tinha realmente saladas, alguns pubs confiáveis e a Lyons' Corner House na Trafalgar Square, que servia um rosbife do tipo "coma o quanto puder" por um preço fixo. Um erro, porque os jornalistas canadenses passavam fome por uma semana, depois iam à Lyons' Corner House como um bando de gafanhotos. (A Lyons' Corner House não sobreviveu.)

Deve ter sido por intermédio desses expatriados que acabei ficando com Alison Cunningham, que eu conhecia da universidade e agora estava em Londres, estudando dança moderna e dividindo o apartamento de segundo andar em South Kensington com outras duas jovens. Alison — quando soube de minhas circunstâncias de lençóis molhados em Willesden Green — ofereceu generosamente contrabandear-me para o seu apartamento. "Contrabandear" é uma palavra adequada; o apartamento era de gêmeos aristocratas chamados Lorde Cork e Lady Hoare, mas eles tinham noventa anos e estavam em um asilo, o lugar era administrado por um dragão desconfiado em forma de governanta; assim, para ficar no apartamento, eu precisava fingir que não existia.

No apartamento de Alison, aprendi algumas coisas culturalmente úteis que permaneceram comigo ao longo dos anos: como distinguir um bom arenque de outro ruim, por exemplo; como usar um escorredor de pratos inglês; e como fazer café na panela quando não se tem outro dispositivo. Continuei com meu programa de turista — empanzinando-me em Cheyne Walk, várias igrejas menos conhecidas e os Inns of Court —, e Alison praticava a dança, que era uma reinterpretação de *A gaivota*, ao som das inúmeras Variações Goldberg tocadas por Glenn Gould. Não consigo ouvir essa música sem ver Alison, de collant preto e com o sorriso severo de uma cariátide grega do período arcaico, curvando-se em forma de semipretzel naquele chão da sala de estar em South Kensington. Enquanto isso, eu não me furtava das minas de sal da Arte. Meu caderno já continha várias protogemas novas, mas nenhuma delas, estranhamente, tratava das obras-primas antigas da Europa. Em vez disso, falavam de pedras.

Quando as coisas chegavam perto demais do desconforto com a governanta-dragão, eu tinha de sair da cidade por alguns dias. O que eu fazia descontando alguma milhagem no passe de trem que tinha comprado no Canadá — um dos poucos preparativos sensatos para minha viagem que cheguei a fazer. (Por que não levei remédio para azia, pergunto-me; por que não acetaminofeno com codeína; por que não algo para náusea? Hoje eu nunca pensaria em sair de casa sem eles.) Com esse passe era possível ir a qualquer lugar aonde a ferrovia fosse, gastando a milhagem no percurso. Minhas primeiras viagens foram muito ambiciosas. Fui a Lake District, passando por lá e seguindo mais para o norte, em Carlisle, antes de ter de voltar; depois disso, fiz uma excursão de ônibus aos Lakes, vendo-os através de nuvens de fumaça de cigarro e náusea, e, embora surpresa com sua pequenez, foi tranquilizador ouvir que as pessoas ainda se afogavam ali todo ano. Depois fui a Glastonbury onde, depois de ver a catedral, sofri a emboscada de uma idosa que me tirou cinco libras para ajudar a salvar o Poço do Rei Arthur, que — disse ela — ficava em seu quintal e seria arruinado por uma cervejaria se eu não contribuísse para a causa. Fui a Cardiff, com seu castelo falsamente autêntico, e a Nottingham e ao lar ancestral dos Byron, e a York, e à mansão das Brontë, onde fiquei pasma ao saber, pelo tamanho dos sapatinhos e das luvinhas, que as Brontë não eram muito mais altas do que crianças. Como escritora de estatura menos olímpica, achei isso encorajador.

Mas à medida que meu passe de trem minguava, minhas viagens ficaram mais curtas. Por que fui a Colchester? Ao Cheddar Gorge? A Ripon? Meus motivos me escapam, mas eu fui a esses lugares; tenho os postais para provar. Júlio César visitou Colchester também, então devia ter alguma coisa ali; mas fui impelida pela frugalidade, e não pelo imperativo histórico: não queria que minha milhagem no passe fosse desperdiçada.

Lá por julho, Alison decidiu que a França me aprimoraria ainda mais do que a Inglaterra, então, na companhia de um amigo meu de Harvard, batendo em retirada de uma namorada do sul que tinha levado vários vestidos de baile a uma escavação arqueológica estudantil, pegamos o barco noturno. Foi uma travessia comum do canal, durante a qual todos ficamos suavemente verdes.

Alison continuou corajosamente a discursar sobre questões intelectuais, mas por fim virou a cabeça e, com uma graça despreocupada de dançarina, vomitou por sobre o ombro esquerdo. Esses são momentos que ficam na memória.

    Quando já estávamos há dois dias em Paris, onde subsistimos de uma dieta de baguetes, *café au lait*, laranjas, pedaços de queijo e a ocasional refeição com muito feijão em um bistrô, eu estava em avançado estado de disenteria. Vagamos de uma *pension* barata a outra; os quartos sempre ficavam no alto de escadas sombrias, com luzes que se apagavam quando estávamos no meio do corredor e baratas que farfalhavam e estalavam sob nossos pés. Nenhum destes estabelecimentos permitiam que ficássemos neles durante o dia; então eu me deitava gemendo em bancos duros de parques franceses, em cemitérios franceses, enquanto Alison, com um senso de dever que Florence Nightingale teria invejado, lia para mim longas passagens instrutivas de *O carnê dourado*, de Doris Lessing. De quinze em quinze minutos, um policial passava e me dizia para me sentar, porque era proibido deitar em bancos de parque; e a cada meia hora, eu corria ao estabelecimento mais próximo que tivesse banheiro, que não exibia o encanamento moderno que domina atualmente, mas um buraco no chão e dois apoios para os pés, e muitos visitantes anteriores com uma mira imperfeita.

O VISUAL GRUNGE

BENEFÍCIOS DA VIAGEM EUROPEIA

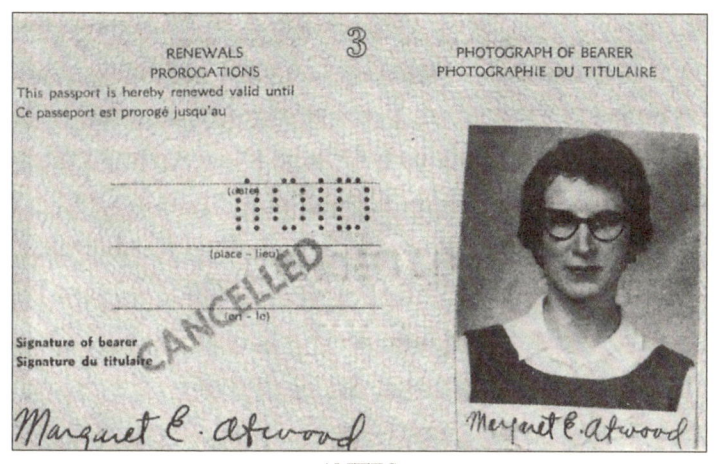

ANTES
Crédito da foto: Desconhecido

DURANTE
Uma pose pré-rafaelita
Crédito da foto:
máquina automática,
Gare du Nord, Paris

DEPOIS
Montreal, 1968
Crédito da foto: Jim Polk

Uma dieta de pão e água, e alguma poderosa emulsão francesa administrada por Alison, melhorou meu estado de saúde e eu andei devidamente pela Notre Dame, a torre Eiffel e o Louvre. Em Paris, os homens que tendiam à sedução não se davam ao trabalho de esperar que você parasse e esticasse o pescoço; abordavam o tempo todo, mesmo quando você atravessava a rua. "*Americaïne?*", perguntavam, esperançosos. Eles eram educados — alguns até usavam o subjuntivo, por exemplo, "*Voudriez-vous coucher avec moi?*" — e, diante de uma recusa, afastavam-se com uma melancolia de beagle que decidi achar ao mesmo tempo existencialista e gaulesa.

Quando nos restava uma semana e meia, nós três reunimos os recursos e alugamos um carro, com o qual fizemos uma excursão pelos Châteaux de la Loire, vendo muitas cadeiras grandes e douradas do século XVIII, hospedando-nos em albergues e vivendo de mais queijo. Nessa época, eu estava supersaturada de cultura; encharcada, por assim dizer. Se alguém pisasse em minha cabeça, um jorro de folhetos dissolvidos seria despejado da boca.

E então, por algum motivo que agora se perdeu na névoa da história, decidi ir a Luxemburgo. No caminho para lá, um bilheteiro de meia-idade me perseguiu na cabine do trem; quando falei que eu não era de fato americana, como ele supunha, ele deu de ombros e disse "ah", como se isso explicasse minha relutância. A essa altura, eu já estava um tanto farta do excesso de atenção masculina marcando território e deixei minha irritação transbordar na agenda cultural; quando finalmente cheguei a Luxemburgo, não fui a uma igreja sequer. Em vez disso, vi *Quanto mais quente melhor*, com legendas em flamengo, francês e alemão, onde eu era a única pessoa na sala de cinema que ria nos momentos certos.

Este parecia um ponto adequado de reentrada na América do Norte. A cultura é o que é, pensei comigo mesma, enquanto voltava à Inglaterra, dirigindo-me com meus Hush Puppies para o avião e me preparando para a descompressão.

Nesse momento, minha viagem, pensando bem agora, parecia muito mais um cambalear no escuro, esbarrando em móveis pesados e caros, enquanto era confundida com outra pessoa. Mas a distância dá perspectiva e, nos meses que se seguiram, esforcei-me ao máximo por ela. Se minha alma foi aprimorada? É possível, mas não como eu havia previsto. O que levei comigo não foram tanto as igrejas, os museus e os postais deles que colecionei, mas várias conversas, em ônibus, em trens e com os homens sedutores nos museus. Lembrei-me especialmente da perplexidade geral quando era revelado que eu não era o que parecia ser; isto é, uma americana. Para os europeus, havia um vazio em forma de bandeira onde deveria estar minha nacionalidade. O que era visível para mim, era invisível para eles; e eu não podia ajudá-los voltando-me a qualquer construção arquitetônica internacionalmente famosa. Só o que tinha a oferecer como referência era um batalhão da polícia montada, o que não parecia bastar.

Mas o vazio de uma pessoa é o espaço de outra, e era aí que entrariam os novos poemas que trouxe espremidos no fundo da mala, ou assim pensava eu. E por falar nisso, meu guarda-roupa de flanela cinza — agora posso ver — definitivamente precisava sumir. Como dissuasor a vagabundos era inadequado, como disfarce era irrelevante, como manifesto poético, incoerente. Eu não parecia séria nele, apenas honesta, e também — agora meio suja. Eu tinha comprado um colete de camurça marrom, em liquidação na Liberty's, que, com o acréscimo de muito preto e alguma inovação no cabelo, me transformaria em algo muito mais formidável; ou era esta minha intenção.

Estive em Stonehenge, sim, por acaso. Aliás, senti-me em casa lá. Era pré-racional, e pré-britânico, e geológico. Ninguém sabia como tinha chegado ali, nem por quê, nem por que continuava a existir; mas lá ficava, contestando a gravidade, desafiando análises. Na verdade, o monumento parecia meio canadense. "Stonehenge", eu diria ao próximo homem europeu de cara triste que desse em cima de mim. Esse truque daria certo.

22

NEM TÃO GRIMM ASSIM: O PODER PERMANENTE DOS CONTOS DE FADAS

DA FERA À LOIRA: SOBRE CONTOS DE FADAS E SEUS NARRADORES
DE MARINA WARNER

A CONSAGRADA ROMANCISTA britânica Marina Warner também é autora de várias obras intrigantes de não ficção, inclusive *Alone of All Her Sex*, um exame do culto à Virgem Maria, e *Monuments and Maidens*, uma análise de figuras alegóricas femininas. Seu novo livro habita mais ou menos o mesmo território — o ícone muito difundido, a imagem popular, a história muito contada —, mas é de escopo ainda mais ambicioso.

Da fera à loira: Sobre contos de fadas e seus narradores é o que declara o subtítulo, um livro sobre contos de fadas e também sobre quem os conta. Como convém ao tema, é algo esplendoroso — maravilhoso, bizarro, exótico —, mas ao mesmo tempo familiar como um mingau. É apinhado de brindes — meta seu polegar em algum lugar daí e sai uma ameixa — e profusamente ilustrado. Também é uma leitura simplesmente fundamental para qualquer interessado não só pelo mito e pelas lendas dos contos de fadas, mas também por como são contadas histórias de todos os tipos.

Como muitas crianças, eu devorava contos de fadas. Depois de perder os dentes de leite com o volume sem cortes de *Contos dos Irmãos Grimm* — apesar dos temores de meus pais de que sapatinhos vermelhos e olhos arrancados por pássaros fossem demais para uma menina de seis anos —, passei para as coletâneas de Andrew Lang, depois *As mil e uma noites* e qualquer outra coisa em que pudesse pôr as mãos — se tivessem ilustrações sinistras de Arthur Rackham ou Edmund Dulac, tanto melhor. Quando entrei na faculdade, estava bem preparada para o mais junguiano de meus professores, que, naquele final dos anos 1950 dominado pelos mitos, se referia despreocupadamente a esses habitantes dos contos de fadas como WOMS (Wise Old Men, "velhos sábios") e WOWS (Wise Old Women, "velhas sábias").

Dizia-se que os contos de fadas continham arquétipos universais e ensinavam lições psíquicas profundas e atemporais. É claro que um WOM podia ser tranquilamente um Wandering Old Molester ("velho andarilho pedófilo") e uma WOW, uma Wicked Old Witch ("bruxa velha e má"), e se encontrados na floresta ou, digamos, na loja de conveniência da esquina, uma garota seria severamente pressionada a saber se lhes daria um pedaço de seu pão ou se os evitaria a todo custo. Ainda assim, havia uma mística definida.

E mais tarde, os contos de fadas caíram em tempos difíceis. Apesar de estudos tão criteriosos como *O uso do encantamento*, de Bruno Bettelheim, eles foram embelezados e tiveram suas ervas daninhas arrancadas — heroínas aventureiras e atividades macabras foram atenuadas, e era favorecida a passiva posição deitada ou de Bela Adormecida. Depois disso, os contos — compreensivelmente — foram atacados pelas feministas por serem dispositivos de lavagem cerebral, que pretendiam transformar mulheres em belos e obedientes autômatos, exaltavam o poder fálico dos príncipes que exibiam espadas, difamavam a parentalidade não biológica e o cronologicamente aprimorado. Como espartilhos, os contos de fadas eram projetados para confinar, e como tal estavam repreensivelmente superados.

Mas agora Marina Warner cavalga em seu resgate. Que bobagem, diz ela, na verdade no estilo mulher sábia, enquanto arregaça as mangas e passa a resgatar coisas do armário de descarte. Olha só! Não tem nada de inútil e antiquado, declara ela. É ouro de verdade! Você só precisa saber usar a imaginação. E mais rápido do que conseguir dizer Rumpelstiltskin de trás para a frente, lá se vai pela janela a teoria dos arquétipos atemporais, assim como a ideia *völkisch* de que essas histórias eram emanações autênticas, autóctones, pré-letradas, tiradas da alma-da-terra. (Sua coletânea impressionante de fontes e variantes dá um fim a isso.)

Lá se vai também a escola recente da depreciação. Se quiser uma heroína feminista, sugere ela, que tal a Mamãe Ganso? Reconsidere o nariz bicudo, a touca esquisita e a bata de creche. Mamãe Ganso se veste como uma pateta pelo mesmo motivo que as "turistas" são privilegiadas como mensageiras na espionagem: as duas desarmam a suspeita. Mas por baixo que surpresas! Disfarce! Ambiguidade! Subversão!

A teoria da narrativa de Warner, depois de proposta, é eminentemente sensata: para qualquer história contada, há alguém que a conta, mas também quem a ouve. E também um contexto social, que muda com o passar do tempo: "realismo histórico" é uma expressão do agrado de Warner. Mesmo que os eventos narrativos em si permaneçam constantes, o toque moral colocado neles pode não ter, tanto para quem conta como para quem ouve, suas próprias agendas flutuantes.

Será coincidência que os chamados *"old wives' tales"* sobre a conveniência de ser gentil com as velhinhas fossem contados antigamente por velhinhas que precisavam de toda a ajuda que pudessem obter? Ou que histórias do Barba Azul sobre mulheres muito jovens se casando com maridos assassinos devam ter chegado ao auge durante uma reação contra as núpcias forçadas feitas por dinheiro? Ou que o caráter bestial da Fera peluda, aquela de "A Bela e a Fera", antigamente teria sido usado contra ele, mas que nestes nossos tempos ecológicos seja visto como um *plus*? (Este livro certamente contém a análise profunda definitiva do filme da Disney sobre o conto, se "profunda" aqui não for um oximoro.)

A primeira parte do livro de Warner fala dos narradores dos contos. Trata de forma cativante daqueles que coletaram, reescreveram e criaram essas histórias, de Marie-Jeanne L'Héritier a Perrault, aos estudiosos irmãos Grimm e ao melancólico Hans Christian Andersen. Mas também, o que é ainda mais divertido, considera a narradora imaginária dos contos, ela (e será principalmente uma "ela") de quem a própria história parecia fluir. Quem teria suspeitado de que a Mamãe Ganso, cujo retrato cômico enfeitou tantas das primeiras coletâneas, tivesse uma linhagem tão antiga e augusta? A mulher-ave de voz cacarejada, ao que parece, remonta às sereias de corpo emplumado. A sibila também figura em sua genealogia, assim como a rainha de Sabá, que segundo artistas medievais tinha um pé de ave. O mesmo fazem figuras tão díspares como a pressionada mas fria Sherazade, a devota e instrutiva Sant'Ana e uma legião de velhas ásperas que, como a enfermeira de Julieta, são vulgares na fala e eróticas nos interesses.

Porém, quanto mais as mulheres como grupo eram menosprezadas pela sociedade, maior o nível de disfarce necessário por qualquer uma que se atrevesse a romper o silêncio. Em tempos de opressão, alguns tipos de sabedoria só podem ser seguramente pronunciados pela boca daquelas que se fazem de tolas. Por isso a cara de ganso.

A segunda parte do livro lida com os contos em si — não só nas formas verbais, mas também apresentados em peças teatrais, óperas, filmes e pinturas. Warner se concentra em histórias com protagonistas mulheres — João do pé de feijão e seu irmão corajosamente armado de lâmina recebem pouca atenção, enquanto ogros devoradores de donzelas, amantes demoníacos e pais inclinados ao incesto são banhados nos holofotes sinistros —, porém, este livro não pretende ser uma enciclopédia. E nem todas as meninas são boazinhas: figuras femininas desagradáveis, como as irmãs feias, as fadas más e as madrastas malvadas recebem uma revisão completa, com a ressalva de que as madrastas em nossos tempos socioeconômicos mudados não precisam mais ser malvadas. (Fiquei aliviada ao saber disso, sendo uma delas.)

Por que tantas mães mortas? Por que tantas heroínas louras? Por que um capítulo chamado, tentadoramente, de "A Linguagem do Cabelo"? De qual anúncio de loção capilar alemã para uma Rapunzel os dadaístas pinçaram seu nome? Escute, caro leitor — a própria Warner é habilidosa com listas —, e você saberá de tudo. Ou, se não tudo, pelo menos bem mais do que sabia quando chegou.

Às vezes, você pode achar que corre o risco de cair em um sono encantado depois de espetar o dedo em um fuso, mas isso só significa que esteve lendo rápido demais. Esta é uma tapeçaria complexa tecida com muitos fios, e você não deve tentar revelar todos de uma vez.

Embora seja encantada com a vitalidade e as propriedades metafóricas dos contos de fadas como forma, Warner não levanta bandeiras como nos tempos do politicamente correto. Reconhece "as direções contrárias do gênero", que o empurram "para a aquiescência por um lado e a rebeldia por outro". Porque uma história — qualquer história, mas em particular aquela que existe em um domínio tão vernacular — é uma negociação entre quem narra e quem ouve, e os ouvintes são cúmplices. O objetivo da história pode ser muito bem instruir, mas se também não der prazer, soará em ouvidos moucos. Como diz Warner, "As contadoras de contos de fadas sabem que uma história, se não cativar, deve levar quem ouve ao prazer, ao riso ou às lágrimas. [...] O sultão sempre está ali, meio adormecido, mas desperto o bastante para acordar e se lembrar da sentença de morte que ameaçou proferir".

Nós, da plateia, somos o sultão coletivo. Se quisermos heroínas insípidas, é o que teremos, e o mesmo para fanatismos, preconceitos e sapatos quentes demais. Mas não para sempre. Como Warner também diz, "O que é aplaudido e quem estabelece os termos do reconhecimento e da aceitação sempre estão em questão". Precisamos não nos satisfazer com a conformidade capenga ou a vingança carrancuda: o contar criativo, o sonho utópico, a inversão do maldoso, o desejo corretamente escolhido e o senso renovado de assombro podem ser nossos.

Esse é um final feliz — e Warner conhece seu gênero bem demais para não nos dar um deles —, mas também é um desafio. O uso do encantamento, pelo visto, está em nossas mãos.

23
A SOBREMESA FARTA DE UMA CARTER INSOLENTE

BURNING YOUR BOATS: THE COLLECTED SHORT STORIES
DE ANGELA CARTER

A ESCRITORA BRITÂNICA Angela Carter morreu cedo demais, aos 53 anos. Sua carreira cobriu quatro décadas e produziu vários romances aclamados e muita crítica astuta. Também produziu quatro coletâneas de contos extravagantes, barrocos e de um realismo desconcertante — como *A companhia dos lobos* — que passaram a ser sua marca registrada; tanto que os editores agora estão nos mandando pedidos de ficção fabulista "à maneira de Angela Carter". Ironicamente, ela passou a ser mais amplamente apreciada depois de sua morte do que nunca na vida e agora é a autora estudada com mais frequência nas universidades britânicas. Até se tornou aquela mais rara das criaturas, uma feminista descarada que pode ser do agrado dos homens. Talvez seja porque seu feminismo não é do tipo puritano. Ela é uma mulher corajosa, não se enquadra no papel de certinha: pode dizer *peitos e bunda* como os melhores deles e o faz com muita frequência. Se fosse personagem em uma obra de ficção no estilo Angela Carter, ela mesma estaria agora, na forma de fantasma, gargalhando asperamente chaminé abaixo. "À maneira de", sim! Quem teria essa audácia?

Burning Your Boats é uma coletânea dos contos de ficção, inclusive alguns bem iniciais e outros que não foram publicados na época de sua morte. É um incrível manjar dos deuses. Se Carter fosse uma cor, seria púrpura, se fosse uma flor, seria um cruzamento de rosa silvestre espinhosa com uma planta carnívora, se fosse um animal, seria uma raposa astuta com garras de grifo, se fosse uma ave ou outra invenção que voa, seria um híbrido de pássaro-lira e sereia com um toque de corvo — porque todas as coisas brilhantes e belas, assim como todas as coisas nodosas e macabras, interessam a ela, e Carter as rouba com a maior facilidade, separa, junta de novo em uma ordem nova e as acrescenta a seu ninho verbal deliberadamente atulhado. Não lhe serve o lugar limpo e iluminado de Hemingway nem a prosa transparente como uma vidraça de Orwell. Ela prefere um lugar sujo e mal iluminado, com ossos roídos no canto e espelhos empoeirados que é melhor não olhar. Uma prosa feito vidro, sim — mas é um vitral. Atinge grande parte de seus melhores efeitos pelo exagero. Ela empilha os adjetivos em um monte enorme de chocolate e cerejas, depois puxa a toalha de mesa debaixo deles e todo o edifício cai deliciosamente no chão. Ela adora soprar bolhas e também adora estourá-las.

Se você fosse escrever sua *naissance* literária à maneira de Angela Carter, teria de providenciar uma trupe de perfeccionistas fantasmagóricos reunidos em volta da máquina de escrever. Oscar Wilde estaria ali, sussurrando "Nada tem mais sucesso do que o excesso" e concedendo o dom da inversão de truísmos; Sylvia Townsend Warner, com sua ninhada de fadas impiedosas; Edgar Allan Poe, tema de um de seus contos mais espetaculares, embora Carter use sua Rue Morgue com uma diferença. E Bram Stoker, e Perrault, e Sheridan LeFanu, e George MacDonald, e Mary Shelley, e talvez até Carson McCullers, e todo um bando de famigeradas vovós contadoras de histórias. Embora Carter, como cada criança, tenha ancestrais, como cada criança, ela é única; mas Angela Carter, devemos dizer, era mais única do que a maioria. (Eu sei: *mais única* é uma contradição; mas disse isso *à maneira de*.)

Burning Your Boats é um título hábil: é o que se faz quando se está lutando em terreno perigoso e se decide cortar qualquer possibilidade de recuo. No início, Carter é obstinadamente antiquada, tanto na forma como na matéria, mas não dá a mínima. Torna-se então ela mesma quase imediatamente, sem jamais olhar para trás: "A Very, Very Great Lady and Her Son At Home", um dos primeiros contos, fala do controle insuportável de mães dominadoras sobre seus filhos, da mesma forma como em um dos últimos contos: "Ashputtle or The Mother's Ghost." "A Victorian Fable (with Glossary)" é um conto inicial escrito na linguagem vitoriana dos ladrões, com suas gírias e códigos, e ilustra a tendência de Carter de combinar erudição com pequenas quinquilharias compradas em lojas de curiosidades, e o prazer de toda a vida que tinha com a extravagância, a multiplicidade e o desleixo da própria linguagem. Joia feita de pedra barata, e vice-versa; o ensaio intelectual de inteligência rápida e aguçada misturando-se com o modo narrativo luxurioso, e vice-versa: o que a preocupava era o ato mágico da transformação. Ela não conhecia limites nem fronteiras.

Carter é mais conhecida por suas florestas europeias mal-assombradas, repletas de lobos e lobisomens, mas a Inglaterra também está aqui — a pantomima do perverso polimorfo, e uma cozinha maravilhosa de casa rural, e as florestas encantadas de Shakespeare. O mesmo para a América, isto é, a América mitológica. Carter refaz a tragédia jacobina de *'Tis Pity She's a Whore* de John Ford como um filme de faroeste dirigido pelo *outro* John Ford e dá duas versões de Lizzie Borden, e um texto de coragem em que ela transmuta a ópera *Der Freischütz* em um melodrama de fronteira mexicano, e uma narrativa de cativeiro indígena em que a heroína branca capturada prefere os índios, como acontecia frequentemente na vida real.

Mas é inútil tentar resumir. Basta dizer que você não deve deixar de ler este livro nem deve tentar ler de uma tacada só, porque, como meio quilo de manjar turco, é farto demais para uma só bocada. Há uma apresentação calorosa e perceptiva do velho amigo de Carter, Salman Rushdie, em que ele presta um tributo tanto à mulher — "afiada, desbocada, passional" — como à sua obra. Como ele diz: "Ela não terminou. [...] Os contos neste volume são a medida de nossa perda. Mas são também nosso tesouro, para saborear e guardar."

24
UM EXPERIMENTO DE AMOR

DE HILARY MANTEL

O sétimo romance de Hilary Mantel, *Um experimento de amor*, é apenas o segundo publicado nos Estados Unidos. O que é uma pena, porque Mantel é uma escritora excepcionalmente boa. O título de seu livro, porém, é um tanto enganador. "Experimento" implica distanciamento clínico; mas se os experimentos estão acontecendo, mais parecem o que o Dr. Frankenstein obteve com as partes corporais: o intenso, o profano, o desordenado. Quanto a "amor", a imprecisão é estar no singular: existem muitos tipos de amor neste livro, quase todos contaminados. "Operação Dragoa" talvez fosse um título mais plausível, porque esta é uma história de kung fu emocional, no estilo feminino — só que no fim, embora todos estejam feridos ou coisa pior, não há um vencedor evidente.

O campo de jogo é a Inglaterra, com seus sistemas desconcertantes, complexos e minuciosamente calibrados de classe e status, de região e religião; as jogadoras são garotinhas, garotas maiores, jovens mulheres e, agigantando-se imensas sobre todas, as mães. As armas são roupas, escolas, inteligência, amizades, insultos, sotaques, namorados troféus, bens materiais e comida. O grito de batalha é "*Sauve qui peut!*".

Quem narra é Carmel McBain, que — depois de sobreviver de algum modo até a idade adulta — inicia a ação com uma experiência de dobra do tempo proustiana, desencadeada por uma fotografia em jornal da antiga colega de quarto. E lá volta ela, sugada pelo ralo da memória à sua infância desesperadora. Uma de suas manias é que ela é acossada pelos versos dos poemas que aprendera na escola, "A balada do velho marinheiro" sendo um deles. Carmel é ao mesmo tempo o Marinheiro, condenada a contar, e o Convidado do Casamento, condenado a ouvir; e nós também somos feitos cativos enquanto ela desenrola seu albatroz pessoal e nos conta como ficou mais triste, porém mais sábia.

"Eu queria me separar do destino comum das mulheres que se chamam Carmel", ela nos diz, "e me identificar com mulheres de nomes simples, nomes em que os pais não tiveram de pensar muito." Carmel (Carmelo) é o nome do monte onde o profeta Elias matou os profetas de Baal: não é bem o mesmo que se chamar Linda. Na verdade, Carmel às vezes é menos uma pessoa do que uma localização geográfica, onde forças em batalha se desenrolam apesar dela.

Foi a mãe que a sobrecarregou com esse nome de peso: uma mãe formidável da classe trabalhadora do norte da Inglaterra, de temperamento colérico e descendente de católicos irlandeses, que cobre a filha com seus próprios bordados rebuscados, entope-a de deveres de casa e a lança como um míssil no *establishment* social que ela ao mesmo tempo despreza e inveja. A mãe de Carmel espera que ela ascenda às alturas: "A tarefa da vida que ela estabeleceu para mim era construir meu próprio monte, construir o sucesso passo a passo: de que tipo não importava, desde que fosse alto e cintilante. E enquanto ela me dizia que são os impiedosos que sobem mais alto na vida, eu cortava as cordas de qualquer pessoa que tentasse subir atrás de mim [...] e pular para o cume sozinha."

A escalada forçada de Carmel leva da severa escola primária católica dos anos 1950 de sua cidadezinha decrépita ao Holy Redeemer, uma instituição superior dirigida por freiras sarcásticas. Ali ela veste um uniforme que inclui, ao mesmo tempo, uma gravata e uma cinta, e é "empanzinada de educação", embora outros nutrientes sejam escassos. O objetivo é transformar as mulheres em "rapazinhos com seios". "As mulheres eram obrigadas a imitar os homens e sujeitadas a não conseguir." Todavia, Carmel consegue uma bolsa mísera e uma cama em Tonbridge Hall, um lar neo-brontëano para mulheres na Universidade de Londres. Entre outras coisas, este livro é um *Bildungsroman*, e uma das questões levantadas é a forma de educação adequada para as mulheres.

Por todo o caminho, Carmel tem uma companheira de escalada, seu duplo e nêmese, a imperturbável e implacável Karina. Os pais de Karina são imigrantes. Eles passaram pela experiência da guerra — vagões de gado são mencionados —, embora não fossem judeus. Por escrúpulos, a mãe de Carmel insiste numa amizade entre as meninas; portanto, Karina é ligada a Carmel, e onde Carmel vai, Karina vai atrás. Como a mãe de Carmel, ela também inveja e despreza, mas o objeto dessas emoções é a própria Carmel. Tudo que Carmel tem, Karina ou toma ou destrói, embora essa não seja uma guerra unilateral. Carmel também apronta das suas e talvez até tenha começado tudo isso no jardim de infância, chutando a boneca de Karina: um reconhecimento precoce, talvez, de que nem tudo vai bem no mundo das mamães e seus pimpolhos. Com o passar dos anos, Karina vira inimiga de Carmel, mas também — quando as meninas entram no território estranho das freiras de luxo e dos sulistas de classe média — sua mais velha amiga e aliada relutante. "Nunca achei que ela fosse perigosa, a não ser para mim", pensa Carmel, erroneamente, como vai se revelar.

Elas se assemelham à dupla Jack Spratt e esposa da historinha infantil: Carmel magra e infantil, nem mesmo tem permissão de ajudar no escasso jantar de família; Karina rotunda e precocemente competente, uma pequena dona de casa aos 12 anos. Carmel sente frio, tem fome e é aguada, e sonha com afogamentos; Karina é quente e coberta de lã, associada com fogos de artifício do tipo roda de Catarina. Sobretudo, Karina é a protegida e voz das mães, em particular da mãe de Carmel: raivosa, moralista, aniquiladora.

Apesar de ser complacente e intimidada, Carmel tem seu jeito de se rebelar. Na escola, pratica a "insolência muda", e seu primeiro ato ao chegar à universidade é cortar o cabelo que, pelo uso torturante de bobs, tinha sido um dos instrumentos de controle materno. Mas ela também assume o papel da mãe. A mãe a privara não só de carinho e aprovação, mas de nutrição verdadeira, e agora Carmel começa a privar a si mesma. Karina, por outro lado, empanturra-se às proporções de um dirigível. Como comenta um personagem, "Karina cada vez maior. Carmel cada vez menor".

Somos avisados para não considerar esta uma história sobre a anorexia; classe média demais. Em vez disso, alega a narradora, é uma história sobre "apetite". Bom, talvez seja. Essa parte do livro é ambientada em 1970, na exata época em que a anorexia se tornava comum, mas ainda não era de conhecimento geral; fosse mais tarde, Carmel talvez não fosse tão pouco consciente de seu sofrimento. De todo modo, a diminuição de Carmel tem motivos complexos. Existe a ligação das freiras entre comer e o pecado e sua ênfase na autonegação — mas até que ponto pode-se levar essa autonegação e ainda continuar viva? Há também a pobreza de Carmel e a comida pavorosa de Tonbridge Hall. Mas a dificuldade para Carmel vai bem além da economia de centavos e dos legumes malcozidos: quanto da vida ela se atreve a comer? Quanto desfrutar? O princípio do prazer não tinha sido exatamente fomentado nela.

Os prazeres do romance, porém, são muitos. As partes do lar de mulheres de *Um experimento de amor* são tão rudemente deliciosas como aquelas de *O grupo*, de Mary McCarthy; as partes da infância são imediatas e vívidas, engraçadas e desoladoras, e o amor complexo e as relações de amor e ódio entre as mulheres que, como diz a narradora, não têm nenhuma relação com sexo, acertam o alvo. Esta é a história de Carmel, mas é também a história de sua geração: garotas no final dos anos 1960, apanhadas entre dois conjuntos de valores, que têm a pílula, mas ainda passam a ferro as camisas dos namorados.

Reina a confusão moral e as questões morais também: o que torna más as pessoas más? Ainda mais misterioso, o que torna boas as pessoas boas? Por que Karina, e por que a comovedoramente gentil Lynette, colega de quarto rica de Karina, rejeitada por ela a todo momento? O pai fraco de Carmel, retraído em seus quebra-cabeças, não consegue encontrar a peça que falta de Judas, nem Carmel consegue.

"As descrições são seu ponto forte", ouve Carmel, e são também as de Hilary Mantel. Nunca meias penduradas no radiador e que ficam pingando ou o cheiro de uma régua de madeira de criança foram tão meticulosamente descritos. As símiles e metáforas cintilam: os lençóis do dormitório são "presos com correias na estrutura da cama, como se quisessem colocar arreios numa louca"; a sopa do lar é "um aquário sujo, onde a matéria vegetal nadava". Grande parte dessa destreza verbal é exercitada na comida, mas, enquanto narradora, Carmel é como a mãe: faz um pouco de bordado em tudo.

Se é que há alguma queixa, esta será de que queremos saber mais; como a própria Carmel, o livro podia ser um pouco mais gordo. O que aconteceu com Karina e Carmel depois do desfecho apavorante? Mas talvez o sentido seja este: é o que você jamais saberá que assombrará; e com todo o seu brilhantismo, a agudeza e a perspicaz inteligência, *Um experimento de amor* é um livro assombroso.

25
EM BUSCA DE *VULGO GRACE*: SOBRE A ESCRITA DE FICÇÃO HISTÓRICA CANADENSE

O TEMA SOBRE o qual discorrerei esta noite tem relação com o romance canadense e, mais particularmente, com o romance histórico canadense. Abordarei a natureza desse gênero na medida de sua relação com os mistérios do tempo e da memória; meditarei sobre por que tantos tipos de romances como esses foram escritos ultimamente por escritores canadenses anglófonos; e depois falarei um pouco de minha própria tentativa recente de escrever um romance assim. No fim, tentarei uma espécie de reunião de elementos significativos ou síntese filosófica, assim como algo que é implicitamente exigido na lista de ingredientes de uma caixa de biscoitos.

É na ficção que se unem a memória e a experiência individuais com a memória e a experiência coletivas, em maior ou menor proporção. Quanto mais próximos ficamos da ficção, mais a reconhecemos e a declaramos como individual, e não coletiva. Margaret Laurence costumava dizer que seus leitores ingleses achavam que *The Stone Angel* falava da velhice, os norte-americanos pensavam tratar-se de uma velha que eles conheceram e os canadenses pensavam que falava de suas avós. Cada personagem na ficção tem uma vida individual, repleta de detalhes pessoais — a ingestão de refeições, o fio dental nos dentes, o fazer amor, o nascimento dos filhos, o comparecimento a enterros, e assim por diante —, mas cada um deles também existe em um contexto, um mundo fictício composto por geologia, clima, forças econômicas, classes sociais, referências culturais e guerras, epidemias e grandes acontecimentos públicos semelhantes; você notará que, sendo canadense, coloco a geologia em primeiro lugar. Esse mundo fictício tão amorosamente delineado pelo escritor pode trazer uma relação mais ou menos óbvia com o mundo em que vivemos, mas não existe a alternativa de não trazer relação nenhuma com ele. Temos de escrever sobre quem, onde e quando estamos, gostemos disso ou não, e disfarçar como podemos. Como observou Robertson Davies, "[...] todos pertencemos a nossa época e não há nada que possamos fazer para escapar disto. O que quer que escrevamos será contemporâneo, mesmo que tentemos um romance ambientado no passado [...]".[8] Não conseguimos deixar de ser de nossa época, como os escritores vitorianos — onde quer que ambientassem os livros — não conseguiam deixar de ser vitorianos. Como todos os seres vivos na Terra Média, estamos presos pelo tempo e pelas circunstâncias.

O que eu disse sobre personagens fictícios, naturalmente, também é válido para cada ser humano real. Por exemplo: aqui estou eu, falando nesta Conferência Bronfman em Ottawa. Por que reviravoltas de coincidência ou destino — como esses termos parecem romanescos, mas também fiéis à experiência real que são —, vejo-me de volta à minha cidade de origem?

Pois foi em Ottawa que nasci, 57 anos, três dias e várias horas atrás. O local foi o Hospital Geral de Ottawa; a data, 18 de novembro de 1939. Quanto à hora exata, minha mãe — para desespero de muitos astrólogos desde então — é um tanto vaga, era uma época em que costumavam sedar as mulheres com éter. Sei que nasci depois da final da Grey Cup de futebol. Os médicos agradeceram a minha mãe por esperar; estavam todos acompanhando a

---

[8] Robertson Davies, *The Merry Heart*, McClelland and Stewart, 1996, p. 358.

partida pelo rádio. Naquele tempo, a maioria dos médicos era de homens, o que pode explicar sua atitude para com os esportes.

"Naquele tempo" — lá estou eu, vejam vocês, nascendo *naquele* tempo, que não é igual a este tempo; agora não tem éter e há muitas mulheres na medicina. Quanto a Ottawa, eu não estaria ali se não fosse pela Grande Depressão; meus pais eram refugiados econômicos da Nova Escócia — eis o elemento da força econômica —, da qual eles depois foram desligados pela Segunda Guerra Mundial — eis o grande acontecimento público.

Morávamos — eis o detalhe pessoal — em um apartamento de segundo andar comprido, escuro, em formato de vagão de trem na Patterson Avenue, perto do canal Rideau — eis aqui a geologia, mais ou menos —, um apartamento em que minha mãe certa vez provocou uma inundação ao enxaguar as fraldas no banheiro, onde elas entupiram o ralo — *naquele* tempo não havia fraldas descartáveis, nem mesmo serviços de lavanderia de fraldas. *Naquele* tempo, como estou certa de que alguns de vocês acreditam se lembrar, havia muito mais neve — eis aqui o elemento clima — e ela era muito mais branca e mais bonita do que qualquer neve que apareça hoje em dia. Quando criança, eu ajudava a construir fortes de neve muito maiores do que o prédio do Parlamento, e ainda mais labirínticos — eis aqui a referência cultural. Lembro-me disso com muita clareza, então deve ser verdade, e aí está o elemento memória individual.

O que quero dizer com isso? É dessas particularidades individuais que a ficção é construída; assim como a autobiografia, inclusive o tipo de autobiografia que estamos sempre escrevendo, mas ainda não chegamos a colocar no papel; e assim também é a História. A História pode pretender nos dar padrões grandiosos e esquemas gerais, mas sem suas fundações tijolo por tijolo, dia a dia, entraria em colapso. Quem lhes diz que a História não fala de indivíduos, só de grandes tendências e movimentos, está mentindo. O tiro ouvido pelo mundo foi disparado em determinada data, em determinadas condições climáticas, de determinada arma muito ineficiente. Depois das Rebeliões de 1837, William Lyon Mackenzie fugiu para os Estados Unidos vestido de mulher; sei o ano, então posso imaginar o estilo da roupa. Quando morei na área rural de Ontário, ao norte de Toronto, um morador disse, "Foi naquele celeiro ali que nós escondemos a mulher e as crianças, naquela época em que os fenianos invadiram". Um celeiro individual; mulher e filhos individuais. O homem que me falou do celeiro nasceu cerca de sessenta anos depois do ataque feniano, mas ele disse *nós*, não *eles*; ele se lembrava como uma experiência pessoal de um acontecimento no qual não esteve presente em carne e osso, e acredito que todos façamos isso. São aqueles pontos em que se cruzam memória, História e fabulação; basta um passo e tudo pode ser unido no reino da ficção.

Vivemos em um período em que toda sorte de lembranças, inclusive a memória maior que chamamos de História, é colocada em questão. Para a História e para o indivíduo, esquecer-se pode ser tão conveniente quanto se lembrar, e se lembrar do que foi esquecido pode ser marcadamente desagradável. Via de regra, tendemos a nos lembrar de coisas pavorosas que nos fizeram e nos esquecer das coisas pavorosas que nós fizemos. A Blitz ainda é lembrada; o bombardeio de Dresden, bom, nem tanto, ou não por nós. Contestar uma versão aceita da História — o que decidimos que é adequado lembrar —, desenterrando coisas que a sociedade decidiu que é melhor esquecer, pode provocar gritos de angústia e indignação, como podem testemunhar os produtores de um documentário recente sobre a Segunda Guerra. O Dia da Lembrança, como o Dia das Mães, é uma ocasião muito ritualizada; por exemplo, não temos permissão, no Dia das Mães, de comemorar as mães *ruins*, e até reconhecer que existem pessoas assim seria considerado — nessa data — de mau gosto.

Aqui está o enigma, para a História, como para a memória individual e, portanto, também para a ficção: como *sabemos* que sabemos o que pensamos saber? E se descobrirmos que, no fim das contas, não sabemos o que é aquilo que antes pensávamos saber, como sabemos que somos quem pensamos ser, ou pensávamos que éramos ontem, ou pensávamos que éramos — por exemplo — cem anos atrás? Essas são as perguntas que uma pessoa pode se fazer, na minha idade, sempre que alguém diz "*O que foi feito daquele velho, como é o nome dele mesmo?*"; também são perguntas que surgem ligadas à História canadense, ou na verdade a qualquer outro tipo de História. Elas também são as perguntas que surgem em qualquer contemplação do que costumava se chamar "caráter"; assim, são centrais a qualquer concepção do romance. Pois o romance diz respeito, sobretudo, ao tempo. Qualquer trama é um *isto* seguido por um *aquilo*; deve haver mudança em um romance, a mudança só pode ocorrer no tempo, e esta mudança só pode ter importância se o personagem no livro ou, em última análise, o leitor consegue se lembrar do que veio antes. Como disse o biógrafo de Henry James, Leon Edel, se existe um relógio ali, você sabe que é um romance.

Assim, não pode haver História, nem romance, sem alguma memória; mas quando se trata disso, até que ponto a memória em si é confiável — nossa memória individual ou nossa memória coletiva como sociedade? Antigamente, a memória era um dado adquirido. Podíamos perdê-la e recuperá-la, mas a coisa perdida e depois recuperada era sólida e consistente, era a *coisa*, como uma moeda de ouro. "Agora tudo está me voltando", ou alguma versão disso, era um clássico das cenas de recuperação de amnésia nos melodramas vitorianos — com efeito, até mais tarde, como a cena de recuperação de amnésia em *O ministério do medo*, de Graham

Greene; e havia um *isto*, havia um *todo*. Se o século XVII girou em torno da fé — isto é, no que as pessoas acreditavam — e o século XVIII em torno do conhecimento — isto é, o que as pessoas podiam provar —, pode-se dizer que o XIX girou em torno da memória. Não podemos ter "Lágrimas, inúteis lágrimas, [...] Ó Morte em Vida, os dias que não mais existem" de Tennyson sem deixarmos de nos lembrar daqueles tempos. A nostalgia pelo que foi, a culpa pelo que se fez, a vingança pelo que alguém nos fez, o arrependimento pelo que poderíamos ter feito, mas não fizemos — como tudo isso é central ao século anterior, e como cada uma dessas coisas depende da ideia da memória em si. Sem a memória, e a crença em que ela pode ser recuperada inteira, como um tesouro pescado de um pântano, a famosa madeleine de Proust é reduzida a um lanchinho casual. O romance do século XIX seria inimaginável sem uma crença na integridade da memória; pois o que é o *self* sem uma memória de si mais ou menos contínua, e o que é o romance sem o *self*? Ou assim teriam argumentado, na época.

Quanto ao século XX, pelo menos na Europa, o interesse geral era esquecer — o esquecimento como um processo orgânico, às vezes como um ato da vontade. A famosa tela de Salvador Dalí, *A persistência da memória*, retrata relógios que se derretem e um amontoado de formigas destrutivas; a famosa peça de Samuel Beckett, *A última gravação de Krapp*, é infatigável na descrição de como nos apagamos e nos reescrevemos com o passar do tempo; o romance de Milan Kundera, *O livro do riso e do esquecimento*, tem um título que é a pedra fundamental do século XX; o apavorante documentário *Noite e neblina* é só uma das muitas declarações do século XX sobre como industriosa e sistematicamente apagamos a História para que caiba em nossos propósitos vis; e em *1984*, de Orwell, o lugar para onde são enviados os documentos que devem ser destruídos chama-se, ironicamente, Buraco da Memória. As teorias da psique de maior destaque no século XX — aquelas que evoluíram de Freud — ensinaram-nos que não éramos tanto a soma do que conseguíamos lembrar, mas a soma do que esquecemos;[9] éramos controlados pelo Inconsciente, em que lembranças desagradáveis reprimidas eram armazenadas em nossa mente como maçãs podres em um barril, putrefatas mas essencialmente incognoscíveis, a não ser pelo cheiro suspeito. Além disso, a arte europeia de todo o século XX aos poucos perdeu a fé na confiabilidade do tempo. Não havia mais um rio fluindo por igual, tornou-se uma colagem de instantâneos, fragmentos confusos e cortes abruptos.[10]

O herói de *Todas as almas*, romance de 1989 do escritor espanhol Javier Marías, representa uma hoste de parentes espirituais europeus do século XX quando diz:

> [...] Preciso falar de mim mesmo e de meu tempo na cidade de Oxford, embora a pessoa que fale não seja a mesma que esteve lá. Ele parece ser, mas não é. Se chamo a mim mesmo de "eu", ou uso um nome que tem me acompanhado desde o nascimento e pelo qual alguns se lembrarão de mim [...], é simplesmente porque prefiro falar na primeira pessoa e não porque acredite que a faculdade da memória, sozinha, seja garantia de que alguém permanece o mesmo em diferentes épocas e diferentes lugares. A pessoa que conta aqui e agora o que viu e o que lhe aconteceu na época não é a mesma que viu aquelas coisas e a quem aquelas coisas aconteceram; nem é um prolongamento daquela pessoa, sua sombra, seu herdeiro e usurpador.[11]

---

[9] Ver, por exemplo, Ian Hacking, *Rewriting the Soul*, Princeton University Press, Princeton, 1995.

[10] Ver, por exemplo, Paul Fussell, *The Great War and Modern Memory*.

[11] Javier Marías, *All Souls*, The Harvill Press, Londres, 1995.

Ah, está tudo ok, dizemos, com aquele nosso sentido de esperteza da consciência pós-moderna. Porém, surgirão problemas. Se o eu do agora não tem nada a ver com o eu do passado, de onde veio o eu do agora? Nada é feito do nada, ou assim costumávamos acreditar. E, voltando aos estudos canadenses, por que agora — nos últimos quinze ou vinte anos e tão perto do fim do século XX que fragmenta e nega a memória — o romance histórico canadense ficou tão popular, entre escritores e também leitores?

Mas o que exatamente queremos dizer com "romance histórico"? Todos os romances, de certo modo, são "históricos"; não podem deixar de ser, na medida em que têm de fazer, *devem* fazer referência a um tempo que não é o tempo em que o leitor está lendo o livro. (Uma referência a romances de ficção científica não nos salvará aqui, porque o escritor, naturalmente, escreveu o livro em um tempo que já era passado para o leitor.) Mas existe o pretérito imperfeito — ontem e antes de ontem, cheio de fio dental e anticongelante colocado no carro, um ontem de não muito tempo atrás — e existe O Passado.

O personagem Ebenezer Scrooge de Charles Dickens pergunta assustado ao Fantasma dos Natais Passados se o passado que estão prestes a visitar é "o passado distante", e ouve "Não... é o *seu* passado". Por um tempo considerável foi apenas o "seu passado" — o passado pessoal do escritor e, por extensão, do leitor — que esteve em questão no romance canadense. Não me recordo de nenhum escritor sério dos anos 1960 escrevendo o que pensamos como romances históricos certos, do tipo "toda vestida de anágua e anquinhas", associados com personagens como Mary, rainha dos escoceses. Talvez se pensasse que ao Canadá faltava a vestimenta apropriada para obras assim; talvez o gênero em si fosse considerado uma forma de lixo literário, como os romances sexualmente explícitos — o que, como qualquer outro gênero, ou é ou não é, dependendo de como é feito.

Antigamente nós, como sociedade, não éramos tão melindrosos. O imensamente popular romance de John Richardson do século XIX, *Wacousta*, foi, entre outras coisas, um romance histórico na linha de sir Walter Scott, o vovô da forma, e Fenimore Cooper, seu descendente mais prolixo. Estes eram romancistas do século XIX, e o século XIX adorava o romance histórico. *Feira das vaidades*, *Middlemarch*, *Um conto de duas cidades*, *Ivanhoé*, *A ilha do tesouro* — são todos romances históricos de um ou outro tipo, e estou citando apenas alguns. Talvez a pergunta a ser feita não seja por que não escrevemos romances históricos agora, mas por que não escrevemos antes.

De todo modo, nos anos 1960 foi como se tivéssemos nos esquecido que neste continente, e em particular ao norte do Paralelo 49, sempre existiu um espartilho a ser desfeito ou uma mulher de cabeça fraca tornando-se histérica pela experiência. Em vez disso, ficamos absortos pela descoberta momentosa de que realmente existíamos, no que era então o aqui e agora, e estávamos ocupados, explorando as implicações disso.

Nossa geração de canadenses anglófonos — aqueles de nós que eram crianças nos anos 1940 e adolescentes na década de 1950 — cresceu com a ilusão de que não houve, nem na época nem nunca, uma literatura canadense. Digo "ilusão" porque, na verdade, ela existiu; só não nos contaram. O colapso do antigo imperialismo colonial inglês aboliu o leitor da velha escola — a que costumava conter excertos de literatura inglesa, misturados com fragmentos de nossos cantores e cantoras nativos, em geral assim denominados. Assim, podíamos atravessar doze anos de escolarização, na época, e sair com a impressão de que só existiu um escritor canadense na vida, e este era Stephen Leacock.

Os anos 1950 vieram logo depois dos 1940 e dos 1930; e o golpe duplo da Depressão seguida pela Segunda Guerra Mundial dizimou o que no início do século tinha sido uma indústria editorial autóctone florescente, com seus best-sellers. (Lembram de Mazo de la Roche? Não lembramos. Não nos contaram nada a respeito dela.) Acrescente-se a isso o peso da indústria do livro em brochura — completamente controlada, na época, pelos Estados Unidos — e o advento da televisão, cuja maior parte vinha do sul da fronteira, e você pode entender a situação. Havia o rádio, é claro. Havia a CBC. Havia "Wayne and Shuster" e "Our Pet, Juliette". Mas não serviam muito para compensar.

Quando chegamos à universidade no final dos anos 1950 e conhecemos revistas intelectuais, vimo-nos recebendo grandes doses de ansiedade e desdém, produzidas por nossos próprios especialistas e até por alguns de nossos próprios poetas e escritores de ficção, relacionadas com nossa falta de autenticidade, nossa fragilidade da perspectiva cultural, nossa falta de uma literatura real e a ausência de qualquer coisa que se possa enaltecer pelo nome de História — cujo significado expresso era um interessante e copioso banho de sangue em nosso próprio território. Em Quebec, as pessoas tinham mais certeza da própria existência e, em particular, da própria persistência, embora tivessem muitas vozes orientadas por parisienses para lhes dizer o quanto estavam abaixo dos padrões. Na Anglolândia, o famoso poema de Earle Birney, "Can. Lit.", conclui com estes versos, "É só pela nossa falta de fantasmas/ que somos assombrados", o que resume a atitude dominante da época.

Ora, nós, jovens escritores, avançamos mesmo assim. Achávamo-nos muito ousados ao ambientar nossos poemas e contos em Toronto, Vancouver e Montreal, e até em Ottawa, e não em Londres, Paris ou Nova York. Porém, éramos inexoravelmente contemporâneos: a História, para nós, ou não existia, ou tinha acontecido em outro lugar, ou, se fosse nossa, era tediosa.

Essa é a atitude frequente entre os jovens, mas era especialmente verdadeira em nós, devido ao modo como tivemos contato com nossa própria História. Quebec sempre teve sua própria versão da História, com heróis e vilões, lutas e mágoas, e Deus; Deus era o personagem principal até recentemente. Mas aqueles de nós no Canadá anglófono que fizeram o colegial quando eu fiz não eram tratados com esse remédio forte. Em lugar disso, davam-nos uma visão particularmente anêmica de nosso passado, se é que nos davam alguma. Para os outros, em plagas mais problemáticas, as batalhas épicas, os heróis, os discursos arrebatadores, a resistência encarniçada até o fim, o congelamento até a morte durante a retirada de Moscou. Para nós, as estatísticas sobre o trigo e as garantias tranquilizadoras de que estava tudo bem na terra do boi e da batata, para não falar — embora *fossem* mencionados — no veio de minério e na pilha de lenha. Olhávamos essas coisas e víamos que eram boas, embora um tédio, mas não examinávamos realmente como tinham sido obtidas, ou quem lucrava com elas, ou quem fazia o verdadeiro trabalho, ou quanto ganhavam por isso. Nem se falava muito de quem habitava este espaço antes da chegada de europeus brancos, trazendo como presentes armas de fogo e varíola, porque, ora, nós não éramos boas pessoas? Pode apostar que éramos, e as boas pessoas não remoem assuntos mórbidos. Eu mesma teria tido um interesse muito maior pela História do Canadá se tivesse sabido que nosso maçante primeiro-ministro, Mackenzie King, acreditava que o espírito da mãe habitava seu cão, que ele sempre consultava a respeito de políticas públicas — isso explica muito —, mas ninguém sabia dessas coisas naquela época.

 A principal ideia por trás de como nos ensinaram a História canadense parecia ser de consolo: como país, tínhamos nossas pequenas desavenças e tivemos alguns momentos constrangedores — as Rebeliões de 1837, o enforcamento de Louis Riel, e assim por diante —, mas esses foram apenas arrotos impróprios em um longo e suave cochilo depois do jantar. Sempre nos disseram que o Canadá atingira a maioridade. O que virou até título de um livro didático: *Canada Comes of Age*. Não sei o que isso deve significar — que podíamos votar, beber, fazer a barba e fornicar, provavelmente; ou que tomamos posse de nossa herança e agora podíamos cuidar de nossos assuntos.

Nossa herança. Ah, sim — a misteriosa caixa lacrada entregue pelo advogado da família quando o jovem senhor chega à maioridade. Mas o que há dentro dela? Há muitas coisas que não nos disseram na escola e é aí que entra o interesse pela literatura histórica. Porque são justamente as coisas *não* mencionadas as que inspiram a maior curiosidade em nós. *Por que* não são mencionadas? A sedução do passado canadense, para os escritores de minha geração, tem sido, em parte, a sedução do indizível — o misterioso, o enterrado, o esquecido, o descartado, o tabu.

Esse desenterrar das coisas começou talvez na poesia; por exemplo, os poemas narrativos de E. J. Pratt sobre temas como o naufrágio do *Titanic* e a vida do missionário jesuíta francês Brébeuf. Pratt foi seguido por alguns escritores jovens; penso no longo poema narrativo de meados dos anos 1960 escrito por Gwendolyn MacEwen, *Terror and Erebus*, sobre o fracasso da expedição de John Franklin. Ruborizo ao falar em *The Journals of Susanna Moodie* de Margaret Atwood de 1970, mas como precisarei falar nele mais tarde mesmo superarei o rubor agora. Outros poetas — Doug Jones e Al Purdy em particular, mas existiram outros — usaram acontecimentos históricos como tema de seus poemas. James Reaney foi um pioneiro no uso da História local — ele estava escrevendo a trilogia *The Donnelly* no final dos anos 1960, embora as peças só tenham sido encenadas tempos depois. Tivemos outras peças também nos anos 1970 — vem-me à mente *The Farmers' Revolt*, de Rick Salutin, sobre a rebelião no Alto Canadá.

E depois vieram os romances. Não eram aqueles romances históricos melosos e com forte apelo sexual sobre o amor romântico; eram o que provavelmente denominaríamos "romances ambientados no passado histórico", para distingui-los do tipo de coisa que encontramos em drogarias, que têm figuras de capa e títulos em arabescos prateados em alto-relevo. Quando o passado é considerado antigo o bastante para ser histórico? Bom, aproximadamente, suponho que possamos dizer que seja algo anterior à época em que o escritor do romance passou a ter consciência; isso me parece justo.

No romance, então, tivemos o excelente *Kamouraska*, de Anne Hébert, já em 1970. Foi escrito em francês, mas foi traduzido e muitos escritores anglófonos o leram. Desde *The Diviners*, de Margaret Laurence, em 1974, e *Urso*, de Marian Engel, em 1976, figuras do passado canadense foram usadas como ponto de referência para o presente canadense — Catharine Parr Traill por Laurence, e uma obscura e provavelmente inventada emigrante inglesa do século XIX por Engel. *The Temptations of Big Bear* em 1973 e *The Scorched-Wood People* em 1977, de Rudy Wiebe, em geral considerados como estando entre parênteses *povo nativo*, mas naturalmente são ambientados inteiramente no passado. E temos também *The Wars*, de Timothy Findley, em 1977.

Nas décadas de 1980 e 1990 a tendência se intensificou. *Perpetual Motion*, de Graeme Gibson, foi publicado em 1982. Depois disso, há uma legião de nomes. *Murther and Walking Spirits*, de Robertson Davies, é um romance histórico. Assim como — usando minha definição de histórico — *Na pele de um leão* e *O paciente inglês*, de Michael Ondaatje, e *Blackrobe*, de Brian Moore. Assim como dois contos de Alice Munro, "Meneseteung" e "A Wilderness Station". Assim como *Burning Water*, de George Bowering, e *Ana Historic*, de Daphne Marlatt, e *The Whirlpool* e *Away*, de Jane Urquhart; assim como *Os diários de pedra*, de Carol Shields; assim como *The Piano Man's Daughter*, de Timothy Findley. Só neste ano, temos *You Went Away*, de Findley, *De joelhos*, de Ann-Marie MacDonald, *Angel Walk*, de Katherine Govier, *Peças em fuga*, de

Anne Michaels, *The Cure for Death by Lightning*, de Gail Anderson-Dargatz, e *The Englishman's Boy*, de Guy Vanderhaeghe.

Todos são ambientados no passado — no passado *distante* de Dickens —, mas nem todos usam o passado com os mesmos fins. Claro que não; os autores são individuais e cada romance tem suas próprias preocupações. Alguns tentam fazer relatos mais ou menos fiéis de eventos reais, em resposta talvez a perguntas como "De onde viemos e como chegamos aqui?". Alguns tentam uma espécie de reparação, ou pelo menos um reconhecimento dos erros do passado — eu colocaria os romances de Rudy Wiebe e o livro de Guy Vanderhaeghe nesta categoria, porque lidam com o deplorável histórico da América do Norte no tratamento dos povos nativos. Outros, como o livro de Graeme Gibson, olham o que matamos e destruímos em nossa busca obsessiva pelo pote de ouro. Outros mergulham na estrutura de classe e nas lutas políticas — *Na pele de um leão*, de Ondaatje, é um exemplo. Outros ainda desenterram um passado vivido por mulheres, em condições bem mais restritivas do que a nossa; outros usam o passado como pano de fundo para sagas familiares — narrativas de traição, tragédia e até loucura. "O passado é outro país", começa o romance inglês *O mensageiro*;[12] "eles fazem as coisas diferente lá." Sim, fazem, e esses livros apontam isso; mas eles também fazem muitas coisas iguais, e esses livros apontam isso também.

Por que, então, tem havido uma enxurrada de romances históricos nos últimos vinte anos, em particular na última década? Antes, dei alguns motivos possíveis para que esta tendência não tenha ocorrido mais cedo; mas por que está acontecendo agora?

Alguns podem dizer que estamos mais confiantes em nós mesmos — que agora podemos nos ver mais interessantes do que antes; e creio que isso estaria certo. Nisso, participamos de um

---

[12] L. P. Hartley, *The Go-Between*, Hamish Hamilton, 1953.

movimento mundial que tem encontrado escritores e leitores, em especial nas antigas colônias, voltando-se para as próprias origens, ao mesmo tempo que não rejeitam desenvolvimentos nos centros imperiais. Londres e Paris ainda são lugares maravilhosos, mas não parecem mais os únicos lares do bom, do verdadeiro e do belo, assim como naqueles gostos mais típicos do século XX, o mau, o falso e o feio. Quer miséria, mentiras e corrupção? Ora essa, temos em nosso país, e não é só isso, sempre tivemos, e é aí que entra o passado.

Alguns podem dizer que o passado, por outro lado, é mais seguro; que, em uma época em que nosso país parecia estar sob muito mais ameaça — a ameaça de se dividir, e a ameaça de ter suas instituições estabelecidas, o tecido social e o senso de si literalmente dilacerados —, parece reconfortante escapar para o passado, para uma época em que essas coisas não eram problemas. Com o passado, pelo menos sabemos o que aconteceu: enquanto o visitamos, não sofremos de nenhuma incerteza a respeito do futuro, ou pelo menos a parte dele que fica entre eles e nós; já lemos sobre isso. O *Titanic* pode estar afundando, mas não estamos nele. Vendo-o desaparecer, somos distraídos por algum tempo do bote salva-vidas com vazamento em que estamos agora.

É claro que o passado nem sempre é mais seguro. Como comentou o curador de um museu local, "A nostalgia é o passado sem a dor",[13] e para aqueles que viveram nele o passado era seu presente, e tão doloroso quanto nosso presente é para nós — e talvez até mais, considerando as doenças incuráveis e a ausência de anestesia, aquecimento central e encanamento nas casas da época, para mencionar alguns reveses. Aqueles que anseiam por um retorno aos supostos valores do século XIX devem largar as revistas de frescuras dedicadas a esta época e dar uma boa olhada crítica no

---

[13] Programa da CBC sobre museus locais, verão de 1996.

que realmente acontecia. Assim, embora o ambiente aconchegante possa ser uma atração, também é uma ilusão; e não são poucos os romances históricos canadenses mencionados aqui que retratam o passado como um lugar muito tranquilizador.

Temos também a sedução da viagem, que tem apelo ao pequeno antropólogo cultural em cada um de nós. É tão divertido xeretar, por assim dizer; espiar pelas janelas. O que eles comiam naquela época? Que roupas usavam, como lavavam a roupa, ou tratavam os doentes, ou enterravam os mortos? No que pensavam? Que mentiras contavam, e por quê? Quem eles realmente eram? As perguntas, depois que começam a ser feitas, ficam intermináveis. É como interrogar os bisavós mortos — será que vive em nós algo do que eles fizeram ou por que passaram?

Creio existir outro motivo para o apelo e tem relação com a época em que estamos. Nada é mais chato para uma menina de 15 anos do que os devaneios da tia Agatha sobre a árvore genealógica; mas em geral nada é mais intrigante a uma menina de 15 anos. Não é porque cada escritor agora tem cinquenta — alguns são bem mais novos do que isso. Acho que é a cultura.

Uma vez fiz um curso de pós-graduação intitulado "A Literatura da Revolução Americana", que começou com o professor dizendo que não *houve* de fato uma literatura da Revolução Americana, porque na época todo mundo estava ocupado demais se rebelando para escrever alguma coisa, então íamos estudar a literatura de um período um pouco anterior a ela e um pouco posterior a ela. O que houve depois da Revolução foram muitas lamentações angustiadas e exames de consciência por parte da comunidade artística americana, tal como era. Agora que tínhamos a Revolução, eles se preocupavam: onde está o grande gênio americano que deve desabrochar? O quanto devem ser maravilhosos o romance, a poesia ou a pintura para serem verdadeiramente americanos? Por que não podemos ter uma indústria da moda americana?

E por aí vai. Quando *Moby Dick* e Walt Whitman enfim surgiram, a maioria dos bem pensantes limpou os pés neles; mas assim é a vida.

Porém, estava tão fora da equação questionar e avaliar o ambiente — de onde viemos, como chegamos de lá até aqui, para onde vamos, quem somos agora — que Nathaniel Hawthorne escreveu *A letra escarlate*, um romance histórico ambientado na Nova Inglaterra do século XVII. A maior parte do século XVIII foi constrangida pelos puritanos, em particular por seu zelo ensandecido durante os julgamentos das bruxas de Salem, e as pessoas tentavam se esquecer delas; mas Hawthorne as desenterrou. Naturalmente, *A letra escarlate* não é, de nenhuma forma, um século XVII que os puritanos teriam reconhecido; em bom estilo do século XIX, há muito mais admiração e respeito por aquela bagagem adúltera, Hester Prynne. Em vez disso, é um romance que usa um ambiente colonial inglês do século XVII para os fins da república americana recém-forjada do século XIX. E acho que isso é parte do interesse por escritores e leitores de ficção histórica canadense de agora: ao olhar o passado, nós nos situamos.

Depois de discorrer mais ou menos sobre duas das três coisas principais que lhes prometi, vou me voltar agora para a terceira, isso é, a minha própria tentativa de escrever um livro de ficção ambientado no passado. Eu não pretendia fazer isso, mas de algum modo acabei fazendo; e é assim que meus romances costumam acontecer. Também não estava consciente de nenhum dos motivos que acabei de delinear. Creio que os romancistas começam com impressões, imagens, cenas e vozes, e não com teorias e esquemas grandiosos. São personagens individuais interagindo e agindo no mundo que os cerca que têm relação com o romance; com os detalhes, não o padrão maior; mas um padrão maior pode surgir, é claro.

O livro em questão é *Vulgo Grace* e eis como surgiu. Nos anos 1960, por motivos que não consigo explicar racionalmente, vi-me escrevendo uma sequência de poemas intitulada *The Journals of Susanna Moodie*. Os poemas falavam de uma emigrante inglesa que veio na década de 1830 para o que agora é Ontário e passou por uma fase verdadeiramente medonha em um pântano ao norte de Peterborough, e escreveu sobre suas experiências em um livro chamado *Roughing It in the Bush*, que alertava os ingleses a não fazerem o mesmo. O Canadá, na opinião dela, era uma terra adequada apenas a camponeses de mãos calejadas, de outro modo conhecidos como os filhos honestos do labor. Depois de escapar da floresta, ela escreveu *Life in the Clearings*, que contém sua versão da história de Grace Marks.

Susanna Moodie descreve seu encontro com Grace na Penitenciária de Kingston em 1851; depois relata o duplo assassinato em que Grace esteve envolvida. O motivo, segundo Moodie, foi a paixão de Grace pelo empregador, o cavalheiro Thomas Kinnear, e o ciúme doentio que tinha de Nancy Montgomery, governanta e amante de Kinnear. Moodie retrata Grace como o motor do caso — uma tentação adolescente carrancuda e taciturna — com o cúmplice, o criado James McDermott, retratado como um mero joguete, impelido pelo próprio desejo por Grace e pelas provocações e lisonjas dela.

Thomas Kinnear e Nancy Montgomery acabaram mortos no porão, e Grace e McDermott atravessaram o lago Ontário até os Estados Unidos com uma carroça cheia de bens roubados. Foram apanhados, levados de volta e julgados pelo homicídio de Thomas Kinnear; o assassinato de Nancy nunca foi julgado, porque ambos foram condenados à morte. McDermott foi enforcado. Grace foi sentenciada como cúmplice, mas, como resultado de petições de seus simpatizantes e por consideração ao sexo mais frágil e à extrema juventude — Grace mal tinha 16 anos —, a sentença foi comutada para prisão perpétua.

Moodie veria Grace de novo, desta vez na ala dos violentos do recém-construído manicômio de Toronto, o Lunatic Asylum; e neste ponto termina seu relato, com uma esperança pia de que talvez a pobre menina fosse demente o tempo todo, o que explicaria o comportamento chocante e também garantiria seu perdão no Além. Essa foi a primeira versão da história com que topei e, sendo jovem, e ainda acreditando que "não ficção" significava "a verdade", não a questionei.

O tempo passou. E então, nos anos 1970, fui convidada pelo produtor da CBC, George Jonas, a escrever um roteiro para televisão. Meu roteiro foi sobre Grace Marks, usando a versão de Moodie, que já era altamente dramática na forma. Nele, Grace é taciturna e obsessiva, e McDermott é massa de manobra em suas mãos. Deixei de fora o detalhe de Moodie sobre Grace e McDermott esquartejando Nancy em quatro pedaços antes de escondê-la embaixo de uma banheira. Achei que seria pesado para um filme, e, de todo modo, por que eles se importariam com isso?

Depois recebi um convite para transformar meu roteiro para TV em uma peça teatral. Resolvi experimentar a mão. Tinha esperança de usar um palco de vários níveis, assim o andar principal, o segundo andar e o porão poderiam ser vistos todos de uma vez. Eu queria abrir a peça na penitenciária e fechar no manicômio, e tive a ideia de ter o espírito de Susanna Moodie adejando pendurada em fios, vestida de seda preta, como um cruzamento de Peter Pan com morcego; mas foi tudo demais para mim e desisti, depois me esqueci do assunto.

Passou-se mais um tempo. Logo era o início dos anos 1990 e eu estava em uma turnê de lançamento de livro. Eu estava sentada em um quarto de hotel em Zurique quando uma cena me veio nitidamente, como as cenas costumam aparecer. Escrevi-a em uma folha do papel de carta do hotel, na falta de outra coisa; era bem parecida com a cena de abertura do livro que agora existe. Reconheci o local: era o porão da casa de Kinnear e a figura feminina ali era Grace Marks. Não imediatamente, mas depois de um tempo, continuei com o romance. Desta vez, porém, fiz o que nem Moodie nem eu fizemos antes: voltei ao passado.

O passado é feito de papel; às vezes, agora, é feito de microfilme e CD-ROMs, mas definitivamente também é feito de papel. Às vezes há uma construção, uma pintura ou um túmulo, mas principalmente é papel. O papel exige cuidados; arquivistas e bibliotecários são os anjos da guarda do papel; sem eles, haveria muito menos do passado do que existe, e eu e muitos outros escritores temos para com eles uma imensa dívida de gratidão.

O que está no papel? As mesmas coisas que estão no papel agora. Registros, documentos, matérias de jornal, relatos de testemunhas oculares, fofocas, boatos, opiniões e contradição. Não há — como cada vez mais passei a descobrir — mais razão para confiar em algo escrito no papel no passado do que existe agora. Afinal, quem escreveu era, e é, um ser humano, e sujeito a erro, intencional ou não, ao desejo demasiado humano de ampliar um escândalo e a seus próprios vieses. Eu costumava ficar profundamente frustrada também, não pelo que esses registradores do passado escreviam, mas pelo que deixavam de fora. A História tem muita disposição para contar quem venceu a Batalha de Trafalgar e que líder mundial assinou este ou aquele tratado, mas é mais relutante com os detalhes agora obscuros da vida cotidiana. Ninguém escrevia essas coisas, porque todo mundo as conhecia e as considerava banais e desimportantes demais para merecerem registro. Assim, vi-me lutando não com quem disse o que sobre Grace, mas também com como limpar um urinol, que calçado teria sido usado no inverno, a origem dos nomes da padronagem *quilt* e como armazenar nabos. Se você está atrás da verdade, da verdade inteira e detalhada, e nada além da verdade, terá muito pouco dela se confiar no papel; mas, com o passado, praticamente é só o que você consegue.

Susanna Moodie disse no início de seu relato que escrevia a história de memória, e, por acaso, sua memória não era melhor que a da maioria. Ela errou na localização e nos nomes de alguns participantes, para começar. E não foi só isso, a história foi muito mais problemática, embora menos habilmente dramática, do que aquela que Moodie contara. Por exemplo, as testemunhas — até as testemunhas oculares, mesmo no próprio julgamento — discordavam com frequência; mas como isso difere da maioria dos julgamentos? Por exemplo, alguém diz que a casa de Kinnear foi deixada em grande desordem pelos criminosos, outro diz que estava arrumada e no início não percebeu que alguma coisa fora levada. Confrontada com tais discrepâncias, tentei deduzir que relato era o mais plausível.

E havia a questão da figura central, sobre quem a opinião era muito dividida. Todos os comentaristas concordavam que Grace tinha uma beleza incomum, mas não concordavam com sua altura nem a cor do cabelo. Alguns diziam que Grace tinha ciúmes de Nancy, outros o contrário, que Nancy é que tinha ciúmes de Grace. Alguns viam Grace como um demônio feminino astucioso, outros a consideravam uma vítima simplória e aterrorizada, que só fugira com McDermott por temer pela própria vida.

Em minhas leituras, descobri que os jornais da época tinham as próprias pautas políticas. O oeste do Canadá ainda estava abalado com os efeitos das Rebeliões de 1837 e isso influenciou a vida de Grace antes dos crimes e o tratamento que ela recebeu nas mãos da imprensa. Uma grande porcentagem da população — alguns dizem que foi de um terço — saiu do país depois das Rebeliões; o terço mais pobre e mais radical, o que pode contar para o toque conservador daqueles que permaneceram. O êxodo implicou uma escassez de criados, o que por sua vez implicou que Grace podia mudar de emprego com mais frequência do que suas contrapartes da Inglaterra. Em 1843 — o ano do assassinato — os editoriais ainda eram escritos sobre a maldade ou o valor de William Lyon Mackenzie; e, de regra, os jornais conservadores que o difamavam também difamavam Grace — afinal, ela esteve envolvida no assassinato de um empregador conservador, um ato de insubordinação grave; mas os jornais da Reforma que elogiavam Mackenzie também estavam inclinados à clemência para com Grace. Essa divisão de opiniões continuou pelos escritores posteriores sobre o caso, até o final do século XIX.

Senti que, para ser justa, eu tinha de representar todos os pontos de vista. Imaginei as seguintes diretrizes para mim: quando houvesse um fato concreto, eu não poderia alterá-lo; por mais que pudesse ter Grace testemunhando a execução de McDermott, não poderia ser feito, porque, por azar, ela já estava na penitenciária naquele dia. Além disso, cada elemento importante no livro tem de ser sugerido por algo na escrita sobre Grace e seu tempo, por mais dúbia que uma escrita dessas possa ser; mas eu era livre para inventar nos hiatos que ficaram abertos. Como os hiatos eram muitos, há muita invenção. *Vulgo Grace* é muito mais um romance do que um documentário.

Enquanto escrevia, vi-me considerando o número e a variedade das histórias que foram contadas: as versões da própria Grace — eram várias — relatadas nos jornais e em sua "Confissão"; as versões de McDermott, também múltiplas; a versão de Moodie; e aquelas dos comentaristas mais recentes. Para cada história, havia um contador, mas — como acontece em todas as histórias — também havia um público; ambos eram influenciados pelos climas de opinião sobre política, mas também sobre criminalidade e seu tratamento adequado, sobre a natureza das mulheres — sua fraqueza e o caráter sedutor, por exemplo — e sobre a insanidade; na verdade, sobre tudo que influenciou o caso.

    Em minha ficção, Grace também — o que quer que ela seja — é uma contadora de histórias, com fortes motivos para narrar, mas também fortes motivos para se retrair; o único poder que lhe resta como criminosa condenada e presa vem de uma mistura desses dois motivos. O que é contado por ela a seu público de uma pessoa só, o Dr. Simon Jordan — que não é só uma pessoa mais instruída que ela, mas um homem, o que confere a ele uma vantagem automática no século XIX, e um homem com o potencial de ser útil a ela — é seletivo, é claro. Depende do que ela se lembra; ou será do que ela diz se lembrar, o que pode ser uma coisa bem diferente? E como seu público sabe a diferença? Aqui estávamos, de volta ao final do século XX, com nossa própria inquietação com a confiabilidade da memória, a fidedignidade da história e a continuidade do tempo. Em um romance vitoriano, Grace diria, "Agora tudo está me voltando"; mas como *Vulgo Grace* não é um romance vitoriano, ela não diz isso; e se dissesse, nós — ainda — acreditaríamos nela?

    Essas são as questões que minha própria excursão fictícia no ainda assim real passado canadense me deixou perguntando. Também não me escapou que uma escritora diferente, com acesso a exatamente os mesmos registros históricos, talvez tivesse escrito — e sem dúvida teria — um romance muito diferente. Não sou daquelas pessoas que acreditam que não há verdade a ser conhecida; mas tenho de concluir que, embora sem dúvida existisse uma verdade — alguém matou Nancy Montgomery —, a verdade às vezes é incognoscível, pelo menos por nós.

O que o passado nos diz? Em si e por si, ele não nos conta nada. Temos de ouvir primeiro, antes que ele diga uma palavra que seja; e mesmo assim ouvir significa contar, e depois recontar. Somos nós que devemos fazer esse relato, sobre o passado, se houver algo a ser dito a respeito dele; e somos o público uns dos outros. Quando chegar a nossa vez de nos tornarmos passado, outros contarão histórias sobre nós e sobre nossos tempos; ou não, como pode acontecer. Ao contrário do que parece, é possível que não sejamos do interesse deles.

Mas enquanto isso, enquanto ainda temos a chance, o que devemos nos contar? Ou melhor, o que *vamos* contar? A memória individual, a História e o romance são todos seletivos; ninguém se lembra de tudo, cada historiador escolhe os fatos que ele ou ela decide achar significativo, e cada romance, seja histórico ou não, deve limitar seu escopo. Ninguém consegue contar todas as histórias que existem. Quanto aos romancistas, é melhor que se limitem a histórias do Velho Marinheiro; isto é, a histórias que se apoderam deles e os atormentam até que eles apanhem, com suas mãos descarnadas, um grupo de incautos Convidados do Casamento, e os prendam com seus olhos brilhantes ou sua prosa cintilante, e lhes contem uma história que eles não possam escolher não ouvir.

Tais histórias não tratam desta ou daquela parte do passado, ou deste ou daquele acontecimento político ou social, ou desta ou daquela cidade, país ou nacionalidade, embora naturalmente essas coisas possam entrar e com frequência entrem. Elas são sobre a natureza humana, o que em geral significa que tratam de orgulho, inveja, avareza, luxúria, preguiça, gula e ira. Elas tratam de verdades e mentiras, de disfarces e revelações; tratam de crime e castigo; tratam de amor, perdão, sofrimento e caridade, elas tratam do pecado, da retaliação e às vezes até da redenção.

No recente filme *O carteiro e o poeta*, o grande poeta Pablo Neruda repreende seu amigo, um carteiro humilde, por ter afanado um dos poemas de Neruda para cortejar uma garota da cidade. "Mas", responde o carteiro, "os poemas não pertencem a quem os escreve. Os poemas pertencem a quem precisa deles." O mesmo acontece com histórias sobre o passado. O passado não pertence mais só àqueles que viveram nele; o passado pertence a quem o reclama e está disposto a explorá-lo, e a infundi-lo de significado para os que vivem hoje. O passado pertence a nós, porque somos nós que precisamos dele.

26
TEATRO DA OBRA-PRIMA

A ASTÚCIA CRIA O MUNDO: TRICKSTER: TRAPAÇA, MITO E ARTE
E
THE GIFT: IMAGINATION AND THE EROTIC LIFE OF PROPERTY
DE LEWIS HYDE

A ASTÚCIA CRIA O MUNDO: Trickster: Trapaça, mito e arte é a segunda obra-prima de Lewis Hyde de... bom, do quê? De imaginação, de narrativas pertinentes e ponderadas. De fazer associações que parecem ao mesmo tempo inteiramente verdadeiras e inteiramente óbvias depois de Hyde fazê-las, mas que não tínhamos notado antes. Ele é uma daquelas excêntricas e peculiares Sábias Crianças que os Estados Unidos às vezes geram — uma espécie de misto de Thoreau com antropólogo e visionário, um indagador de questões ingênuas que acabam se revelando nada ingênuas, fascinado pelos motivos de nos comportarmos de determinada forma, e por que nossa mão direita costuma ser tão cega ao que a esquerda está tramando, e por que isso importa, em particular para aquela entidade esquiva que chamamos de alma. Robert Bly chama Hyde de mitologista, o que de certo modo se encaixa, mas talvez ele também possa ser chamado de iluminacionista. Em suma, ele lança luz.

É difícil discutir *A astúcia cria o mundo* deixando de fora a primeira obra-prima sincrética de Hyde, *The Gift: Imagination and the Erotic Life of Property* (no Brasil: *A dádiva: como o espírito criador transforma o mundo*). A classificação na contracapa de *The Gift* diz "Crítica Literária/Sociologia", mas espero que muitos livreiros distraídos tenham tentado metê-lo em "Antropologia", "Economia", "Teologia" ou "Filosofia". *The Gift* foi lançado em 1979 e vem tendo novas edições desde então. Passa de mão em mão, principalmente pelas mãos de quem tem alguma relação com as artes, mas também pelas mãos de todos que têm interesse pelos valores às vezes arbitrários imputados aos bens materiais deste mundo. A questão principal que o livro coloca é simples: por que é improvável que um poeta, em nossa sociedade, seja rico? Ou, dito de outra forma: o que há em uma série de romances projetados inteiramente por pesquisa de mercado que nos leva a acreditar que nenhum deles jamais chegará a ser uma obra de arte? Ou por outra: qual o valor em dólares de "Ode a um Rouxinol", de Keats? Ao explicar por que a resposta é ao mesmo tempo "nada" e "é inestimável", Hyde recorre não só aos contos populares e à erudição impressionante, mas a episódios biográficos, observação pessoal e a qualquer outra coisa que ele ache útil, e essa colcha de retalhos voadora cobre um imenso terreno humano essencial.

Pelas pressões da economia de mercado em que vivemos, diz ele, fomos ludibriados a acreditar que só existe um jeito de as coisas serem trocadas: por transações monetárias, ou comprando e vendendo. Entretanto, em certo nível, sabemos que existe outra economia em operação nas sociedades humanas: a economia da dádiva, que tem regras e consequências muito diferentes. É a relação entre as duas economias que o livro *The Gift* explora. Durante sua leitura, descobrimos por que os *"Indian givers"*, quaisquer doadores que exigem a mesma retribuição, receberam seu imerecido nome, por que a usura se desenvolveu como foi, por que você normalmente não cobra para doar um rim a seu irmão, por que as mulheres, por tradição, eram "dadas" em casamento e os filhos homens eram "dados" pelas mães à guerra, e por que os galeses distribuem refeições gratuitas por cima do caixão de seus mortos.

As transações monetárias não criam vínculos de amor ou gratidão e não implicam obrigações. As dádivas, por outro lado, são recíprocas e também têm carga emocional: as trocas de mercado se movem pela conta bancária, as dádivas, pelo coração. Onde a dádiva circula, a vida espiritual floresce. Todas as sociedades existem nas duas economias, diz Hyde, mas cada uma delas tende a valorizar uma economia em detrimento da outra. Nossa própria sociedade deu ênfase demasiada ao mercado e negou a dádiva, e o resultado é a riqueza estagnada por um lado e a morte espiritual e a pobreza material por outro.

O artista pertence principalmente à economia da dádiva: sem este elemento de criação que chega espontaneamente e não pode ser comprado, é improvável que a obra seja viva. *The Gift* é o melhor livro que conheço para o jovem aspirante, para os criadores talentosos mas não reconhecidos ou até para aqueles que alcançaram o sucesso material e receiam que isso signifique que se venderam. Ele chega ao cerne do dilema dessas pessoas: como se manter vivo no mundo do dinheiro quando a parte essencial do que você faz não pode ser comprada ou vendida. Todos os agentes literários, teatrais e do cinema devem ler esse livro; talvez se surpreendam ao saberem que papel mitológico eles têm como guardiões do limiar que separa a dádiva da transação monetária, mas que deve ser atravessado, de algum modo, se o artista precisar comer. *The Gift* também deve ser lido por cada patrono, cada legislador e cada adversário intransigente do financiamento das artes. Ele ilumina os cantos escuros.

A astúcia cria o mundo pega um tema de *The Gift*, no sentido de que o deus Hermes, ou Mercúrio, aparece como aquela parte da imaginação humana que rege as mudanças rápidas, bem como as rápidas trocas monetárias. Se você dirigir preces a Hermes, observa Hyde, você conseguirá algo, mas será algo sem amarras morais e sem garantias: Hermes é chegado a sexo casual. (Ele também é o deus protetor de ladrões, de mentirosos, das encruzilhadas, dos andarilhos livres e o guia das almas a caminho do Mundo Inferior mitológico. Em seu papel de mensageiro dos deuses, costumava aparecer na capa de nosso catálogo telefônico com a cintura recatadamente envolta em cabos.)

Como observa Hyde, Hermes tinha muitos irmãos em culturas do mundo todo. Coiote e Corvo na América do Norte; Exu e Legba na África; o Rei Macaco na China; Krishna na Índia; sem falar no Compadre Coelho da América do Sul: essas são algumas das figuras *trickster* cujo estilo trapaceiro Hyde explora. (Por que são todas figuras masculinas? Isso é uma revelação. Leia!) Em toda cultura que tem um deus *trickster*, são os outros deuses que fizeram as várias formas de perfeição, mas o *trickster* é que é o responsável pelas mudanças — os erros, se preferir — que provocaram o ocasional caos deplorável e, às vezes, a alegria confusa deste mundo como ele é.

E que criatura ambígua o *trickster* é! Ele é a personificação da astúcia, um artista da prestidigitação e um trapaceiro, entretanto, por sua curiosidade presunçosa e sua tendência a se misturar em coisas sobre as quais lhe faltam o verdadeiro conhecimento, ele costuma se fazer de bobo. Ele rouba o fogo e queima os dedos. Ele vive da esperteza, entretanto cai em armadilhas. É subversivo no sentido de que rompe as convenções e é transgressor porque atravessa fronteiras proibidas, entretanto não exibe nenhum propósito abertamente elevado ou solene nessas atividades. É um deus, mas um deus de sujeira, amálgama e sexo desavergonhado e não sancionado. É um contador de mentiras, mas de mentiras sem maldade. Ele mente para encobrir seus roubos — roubos feitos por simples apetite ou simplesmente pela diversão de roubar — ou meramente para enganar alguém, inventar histórias ou agitar as coisas. "O *trickster*", diz Hyde, "não tem ansiedade quando ilude. [...] Ele [...] pode contar suas mentiras com criativa despreocupação, encanto, jovialidade, e com isso afirma os prazeres da fabulação."

Como diz Hyde, "Quase tudo que pode ser dito sobre os psicopatas também pode ser dito sobre os *tricksters*", embora o contrário não seja verdade. "O *trickster* é, entre outras coisas, o guardião que abre a porta para o outro mundo; aquele que o confunde com um psicopata nunca saberá que essa porta existe."

O que é "o outro mundo"? Pode ser o Mundo Inferior ou o mundo da imaginação, ou — em termos da vida real — o que não pode ser obtido, o negado, o proibido: outras culturas, outras nações, outras formas de sexualidade, outras classes e raças. Hyde ilustra seu tema não só com histórias de deuses e heróis da antiguidade, mas também com a obra de criaturas dos dias de hoje, como Maxine Hong Kingston e Allen Ginsberg — que atravessaram fronteiras eles mesmos e exploraram a travessia —, e com as pessoas reais em que o espírito do *trickster* encarnou. À testa dessas pessoas está Frederick Douglass, que no século XIX cruzou a linha perigosa que divide negros e brancos, escravos e homens livres, e ao fazer isso virou de cabeça para baixo os pressupostos que regem essas divisões. Tais figuras nos lembram que é Odisseu o *trickster* que conta uma mentira boa o bastante para conseguir tirar seus homens da caverna do monstro Ciclope, e Prometeu é o *trickster* que rouba o fogo dos deuses e dá de presente a um homem. Por meio da ousadia e da astúcia, o *trickster* também pode ser um herói.

Os prazeres da fabulação, a mentira encantadora e divertida — essa linha de raciocínio leva Hyde ao último elo em seu subtítulo, a associação do *trickster* com a arte. Hyde nos lembra de que a parede entre o artista e aquele filho americano favorito, o vigarista, pode ser bem fina; que artesanal e arteiro estão lado a lado; e que as palavras *artifício*, *artefato*, *articulação* e *arte* têm a mesma raiz antiga, uma palavra que significa "juntar", "ajustar" e "fazer". Se é o todo perfeito que você quer, reze a Apolo, que estabelece os limites dentro dos quais uma obra pode existir. Os *tricksters*, porém, ficam onde a porta oscila, aberta, nas articulações e o horizonte se expande; eles operam onde as coisas estão unidas e, portanto, também podem ser separadas.

No final de *Retrato do artista quando jovem*, de James Joyce, a astúcia é uma das virtudes invocadas, e é a Dédalo, o criador de labirintos, a quem Stephen Dedalus dirige sua invocação: "Velho pai, velho artífice, valei-me agora e sempre"; podemos adivinhar por isso que Joyce tem em mente uma ruptura ardilosa. Os *tricksters* não são os únicos artistas que existem, mas há uma saudável população de artistas *tricksters*. Picasso e Marcel Duchamp — o do urinol como forma de arte — são dois na lista de Hyde. Esses artistas podem ser meros moleques lúdicos peso leve, mas também podem ser aqueles que aparecem quando uma tradição se tornou estabelecida demais, ordenada demais, apolínea demais, e se sacode do marasmo. E de vez em quando os artistas de qualquer tipo precisam da ajuda do *trickster*: quando você tem um bloqueio ou empaca, dê uma caminhada sem rumo, deixe a mente vagar à solta e apele para o *trickster*. É ele quem abre os sonhos, as estradas e as possibilidades. Como T. S. Eliot e Walt Whitman, ambos agitadores em seus tempos, ele pode lhe dizer onde estão os diamantes no lodo.

Sugeri apenas uns poucos motivos para que *A astúcia cria o mundo* seja tão amplamente lido por aqueles voltados para a arte quanto tem sido *The Gift*, mas existem muitas outras razões, e muitas razões também para que este livro deva ser lido por qualquer pessoa interessada nas grandes e pequenas questões de todas as coisas humanas. O livro de Hyde é uma gloriosa sacola sortida, recheada de espólios necessários, um rejubilante manjar dos deuses rico em tesouros. Mais uma vez, estamos em dívida para com ele.

27

O SUBLIME DESAJEITADO

Comecei a ler a poesia de Al Purdy mais ou menos na época em que ela deixou de ser estranha e deselegante e passou a ser extraordinária — no início da década de 1960. Eu estava com vinte e poucos anos, escrevendo muita poesia, mas sem gostar muito dela; como muitos jovens poetas da época, eu queria ser publicada pela Contact Press — uma cooperativa muito respeitada, dirigida por poetas — e lia tudo que eles lançavam; e assim li *Poems for All the Annettes*, de Al Purdy, em 1962, quando foi lançado.

Fiquei um tanto assustada com o livro e não entendi plenamente o que Purdy estava fazendo. Era uma voz nova para mim, uma voz avassaladora, e foi como ser encurralada num canto de uma espelunca por um bêbado parrudo, insistente e sujo, que oscila entre o sentimental e o obsceno. Para um jovem poeta daquela época, esse tipo de energia e esta abordagem — informal, coloquial demais, subvertendo a recente convenção poética — podiam ser libertadoras e inspiradoras, e alguns encontraram nele uma figura paterna substituta. Mas para uma jovem poeta mulher — bom, não era o tipo de figura paterna que seria totalmente tranquilizador ter.

E então, em 1965, foi lançado *The Cariboo Horses* — o livro inovador de Purdy —, e descobri que o bêbado no bar também era um grande contador de histórias e mitopoético, embora ainda usasse seu disfarce rude e meio desleixado. Aquela era uma poesia para a voz falada por excelência — não uma voz obviamente retórica, mas anedótica, a voz do vernáculo canadense. Mas não era só isso, porque assim que Purdy estabelecia seus limites, ou os transcendia ou os subvertia depois. Ele estava sempre questionando, sempre sondando, e entre essas coisas que ele questionava e sondava estavam ele mesmo e seus métodos poéticos. Em um poema de Purdy, a dicção elevada pode misturar-se ao rabisco na parede do banheiro e, como numa colisão entre matéria e antimatéria, as duas coisas explodem.

Seria tolice tentar resumir o universo poético de Purdy: como o de Walt Whitman, é vasto demais para um sumário. O que interessava a ele pode ser qualquer coisa, mas era sobretudo o assombro com o fato de que qualquer coisa pode ser interessante. Ele estava sempre virando a banalidade pelo avesso. Para mim, ele era, acima de tudo, um explorador — avançando para áreas da paisagem que não tinham nome, articulando o inarticulado, bisbilhotando cantos empoeirados da memória e descobrindo tesouros ali, desenterrando ossos e cacos de um passado ancestral esquecido. Quando não estava saltitando, fazendo piada e coçando a cabeça com a idiotice, a dor e o prazer de estar vivo, ele compunha elegias líricas para o que não estava mais vivo, mas esteve — e, por intermédio das palavras dele, ainda está. Por baixo daquele sobretudo se balançando, daquela gravata com uma sereia e daquele simulacro de inaptidão vacilante — sim, era um simulacro, mas só em parte, porque entre outras coisas Purdy fazia uma verdadeira imitação dele mesmo — havia um ilusionista habilidoso. Ouça a voz e veja as mãos em operação: apenas mãos, meio sujas também, sem fazer nada de extraordinário, e você não conseguirá ver como foi feito, mas de súbito, onde um segundo atrás só havia um vaso quebrado, aparecem umas flores cintilantes.

PARTE III
2001-2004

2001-2004

NA PRIMEIRA PARTE de 2001, eu ainda estava na turnê do livro *O assassino cego*. Cheguei a ir à Nova Zelândia e à Austrália e estava fazendo uma pausa em Queensland para observação de pássaros com amigos quando inexplicavelmente me vi começando outro romance — um processo descrito no artigo "A escrita de *Oryx e Crake*".

Continuei esse romance na volta ao Canadá. Escrevi parte dele em uma ilha no lago Erie, onde minha escrita infelizmente foi interrompida pela morte prematura de Mordecai Richler. Vários outros amigos e companheiros escritores também morreram nesse período e escrevi sobre alguns deles. "A Caixa Errada" foi escrito para uma coletânea dedicada à obra de Matt Cohen, que morreu de câncer em 1999. O tributo feito no memorial a Timothy Findley e minha celebração de Carol Shields também estão republicados aqui.

Escrevi parte de *Oryx e Crake* em um barco no Ártico. Em 11 de setembro de 2001, estava no aeroporto de Toronto esperando por um avião a Nova York para o lançamento em brochura de *O assassino cego* quando aconteceu a catástrofe. Um dos artigos desta parte tem relação com o evento. Nesse período, eu trabalhava em uma introdução ao peculiar romance *Ela*, de H. Rider Haggard. O editor desse projeto quixotesco era um jovem chamado Benjamin Dreyer, e foi dele que pude saber — por e-mail, durante aquele período de linhas telefônicas bloqueadas — que meus amigos e colegas de Nova York estavam bem.

Em épocas de crise, a tentação é jogar tudo no modo defesa, acreditar que a melhor defesa é o ataque — o que pode levar, no corpo humano, à morte a partir de sua própria resposta imunológica — e abandonar os mesmos valores que você pensava defender antes. Com muita frequência, a operação pode ser um sucesso, mas o paciente morre. Quem exorta a moderação e o multilateralismo é visto como fraco, e o bater no peito entra na ordem do dia. Minha "Carta à América" foi escrita porque no verão de 2002 fiz uma promessa a Victor Navasky, editor da *The Nation*, de escrever uma coisa dessas, antes que a invasão do Iraque fosse sequer mencionada. Apareceu pouco antes dessa invasão começar, foi muito republicada e gerou muita reação em todo o mundo. O artigo sobre os erros de Napoleão veio de minhas leituras de história e meu senso de cautela.

Esta parte também poderia ser intitulada "Alguns Editores", em tributo aos muitos editores com quem trabalhei ao longo dos anos. Na escrita ocasional, em geral, são os editores que descobrem as ocasiões. Depois nos convencem a escrever sobre elas, seguram nossa mão enquanto fazemos isso e tentam nos salvar de outros erros constrangedores. Eles foram editores de revistas, de jornais, de antologias, editores encarregados de introduções e posfácios. Todos foram maravilhosos. Alguns editores novos entraram em minha vida nessa época — Erica Wagner do *The Times*, Robert Silvers da *New York Review of Books*. Silvers é o único editor que conheço que parece estar em sua forma mais elegante e encantadora — pelo menos sobre o tema do ponto e vírgula — ao telefone e no meio da noite. Talvez seja por isso que ele sempre consiga o que quer.

Sempre que penso que estou ficando parecida com Melmoth, o Ponderador, com O Não Lido Selvagem, vagando à noite e atacando leitores incautos, ou com um dos Escribas de Drácula, acorrentados em um porão, comendo moscas e condenados a escrever infinitamente — sempre que resolvo escrever menos e fazer algo saudável em seu lugar, como dançar no gelo —, algum editor cativante certamente vai me ligar e me fazer uma oferta que não posso recusar.

O último artigo nesta coletânea foi escrito para outro editor, Robin Robertson, poeta e um dos curadores dos Griffin Poetry Prizes. O artigo, intitulado "Mortificação", foi escrito para uma coletânea de histórias de escritores sobre as coisas horríveis que lhes aconteceram em público. A maioria dessas coisas horríveis teve relação com a publicação de um ou outro de seus livros, mas, apesar das coisas horríveis — que podem ir bem além de uma brincadeira em países que desestimulam a livre expressão —, os escritores não são dissuadidos.

O que é isto, esta compulsão? Por que este fluxo ilimitado de palavras? O que os impele a isto? Será escrever alguma doença, ou — sendo a fala em forma visual — será simplesmente uma manifestação de ser humano?

28
MORDECAI RICHLER: 1931-2001

O DIÓGENES DE MONTREAL

MORDECAI RICHLER NOS deixou e uma importante luz foi apagada. Mas que tipo de luz? Não a tocha do atleta, nem o halo de um anjo. Imagine em vez disso a lanterna do rabugento e mordaz Diógenes que morava num barril e andava à luz do dia procurando por um homem honesto.

Mordecai foi ao mesmo tempo quem buscava e o homem honesto, e desconfiado em igual medida de figuras de boa aparência. Arrumado para grandes eventos, ele de algum modo dava a impressão de que seria mais feliz no barril. Amarrotado, de gravata torta, copo de uísque na altura do cotovelo, uma cigarrilha na boca, seu olhar triste de sabujo fixo na falsidade da cena que passava, enquanto em uma das mãos segurava a caneta que era ao mesmo tempo lança (como na cavalaria, ou o bisturi em uma bolha) e alfinete de furar balão — essa é a imagem dele amada por seu público e aperfeiçoada pelo amigo Aislin, o celebrado cartunista. Mordecai parecia tão permanente, tão sólido, tão por dentro de tudo, tão dependente de quando cada novo balão de ar quente se agigantava em sua visão que é difícil acreditar em sua mortalidade.

Mas — como acontece com todos os ótimos escritores — a mortalidade era seu tema. A natureza humana, em toda a sua nudez, insignificância, tolice, avareza, grosseria, mesquinhez e pura maldade — ele a conhecia pelo avesso, tendo tido uma vista de camarote ao chegar à maioridade em um bairro judeu e pobre de Montreal durante a Depressão, depois testemunhado não só as atrocidades, mas também as hipocrisias da Segunda Guerra Mundial, seguida — por ele — pelo duro garatujar da vida literária em Londres, vista de baixo.

Ele pagou — como dizemos — suas dívidas. Seu radar para bobagem era afiado, as esperanças pela bondade inata da espécie humana não eram muito elevadas, e nisso ele era um satirista, um verdadeiro filho de Jonathan Swift. Quando atacou o separatismo em Quebec, mostrou irritação; mas toda a sua irritação era deliberada — ele teria ficado apavorado por ter ferido inocentes sem ter a intenção. Quebec não foi a única: qualquer um podia servir de alvo, desde que o alvo tivesse cometido o pecado definitivo a seus olhos, que era — ou assim conjecturo — a pompa.

Sua propensão a espetar o inflado, combinada com o maravilhoso sentido de malícia, produziu alguns dos momentos mais hilariantes da literatura canadense. O filme de "arte" pretensioso de um Bar Mitzvá em *The Apprenticeship of Duddy Kravitz* [*O grande vigarista*], a paródia da expedição de Franklin em *Solomon Gursky Was Here*, em que os marinheiros heroicos vestem babados de mulheres — esse é Mordecai em seu ultraje mais inventivo. Mas todo satirista preza uma alternativa aos vícios e desatinos que retrata, e o mesmo fez Mordecai. Sua alternativa não estava muito longe daquela de Charles Dickens — o ser humano de bom coração, sensato e decente —, e esse lado dele vem à tona nos romances, mais particularmente na meditação tragicômica sobre a falibilidade, *A versão de Barney*. Por trás da formidável persona pública havia um homem tímido e generoso, que doava tempo a esforços em que acreditava — mais recentemente, ao "só-o-melhor-livro" Giller Prize, para o qual serviu como arquiteto e jurado no primeiro ano.

Era um profissional consumado com altos padrões e sem tempo para os idiotas, mas também um homem encantador que era amado por todo mundo que o conhecia bem, respeitado pelos colegas escritores e tinha dos leitores mais dedicados a confiança de que falaria com sinceridade. Para a minha geração, ele foi um desbravador que passou a criar e ocupar um lugar único na vida e na literatura nacionais, e vamos sentir muito a falta dele.

INTRODUÇÃO

ELA

DE H. RIDER HAGGARD

Quando li pela primeira vez o muito famoso romance de H. Rider Haggard, *Ela*, não sabia que era tão famoso assim. Eu era uma adolescente, eram os anos 1950, e *Ela* era só um dos muitos livros no porão. Sem saber, meu pai compartilhava com Jorge Luis Borges um gosto pelas histórias do século XIX com toques do fantástico combinado com tramas empolgantes; e assim, no porão, onde eu devia fazer o dever de casa, li Rudyard Kipling e Conan Doyle, e *Drácula* e *Frankenstein*, e Robert Louis Stevenson e H. G. Wells, e também Henry Rider Haggard. Li primeiro *As minas do rei Salomão*, com suas aventuras, túneis e tesouro perdido, depois *Allan Quatermain*, com suas aventuras, túneis e civilização perdida. E então li *Ela*.

Na época, eu não tinha contexto sociocultural para esses livros — o Império Britânico era a parte cor-de-rosa do mapa, "imperialismo e colonialismo" ainda não tinham adquirido sua carga negativa especial e a acusação de "sexista" estava no futuro distante. Eu também não fazia nenhuma distinção entre a grande literatura e qualquer outra. Só gostava de ler. Qualquer livro que começasse com algumas inscrições misteriosas em um vaso de cerâmica muito antigo e quebrado servia para mim, e é assim que *Ela* começa. Tem até uma imagem na capa de minha edição — não o desenho de um vaso, mas uma *fotografia* dele, para tornar a história realmente convincente. (O vaso foi feito por encomenda pela cunhada de Haggard; ele pretendia que funcionasse como o mapa de pirata do início de *A ilha do tesouro* — um livro de popularidade com a qual esperava rivalizar —, e conseguiu.)

As histórias mais extravagantes declaram bem no começo que o que se segue é tão inimaginável que o leitor terá dificuldades para acreditar, o que é ao mesmo tempo um convite e um desafio. As mensagens no vaso forçam a credulidade, mas, depois de decifrá-las, os dois heróis de *Ela* — o belo mas não muito inteligente Leo Vincey e o feio mas inteligente Horace Holly — partem para a África em busca da linda e imortal feiticeira, suposta assassina do ancestral distante de Leo. A curiosidade é a força propulsora dos dois, a vingança é o objetivo. Após muitos contratempos, e depois de terem escapado por pouco da morte nas mãos da tribo selvagem e matrilinear dos amahagger, eles descobrem não só as ruínas de uma imensa civilização antes poderosa e inúmeros corpos mumificados dela, como também, morando entre as tumbas, a mesma feiticeira imortal, dez vezes mais linda, sábia e impiedosa do que eles ousariam imaginar.

Como rainha dos amahagger, "A que deve ser obedecida" adeja enrolada em véus como um cadáver para inspirar medo; mas depois de sedutoramente descascada, por baixo daqueles panos leves está uma mulher deslumbrante e, ainda por cima, uma virgem. "Ela", por acaso, tem 2 mil anos. Seu verdadeiro nome é Ayesha. Ela alega ter sido sacerdotisa da deusa egípcia da natureza, Ísis. Esteve se guardando por dois milênios, esperando pelo homem que ama: certo Kallikrates, um sacerdote muito bonito de Ísis e ancestral de Leo Vincey. Esse homem rompeu seus votos e fugiu com a ancestral de Leo, e depois disso Ayesha o matou em uma crise de fúria ciumenta. Por dois mil anos ela esteve esperando que ele reencarnasse; chegou a ter seu cadáver preservado e consagrado em uma sala anexa, sobre o qual ela chora todas as noites. Uma comparação ponto a ponto revela — que surpresa! — que Kallikrates e Leo Vincey são idênticos.

Depois de colocar Leo de joelhos com seus encantos estonteantes, e tendo acabado com Ustane, uma mulher mais normal com quem Leo tinha formado um vínculo sexual, e que por acaso é a reencarnação da antiga inimiga de Ayesha, que lhe roubou Kallikrates, Ela agora exige que Leo a acompanhe às profundezas de uma montanha próxima. Ali, diz Ela, pode ser encontrado o segredo da vida extremamente longa e mais abundante. E não é só isso, Ela e Leo só poderão ser Um quando ele for tão poderoso quanto Ela — de outro modo, a união pode matá-lo (e mata, na sequência, *Ayesha: A volta de Ela*). E lá vão eles para a montanha, através das ruínas da antiga cidade antes imperial de Kôr. Para ter a vida renovada, só o que se deve fazer — depois das aventuras e túneis habituais de Haggard — é atravessar algumas cavernas imensuráveis, entrar em um pilar de fogo que gira com muito barulho, depois fugir pela travessia de um abismo sem fundo.

Foi assim que Ela adquiriu seus poderes dois mil anos antes e, para mostrar a um Leo hesitante como é fácil, repete a proeza. Mas, ai, desta vez as coisas funcionam ao contrário e, em alguns instantes, Ayesha encolhe até virar um macaco careca muito velho, promete que um dia voltará e depois esfarela e vira pó. Leo e Holly, ambos perdidamente apaixonados por Ela e ambos arrasados, voltam trêmulos à civilização, confiando na promessa de que Ela voltará.

Como uma boa leitura no porão, tudo isso foi muito satisfatório, apesar do jeito exagerado com que Ela tendia a se expressar. *Ela* era um livro estranho no sentido de que colocava uma mulher extraordinariamente poderosa no centro dos acontecimentos: a única outra mulher semelhante com que eu tinha topado até então era a Mulher Maravilha dos quadrinhos, com seu laço faiscante e calcinha de bandeira americana. Ayesha e a Mulher Maravilha

INTRODUÇÃO: *ELA*

perdiam os poderes quando se tratava dos homens que amavam — a Mulher Maravilha perdeu os poderes mágicos quando foi beijada pelo namorado, Steve Trevor; Ayesha não conseguia se concentrar na conquista do mundo se não tivesse Leo Vincey unido a ela naquele empreendimento dúbio — e eu era imatura, aos 15 anos, para achar essa parte não só de um romantismo piegas, mas hilariante. Depois me formei no secundário e descobri o bom gosto, e passei algum tempo esquecida de *Ela*.

Algum tempo, mas não para sempre. No início dos anos 1960, vi-me na pós-graduação, em Cambridge, Massachusetts. Lá conheci a Widener Library, uma versão muito maior e mais organizada do porão; isto é, continha livros de muitos gêneros, e nem todos traziam o Selo de Aprovação da Grande Literatura. Depois de passear pelas estantes, minha tendência a não fazer o dever de casa logo se reafirmou e não demorou para que eu estivesse xeretando Rider Haggard e sua estirpe mais uma vez.

Desta feita, porém, eu tinha uma desculpa. Meu campo de especialização era o século XIX e me ocupava com quase deusas vitorianas; e ninguém pode acusar Haggard de não ser vitoriano. Como sua época, que praticamente inventou a arqueologia, ele era um amador de civilizações desaparecidas; também como sua época, ele era fascinado pela exploração de territórios não mapeados e contatos com povos nativos "não descobertos". Como pessoa, ele era tão o típico cavalheiro provinciano — apesar de algumas viagens à África no passado — que era difícil entender de onde vinha a imaginação superaquecida, embora possa ter sido este caráter de seguidor do *establishment* inglês que lhe permitira se desviar completamente da análise intelectual. Ele podia afundar uma broca direto no grande inconsciente vitoriano inglês, onde medos e desejos — em particular medos e desejos masculinos — fervilhavam no escuro como peixes das cavernas. Ou assim alegou Henry Miller, entre outros.

De onde veio tudo isso? Em particular, de onde veio a figura de Ela — velha-jovem, poderosa-sem-poder, bela-horrenda, habitante entre tumbas, obcecada por um amor imortal, em profundo contato com as forças da natureza e, portanto, da Vida e da Morte? Dizem que Haggard e seus irmãos foram aterrorizados por uma feia boneca de trapos que vivia em um armário escuro e tinha o nome de "A que deve ser obedecida", mas há mais do que isso nessa história. *Ela* foi publicado em 1887, portanto chegou no auge da moda das mulheres sinistras, mas sedutoras. Remontava também a uma longa tradição dele. A ancestralidade literária de Ayesha inclui as mulheres sobrenaturais jovens-mas-velhas das fantasias "Curdie" de George MacDonald, mas também várias *femmes fatales* vitorianas: Vivien, de Alfred Tennyson, em *Idílios do rei*, empenhada em roubar a magia de Merlin; as tentações pré-rafaelitas criadas em poema e pintura por Rossetti e William Morris; as dominatrixes de Swinburne; as mulheres desagradáveis na obra de Wagner, inclusive a muito antiga, mas ainda tentadora Kundry de *Parsifal*; e, mais especialmente, a Mona Lisa do famoso poema em prosa de Walter Pater, mais antigo que as rochas sobre as quais ela se senta, entretanto jovem e linda, e misteriosa, e cheia até a borda de experiências de uma natureza nitidamente suspeita.

Como observaram Sandra Gilbert e Susan Gubar em seu livro de 1989, *No Man's Land*, a ascendência nas artes dessas figuras femininas poderosas mas perigosas tem sua correlação com a ascensão da "Mulher" no século XIX, e com as questões acaloradamente debatidas de sua "verdadeira natureza" e seus "direitos", e também com as ansiedades e fantasias geradas por essas controvérsias. Se as mulheres chegassem a exercer o poder político — ao qual certamente eram, por natureza, inadequadas —, o que fariam com ele? E se fossem mulheres belas e desejáveis, capazes de atacar no front sexual assim como no político, elas não beberiam o sangue dos homens, minariam sua vitalidade, não os reduziriam a servos rastejantes? À medida que o século se abria, a Mãe Natureza de Wordsworth era benevolente e "nunca trairia/ O coração que a amava"; mas, no final do século, era muito mais provável que a Natureza e as mulheres tão firmemente ligadas a ela tivessem dentes e garras vermelhas — deusas darwinianas, e não aquelas wordsworthianas. Quando, em *Ela*, Ayesha se apropria do pilar fálico e ígneo no coração da Natureza pela segunda vez, é melhor que funcione ao contrário. Ou os homens poderiam dar um beijo de despedida em seus próprios pilares fálicos.

"Você é esplêndido em parábolas e alegorias e em uma coisa refletindo outra", escreveu Rudyard Kipling em uma carta a Rider Haggard, e parece haver várias pistas e sinais verbais espalhados na paisagem de *Ela*. Por exemplo, os *amahagger*, a assim nomeada tribo governada por Ela, é uma palavra que não só contém *hag* [bruxa], mas também funde o termo latino *amore* com o nome da concubina banida que morava no deserto de Abraão, Hagar, e assim traz à mente uma história de duas mulheres competindo por um homem. A cidade antiga de Kôr deriva seu nome talvez de *core* [núcleo], cognato do francês *coeur* [coração], mas sugerindo também *corpos*, para corpo, e portanto *corpse*, para o corpo morto; pois Ela é em parte uma Morte-em-Vida de Pesadelo. Seu final horrendo lembra a evolução darwiniana passada de trás para a frente — de mulher para macaco —, mas também de vampiros depois da manobra da estaca no coração. (*Drácula*, de Bram Stoker, apareceu depois de *Ela*, mas *Carmilla*, de Sheridan LeFanu, veio antes, assim como muitas outras histórias de vampiro.) Essas associações e outras apontam para algum significado central que o próprio Haggard talvez jamais pudesse explicar, embora ele tenha criado uma sequência e alguns prelúdios tentando. "*Ela*", disse ele, era "uma gigantesca alegoria cujo significado não consegui apreender."

Haggard alegou ter escrito *Ela* "a todo vapor", em seis semanas — "Veio", disse ele, "mais rápido do que minha pobre mão dolorida podia colocar no papel", o que sugeriria transe hipnótico ou possessão. No auge da análise freudiana e junguiana, *Ela* foi muito explorado e admirado, por freudianos devido às imagens de útero-e-falo, por junguianos por suas figuras de anima e os limiares. Northrop Frye, proponente da teoria dos arquétipos na literatura, diz o que se segue de *Ela* em seu livro de 1975, *A escritura profana: um estudo da estrutura do romance*:

> No tema da heroína aparentemente morta e enterrada que volta à vida, um dos temas de *Cimbelino* de Shakespeare, parece que começamos a ter um vislumbre mais articulado da mãe-terra na base do mundo. No romance posterior há outro vislumbre de uma figura dessas em *Ela*, de Rider Haggard, uma bela e sinistra governante, enterrada nas profundezas de um continente sombrio, que é mais envolvida com arquétipos de morte e renascimento. [...] Múmias embalsamadas sugerem o Egito, proeminentemente a terra da morte e do sepultamento e, em grande parte devido a seu papel bíblico, de descida a um mundo inferior.

O que quer que se pense que *Ela* significa, o impacto de sua publicação foi enorme. *Todo* mundo leu, em particular homens; toda uma geração foi influenciada por ele e a geração seguinte também. Cerca de uma dúzia de filmes se basearam nele e uma quantidade imensa de revistas *pulp* produzidas no início do século XX foi impressa. Sempre que uma mulher jovem mas possivelmente velha e/ou morta aparecer, em particular se governar uma tribo perdida no meio selvagem e for uma sedutora hipnótica, você estará vendo uma descendente de Ela.

INTRODUÇÃO: *ELA*

Escritores literários sentiram demais os pés de Ela no pescoço. *O coração das trevas*, de Conrad, deve muito a Ela, como apontaram Gilbert e Gubar. A Shangri-la de James Hilton, com sua heroína antiga, bonita e por fim pulverizada, é uma parente óbvia. C. S. Lewis sentiu o poder de Ela, em vista da tendência dele de criar rainhas más de fala doce e bonitas; e em *O senhor dos anéis*, de Tolkien, Ela se divide em duas: Galadriel, poderosa mas boa, que tem exatamente o mesmo espelho d'água possuído por Ela; e a criatura-aranha muito antiga que mora em uma caverna e devora homens chamada Shelob, o que é revelador.

Estaria fora de cogitação ligar a destrutiva Vontade Feminina, tão temida por D. H. Lawrence e outros, com o aspecto maligno de Ela? Porque Ayesha é uma mulher sumamente transgressora que desafia o poder masculino; embora o tamanho do sapato seja mínimo e as unhas sejam cor-de-rosa, ela é de coração rebelde. Se não tivesse sido prejudicada pelo amor, teria usado suas energias formidáveis para subverter a ordem civilizada estabelecida. Não é preciso dizer que a ordem civilizada estabelecida era branca, masculina e europeia; assim, o poder de Ela não é apenas feminino — do coração, do corpo —, mas bárbaro e "escuro".

Quando encontramos Rumpole of the Bailey, de John Mortimer, referindo-se a sua esposa gorducha e conscienciosa com a limpeza da cozinha como "a que deve ser obedecida", a figura antes poderosa foi secularizada e desmitologizada, e minguou à combinação de piada e boneca de trapos que pode ter estado em sua origem. Todavia, não devemos nos esquecer de um dos proeminentes poderes de Ayesha — sua capacidade de reencarnação. Como o pó de vampiro no final dos filmes com Christopher Lee, soprados e se remontando no início do filme seguinte, Ela pode voltar. E voltar de novo. E de novo.

Sem dúvida é assim porque Ela é, de certo modo, matéria permanente na imaginação humana. Ela é uma das gigantes do berçário, uma figura ameaçadora mas atraente, maior e melhor que a vida. E também pior, é claro. E aí está sua atração.

FONTES

Atwood, Margaret. "Superwoman Drawn and Quartered: The Early Forms of *She*." Revista *Alphabet*, vol. 10, julho de 1965.

Frye, Northrop. *The Secular Scripture: A Study of the Structure of Romance*. Cambridge, Mass.: Harvard University Press, 1976.

Gilbert, Sandra M. e Susan Gunbar. *No Man's Land: The Place of the Woman Writer in the Twentieth Century, vol. 2: Sexchanges*. New Haven: Yale University Press, 1989.

Karlin, Daniel. "Introduction", *in* Haggard, H. Rider, *She*. Oxford: Oxford University Press, 1991.

30
QUANDO O AFEGANISTÃO ESTAVA EM PAZ

Em fevereiro de 1978, quase 23 anos atrás, fui ao Afeganistão com meu marido, Graeme Gibson, e nossa filha de 18 meses. Fomos lá quase que por acaso: estávamos a caminho do festival de literatura de Adelaide, na Austrália. Sentimos que seria mais fácil para um relógio infantil parar de tempos em tempos. (Erramos, como se revelou.) Achamos que o Afeganistão daria uma fascinante escala de duas semanas. Sua história militar nos impressionava — nem Alexandre, o Grande, nem os britânicos no século XIX ficaram no país por tempo suficiente devido à ferocidade de seus guerreiros.

"Não vá ao Afeganistão", disse meu pai quando soube de nossos planos. "Está havendo uma guerra por lá." Ele gostava de ler livros de história. "Como disse Alexandre, o Grande, é fácil entrar no Afeganistão, mas difícil sair dele." Mas não tínhamos ouvido nenhum outro boato de guerra, então fomos.

Estivemos entre os últimos a ver o Afeganistão em seus dias de relativa paz — relativa, porque mesmo na época havia disputas tribais e superpotências em jogo. As três maiores construções de Cabul eram a embaixada chinesa, a embaixada soviética e a embaixada americana, e o chefe da nação aparentemente jogava os três uns contra os outros.

As casas de Cabul eram de madeira entalhada e as ruas pareciam um *Livro das horas* vivo: gente em mantos esvoaçantes, camelos, mulas, carroças com imensas rodas de madeira sendo puxadas e empurradas por homens em cada ponta. Havia alguns veículos motorizados. Entre eles, ônibus cobertos de escrita árabe ornamentada, com olhos pintados na frente, para que os ônibus pudessem enxergar para onde iam.

Conseguimos alugar um carro para ver a área da famosa e desastrosa retirada britânica de Cabul a Jalalabad. O cenário era de tirar o fôlego: montanhas recortadas e habitações das *Mil e uma noites* nos vales — em parte casas, em parte fortalezas — refletidas no verde-azulado encantado dos rios. Nosso motorista pegou a montanha-russa da estrada a uma velocidade vertiginosa porque precisávamos voltar antes do pôr do sol, em virtude da presença de bandidos.

Os homens que conhecemos eram simpáticos e gostavam de crianças: nossa filha de cabelo louro e cacheado recebeu muita atenção. O casaco de inverno que eu vestia tinha um capuz grande, assim fiquei suficientemente coberta e não atraí atenção indevida. Muitos queriam conversar; alguns sabiam inglês, enquanto outros falavam por intermédio do motorista. Mas todos se dirigiam exclusivamente a Graeme. Falar comigo teria sido falta de educação. Entretanto, quando nosso intérprete negociou nossa entrada em uma casa de chá exclusivamente masculina, não recebi nada pior que uns olhares inquietos. A lei da hospitalidade para com os visitantes tinha uma consideração maior do que o costume de proibir a presença de mulheres na casa de chá. No hotel, aqueles que serviam refeições e limpavam os quartos eram homens, homens altos com cicatrizes, ou de duelo, ou do esporte nacional, disputado a cavalo, em que o objetivo é ganhar a posse de um bezerro decapitado.

As meninas e mulheres que vimos de relance na rua usavam o chador, o traje longo e preguedo com uma grade de crochê para os olhos, mais abrangente que qualquer outra cobertura muçulmana. Naquela época, costumávamos ver calçados chiques espiando por baixo da bainha. O chador não era obrigatório na época; as mulheres hindus não o usavam. Era um costume cultural e, como fui criada ouvindo que não se fica vestida decentemente sem cinta e luvas brancas, achei que podia entender tal coisa. E também sabia que as roupas são um símbolo, que todos os símbolos são ambíguos e que este podia significar medo das mulheres ou desejo de protegê-las do olhar de estranhos. Mas também podia significar coisas mais negativas, como a cor vermelha pode significar amor, sangue, vida, realeza, boa sorte — ou pecado.

Comprei um chador no mercado. Uma multidão jovial de homens se reuniu em volta, divertindo-se com o espetáculo de uma ocidental escolhendo um objeto tão não ocidental. Deram conselhos sobre a cor e a qualidade. Roxo era melhor do que verde ou azul-claro, disseram eles. (Comprei o roxo.) Todo escritor quer um Manto da Invisibilidade — o poder de ver sem ser visto — ou assim eu pensava enquanto vestia o chador. Mas depois que o coloquei, tive a estranha sensação de ter entrado em espaço negativo, um vazio no campo visual, uma espécie de antimatéria — ao mesmo tempo presente e ausente. Tal espaço tem uma espécie de poder, mas é um poder passivo, o poder do tabu.

Várias semanas depois de sairmos do Afeganistão, estourou a guerra. Meu pai tinha razão, afinal. Nos anos que se seguiram, costumávamos nos lembrar das pessoas que conhecemos e de sua cortesia e curiosidade. Quantos deles agora estavam mortos, sem ter culpa nenhuma disso?

Seis anos depois de nossa viagem, escrevi *O conto da aia*, uma ficção especulativa sobre uma teocracia americana. As mulheres nesse livro usavam trajes derivados em parte dos hábitos de freiras, em parte de saias de estudantes e em parte — devo admitir — das mulheres sem rosto na caixa do detergente em pó Old Dutch Cleanser, mas também em parte do chador que adquiri no Afeganistão e suas associações conflitantes. Como diz uma personagem, existe liberdade para e liberdade de. Mas quanto da primeira você deve ceder para garantir a segunda? Todas as culturas têm de lidar com isso, e a nossa — como vemos agora — não é exceção. Será que eu teria escrito o livro se nunca tivesse ido ao Afeganistão? É possível. Teria sido o mesmo? Improvável.

31

O HOMEM MISTERIOSO

ALGUMAS PISTAS PARA DASHIELL HAMMETT

The Selected Letters of Dashiell Hammett, 1921-1960
Organização de Richard Layman e Julie M. Rivett

Dashiell Hammett: A Daughter Remembers
De Jo Hammett, organização de Richard Layman
e Julie M. Rivett

Dashiell Hammett: Crime Stories and Other Writings
Seleção e organização de Steven Marcus

QUANDO EU ERA uma pré-adolescente que passava os verões no norte do Canadá, lia muita ficção policial antiga porque estava lá. Quando terminava a pilha, lia parte dela de novo, não havia uma biblioteca onde pudesse pegar mais. Não reli Erle Stanley Gardner ou Ellery Queen: achava-os secos. Mas reli Dashiell Hammett.

O que havia nesses livros que me intrigava como uma leitora ávida, mas ignorante e infantil? Seu mundo tinha um ritmo acelerado, afiado, e era cheio de diálogos ligeiros e palavras que eu nunca ouvira pronunciadas — gírias desconhecidas como *gunsel*,[14]

---

[14] Gunsel, palavra de origem iídiche que significa "gansinho". Devido à censura, Hammett teve de retirar um termo explícito e usou-a para dar o sentido subliminar de jovem sustentado por homossexual mais velho, o que ludibriou o editor que achou que gunsel significava uma espécie de "pistoleiro". (N. da T.)

palavras elegantes como *punctilious* [do latim, meticuloso]. Não era uma história do tipo Agatha Christie — havia menos pistas e estas mais provavelmente eram as mentiras que as pessoas contavam, e não abotoaduras que tinham deixado largadas. Havia mais cadáveres, com menos importância outorgada a cada um deles: um personagem novo aparecia e era baleado por um revólver cuspindo fogo. Em um romance de "pistas", tudo dependia de quem estava onde; em um romance de Hammett, era mais provável que fosse quem era quem, em vista dos disfarces e nomes falsos que esse pessoal usava. A ação era dispersa, e não fechada como em um quebra-cabeça do tipo "ninguém sai desta casa": ruas escuras e perigosas eram percorridas, carros eram dirigidos em alta velocidade, pessoas surgiam inesperadamente de todo canto, escondiam-se e fugiam da cidade. Estranhamente, as roupas eram descritas em mais detalhes do que em muitos livros sobre assassinatos em casas de campo — uma característica que eu valorizava. Havia muito consumo de bebida, de substâncias de que eu nunca ouvira falar e de muito cigarro. Como uma menina de onze anos, eu achava aquele mundo muito, mas muito sofisticado.

É estranho pensar que em julho de 1951, enquanto eu tentava entender por que um homem ia adquirir um estranho tom de amarelo, de olhos injetados, enquanto dizia a uma mulher que talvez ele a amasse e talvez ela o amasse, mas ele não ia bancar o coitado por ela, o autor dos livros que me fascinavam tanto estava prestes a ser preso. A Ameaça Vermelha de McCarthy estava no auge e Hammett tinha sido chamado ao Tribunal Distrital dos Estados Unidos como representante do Civil Rights Congress Bail Fund para ser interrogado sobre quatro fugitivos. Notoriamente, ele se recusou a testemunhar. Nem mesmo daria seu nome. O homem cujos livros foram lendas em sua época agora se tornara outra espécie de lenda: exemplar não só de certo tipo de ficção americana, mas também de certo tipo de vida americana.

Quarenta anos depois de sua morte, Dashiell Hammett continua a intrigar. Enquanto estava vivo, Raymond Chandler escreveu o famoso tributo a ele, *A simples arte de matar*. Depois de sua morte, a companheira de muitos anos e executora literária, Lillian Hellman, retratou-o de forma onírica em suas memórias de 1973, *Pentimento*. Tentando controlar a lenda, Hellman depois autorizou uma biografia;[15] foram várias as biografias não autorizadas também. Em 2001, surgiram três novos acréscimos às obras de e sobre Hammett: *The Selected Letters of Dashiell Hammett, 1921-1960*, organizado por Richard Layman com a neta de Hammett, Julie M. Rivett; *Dashiell Hammett: A Daughter Remembers*, memórias pessoais da segunda filha de Hammett, Josephine, que também assinou o prefácio de *Selected Letters*; e *Dashiell Hammett: Crime Stories and Other Writings*, com seleção e organização de Steven Marcus.

O homem que criou e resolveu tantos mistérios deixou alguns próprios para trás, ao que parece: muitas foram as tentativas de explicá-lo. De onde vinha seu talento? Por que a bebedeira extrema, os gastos imprudentes? Por que o comunismo, em um americano tão patriota? Por que o repentino silêncio criativo, e depois disso outro silêncio, aquele que o colocou na prisão? Será que Lillian Hellman o exauriu, ou ela, ao contrário, era seu braço direito e amável guardiã? São perguntas como essas que foram levantadas com o tempo.

Aqueles que leram ao menos um pouco sobre Hammett conhecem as linhas principais da trama. São dispostas diante de nós em forma condensada no final de *Dashiell Hammett: Crime Stories and Other Writings*, e novamente nos excelentes sumários que di-

---

[15] Diane Johnson, *Dashiell Hammett: A Life* (Random House, 1983).

videm os períodos de sua vida em *Selected Letters*, e mais uma vez, de um modo diferente, nas memórias de Jo Hammett.

Esta última é exatamente o que diz a capa: reminiscências apresentadas em uma "prosa clara, com um encanto sem afetação". Contém muitas fotos e algumas informações novas e sugestivas sobre a formação familiar de Hammett. Também conta a história de como as fotos vieram à luz — um daqueles proverbiais esconderijos em antigas caixas de papelão na garagem que se revelam uma arca do tesouro. Jo Hammett escreve de forma concisa, com muitas histórias pessoais e observações irônicas. Ela vê o pai de um ângulo necessariamente íntimo e, embora o adorasse, também se ressentia, naturalmente, do tratamento que ele dava à família — a sua mãe Jose, à irmã mais velha Mary e a ela própria. Hammett não era cruel nem violento, e tentava mandar dinheiro suficiente; dava presentes caros às filhas; escrevia-lhes cartas amorosas e engraçadas; mas era praticamente ausente.

Jo Hammett reserva a maior parte do ressentimento a Lillian Hellman, que parece merecê-lo. Jo Hammett tenta ao máximo reconhecer as virtudes de Hellman — ela era inteligente, tinha bom gosto, cuidou de Hammett durante a última década falida —, mas lhe custa muito ranger de dentes fazer isso. Hellman, ao que parece, era quase uma mitomaníaca e impiedosa nos jogos de poder; obter o controle dos direitos autorais de Hammett foi um de seus estratagemas mais leves. Nenhuma "Outra" teria se saído bem da perspectiva da filha, mas esse retrato de Hellman levanta uma pergunta: o que Hammett viu nela? Como diz a filha, ele apreciava as pessoas que iam longe demais, como ele próprio costumava ser; e sua admiração por mulheres atraentes que mentiam descaradamente — tão evidente em *O falcão maltês* e em outras obras — precede Hellman. É outro dos enigmas de Hammett, porque ele dava muita importância a falar com franqueza.

* * *

Samuel Dashiell Hammett nasceu na Maryland rural em 1894. Quando criança, queria ler todos os livros da biblioteca pública de Baltimore, mas teve de abandonar o colegial aos 14 anos para ajudar nas finanças abaladas da família. (O pai, de quem ele não gostava, era um perdulário, bebia, vestia-se bem e era mulherengo; mas ao contrário de Hammett, que se parecia com ele em todos esses aspectos, era cruel e sovina.) Aos 21 anos, Hammett conseguiu um emprego na agência de detetives Pinkerton's, de onde saiu em 1918 para ingressar no exército. Sofreu a primeira de muitas doenças respiratórias nessa época. Durante um período de recuperação, casou-se com uma enfermeira que conhecera no hospital; depois voltou a trabalhar na Pinkerton's, mas sua saúde estava alquebrada. Foi então que começou a escrever histórias policiais para as revistas *pulp*.[16]

Depois de Hammett integrar a equipe da revista *Black Mask*, veio uma explosão de criatividade. Ele escreveria seus contos em um ritmo espantoso, seguidos por cinco romances de muito sucesso, inclusive *Colheita sangrenta*, *Maldição em família*, *A chave de vidro* e *O falcão maltês*, este último talvez o mais conhecido romance policial americano de todos os tempos. Nessa época ele foi famoso e rico, mas também bebia e gastava, as duas coisas em um ritmo pródigo. Seguiu-se então a ligação com Lillian Hellman e seu silêncio como escritor. Já nos anos 1930, envolveu-se nas atividades do Partido Comunista dos Estados Unidos, como muitos que ficaram horrorizados com a ascensão do fascismo. Talvez tenha tido importância o fato de ele ter testemunhado violentas explosões

---

[16] O termo *pulp* não se refere à vulgaridade da escrita, mas à qualidade do papel: os *pulps* eram impressos em papel sem acabamento, e não mais no sofisticado papel "liso". Mas muitos escritores bons começaram pelos *pulps*, e eles eram uma fonte de renda para quem conseguia escrever rápido.

sindicais em seus dias na Pinkerton's.[17] Depois de servir no exército durante a Segunda Guerra Mundial — ele editou um jornal do exército nas Aleutas —, foi apanhado na rede de arrasto da Ameaça Vermelha e preso por desacato ao tribunal. Seus livros e os programas de rádio baseados neles entraram para a lista proibida e a receita federal o perseguiu em busca de impostos não pagos. Ele saiu da prisão com a saúde e o dinheiro diminuídos, e não recuperou nenhum dos dois. Morreu em 1961, aos 66 anos.

O *Selected Letters* foi possível pela mesma descoberta sortuda de garagem que permitiu que Jo Hammett reunisse suas memórias. Todas as cartas são de Hammett: as respostas a elas desapareceram. A maioria das cartas é dirigida a mulheres — a esposa, as filhas, Lillian Hellman, outras amantes e amigas — ou porque as mulheres guardaram as cartas, ou porque Hammett ficava mais à vontade escrevendo para mulheres do que para homens. Sua leitura é como ler as cartas de alguém que você não conhece — nomes de batismo que você não consegue situar, livros de que nunca ouviu falar, piadas internas que não entende —, mas algum *bon mot* ou observação cáustica animarão as coisas de novo. ("Bruce Lockwood, que tem me pedido dinheiro emprestado, enviou-me uma dúzia das horríveis aquarelas da esposa, das quais devo escolher duas que me serão presenteadas.") Muitas cartas são ilustradas com desenhos ou têm recortes de jornal colados; algumas são caprichosos jogos de palavras. São as cartas de um homem que adorava escrever, flertar e divertir os outros. É fácil entender por que as mulheres gostavam dele.

As cartas foram meticulosamente organizadas, e entre elas estão alguns documentos que serão muito úteis a qualquer um que estude — por exemplo — a vida intelectual e política americana

---

[17] Embora já fosse um astro na época, evidentemente ele não teve de sofrer a tortura psicológica e a humilhação dispensada a membros menores do CPUSA, como Richard Wright.

dos anos 1930 e 1940. As cartas à primeira filha de Hammett, Mary, em que ele tenta responder às perguntas dela sobre os principais assuntos do dia — Por que apoiar o lado republicano na Guerra Civil Espanhola?, Quais são as últimas de Hitler? —, são particularmente sóbrias e reflexivas. As cartas a Lillian Hellman mostram que os dois — quaisquer que fossem seus respectivos defeitos — tinham uma relação profunda, duradoura e com frequência atrevida, embora seja um tanto enervante topar com a durona e ambiciosa Hellman sendo tratada como "meu repolhinho".

As cartas começam em 1921, com uma série a Josephine Dolan, que logo se tornaria esposa de Hammett. Qualquer um que estivesse por ali na primeira metade do século XX reconhecerá o estilo "rapaz para a namorada". Ele faz provocações sedutoras e passa cantadas, e se gaba das diabruras que andava aprontando. Presumivelmente, ela o repreendeu por sua saúde e respondeu às provocações dele. É um começo doce.

Outro começo doce são suas cartas ao editor da *Black Mask*. Já em 1923 ele faz troça de si mesmo: Creda Dexter, no conto "The Tenth Clew", é descrita com a aparência de uma gatinha, mas Hammett confessa ao editor de *Black Mask* que a original parecia "exatamente uma filhote de buldogue de cara branca". Depois, alega ele, sua coragem o deixou:

> "Ninguém acreditará se você escrever uma coisa dessas", eu disse a mim mesmo. "Vão pensar que você está tentando fazer uma sátira." Então, pela plausibilidade, menti a respeito dela [...].

Mas tal escárnio gentil do gênero se alterna com a franqueza: em uma carta de 1928 ao editor de seu livro, ele diz que quer tentar adaptar o "método de fluxo de consciência" à história policial.

"Sou um dos poucos — se é que existe alguém — moderadamente letrados que levam a sério a história policial", diz ele.

> Não quero dizer com isto que eu necessariamente leve a minha ou a de qualquer outra pessoa a sério — mas a história policial como forma. Um dia alguém fará "literatura" com isso [...] e sou egoísta o bastante para ter minhas esperanças [...].

Dashiell Hammett: Crime Stories and Other Writings contém os fundamentos dessas esperanças. Os "outros escritos" do título são dois pequenos textos admirados de não ficção, "From the Memoirs of a Private Detective" e "Suggestions to Detective Story Writers". O primeiro é uma série de relatos sobre a estupidez humana e gotas de sabedoria cínica e irônica que lembram Ambrose Bierce: "Bater carteira é o ofício criminoso mais fácil de dominar. Qualquer um que não seja aleijado pode ficar competente em um dia." O segundo — "Suggestions" — exibe a seriedade prática com que Hammett via seu ofício e ao mesmo tempo é comicamente mordaz com outros escritores mais negligentes de histórias policiais. "Uma pistola, para ser um revólver, precisa ter algo nela que revolva", observa ele. "'Youse' é plural de 'you'." "Um detetive treinado que segue um sujeito normalmente não salta de uma soleira de porta para outra [...]."

Essa abordagem traz à mente outro Samuel americano, Sam Clemens (Mark Twain), que tão notoriamente atacou os padrões de precisão de Fenimore Cooper. Na verdade, os dois Samuels[18] têm muito em comum: a combinação de observação fria do submundo sujo da América e o desejo idealista de que o país estaria à altura de seus princípios fundadores, o humor impassível e so-

---

[18] O terceiro Samuel do trio é Sam Spade. Hammett era muito cônscio dos nomes e teria dado o próprio a este personagem propositalmente.

bretudo a dedicação à linguagem. Esta última, em ambos, assume a forma de uma tentativa de apreender o tom e a cadência do vernáculo americano na literatura, de que *Huckleberry Finn* certamente é o primeiro exemplo plenamente triunfante.

Visto nesta ótica, Hammett, com a coleção de vocábulos e o ouvido para dialetos vulgares,[19] faz parte do projeto de autodefinição linguística americana que começou com o *Spelling Book*, de Noah Webster, em 1783, e seu dicionário posterior. O esforço teve continuidade com Natty Bumppo de Fenimore Cooper das *Leatherstocking Tales*, e ganhou velocidade com vários escritores regionais e de dialetos do século XIX, bem como com Walt Whitman e seu "urro bárbaro". Owen Wister e sua criação do faroeste — sua trama original, as lorotas e a fala — também pertencem a esse campo, e Bret Harte, e muitos depois deles. A história policial realista faz uso desse tipo de exploração, sendo a gíria de criminosos não só pitoresca, mas com frequência autóctone.

Se é essa a ancestralidade de Hammett, ou parte dela, sua árvore genealógica subsequente é igualmente digna de nota. Ele era admirador de Sherwood Anderson, que escreveu concisamente sobre os cantos até então esquecidos da vida da cidade pequena. Respeitava Faulkner como se pode respeitar um primo em segundo grau muito inteligente, mas esquisito.[20] Achava Hemingway irritante, como um irmão que também é um rival, e lhe deu umas alfinetadas — em "The Main Death", ele coloca uma garota rica e particularmente oca lendo *O sol também se levanta*. Hammett deve

---

[19] Como observa Jo Hammett: "Papai adorava todo tipo de jogo de palavras: gírias de ladrões, de prisioneiros, expressões em iídiche, códigos de restaurantes e de caubóis, gírias *cockney*, a fala do *bas-fond* dos gângsteres."
[20] Em 1931 ele estava lendo *Santuário*, que — com seu Popeye distorcido e sua socialite que brinca com bandidos — é provavelmente o livro de Faulkner mais parecido com Hammett. Hammett não o tinha em alta conta, mas melhorou a opinião de Faulkner nos últimos anos.

ter achado recompensador ser chamado de "melhor que Hemingway" no anúncio da editora em 1930 de *O falcão maltês*.

Como o romance *Virginian*, de Owen Wister, o avô de todos os faroestes, a obra de Hammett teve uma influência incalculável. Ele é um daqueles escritores que todo mundo de certa idade leu por hábito. Ele mesmo dizia, "Fui uma influência tão ruim na literatura americana quanto a de qualquer um em que eu possa pensar". Raymond Chandler é o irmão mais novo: herdou a mobília de escritório surrada e o tipo de detetive romântico e solitário, embora Philip Marlowe seja mais intelectual que Sam Spade, e mais fascinado por estofados. Nathanael West foi sem dúvida um primo melancólico. Elmore Leonard — que, como Hammett, começou em revistas — tem o ritmo, o olhar descritivo e o ouvido absoluto para diálogos de Hammett. Carl Hiassen tem o caráter irreverente, o gosto pelo comicamente bizarro e a inventividade maníaca.[21]

O prêmio Hammett de experimentação com a linguagem em um ambiente criminal certamente deve ir para o fascinante *Os órfãos de Brooklyn*, de Jonathan Lethem, em que o detetive tem síndrome de Tourette. E existem muitos, muitos outros. Até o amontoado de corpos foi herdado de um terceiro primo improvável: leia "Dead Yellow Women" ou "The Big Knockover" de Hammett, depois a sequência de tumultos no bar no primeiro capítulo de *V.*, de Thomas Pynchon, só por diversão. O mais recente acréscimo é o ótimo escritor espanhol de thrillers Pérez-Reverte, que faz uma homenagem direta a *O falcão maltês*.

Dashiell Hammett: Crime Stories and Other Writings nos leva de volta ao início das coisas. Foram selecionados 24 dos primeiros

---

[21] O maravilhoso "Velcro-Face" em *Skin Tight*, de Carl Hiaasen, e seu ex-senador que comia bichos atropelados existem em um contínuo que leva dos grotescos vesgos ou da queixada de Hammett, passando pelo distorcido Popeye de Faulkner e pelos gibis de *Dick Tracy*, com seus vilões monstruosos como "Anyface", que parecia um queijo suíço.

contos de revista. Além disso, contém os originais de *O homem magro*, muito menor e quase inteiramente diferente do livro publicado. (Sem Nick e Nora Charles se afogando em birita em seu apartamento chique, sem Asta, o cachorro.) Os contos nos dão uma boa visão do jovem Hammett demarcando seu território. É melhor ler um de cada vez, com pausas entre eles, porque demais ao mesmo tempo deixa o fio cego. São bem de sua época e seu gênero — *hard-boiled* era o termo usado para esse tipo de ficção policial realista e violenta. (*Hard-boiled eggs*, ovos cozidos, eram o que os operários levavam em suas marmitas.) Mas apesar de sua adesão à fórmula, é fácil ver, pelos contos, por que Hammett ascendeu tão rapidamente.

A ralé e a alta roda são o que interessa a ele: cada ambiente é motivado em grande parte por dinheiro, poder e sexo, e cada um deles se comporta mal, embora seja menos provável que os da alta roda tenham a pele feia, talvez porque não comam em espeluncas sebosas — praticamente os únicos lugares nos contos de Hammett em que as pessoas consomem comida. A pacata classe média de varanda de Norman Rockwell não o atrai; quando seus representantes aparecem, provavelmente são bandidos disfarçados, como o "velho casal afetuoso" de olhos cintilantes em "The House in Turk Street" que lidera uma turba, ou toda a população da cidade de Izzard em "Nightmare Town", inclusive o alegre banqueiro e o médico gentil, que fazem parte de uma imensa conspiração criminosa.[22]

---

[22] Esta linhagem — pavorosa por trás da fachada de certinhos — corre por "O jovem Goodman Brown", de Nathaniel Hawthorne, em que o povo íntegro está de conluio com o Diabo, passa por Hammett, passa por *Crônicas marcianas*, de Ray Bradbury, onde a cidade esconde marcianos assassinos, passa pelo filme *Mulheres perfeitas*, em que esposas-robôs substituem as verdadeiras, e vai à produção para TV *Twin Peaks* e alguns episódios de *Arquivo X*. Na vida real, desenrola-se em versões de cultos satânicos, assim como sua forma original, os famigerados julgamentos das bruxas de Salém.

Realismo é uma palavra que costuma ser usada para descrever a literatura de Hammett, mas os contos são realistas apenas na ambientação e nos detalhes — as espinhas em jovens malvados, os móveis sujos de escritório dos detetives particulares baratos — e no uso franco do vernáculo. Os diálogos foram influenciados pela época, quando a piada e chiste de vaudeville eram valorizados e uma língua ferina como a de Dorothy Parker era um trunfo. As tramas são jacobinas em sua vingança dobrada e redobrada, e também na carnificina: parecem acidentes de carro múltiplos. Essa foi a época dos filmes dos Keystone Cops, quando o caos foi retratado pela primeira vez nas telas,[23] e certamente parte das brigas e festivais de cadáveres em Hammett pretendia ser divertida de seu jeito quase pastelão. A exuberância da linguagem, o prazer com que a decadência é descrita, a brincadeira com aforismos, a alegria da invenção bizarra — é um prazer imaginar o jovem Hammett se soltando com as traquinagens baixas que conseguia bolar e escrever. O objetivo não era o realismo, mas fazer com que as coisas parecessem reais — "real como um centavo", como diz um narrador de uma história improvável que ele esteve lendo.

Pois as histórias de aventura e crime *pulp* dessa época não são realismo de verdade. São romances no sentido de Northrop Frye, com cavaleiros errantes disfarçados de detetives e tesouros guardados por ogros gênios do crime. Existem trolls disfarçados de capangas, com queixos imensos, caras macilentas, olhos de morto ou outras distorções físicas, e donzelas ameaçadas que às vezes são de fato donzelas — herdeiras inocentes transgredindo fronteiras sociais —, porém mais provavelmente são *femmes fatales* com olhos prateados ou outros encantos. Estas últimas transformam-se em

---

[23] Hammett frequentava o cinema. É cativante encontrá-lo dando sua opinião dos méritos relativos de *Pinóquio* em comparação com *Branca de Neve*. Desnecessário dizer que ele achava *Pinóquio* melhor.

felinas cheias de garras ou *banshees* desbocadas quando o herói revela seu blefe. Com muita frequência, as palavras que rompem o feitiço são "Você é uma mentirosa" ou algo nesse sentido; pois, como Sam Spade depois dele, o herói sempre resiste às lisonjas femininas na busca de sua missão superior. Essa missão não é exatamente a justiça; mais parece profissionalismo. O herói tem um trabalho a fazer e ele é bom em seu trabalho. Ele é um trabalhador, e esse tipo de rigor tem o respeito de Hammett. E também esse tipo de dureza, porque a dureza era uma virtude cardeal para ele.[24]

O herói que aparece com mais frequência nesses contos, e aquele que tornou Hammett tão popular entre os leitores, é um homem sem nome. É conhecido como Continental Op — um agente trabalhando para a Agência de Detetives Continental. O Op é subordinado ao Velho — certamente o M original de James Bond, o Control de George Smiley e o Charlie de *As Panteras*. Esse herói faz questão de evitar heroísmos, e seu objetivo não é ser morto, mas pegar os criminosos. Ele é baixo, gordo e realista, bancando um rabugento Sancho Pança para o magro e idealista cavaleiro nos moinhos que ficava à espreita dentro de Hammett e faria uma aparição decisiva no tribunal numa época posterior de sua vida.

Gordura e magreza são marcadores característicos nos contos e romances, mas são também temas recorrentes nas cartas. Repetidas vezes, Hammett diz aos seus correspondentes que está comendo de novo, que está engordando ou — quando a doença ou a bebida levam a melhor — que não tem conseguido comer nada. À luz dessa luta constante com a magreza — no fundo uma luta que continua viva —, o título do último romance de Hammett,

---

[24] Jo Hammett descreve todo tipo de tenacidade que Hammett admirava: homens durões, mulheres duronas, esportes durões. Era um traço de caráter e ao mesmo tempo uma qualidade física. "A tenacidade", diz ela, "o faria passar pelos últimos anos ruins".

O homem magro, pode ter sido uma ironia dirigida ao próprio Hammett. O homem magro no livro é um gênio do mal que morre antes que o livro comece. Parece que está vivo só porque outras pessoas dizem que está; na realidade, ele é tão magro que nem mesmo existe. "Estou fora", Hammett pode ter dito. "Estou sem energia, estou morto." E ele estava morto, pelo menos na cena literária.

O que nos leva aos dois silêncios: o silêncio literário e o silêncio público dramático no tribunal federal. Do literário — a ausência de qualquer livro novo depois de meados dos anos 1930 —, Jo Hammett nos facilita o trabalho. "Ele não parou de escrever. Não até o fim. Ele parou foi de terminar." E de fato as cartas são pontilhadas de referências a livros que ele começava ou continuava, e a possibilidades de ter tempo livre e o espaço no qual escrever.[25] Esta parte da história torna a leitura dolorosa para qualquer um que esteja tentando escrever livros, porque os passos — o começo com otimismo, a evasão, a extinção do propósito — são muito familiares.

Nenhuma das tentativas deu em alguma coisa. Tem-se sugerido a bebida como motivo, a doença e outras atividades que interferiam, embora fosse decisão de Hammett deixar que interferissem. E havia ambição e padrões elevados: Hammett queria ser "mainstream" — sair do que sentia ser o círculo limitante da escrita de policiais —, e este era um grande salto. Talvez, porém, seu problema fundamental tenha sido com a linguagem. "Parei de escrever porque estava me repetindo", disse ele em 1956. "É o princípio do fim quando você descobre que tem estilo." E ele tinha estilo, ou

---

[25] Foram três tentativas principais: *My Brother Felix*, que "seria muito bom para as revistas e o cinema"; *The Valley Sheep Are Fatter*, um título que vem de um dos romances de Thomas Love Peacock; e *Tulip*, este último sobre um escritor que não consegue mais escrever.

melhor, um estilo — uma ferramenta afetada que ele agitava e refinava, mas uma ferramenta bem de seu tempo. Talvez ele não conseguisse mais se contentar com uma linguagem que correspondesse à ocasião; ou melhor, a ocasião em si tinha passado. Nos anos 1940 e 1950, a cena havia mudado radicalmente e ele deve ter se sentido deslocado. Ele não podia mais fazer uma festa com a linguagem, porque esse tipo de festa não existia mais.

E há o outro silêncio, aquele do tribunal. As virtudes do silêncio como estratagema ocorreram cedo a Hammett. "Não importa o quanto um homem seja perspicaz, ou um bom mentiroso", diz o Op no conto de 1924, "ZigZags of Treachery": "Se ele falar com você e você jogar as cartas certo, pode pegá-lo — pode fazer com que ele mesmo o ajude a condená-lo. Mas se ele não falar, você não pode fazer nada com ele."

Além disso, se Hammett guardasse silêncio, não implicaria mais ninguém: só ele sofreria. Estranhamente, há um precedente literário até para isso. O menino que queria ler todos os livros da biblioteca pública de Baltimore não deve ter deixado escapar Longfellow, na época o mais respeitado poeta americano. O poema de Longfellow "The Children's Hour"[26] foi escolhido por Hammett como título da peça atribuída a Lillian Hellman, embora Hammett tenha dado o argumento e feito grande parte do trabalho. Então Hammett muito provavelmente conhecia a peça em versos de Longfellow, *Giles Corey of the Salem Farms*.

Giles Corey foi o homem que se recusou a se declarar culpado ou inocente durante o episódio das bruxas de Salem. Se alegasse alguma coisa, teria sido julgado, e se julgado, teria sido considerado culpado — todos os acusados eram. Sua propriedade então teria sido confiscada pelo Estado, e a família, desprovida. Ele mantém

---

[26] Considerado um xarope kitsch por aqueles que não o leram atentamente. Mas Hammett era um bom leitor e deve ter visto como o poema é sinistro.

posição por princípios, mas também por consideração pelos outros, como fez o próprio Hammett. A pena para deixar de fazer uma alegação era "a tortura do esmagamento" — empilhavam pedras pesadas sobre uma tábua colocada em cima da pessoa até que alegasse culpa ou inocência, ou morresse. Giles Corey escolheu a última opção.[27] Se Hammett considerava os julgamentos de Salem um paradigma para a "caça às bruxas" de McCarthy, não foi o único. Muitos usaram a metáfora, inclusive Arthur Miller em sua peça *As bruxas de Salem*.

Na peça de Longfellow, as últimas palavras pronunciadas sobre Corey antes de sua morte foram, "Eu me pergunto agora/ E se o velho morrer e não falar? Ele é obstinado e tenaz o bastante/ Para qualquer coisa nesta terra". O silêncio equivale à tenacidade. Teria sido essa equação verbal plantada na mente do jovem Hammett pelo autor de *Evangeline*?

Bom, mais uma pista.

---

[27] As únicas palavras que dizem que Corey teria pronunciado foram "Ponham mais pedras", mas Longfellow situou a tortura nos bastidores e não as usou.

32

DOS MITOS E DOS HOMENS

ATANARJUAT: O CORREDOR MAIS VELOZ

ATANARJUAT: *O CORREDOR mais veloz* (direção de Zacharias Kunuk) é o primeiro filme já feito na língua dos inuítes,[28] o inuktitut. Também é o primeiro filme feito quase inteiramente por inuítes — *feito* de muitas maneiras, porque o figurino, artefatos como lanças e caiaques e as habitações foram meticulosamente pesquisados, depois feitos à mão por artesãos para recriar o mundo de quase mil anos atrás, muito antes da chegada dos europeus. Para a população da comunidade da qual surgiu esse filme, será o que lhe faltava por muitos anos: uma validação de suas origens.

Talvez houvesse o perigo de que um filme desse só tivesse valor como curiosidade, mas nada está mais distante da verdade. *Atanarjuat* ganhou o Camera d'Or de Cannes como melhor primeiro filme longa-metragem, depois arrebanhou seis Genie Awards, e não é de admirar. Já é chamado de uma obra-prima. Esse filme é um espanto.

Vi o filme, ou partes dele, em três ocasiões. Falarei delas na ordem contrária.

O filme foi exibido na Inglaterra antes do lançamento no Canadá, então o vi em sua totalidade em Londres, no Institute of

---

[28] Os inuítes são membros da nação indígena esquimó, habitantes do norte do Canadá, do Alasca e da Groenlândia. (N. do E.)

Contemporary Art. Fomos à matinê, mas mesmo assim tivemos sorte de conseguir entrar: o lugar estava lotado. Durante a exibição, minha amiga inglesa e eu — supostas madames de sangue-frio, nós duas — seguramos muito no braço uma da outra e, no fim, choramos indecorosamente. Ao sairmos do cinema, de olhos vermelhos e os joelhos bambos, ela disse: "Meu deus! Que filme!" Ficar sem fala é o melhor tributo.

Eu sabia que *Atanarjuat* estaria passando em Londres porque, embora eu estivesse em Paris fazendo minha imitação ruim de uma pessoa que sabe falar francês, por acaso aparecemos na BBC e o filme estava sendo analisado, completo com cenas extras. Não creio que eu tenha ouvido antes um crítico de cinema inglês entregar-se tanto a esse tipo de rapsódia sôfrega. "Se Homero tivesse uma câmera de vídeo, era isto que ele teria feito", disse ele, e teve seus bons motivos.

Que parte de Homero? A história da Casa de Atreu teria sido minha aposta, por ser uma saga geracional com muitos elementos homéricos — amor, inveja, rivalidade entre jovens desafiantes, proezas extraordinárias de força, ressentimentos passados de pais para filhos e crimes que engendram consequências anos depois. O mundo dos mitos gregos é aquele em que os deuses interagem com os seres humanos, os sonhos têm significado, guardam-se rancores, a vingança é cobrada, os caminhos do Destino são sombrios, a comida pode lançar um feitiço e os animais nem sempre são o que parecem; e se substituirmos a palavra *espíritos* por *deuses*, essas coisas também podem ser ditas de *Atanarjuat*.

É útil saber de algumas coisas antes de ver o filme. Primeiro, esta não é uma história "inventada", assim como Homero não teria dito que *A Ilíada* é inventada. Baseia-se na tradição oral — em uma série de eventos que dizem realmente ter acontecido, em lugares verdadeiros. (É possível acompanhar as viagens dos personagens no site do filme.) Assim, não viria ao caso culpar alguém chamado "o autor" por algo de que não gostamos na "trama".

Segundo, pensava-se que uma criança recém-nascida era a reencarnação de alguém que morreu. Assim, quando a avó se dirige à jovem mãe como "pequena mãe" — o que nos deixa perplexos na primeira vez que ouvimos isso —, não é só porque a garota recebeu o nome da mãe mais velha: ela é essa mãe.

Terceiro, os espíritos estão por toda parte. Podem conferir uma força a mais, podem entrar nas pessoas e as fazerem se comportar mal (como os demônios expulsos por Cristo). Mas eles podem ser dominados, até certo ponto, por xamãs, que também podem pedir a ajuda dos mortos. Assim, como em Homero, esta história não trata só do conflito entre rivais humanos. É uma batalha entre um grupo de espíritos e outro, iniciada quando um espírito do mal chega, semeia a discórdia entre os membros de um grupo de caçadores e entra em um deles.

Quarto, era proibido para uma mulher falar com o cunhado, ou até olhar para ele. Por isso a cena de sexo ruim entre a segunda esposa rebelde do herói e o irmão do herói não é só um velho rolar nas peles. É de fato ruim.

Quinto, existem vários tipos de força. Há a força conferida pela posição de liderança — fique de olho no colar de dentes e presas, o equivalente da coroa em *Ricardo III* —, e essa posição sempre é mantida por um homem, porque o grupo é de caça e são os homens que caçam. Há a força conferida pelo poder xamânico, que pode ser usada para o bem ou para o mal; mas é bom saber que tanto a mulher (mais tarde a avó) que dá o talismã de pé de coelho ao irmão como o próprio irmão possuem esse poder.

E por fim, há a autoridade moral. Esta pode ser conquistada ou perdida. (Atente por um momento que, em qualquer cinema de gênero ocidental, o herói — com os inimigos finalmente à sua mercê — os faria em pedaços. Isso não acontece. Em vez disso,

Atanarjuat diz, "As mortes param aqui", conquistando, assim, autoridade moral. Bem que podíamos usar um pouco disso agora.) Mas a autoridade moral definitiva reside nos anciãos, que a exercem com moderação, mas com um efeito esmagador. Fique de olho na avó.

Essas eram as coisas que eu gostaria de já saber na primeira vez que vi o filme. Era o verão antes de sua estreia no Festival Internacional de Cinema de Toronto (em 12 de setembro de 2001: a pré-estreia fora cancelada). Eu estava em um navio quebra-gelo no Ártico, com um grupo de excursão chamado Adventure Canada. Eles haviam me convidado para viajar em troca de algumas palestras, um preço pequeno a ser pago pela experiência de ver lugares com os quais eu só sonharia. Tudo nessa viagem foi mágico; só os efeitos luminosos do Ártico — as miragens, a Fata Morgana, as "glórias" — valeram a viagem. A certa altura, todos saímos e ficamos em uma placa de gelo, parecendo agourentamente uma litografia de David Blackwood.

Se tivéssemos tirado toda a roupa e saltado de placa em placa, poderíamos parecer — de longe — a cena espetacular em que o herói de *Atanarjuat* corre nu em pelo por quilômetros e quilômetros de placas quebradas. Não cheguei a esse ponto quando vi pela primeira vez. Não que o filme fosse exibido em episódios em um televisor e fosse difícil ler as legendas. Mas Pakak Innuksuk — o homem que representa o Forte, o irmão mais velho do herói — estava no navio conosco. Ele era um homem de poucas palavras, mas convincente, um caçador de uma região muito mais ao norte, e no filme era mais do que parecia em vida: mais brusco, mais reconhecível. Assim eu o vi subir ao lugar onde Pakak dormia em uma tenda de peles junto com o irmão, e os três rivais assassinos se aproximavam furtivamente deles. Eu sabia que Pakak estava prestes a ser horrivelmente trespassado por uma lança e achei que não conseguiria passar por isso. (Não teve problema Pakak ter sido trespassado em Londres. Eu não tinha comido panquecas com ele.)

Existe uma fronteira permeável entre realidade e arte. Sabemos que existe uma ligação, sabemos que existe uma diferença, mas não há uma muralha de pedra. Quando pensar em *Atanarjuat*, naturalmente sempre pensarei em Pakak. Enquanto estávamos vagando pela paisagem ártica um dia, recordei-me com certo constrangimento de ter ouvido que um grupo nativo, na falta de uma palavra para "turismo do norte", inventara uma expressão que significa "homens brancos brincando na floresta". Então lá estávamos nós, principalmente brancos brincando nas rochas, e lá estava Pakak, de pé em um penhasco onde tinha uma boa vista.

Ele tinha uma arma grande para caçar ursos. Vigiava a presença de animais. Como ele, e todos os homens de quem (diz a tradição) ele é uma encarnação, vinha fazendo há milhares de anos.

33
POLÍCIA E BANDIDO

CASSINO BLUES
DE ELMORE LEONARD

Cassino Blues é o 37º romance de Elmore Leonard. Nesse número, é de pensar que ele perdeu o entusiasmo, mas não, o mestre está em plena forma. Se Leonard, como Graham Greene, tivesse o hábito de dividir seus livros em "literatura" e "entretenimento" — por exemplo, com *Pagan Babies* e *Cuba Libre* na lista dos primeiros e *Glitz*, *O nome do jogo* e *Be Cool* na última —, este livro recairia no lado do "entretenimento"; mas, como Greene, os que podem ser consignados à seção "entretenimento" não são necessariamente de qualidade inferior.

Aqueles que se sentem chocados pelo que minha avó chamava de "linguajar", e pelo que antigamente se denominava, em histórias de aventuras, "blasfêmias terríveis", e pelos epítetos pejorativos e piadas obscenas que antes passavam de boca a boca nos vagões de fumantes dos trens e agora zunem de um lado a outro da internet, devem evitar *Cassino Blues*. Mas Leonard é com frequência e justiça elogiado por seu domínio do demótico, e o demótico não seria ele mesmo sem esse tipo de coisa. De todo modo, é sempre muito pertinente: cada personagem fala a caráter. Aqui está um dos mais vilanescos:

Sem falar no negão e nos dois chicanos — Newton pensando naquela vez que perguntou ao cara onde estava o crioulo e o cara disse que tava fodendo a mulher dele. Ele ficou irritado, claro, mesmo sabendo que não era verdade. Pra começar, Myrna nem estava em casa, ela jogava bingo todas as noites de sua vida. E dois, nem mesmo um negão ia querer foder a mulher, Myrna tinha 180 quilos no casco. Vai tentar achar a molhadinha nela.

Isto é uma aula prática de economia digna de um curto ensaio na *Maladicta*, a finada publicação erudita dedicada à linguagem vulgar (ainda disponível na internet): três insultos raciais, dois palavrões, misoginia combinada com preconceito com a aparência e uma zombaria com jogadores de bingo, tudo embrulhado em poucas linhas concisas. O homem que falar isso certamente morrerá. (Os personagens "bons" em Leonard xingam de um jeito diferente dos personagens "maus".)

Quanto ao que Leonard é capaz de fazer, mais além da textura de sua prosa, é o que ele vem fazendo há algum tempo. Boa parte de qualquer romance de Leonard — ou, digamos, daqueles dos últimos vinte anos — consiste em observação social impassível. John Le Carré sustentava que, pelo menos no século XX, o romance de espionagem é a forma ficcional central, porque só ele ataca a implementação de planos ocultos que — suspeitamos, e como o noticiário da noite tende a confirmar — nos cercam de todos os lados.[29] Da mesma forma, Elmore Leonard pode argumentar — se fosse dado a argumentos, e ele não é — que um romance sem algum crime ou embuste não pode alegar ser uma representação exata da realidade de hoje. Ele poderia acrescentar que isso é especialmente válido quando esta realidade é situada na

---

[29] Le Carré expôs essa visão no discurso de aceitação do diploma honorário da Universidade de Edimburgo.

América, lar da Enron e do maior arsenal particular do mundo, onde assassinatos fortuitos são tão comuns que a maioria nem sequer é relatada, e onde a CIA estimula o cultivo e o comércio de narcóticos para financiar suas aventuras estrangeiras.

Não é só — Leonard podia continuar, e é uma questão que exemplificou copiosamente — que a linha divisória entre a lei e seus infratores, na terra natal dele, pelo menos, não seja firme. (Um dos maus deste livro é um ex-ajudante de xerife, categoria de emprego sobre a qual poucos têm algo de bom a dizer.) Na verdade, as incertezas sobre essa divisão — agentes da lei em contraposição com infratores, num cara ou coroa para saber quem serão os vilões — têm um passado antigo e são firmemente incorporadas no folclore americano. Os revolucionários de 1776 eram em essência rebeldes contra o governo estabelecido de sua época, e desde então tem havido alguma dúvida a respeito de quem tem o direito de impor que tipo de código legal a quem, e por que meios. Os justiceiros da Ku Klux Klan e a turba do linchamento têm sido — como Leonard nos lembra neste livro — duas das reações históricas menos agradáveis.

Existem causas justas em auxílio das quais infringir a lei será a atitude moral a ser tomada, mas quem decidirá que causas são essas? É uma série de passos curtos da ponte rudimentar que se abre sobre a enchente, onde ficavam os combativos e por acaso transgressores colonos na Batalha de Concord, para o celebrado abolicionista John Brown e também o homicida Body, para o clássico "Desobediência Civil", de Thoreau, e Darlin' Corrie da conhecida canção folk, que teve de acordar e pegar a espingarda porque os federais estavam chegando para derrubar seu alambique.

Como todos os escritores que se preocupam com crimes e castigos, Leonard se interessa por questões morais, mas essas questões não são, para ele, bem definidas. Tendo nascido em 1925, ele entrou na cena como um observador consciente durante a metade do século em que esta tendência — o questionamento da lei, a admiração por quem a infringe — estava no auge. Era a década de 1930 e a Depressão provocava muito desespero real. Não admira que muitos acompanhassem as façanhas dos irmãos James e de Bonnie e Clyde com muito interesse — o jovem Leonard, segundo seu próprio relato, entre eles. Porque se a opressão é econômica e o banco tomou sua fazenda e tocou sua família para fora, não é pelo menos ligeiramente heroico meter a mão na caixa registradora? O pai enforcado por seus crimes no romance de 1953, *The Night of the Hunter* de Davis Grubb, inspirado em um fato real dos anos 1930, não é um mau sujeito: é um bom sujeito, e é o sistema que o enforca que tem a mácula moral.

Mas os irmãos James e Bonnie & Clyde não eram Robin Hood, nem em narrativas mitologizadas. A versão americana do ladrão como herói popular é muito poderosa, mas não inclui dar aos pobres: isso seria piegas, talvez também comunista. O melhor a fazer com os pobres é se afastar deles pelos meios que estiverem disponíveis, e é em grande parte isso que os vigaristas de Leonard fazem. Assim, nos livros de Leonard, com muita frequência não temos uma opção entre não criminosos bons e criminosos maus: em vez disso, temos de escolher entre bons sujeitos e maus sujeitos, e ponto final. Existem muitos fatores que determinam se um sujeito é bom ou mau — mais especificamente, se ele é um babaca, um fanfarrão pomposo, um covarde, um idiota condescendente, um imbecil ou um homem que pode ter o respeito de um homem — mas em que lado da linha legal ele por acaso se encontre não está entre eles.

Como sabe toda criança que brincou de polícia e bandido, era mais divertido ser o bandido, porque podíamos enganar as pessoas, nos safar com o comportamento proibido e havia mais riscos.

Em *Cassino Blues*, diversão, risco, comportamento proibido e enganar as pessoas andam juntos. São dois personagens principais. O primeiro não é um criminoso. Vive à margem da sociedade e assume outro tipo de risco. É um mergulhador profissional de nome Dennis Lenahan, que ganha a vida em parques de diversões saltando de uma torre de 25 metros para um tanque que parece, de cima, ter o tamanho de uma moeda. Ele faz isso, até onde sabemos, por três motivos: dá adrenalina, ajuda a pegar mulheres e ele não tem outras habilidades que possam ser vendidas. Quando entramos nos detalhes do personagem, ele está começando a se preocupar com quanto tempo mais poderá manter as apresentações sem quebrar o pescoço. (Ou ter uma ruptura no ânus e arruinar sua genitália, outros dois riscos do salto ornamental sobre os quais somos devidamente informados na primeira página.) Dennis não é alguém que um dia tenha pensado em opções de ações ou condomínios para aposentados — seu primeiro casamento foi um fracasso porque ele era "novo demais" e, embora tenha quase quarenta anos, ainda é novo demais —, então esses pensamentos são novos e deprimentes para o simpático camarada.

Dennis atenua as ansiedades mergulhando na cama com mulheres bonitas que nunca o rejeitam — bom, ele é sarado —, e essa é a única questão que pode fazer com que a leitora mulher pare para pensar. Leonard é rigoroso com a fisicalidade em outros aspectos. Seus personagens urinam, cagam, peidam, têm mau hálito e muitas outras coisas. Ao contrário de alguns personagens fictícios, eles comem e bebem, e fazem isso com precisão, com nomes de marca e tudo. (Uísque Early Times, Pepsi e congelados Lean Cuisines têm destaque.) Mas Dennis vai de cama em cama sem nenhuma dúvida e sem precauções: nenhum pensamento em doenças sexualmente transmissíveis perturba sua cabeça entusiasmada. Talvez isso também seja preciso — provavelmente é, ou não haveria tantos casos de herpes, sem falar da AIDS. Mas você quer sussurrar — especialmente quando Dennis está rolando com a esposa insatisfeita de um homem moralmente nojento que passa por tempos difíceis em uma prisão insalubre — "Dennis, querido, você sabe quem esteve aí dentro antes de você?". Dennis, receamos, acordará uma manhã com um episódio de algo do qual não conseguirá se livrar. Mas tal futuro lúgubre fica fora das margens do livro e se demorar demais neles seria como antever a noite de núpcias de Cinderela, quando ela sairá do transe e perceberá que o Príncipe Encantado tem fetiche por sapatos.

O segundo personagem principal tem muito mais bestunto. Atende pelo nome de Robert Taylor — supomos que seja pseudônimo[30] — e é sem dúvida um elemento criminoso. É bonito, elegante, apresentável, calmo, veste-se bem, dirige um Jaguar e é de Detroit. (Também anda com uma pasta que contém uma arma, mas ali é uma parte do país — Tunica, no Mississippi — onde se tem armas como a maioria das pessoas têm nariz, então desperta pouca surpresa.) Além de tudo já dito, Robert é negro. Acrescente o ambiente e uma encenação histórica próxima de uma batalha da Guerra Civil e você tem a nitroglicerina para a dinamite.

Quando comecei a ler sobre Tunica, Mississippi, como a descrita por Elmore Leonard, parecia tão extravagantemente excessiva — mesmo que só na arquitetura — que pensei ter dado com um lugar inventado, como a Cidade das Esmeraldas de Oz, com que se parece um pouco. (Oz também é uma cidade de ilusões controladas por um trapaceiro que engana as pessoas e faz falsas promessas.) Mas foi erro meu, porque Leonard não inventa esse tipo de coisa. Não precisa inventar: está bem ali para quem quiser ver, em toda

---

[30] "Robert Taylor" era o pseudônimo do ator que, além de ser um famoso protagonista romântico, estrelou um número considerável de filmes policiais e de faroeste. Fez, por exemplo, o papel de Billy the Kid no filme epônimo de 1941. Como diz alguém em *Cassino Blues*, "Trabalhar para Robert [...] era como estar nas merdas dos filmes".

a sua estranheza plena. Tunica é real — é "A Capital dos Cassinos do Sul". Mas *também* é inventada, porque o negócio do jogo de azar não é nada se não conseguir vender ilusões.

A conexão entre ilusão e realidade, mentira e verdade — e também o hiato entre elas — é um dos leitmotivs que perpassa *Cassino Blues*. Tudo em Tunica é falso, inclusive a prostituta num trailer fingindo ser a Barbie e o "Southern Living Village", um complexo em vias de construção onde todas as habitações são imitações de outra coisa e a operação inteira é fachada para tráfico de drogas. O foco da história é o Hotel & Cassino Tishomingo. Seu nome foi tirado de um chefe nativo americano verdadeiro; sua forma é de uma tenda kitsch; as garçonetes usam minissaias de camurça falsa com franja; o mural do saguão é horrivelmente impreciso. Mas embora a decoração em Tunica possa ser falsa, o perigo é real.

Dennis, o mergulhador, vai parar em Tunica porque convenceu o gerente do cassino a colocar seu número de mergulho como atração para a clientela. Quase de imediato se mete em apuros. Quando está no alto da torre e prestes a fazer um mergulho de teste, vê abaixo dois homens atirarem em um terceiro. Eles veem que ele vê. Estão a ponto de matá-lo, mas são distraídos. Robert Taylor, o criminoso negro, também testemunhou o tiroteio. Ele também testemunhou que Dennis testemunhou. Eles começam uma amizade simbiótica curiosa.

O que um quer do outro? O que Dennis deve querer é um aperto de mão de despedida e uma passagem de ônibus para Nome, no Alasca, mas ele é meio inocente e não sabe do medo que deve sentir. E também não quer abandonar sua torre e o tanque. Então fica por ali, e Robert Taylor se apresenta como um camarada que pode ajudar Dennis a fazer isso. Sem Robert presente, receamos, o cérebro jovem de Dennis logo irá virar um mingau vermelho, como outros cérebros antes. Então Robert é o nosso cara.

Mas o que Robert Taylor quer de Dennis? Isso é mais complicado. Primeira versão, ele quer que Dennis e seu número de mergulho funcionem como lavagem de dinheiro de drogas, porque pretende dominar o mercado da caipira Dixie Mafia. Segunda versão, ele quer comprar a alma de Dennis. Ele coloca esta oferta na mesa. "Está numa encruzilhada, Dennis. Estou a ponto de propor comprar sua alma." "Como Fausto, cara. Venda sua alma, consiga tudo que você quer." Se Dennis vender, o que ele terá será o *mojo*, o magnetismo pessoal que lhe permitirá realizar os sonhos mais íntimos; mas ele terá de acreditar de verdade — caso contrário, não vai funcionar —, e só há uma chance de conseguir.[31]

Porque Robert não é como um velho gângster qualquer. É investido de mais significado do que isso. Ele é o Mestre das Encruzilhadas, o farsante enganador nascido e criado nos obstáculos, o homem que faz as coisas acontecerem. Ele é o vendedor de fala acelerada se vendendo todo montado no sorriso;[32] é o jogador com as mangas recheadas de ases. É a deidade para a qual você reza quando quer mudança e ação, mas não há garantias de que ação você terá. Ele é Mercúrio, deus dos ladrões, do comércio e da comunicação, e condutor de almas ao Hades, e é Anansi, o Homem-Aranha africano, apanhador de moscas em armadilhas. Ele provoca Dennis implicando que é o Diabo, mas, se for, não é o Satã bíblico. É o diabo do folclore, cujas barganhas funcionam a seu favor, em particular se você faz o que Dennis é exortado a

---

[31] É estranho encontrar os sentimentos da Fada Azul de *Pinóquio* nos lábios de Robert Taylor. Mas ao fazer um pedido a uma estrela não faz diferença quem você é, e é em parte o que distingue Taylor dos maus: ele sonha sua própria versão do Sonho Americano.

[32] Robert Taylor é a imagem especular do Willy Loman de *A morte do caixeiro-viajante*. O último homem "honesto" desonesto, o primeiro é desonesto honesto.

fazer, não importa o que veja, fique de boca fechada.[33] Robert — em outras palavras — é um exemplo particularmente envolvente de uma figura *trickster*.[34] "Vai sentir minha falta, não vai?", diz ele mais para o final do livro, tanto ao leitor como à mulher que está de partida. "Vai sentir falta da diversão."

E ele está em terra firme e conhecida em Tunica. Sua origem — ele alega — está bem ali, nas margens do rio Mississippi, o rio primordial, o Old Man River. O Mississippi divide e une todos os elementos — Norte e Sul, brancos, negros e indígenas, ricos e pobres, viajantes e jogadores. É o rio do musical *Show Boat*, e, sim, Leonard nos dá devidamente um belo quarto de sangue negro que esconde sua ancestralidade. É o rio de Huck e Jim, a primeira dupla de branco e negro a vencer as probabilidades e os velhacos. É o rio do Rei e do Duque de Mark Twain, golpistas decadentes mas divertidos; e é o rio do Homem de Confiança de Melville, uma figura esquiva e ambígua cuja farsa resulta — às vezes — em algum bem.

Robert Taylor é o herdeiro, então, de uma tradição longa e de muitos veios. Vê-lo em ação enquanto ele explora este rico filão é um prazer, embora meio parecido com o que Monty Python fez com a *Vênus* de Botticelli — em parte uma paródia cômica, em parte agressão direta. Robert, por exemplo, é aficionado por história. "A história pode funcionar a seu favor", diz ele, "se você souber usar", e ele sabe usar. Ele fez faculdade; pagou por ela traficando, mas não vendia aos estudantes porque deduziu que o cérebro deles já estava podre demais:

---
[33] Ver, por exemplo, o conto dos irmãos Grimm "O fuliginoso irmão do Diabo". Nessas histórias o herói, se tiver sorte e for célere, pode obter o butim do Diabo e também ficar com a própria alma, e é isso que Dennis faz.
[34] Para saber mais sobre isso, ver o estudo minucioso de Lewis Hyde, *Trickster Makes This World* (Farrar, Straus and Giroux, 1998). Hyde, porém, argumenta que, numa nação pavimentada de uma ponta a outra por charlatães, o *trickster* não funciona tão bem como de hábito.

Fiz dezoito horas de história — me faça uma pergunta sobre isso, qualquer uma, como os nomes de assassinos famosos da história. Quem atirou em Lincoln, Grover Cleveland. Fiz história porque eu adoro, cara, não para arrumar um emprego com isso. Eu sabia sobre a Guerra Civil antes até de ver na TV, aquela série do Ken Burns. Roubei o kit inteiro de vídeos da Blockbuster.

A primeira fraude histórica de Robert é se apoderar de um cartão-postal de um linchamento em 1915 e dizer a dois bandidos brancos de Tunica que é seu bisavô pendurado ali na ponte enquanto os bisavôs deles faziam o enforcamento:

> Achei que talvez vocês já soubessem que seus bisavôs lincharam este homem retratado no postal, meu próprio bisavô, que descanse em paz. E decepara seu pau. Dá pra imaginar um homem fazendo isso com outro homem? [...] Pensei comigo mesmo, Olha só como nossa herança está ligada, remonta a nossos ancestrais. É, vou mostrar a ele a verdade histórica.

Robert diz isso a um racista inveterado e patife violento. Isso é a saga *Raízes* com fúria. "Você só usou isso pra armar pra cima dele", diz Dennis sobre o postal. "Não quer dizer que não seja real", responde Robert.

O objetivo de Robert é tramar sua entrada como um "confederado africano" na reencenação histórica da Batalha de Brice's Cross Roads (que acontecerá na verdadeira Brice's Cross Roads, é desnecessário dizer). Assim, ele pode encarregar-se de que seus adversários sejam despachados com balas de verdade — recolocando a história na História, pode-se dizer. O tributo à autenticidade da Dixie Mafia, por outro lado, é para tentar encenar o linchamento do cartão-postal, com Robert no papel do cadáver emasculado. Como sempre, Leonard fez a pesquisa, dominando assim as regras e atitudes do movimento de encenação com maestria, tirando a máxima vantagem disso. Se você não sabe o que é a torta Naughty Child, os saleiros e pimenteiros Robert E. Lee e Stonewall Jackson, e o que são atores *farb* e seu oposto *hard-core* no jargão das encenações históricas, vai descobrir aqui.

Leonard não escreve *whodunits* — sempre sabemos "quem fez" porque vemos fazendo. Você pode dizer que ele escreve *howdunits*, o "como fez". Suas tramas são como tabuleiros de xadrez — as peças estão todas expostas, podemos ver a configuração, mas são os movimentos rápidos do fim de jogo que surpreendem. São também como farsas de Feydeau, o que de forma alguma as desmerece. É muito difícil realizar essas representações com sucesso, e o *timing* é tudo. Feydeau costumava compor com um cronômetro. O leitor sabe quem está em que armário e debaixo de que cama e atrás de que arbusto, mas os personagens não sabem. E então eles começam a deduzir, e depois disso as coisas andam com muita rapidez. A maquinaria de ilusionista neste livro é concebida por Robert, naturalmente: como *trickster* chefe, ele é o Mestre da Ilusão, afinal.

Mas nesse mundo de parque de diversões, fantasias e encenação, da fachada, do disfarce e da farsa, onde fica a realidade e o que vale realmente a pena ter, e quem tem? Eu diria que há uma só coisa principal, e é o respeito — não de todos, porque os homens que querem isso são fúteis e tolos —, mas de um homem cujo respeito vale alguma coisa. (Essas são regras para meninos. As mulheres não participam do jogo do respeito no mundo de *Cassino Blues*: ganham atenção favorável de outras formas.) Os meios de obter e avaliar este e outros tipos de respeito de homem para homem podem formar a base para uma dissertação de sociobiologia — a encarada primata masculina, por exemplo, ou quem olha para quem, e como, e o que significa o olhar.

Além de ser capaz de encarar, você tem respeito — pelo que deduzo —, sendo sério com as coisas que contam, sem falar demais, sabendo do que está falando — há muita troca de sabedoria popular neste livro, sobre o blues e seus cantores, sobre a Guerra Civil, sobre como montar um tanque de mergulho e, bem menos encantador, sobre os jogos de beisebol de outrora[35]. Se você já tem respeito, e especialmente se for um rei do crime, precisa conservar esse respeito não sendo preguiçoso e arrogante, ou seu cérebro vai virar um mingau.

Mas acima de tudo você consegue respeito fazendo uma coisa difícil parecer fácil. É assim que Dennis consegue o respeito de Robert. "Adoro ver as pessoas que fazem parecer fácil o que elas fazem. Sem falhas, nenhuma ponta solta", diz ele sobre o número de Dennis. Um terceiro comenta, "O cara lá em cima no ar, girando e se torcendo, está no controle de si mesmo, mostrando como é frio. E Robert é frio. Ele cola em Dennis porque o respeita como homem". As mulheres não avaliam esse tipo de comportamento da mesma forma. Quando Dennis encharca a roupa com gasolina de alta octanagem e se incendeia para um salto em bola de fogo, Robert diz, "Rapaaaz". Mas sua companheira diz, "Grandes merdas". Quando as mulheres admiram Dennis, estão olhando seu corpo — o que pode servir para elas. Mas Robert admira a coragem e a técnica.

Billy Darwin, empregador de Dennis, tem sua própria versão de "grandes merdas". Ele comete o erro de pensar que a coisa é fácil porque parece fácil. Minimiza o que Dennis faz, "parecendo o cara

---

[35] O personagem que tagarela sobre beisebol é para ser chato. O truque é ver como ele intromete sua obsessão em qualquer tema que seja. Se você se cansar disso, pode fazer o que Dennis faz: desligar-se.

legal enquanto te coloca no seu lugar, desprezando o que você fez para ganhar a vida", depois mergulha ele mesmo da torre para demonstrar sua frieza e a moleza que é. E se dá mal.

E é possível que esta seja nossa espiadinha nos bastidores, nas sombras onde o autor espreita. Será que Leonard ouviu por vezes demais que o que ele faz profissionalmente há décadas, ou trinta e sete vezes, na verdade é fácil porque ele faz parecer fácil? Só porque é um parque de diversões e as pessoas se entretêm com o que você faz, isso significa que não é uma habilidade séria? Será que ele gostaria de ver alguns desses críticos saltarem eles mesmos da torre? Se você esteve em encruzilhadas e fez o pacto, e conseguiu o *mojo* — que se revela dependente de muito trabalho árduo e prática, como no ilusionismo —, quem sabe você não fica meio irritado por um juízo errôneo desses de vez em quando?

Não a ponto de perder a frieza, veja bem. Nem tanto assim.

34
TIFF E OS ANIMAIS

(POR OCASIÃO DE EVENTO EM MEMÓRIA DE TIMOTHY FINDLEY, CONVOCATION HALL, UNIVERSIDADE DE TORONTO, 29 DE SETEMBRO DE 2002)

O QUE PODEMOS dizer quando tudo já foi dito? Que tal: *Não será a mesma coisa. Teremos saudades dele. Ele era criativo, de uma generosidade extravagante, único.* O que mais?

O que mais?, eu disse a Tiff — figurativamente, porque ainda não sou uma pessoa verdadeiramente louca saída de um dos livros dele. Tiff deu uma daquelas gargalhadas cheias de fumaça e disse, E os animais?

Ora essa, sim. Sempre houve animais, na vida e no trabalho. Gatos, muitos deles. Em Stone Orchard, sua fazenda, uma casa cheia deles. Cães, às vezes. Aves, de vez em quando. Um urso certa vez. Todo o zoológico em seu livro *Not Wanted on the Voyage*. E todo um bando de coelhos.

O que é essa *coisa* que você tinha com Peter Rabbit?, perguntei a Tiff. Você conseguiu incluí-lo muito. Não era só por capricho, era? Você sabia que ele não era um brinquedo de pelúcia fofo ou uma caneca infantil de leite, embora os colecionasse. É uma história sombria, pensando bem. Mas o que havia entre você e ele, exatamente? Uma vez você até o escolheu como seu Livro Proibido.

Peter Rabbit, declarou Tiff, naquela voz que era sempre a voz *dele* — embora ele fosse conhecido por fazer imitações maldosas, por exemplo, de mim —, Peter Rabbit, declarou ele, era Oscar Wilde ao contrário.

Ele devia estar se referindo ao Oscar que disse "Vivo com medo de não ser incompreendido". Isso em uma época em que ser gay não só era perigoso, mas um crime, como também quando Tiff era jovem.

E grande parte de sua obra gira em torno disso — ser incompreendido, e também não ser incompreendido, o que pode ser ainda pior. E o medo de ambas as coisas. O que disfarçar, o que revelar, quando mentir e quando deixar escapar, quais são as consequências de cada uma delas? Mas embora esse medo seja onipresente no texto de Tiff, aparece com mais frequência em um contexto social — o contexto dos outros. Ser diferente e seguir o próprio caminho podem desfazer a família, que às vezes rejeita você, mas às vezes aceita de volta.

Bem no começo do romance *The Last of the Crazy People*, o jovem mata cada um de seus parentes, o que é uma solução. Em *The Wars*, um jovem desfaz a família não só indo para a guerra, mas também por um ato proibido; depois escapa para o interior de sua permanente inconsciência ferida. Em *Pilgrim*, o menino-homem é mudo em um manicômio. (Ser mudo — ser sem voz —, ter sua voz tomada — ser incapaz de falar ou de se expressar —, esses temas são recorrentes.) Contudo, no último romance, *Spadework*, a família é desfeita pela deserção do marido/pai, que se apaixona por um homem; mas depois ela aceita o destruidor do lar de volta e o reintegra ao grupo social.

Essa é a solução Peter Rabbit; e nos tempos da adolescência de Tiff, quando os gays eram com tanta frequência rejeitados por suas relações e a proibição de ser gay era uma política oficial do Estado, como era difícil realizar-se, e, portanto, como era desejado. São as feridas do jovem que deixam as cicatrizes mais fundas.

Pense em como corre a história de Peter Rabbit. O pai de Peter morreu. Peter é o filho único de uma família que consiste em uma viúva e três filhas convencionalmente bem-comportadas. Mamãe Rabbit decreta um tabu — nada da horta do Sr. McGregor para Peter, nada de frutas e especialmente verduras proibidas, nada de homem grande e perigoso com botas imensas e um ancinho de cabo muito, muito comprido.

Mas Peter prontamente viola esse tabu. Ao fazer isso, corre o risco de arrasar ainda mais a precária família Rabbit. E lá vai ele fazer o que é proibido, envolvendo, neste caso, alfaces. Ele se dá mal e, como Oscar Wilde, é descoberto, perseguido e encarcerado — não no presídio Reading, mas em um regador. Porém, ele foge e, embora a essa altura se sinta muito doente, consegue voltar para a segurança e o calor humano da família, onde recebe cuidados e chá de camomila, e é colocado na cama. É preciso dizer que ninguém escreveu sobre os prazeres reconfortantes de um pijama limpo, fresco e imaculado melhor do que Tiff.

Em tantos livros de Tiff, o personagem se sente (e às vezes de fato é) um animal pequeno e indefeso em fuga, excluído por definição, doente ou cego, lacerado no corpo ou no coração, procurando um lugar que sirva de abrigo, onde não ficará mais só, mas será parte de um grupo amoroso; não será mais um *eu*, será um *nós*.

Assim, esta é minha interpretação, eu disse a Tiff. Você sempre quis mais crítica literária acadêmica de sua obra. Conseguiu?

Nada mau sobre Peter, disse ele. Embora meio exagerado quanto ao ancinho. Mas você deixou de fora algo sobre os animais em geral.

Como assim?, perguntei. Além do simples fato de que você gostava deles.

Eles não podem *falar*, disse ele. Não lhes é permitido ter *vozes*. Não os *ouvimos*. Eles vivem com medo de ser incompreendidos. Em geral são tão... *excluídos*. Eles estão à nossa mercê. E temos o *descaramento* absoluto de declarar que eles não têm alma!

Então há coelhos no Paraíso?, perguntei. Agora que está em condições de saber. Sem falar dos gatos.

Eu os *exigi*, disse Tiff. Não teria sido o Paraíso sem eles.

35

A MULHER INDELÉVEL

AO FAROL
DE VIRGINIA WOOLF

Li *Ao farol*, de Virginia Woolf, pela primeira vez quando tinha 19 anos. Tive de ler. Estava em um curso — "O Romance do Século XX" ou coisa parecida. Para mim não havia problema nenhum no romance do século XIX — as obras de Dickens, sentia eu, eram como as coisas deviam ser, pelo menos na Inglaterra: muita gente insana e muita neblina. Nem me dava tão mal assim com alguns romances do século XX. Hemingway eu conseguia entender mais ou menos — brinquei de guerra quando criança, eu ia pescar muito, conhecia as regras aproximadas das duas coisas, estava ciente de que os meninos eram lacônicos. Camus era depressivo o bastante para alguém no final da adolescência como eu, com sua angústia existencial e sombria, e ainda por cima com sexo sem prazer. Faulkner era minha ideia do que talvez fosse possível para... bom, para mim como escritora (o que eu queria ser), histeria fumegante, pântanos infestados de insetos sendo minha ideia de uma verossimilhança artística. (Eu conhecia esses insetos. Conhecia esses pântanos, ou pântanos muito parecidos. Conhecia essa histeria.) Que Faulkner pudesse também ser escandalosamente engraçado — na idade que eu tinha na época — estava além de mim.

Mas Virginia Woolf estava muito distante para o meu *self* de 19 anos. Por que ir ao farol, e por que criar tanto estardalhaço sobre ir ou não ir? Do que falava o livro? Por que todo mundo ficava tão travado com a Sra. Ramsay, que andava com um chapéu de feltro e mexia no jardim, que mimava o marido com colheradas de aquiescência diplomática, como minha mãe certamente chata? Por que alguém suportaria o Sr. Ramsay, aquele tirano citador de Tennyson, embora pudesse ser um gênio excêntrico decepcionado? Alguém se equivocara, ele grita, mas isso não tinha feito nenhum em mim. E Lily Briscoe, que queria ser artista e realizou muito deste desejo, mas que não parecia capaz de pintar muito bem, ou não para a própria satisfação? Na Woolflândia, as coisas são muito tênues. São muito fugidias. São muito inconclusivas. Elas são tão profundamente insondáveis. São como o verso citado por um poeta franzino em um conto de Katherine Mansfield: "Por que tem de ser sempre sopa de tomate?"

Aos 19 anos, eu não conhecia ninguém que tivesse morrido, com a exceção de meu avô, que era velho e morava longe. Nunca tinha ido a um funeral. Não entendia nada desse tipo de perda — da desintegração da tessitura física de vidas vividas, como o significado de um lugar pode mudar porque aqueles que antes estavam nele não estão mais. Não sabia nada da desesperança e da necessidade de tentar capturar essas vidas — resgatá-las, impedir que desaparecessem para sempre.

Embora eu fosse culpada de muitas falhas artísticas, essa era minha imaturidade que eu ainda não reconhecia como tal. Lily Briscoe sofre a agressão de um homem inseguro que insiste em lhe dizer que as mulheres não sabem pintar e não sabem escrever, mas eu não via por que ela ficaria tão aborrecida com isso: o sujeito obviamente era um fraco, então quem liga para o que ele pensa? De todo modo, ninguém jamais tinha me dito esse tipo de coisa, ainda não. (Mal sabia eu que logo começariam a dizer.) Eu não percebia que peso esses pronunciamentos podem ter, mesmo quando ditos por tolos, devido aos muitos séculos de autoridade celestial respeitável que há por trás deles.

Neste verão passado, quarenta e três anos depois, reli *Ao farol*. Por nenhum motivo em particular: eu estava em um espaço muito canadense, "o chalé", e o livro também, e eu tinha lido todos os romances policiais. Então pensei em experimentar de novo.

Como foi que, desta vez, tudo no livro parecia se encaixar tão completamente em seu lugar? Como eu pude ter deixado passar isso — sobretudo, os padrões, a arte — na primeira vez? Como pude ter deixado passar a ressonância da citação de Tennyson pelo Sr. Ramsay, que apareceu como uma profecia da Primeira Guerra Mundial? Como não tive a capacidade de compreender que a pessoa que pintava e a que escrevia eram na realidade a mesma? ("As mulheres não sabem escrever, as mulheres não sabem pintar...") E como o tempo passa por cima de tudo como uma nuvem, e objetos sólidos tremulam e se dissolvem? E como o retrato da Sra. Ramsay pintado por Lily — incompleto, insuficiente, condenado a ficar preso em um sótão — torna-se, enquanto ela acrescenta a única linha que costura tudo no fim, o livro que acabei de ler?

Alguns livros precisam esperar até que estejamos prontos para eles. Na leitura, muita coisa é uma questão de sorte. E que sorte eu tive! (Ou assim resmunguei comigo mesma, colocando meu velho chapéu de feltro e saindo para mexer no meu jardim insondável...)

36
A RAINHA DO QUINKDOM

THE BIRTHDAY OF THE WORLD AND OTHER STORIES
DE URSULA K. LE GUIN

The Birthday of the World é a décima coletânea de contos de Ursula K. Le Guin. Neste livro, ela demonstra mais uma vez por que é a rainha soberana de... mas logo damos com uma dificuldade, pois qual é a palavra adequada para o seu reino? "Kingdom? Ou, em vista de sua preocupação constante com as ambiguidades de gênero, seu "queendom", ou talvez — considerando como Le Guin gosta de misturar e combinar — seu "quinkdom"? Ou se pode dizer mais propriamente dela que não tem um reino desses, mas dois?

"Ficção científica" é a caixa em que sua obra costuma ser colocada, mas é uma caixa estranha: incha com descartes de toda parte. Nela foram espremidas todas aquelas histórias que não cabem confortavelmente no espaço familiar do romance socialmente realista ou da sala de visitas mais formal da ficção histórica, ou em outros gêneros compartimentalizados: faroeste, góticos, terror, gótico romântico e os romances de guerra, policiais e de espionagem. Suas subdivisões incluem a ficção científica propriamente dita (viagem no espaço cheia de engenhocas e baseada em teorias, viagem no tempo, ou ciberviagem a outros mundos, com presença frequente de alienígenas); fantasia científica (os dragões são comuns; as engenhocas são menos plausíveis e podem incluir varinhas mágicas); e ficção especulativa (a sociedade humana e seus possíveis futuros, que ou são muito melhores do que o que temos agora, ou muito piores). Porém, as membranas que separam essas subdivisões são permeáveis, e a norma é o fluxo osmótico de uma para outra.

A linhagem de "ficção científica", considerada de forma mais ampla, é muito longa, e uma parte de seus ancestrais literários é de máxima respeitabilidade. Alberto Manguel catalogou muitos no *Dicionário de lugares imaginários*: o relato que Platão faz da Atlântida está entre eles, além de *Utopia*, de Thomas More, e *As viagens de Gulliver*, de Jonathan Swift. Relatos de viagens a reinos desconhecidos com habitantes bizarros são tão antigos quanto Heródoto em seus momentos mais loucos, tão antigos quanto *As mil e uma noites*, tão antigos quanto Thomas, o Rimador. Os contos folclóricos, as sagas nórdicas e as aventuras de cavalaria são primos não muito distantes desses relatos, e foram aproveitados por centenas de imitadores de *O senhor dos anéis* e/ou *Conan, o bárbaro* — obras que antes bebiam sua água nas mesmas fontes, como fizeram seus predecessores, George MacDonald e H. Rider Haggard, de *Ela*.

Júlio Verne deve ser o mais conhecido dos primeiros ficcionistas inventores de engenhocas, mas o *Frankenstein*, de Mary Shelley, pode ser considerado a primeira "ficção científica" — isto é, a primeira ficção que tem ciência real —, por ter sido inspirado em experimentos com eletricidade, em particular a galvanização de cadáveres. Parte de suas preocupações ficaram no gênero (ou nos gêneros) desde então: mais especificamente, que preço deve ser pago pelo Homem Prometeico por roubar o fogo dos Céus? Na verdade, alguns críticos propuseram "ficção científica" como o último repositório ficcional para a especulação teológica. Céu, Inferno e transporte aéreo por meio de asas foram mais ou menos abandonados desde Milton, o espaço sideral foi a única cercania restante em que seres que parecem deuses, anjos e demônios ainda podem ser encontrados. C. S. Lewis, fantasista e amigo de J. R. R. Tolkien, chegou ao ponto de compor uma trilogia de "ficção científica" — muito leve na ciência, mas pesada na teologia, sendo a "nave espacial" um caixão cheio de rosas e a tentação de Eva reencenada no planeta Vênus, completa, com fruta luxuriosa.

Sociedades humanas reorganizadas também têm sido uma constante na tradição e foram usadas ao mesmo tempo para criticar nosso estado de coisas atual e sugerir alternativas mais agradáveis. Swift descreveu uma civilização ideal, embora — que coisa mais inglesa! — fosse povoada por cavalos. O século XIX, entusiasmado com os êxitos dos sistemas de esgoto e da reforma do sistema prisional, produziu várias ficções especulativas abertamente esperançosas. *Notícias de lugar nenhum*, de William Morris, e *Olhando para trás*, de Edward Bellamy, são primordiais entre elas, mas esta abordagem entrou tanto na moda que foi satirizada não só pela opereta *Utopia Limited*, de Gilbert e Sullivan, mas também por *Erewhon*, de Samuel Butler, em que a doença é um crime e o crime é uma doença.

Entretanto, à medida que o otimismo do século XIX deu lugar aos deslocamentos sociais procustianos do século XX — mais notadamente na antiga União Soviética e no antigo Terceiro Reich —, as utopias literárias, fossem sérias ou sarcásticas, foram deslocadas por versões mais sombrias delas mesmas. *A máquina do tempo*, *A guerra dos mundos* e *A ilha do Dr. Moreau*, de H. G. Wells, prefiguram o que veio logo a seguir. *Admirável mundo novo* e *1984* naturalmente são os mais conhecidos desses muitos páramos prescientes, com *R.U.R.*, de Karel Čapek, e as fábulas pesadelares de John Wyndham seguindo bem na cola.

É uma pena que uma só expressão — *ficção científica* — tenha servido para tantas variantes, e uma pena também que essa expressão tenha adquirido uma reputação duvidosa, se não francamente sórdida. É verdade que a proliferação da ficção científica nos anos

1920 e 1930 originou muitas *space operas* tomadas de monstros de olhos esbugalhados publicadas em revistas *pulp* e seguidas por filmes e programas de televisão que bebem pesadamente desse odorífero depósito. (Quem pode esquecer de *The Crawling Eye*, de *O cérebro que não queria morrer* ou de *O ataque da mulher de 15 metros*? Uma pergunta melhor: por que não conseguimos nos esquecer deles?)

Em mãos brilhantes, porém, a forma pode ser brilhante, como testemunha o uso talentoso de material de sci-trash em *Matadouro Cinco*, de Kurt Vonnegut, ou o linguisticamente inventivo *Riddley Walker*, de Russell Hoban, ou *Fahrenheit 451* e *As crônicas marcianas*, de Ray Bradbury. (Jorge Luis Borges era um fã deste último livro, o que não surpreende.) A ficção científica às vezes é só uma desculpa para capa e espada e sexo pervertido travestidos, mas também pode proporcionar um kit para examinar os paradoxos e os tormentos do que no passado era carinhosamente chamado de a condição humana: qual é nossa verdadeira natureza, de onde viemos, para onde vamos, o que estamos fazendo de nós mesmos, de que extremos somos capazes? Dentro da caixa de areia em geral caótica da fantasia científica, aconteceu parte da mais consumada e sugestiva obra intelectual do século passado.

O que nos leva a Ursula K. Le Guin. Não há dúvida de sua qualidade literária: a prosa elegante, as premissas cuidadosamente pensadas, o *insight* psicológico e a percepção inteligente que lhe granjearam o National Book Award, o Kafka Award, cinco prêmios Hugo, cinco prêmios Nebula, um Newberry, um Jupiter, um Gandalf e uma braçada de outros prêmios, grandes e pequenos. Seus dois primeiros livros, *Planeta do exílio* e *O mundo de Rocannon*, foram publicados em 1966 e desde então ela publicou dezesseis romances e dez coletâneas de contos.

Coletivamente, esses livros criaram dois universos paralelos principais: o universo de Ekumen, que é ficção científica propriamente dita — naves espaciais, viagens interplanetárias, e assim por diante —, e o mundo de Terramar. Este último deve ser chamado de "fantasia", suponho, uma vez que contém dragões e bruxas e até uma escola de magos, embora esta instituição esteja muito distante da Hogwarts de *Harry Potter*. Podemos dizer — em sentido muito amplo — que a série Ekumen se preocupa com a natureza da natureza humana: até onde podemos nos estender e ainda permanecermos humanos? O que é essencial em nosso ser, o que é contingente? A série Terramar ocupa-se — mais uma vez, no sentido amplo — da natureza da realidade e da necessidade da mortalidade, e também da linguagem com relação a sua matriz. (É bem complicado fazer uma série que foi promovida como adequada para a idade de 12 anos, mas talvez a falha esteja nos diretores de marketing. Como *Alice no País das Maravilhas*, essas histórias falam a leitores de muitos níveis.)

As preocupações de Le Guin não são divididas em dois pacotes estritamente distintos, é claro: os dois mundos são escrupulosamente atentos aos usos devidos e indevidos da linguagem; ambos têm seus personagens preocupados com gafes sociais e enrolados com costumes estrangeiros; ambos se preocupam com a morte. Mas no universo de Ekumen, embora exista muita estranheza, não há magia, a não ser a magia inerente à criação em si.

O que impressiona em Le Guin como escritora é que ela conseguiu criar esses dois reinos, não só paralelamente, mas ao mesmo tempo. O primeiro livro Terramar, *O feiticeiro de Terramar*, apareceu em 1968, e *A mão esquerda da escuridão*, o famoso clássico da série Ekumen, em 1969. Qualquer um dos dois teria sido suficiente para estabelecer a reputação de Le Guin como uma mestra de seu gênero; os dois juntos fazem suspeitar que a autora teve o benefício de drogas misteriosas ou articulações criativas duplas ou é ambidestra. Não é à toa que Le Guin invoca a destreza manual em seu quarto título: assim que começamos a falar da mão *esquerda*, aparece toda sorte de conotações bíblicas. (Embora a mão esquerda seja a sinistra, Deus também tem mão esquerda, então as mãos esquerdas não podem ser de todo ruins. Sua mão direita deve saber o que a esquerda está fazendo, e se não sabe, por que não? E por aí vai.) Como certa vez disse Walter Benjamin, os golpes decisivos são desferidos com a mão esquerda.

Ursula K. Le Guin continuou a explorar, descrever e dramatizar seus dois principais reinos fictícios pelos trinta e seis anos que se passaram desde a publicação do seu primeiro romance. Mas como os contos de *The Birthday of the World* são histórias da série Ekumen — com duas exceções —, ele também se concentra no mundo de ficção científica em lugar daquele de fantasia. As premissas gerais da série Ekumen são as que se seguem. Existem muitos planetas habitáveis no universo. Muito, mas muito tempo atrás eles foram "semeados" por um povo chamado Hainish, viajantes do espaço de um planeta semelhante à Terra, passou-se algum tempo, aconteceram perturbações e cada sociedade ficou por conta própria para se desenvolver segundo linhas diferentes.

Agora, com a criação de uma federação interplanetária benevolente chamada o Ekumen, exploradores são enviados para ver o que foi feito daquelas sociedades longínquas mas ainda hominídeas ou talvez até humanas. O objetivo não é a conquista nem o trabalho missionário: a compreensão e o registro não invasivos e não diretivos são a função exigida destes exploradores ou embaixadores, conhecidos como Mobiles. Várias engenhocas lhes são dadas para operarem em meio ao "alheio trigo", e eles recebem um dispositivo prático chamado *ansible*, tecnologia que todos deveríamos ter, porque permite a transmissão instantânea de informações de um planeta a outro, cancelando assim os efeitos de *delay* da quarta dimensão. Além disso, parece que jamais cai, como o correio eletrônico da internet. Sou plenamente a favor.

Aqui é preciso mencionar que a mãe de Le Guin era escritora, o marido, historiador, e o pai, antropólogo; assim ela esteve cercada a vida toda de pessoas cujos interesses se articulavam com os dela. A ligação com a escrita, por intermédio da mãe, é evidente. O conhecimento histórico do marido deve ter sido muito útil: há mais do que um eco em sua obra dos tipos de eventos em geral desagradáveis que mudam o que chamamos de "História". Mas a disciplina do pai, antropologia, merece menção especial.

Se a parte "fantasia" da ficção científica tem uma grande dívida para com os contos folclóricos, os mitos e as sagas, a parte "ficção científica" deve igualmente ao desenvolvimento da arqueologia e da antropologia como disciplinas sérias, distintas dos saques a tumbas e da exploração pela exploração que as precederam e continuam junto com elas. A descoberta de Nínive feita por Layard na década de 1840 teve o efeito de um abridor de latas no pensamento vitoriano sobre o passado; Troia, Pompeia e o Egito antigo foram igualmente hipnóticos. Graças às novas descobertas e escavações recentes, os conceitos europeus de civilizações do passado foram reordenados, portas da imaginação se abriram, opções de guarda-roupa se expandiram. Se as coisas antigamente eram diferentes, talvez possam ser diferentes de novo, em particular no que diz respeito a vestuário e sexo — duas questões que fascinavam particularmente escritores imaginativos vitorianos e do início do século XX, que desejavam menos do primeiro e mais do último.

A antropologia chegou um pouco depois. Culturas foram descobertas em locais remotos que eram muito diferentes do Ocidente moderno, e em lugar de serem eliminadas ou subjugadas, eram levadas a sério e estudadas. Em que essas pessoas são como nós? Em que são diferentes? Será possível compreendê-las? Quais são seus mitos fundadores, suas crenças em uma vida após a morte? Como arranjam seus casamentos, como funcionam seus sistemas de parentesco? De que se alimentam? E quanto ao (a) vestuário e (b) sexo? O que em geral se descobriu — apesar do trabalho de vários pesquisadores talvez ávidos demais, como Margaret Mead — foi que (a) mais escasso e (b) mais satisfatório que o nosso.

Os antropólogos fazem — ou deviam fazer — mais ou menos o que os Mobiles da construção do Ekumen de Le Guin devem fazer: vão a plagas distantes, olham, exploram sociedades estrangeiras e tentam entendê-las. Depois registram, em seguida transmitem. Le Guin conhece os truques do ofício e também suas armadilhas: seus Mobiles recebem desconfiança e são enganados quando estão em campo, como foram antropólogos da vida real. São usados como peões políticos, são desprezados como forasteiros, são temidos porque têm poderes desconhecidos. Mas são também profissionais dedicados e observadores treinados, e seres humanos com uma vida pessoal própria. É isso que torna críveis os Mobiles e as histórias que contam, e o tratamento de Le Guin é cativante como uma escrita em si mesma.

É informativo comparar duas das introduções de Le Guin: aquela que ela escreveu para *A mão esquerda da escuridão* em 1976, sete anos depois do lançamento do livro, e o prefácio que agora escreveu para *The Birthday of the World*. *A mão esquerda da escuridão* acontece no planeta de Gethen, conhecido como Inverno, onde os habitantes não são homens, nem mulheres, nem hermafroditas. Em vez disso, eles têm fases: uma fase assexuada seguida de uma fase sexuada, e durante esta última cada pessoa muda para o gênero que for adequado para a ocasião. Assim todos podem ser, durante a vida, mãe e pai, penetrador e penetrada. Na abertura do conto, o "rei" é ao mesmo tempo louco e grávido, e o observador não getheniano do Ekumen fica completamente confuso.

Este romance surgiu no início do período mais acalorado do feminismo dos anos 1970, quando as emoções estavam muito exaltadas sobre assuntos relacionados com os gêneros e seus papéis. Le Guin foi acusada de querer que todos fossem andróginos e de prever que no futuro seriam; por outro lado, acusaram-na de ser antifeminista porque usou o pronome "ele" para denotar pessoas que não estavam em "kemmer" — a fase sexuada.

A introdução da autora para *A mão esquerda da escuridão* é, portanto, meio abrupta. A ficção científica não deve ser meramente extrapolativa, diz ela; não deve pegar uma tendência do presente e projetá-la no futuro, chegando assim, pela lógica, a uma verdade profética. A ficção científica não pode prever, como também nenhuma outra ficção, quando as variáveis são muitas. Seu próprio livro é um "experimento mental", como *Frankenstein*. Começa com "Digamos que", segue com uma premissa, depois observa para saber o que vai acontecer. "Em uma história assim concebida", diz ela, "a complexidade moral própria ao romance moderno não precisa ser sacrificada [...] o pensamento e a intuição podem se mover livremente dentro dos limites criados apenas pelos termos do experimento, que na verdade podem ser bem amplos."

O propósito de um "experimento mental", escreve ela, é "descrever a realidade, o mundo presente". "O trabalho de um ficcionista é mentir" — a mentira interpretada do jeito habitual do ficcionista, isto é, como um método ardiloso de dizer a verdade. Por conseguinte, a androginia descrita em seu livro não é nem previsão nem prescrição, apenas descrição: a androginia, metaforicamente falando, é um traço de todos os seres humanos. Com aqueles que não entendem que metáfora é metáfora e ficção é ficção, ela fica bastante irritada. É de se supor que tenha recebido muita correspondência extremamente esquisita de fãs.

O prefácio de *The Birthday of the World* é mais suave. Vinte e seis anos depois, a autora travou suas batalhas e é uma figura estabelecida na paisagem da ficção científica. Pode ser menos didática, mais encantadoramente franca, meio aloucada. O universo do Ekumen agora parece confortável a ela, como "uma camisa velha". Mas não tem sentido esperar que ele seja coerente: "Sua Linha do Tempo parece algo que um filhote de gato tirou do cesto de tricô, e grande parte de sua História consiste em hiatos." Neste prefácio, Le Guin descreve o processo, e não a teoria: a gênese de cada conto, os problemas em cuja solução teve de pensar. Em geral, ela não trama seus mundos: ela se encontra neles, depois começa a explorá-los como, bem, como uma antropóloga. "Primeiro criar diferença", diz ela, "[...] depois deixar que o arco flamejante da emoção humana salte e feche o hiato: esta acrobacia da imaginação me fascina e satisfaz quase como nenhuma outra."

Há sete contos mais curtos em *The Birthday of the World* e um que pode ser classificado como novela. Seis dos sete primeiros são histórias do Ekumen — fazem parte da "camisa velha". O sétimo provavelmente pertence a esse lugar, embora a autora não tenha certeza. O oitavo é ambientado em um universo inteiramente diferente — o "futuro" genérico e compartilhado da ficção científica. Todos os contos, exceto o oitavo, preocupam-se em grande parte — como diz Le Guin — com "arranjos peculiares de gênero e sexualidade".

 Todos os mundos imaginados devem ter alguma provisão para o sexo, com ou sem couro preto e tentáculos, e a peculiaridade dos arranjos é um antigo tema na ficção científica: pensa-se não só em *Herland: a Terra das Mulheres*, de Charlotte Perkins Gilman, onde os gêneros vivem separadamente, mas também em *A Crystal Age*, de W. H. Hudson, retratando um estado neutro como das formigas, ou "Consider Her Ways", de John Wyndham, também baseado em um modelo himenóptero, ou *Woman on the Edge of Time*, de Marge Piercy, que experimenta a igualdade absoluta entre os gêneros. (Os homens amamentam no peito: fiquem atentos a esta tendência.) Mas Le Guin leva as coisas muito mais além. No primeiro conto, "Coming of Age in Karhide", vemos o planeta Gethen/Inverno não pelos olhos de um Mobile, mas pelos de um getheniano que acaba de entrar na adolescência: que gênero ele/ela vai assumir primeiro? Este conto é não só erótico, mas feliz. Por que não, em um mundo em que o sexo sempre ou é espetacular ou não causa preocupação alguma?

As coisas não são tão alegres em "The Matter of Seggri", onde há um desequilíbrio de gênero: muito mais mulheres do que homens. As mulheres mandam em tudo e casam-se entre si com parceiras na vida. Os raros filhos meninos são mimados pelas mulheres, mas quando homens eles devem ter uma vida segregada em castelos, onde se vestem bem, se exibem, encenam lutas públicas e são alugados como garanhões. Eles não têm muita diversão. É como ficar preso para sempre numa federação de luta livre.

"Unchosen Love" e "Mountain Ways" acontecem em um mundo chamado O, criado por Le Guin em *A Fisherman of the Inland Sea*. Em O, você deve se casar com outras três pessoas, mas só pode fazer sexo com duas delas. Os quartetos devem consistir em um homem Morning e uma mulher Morning — que não podem fazer sexo — e um homem Evening e uma mulher Evening, que também não fazem sexo. Mas espera-se que o homem Morning faça sexo com a mulher Evening e também o homem Evening, e a mulher Evening deve fazer sexo com o homem Morning e também com a mulher Morning. Reunir esses quartetos é um dos problemas enfrentados pelos personagens, e mantê-los na ordem — com quem você pode, com quem é tabu — é um problema tanto para o leitor quanto para a autora. Le Guin teve de desenhar diagramas. Como diz ela, "Gosto de pensar nas relações sociais complexas que produzem e frustram relacionamentos com alta carga emocional".

"Solitude" é um conto meditativo sobre um mundo em que o convívio é profundamente suspeito. As mulheres vivem sós nas próprias casas em uma *auntring* ou aldeia, onde fazem cestos e praticam jardinagem, e também a arte não verbal de "ser consciente". Só as crianças vão de uma casa a outra, aprendendo a tradição. Quando as meninas chegam à maioridade, fazem parte de uma *auntring*, mas os meninos devem partir para se juntar a bandos de adolescentes e sobreviver no meio selvagem. Eles lutam, e aqueles que sobrevivem tornam-se machos procriadores, vivendo timidamente em choças de eremitas, guardando as *auntrings* de longe e sendo visitados pelas mulheres, que "patrulham" para fins de acasalamento. Essa configuração, apesar de suas satisfações espirituais, não é boa para todos.

"Old Music and the Slave Women" toca em um ponto sensível, inspirado como foi por uma visita a uma antiga *plantation* no Sul dos Estados Unidos. No planeta de Werel, escravagistas e antiescravagistas estão em guerra, e o sexo entre os escravagistas é uma questão de estuprar as lavradoras. O personagem principal, oficial da inteligência da embaixada do Ekumen, entra em discussões sobre direitos humanos e depois se mete em graves problemas. De todos os contos, este é o que chega mais perto de consubstanciar a alegação de Le Guin de que a ficção científica descreve nosso próprio mundo. Werel pode ser qualquer sociedade dividida pela guerra civil: o que quer que esteja acontecendo, é sempre brutal, e Le Guin, embora às vezes seja uma escritora lírica e comovente, nunca se esquivou do necessário sangue.

O conto do título do livro é construído em uma base inca, com um toque de Egito antigo. Um homem e uma mulher juntos formam Deus. As duas posições são hereditárias e criadas por casamento de irmão com irmã; os deveres de Deus incluem a adivinhação pela dança, que leva o mundo a renascer todo ano.

A governança é realizada por mensageiros de Deus, ou "anjos". O que acontece quando uma presença estrangeira mais poderosa entra nesse mundo altamente estruturado e o sistema de crenças que o sustenta vira farelo? Dá para imaginar, ou você pode ler *A conquista do Peru*. Todavia, este conto delicado é estranhamente corajoso, estranhamente esperançoso: o mundo acaba, mas também está sempre começando.

O último conto, "Paradises Lost", continua no tom de renovação. Muitas gerações nasceram e morreram a bordo de uma espaçonave de longa distância. Durante a viagem, surge uma nova religião, cujos adeptos acreditam que agora estão de fato no Paraíso. (Se for assim, o Paraíso é tão tedioso como alguns sempre temeram.) E então a nave chega ao destino proposto para ela séculos antes e seus habitantes devem decidir se continuam no "Paraíso" ou descem a uma "bola de terra" cuja flora, fauna e micróbios lhes são completamente desconhecidos. A parte mais agradável deste conto, para mim, foi a libertação da claustrofobia: por mais que eu tentasse, não conseguia imaginar por que alguém ia preferir a nave.

Le Guin também se coloca do lado da bola de terra e, por extensão, de nossa própria bola de terra. Qualquer outra coisa que ela possa fazer — onde quer que sua inteligência curiosa possa levá-la, quaisquer que sejam as voltas e os nós de motivação, trama e genitália que ela possa inventar —, nunca perde o contato com sua reverência pelo imenso *o que é*. Todos os contos são, como disse a própria Le Guin, metáforas para uma história humana; todos os planetas fantásticos são este, embora disfarçados. "Paradises Lost" nos mostra nosso próprio mundo natural como um Paraíso Reconquistado recém-descoberto, um reino de assombro; e nisto Le Guin é quintessencialmente uma escritora americana, ou do tipo para quem a busca pelo Reino Pacífico é contínua. Talvez, como Jesus sugeriu, o reino de Deus esteja dentro de nós; ou talvez, como glosou William Blake, esteja dentro de uma flor do campo, vista corretamente.

O conto — e o livro — termina com uma dança minimalista, em que uma velha e um velho aleijado celebram, na verdade veneram, a bola de terra comum que os sustenta depois de eles deixarem a nave. "Balançando-se, ela erguia os pés descalços da terra e os baixava enquanto ele ficava parado, segurando suas mãos. Eles dançavam juntos assim."

INTRODUÇÃO

GROUND WORKS
ORGANIZAÇÃO DE CHRISTIAN BÖK

Ground Works é uma antologia de ficção experimental de escritores que surgiram na cena mais rebelde da literatura deste país quase quarenta anos atrás.

Admito ser a instigadora deste livro. Batalhei por ele porque todo um corpo de obras que merecia ser recordado e colocado em seu contexto original estava escapando de vista, deixando os jovens com a impressão de que não havia nada de inortodoxo neste país antes do pessoal começar a colocar *piercing* na língua. Mas eu não quis confiar em minha capacidade crítica agora um tanto artrítica, então Christian Bök, um jovem escritor experimental do século XXI, foi solicitado a fazer a seleção e a organização, e é, portanto, o principal editor do livro. O resultado é uma espécie de criatura Ogopogo: ouvimos rumores sobre a existência de algo misterioso, invisível e impossível, agora aqui está o instantâneo borrado. Está vendo? Tinha alguma coisa ali embaixo o tempo todo!

A expressão *ficção experimental* cobre muitos territórios. Também me deixa um pouco nervosa, porque fui criada com cientistas e conheço seu caráter obstinado e firmeza de propósitos, e a expressão ficção experimental em si é um tributo à reverência do início do século XX a esse ramo específico do conhecimento humano. A reverência pode ter desbotado um pouco, mas a expressão permanece, deixando para trás um fraco sopro de formol e Dr. Frankenstein: a dissecção da linguagem e da narrativa, e sua remontagem em monstros falantes, pode nos parecer fria. Mas o próprio Dr. Frankenstein não era de sangue frio; era um transgressor de normas sociais, um infrator de leis, um idealista subversivo, um crente fervoroso no novo e no potencial; e o mesmo acontece com muitos escritores "experimentais".

De que modo a ficção pode ser experimental? Por um lado, toda ficção é experimental, no sentido de que se arrisca no desconhecido e tenta provar uma hipótese. Assim:

HIPÓTESE: a) De que esta peça de ficção realmente pode ser escrita pelo autor que tenta fazê-la, e b) de que pode em seguida prender a atenção de um leitor.
DEMONSTRAÇÃO: A peça de ficção.
CONCLUSÃO: Alguém realmente lê o livro todo, sem jogá-lo na parede.

Mas isso é amplo demais. O que queremos dizer por "ficção experimental" é ficção que estabelece determinadas regras para si mesma — regras que não são as mesmas seguidas pela ficção convencional de seu tempo — e depois passa a obedecer aos seus próprios novos mandamentos, enquanto subverte as convenções segundo as quais os leitores compreenderam o que constitui uma obra literária propriamente dita. Há um leve ar de espiada embaixo da saia, de xeretar atrás do cenário retórico. Textos assim podem beirar a paródia ou uma piada comprida — a história de Woody Allen sobre a máquina que permite que pessoas reais entrem como personagens em livros conhecidos, a paródia de Pozzo de uma descrição do poente em *Esperando Godot*, o uso de Michael Ondaatje das convenções do romance *pulp* para sincronizar sua saga Billy the Kid — o que não exclui a possibilidade de serem, ao mesmo tempo, profundamente inquietantes. As linhas aceitas de narrativa são viradas de cabeça para baixo, a linguagem é esticada e puxada de dentro para fora, os personagens não permanecem "dentro do personagem". Assim, os escritores desta antologia — pelo menos na obra representada aqui — estavam mais interessados em colorir fora das linhas, e não dentro delas, e alguns até tinham em mente jogar todo o livro de colorir no fogo e começar por uma folha de papel inteiramente nova.

O que tinha no Canadá dos anos 1960 para ser terreno tão fértil para esse tipo de escrita? Em parte era um lugar mais estranho do que costuma se supor, de muitas formas — quem se lembra do LSD que fluía tão livremente em Londres, Ontário, nos anos 1950, bem antes da era de Timothy Leary, sem falar das orgias na catedral? Era estranho também no meio literário. Que outro país teria produzido um conjunto de éclogas no estilo Edmund Spenser faladas por um bando de gansos? (*A Suit of Nettles*, James Reaney, 1958.) Em parte, também, era um campo aberto — alguns talvez digam que era um terreno baldio. Muitas das condições que hoje são dadas como certas — de que há um "cânone" canadense, de que um escritor canadense pode ser amplamente conhecido, respeitado e solvente, de que é possível conseguir uma dotação, ou um contrato com o cinema, ou ensinar escrita criativa, ou ganhar grandes prêmios, de que existem coisas como turnês de promoção do livro e festivais literários, de que é possível morar no Canadá e atuar como escritor profissional com uma "carreira" nacional, e não uma internacional —, essas condições mal existiam no mundo da literatura dos anos 1950 e 1960, quando os autores presentes nesta antologia ainda tinham os dedos dos pés na linha de largada. A natureza abomina o vácuo, e a literatura também. Não há nada mais propício para escrevinharmos do que uma página em branco.

Existiram ficcionistas canadenses muito conhecidos antes — a fama de L. M. Montgomery, autor de *Anne de Green Gables*, por exemplo, ou Mazo de la Roche com seus romances da série Jalna, ou, em um plano literário superior, Morley Callaghan — mas, de regra, estes entraram em cena por meio de editoras não canadenses e foram depois distribuídos no Canadá por agentes ou filiais de editoras. Existia também uma indústria editorial de propriedade canadense, que tinha até uma distribuidora em massa de livros baratos de capa dura, mas a Depressão, a Segunda Guerra Mundial e o advento da indústria de brochuras controlada pelos EUA abriram grandes buracos nela. Depois da guerra, a velha ordem mudou: o Império Britânico como força política estava praticamente defunto e qualquer escritor associado com ele era *passé*; a nova onda de dinheiro que entrava no Canadá era americana, como a nova onda de escritores amplamente lidos. Esta — com algumas poucas exceções — era uma via de mão única, em sua maior parte.

Morley Callaghan dava como certo que um jovem escritor começaria no mercado de revistas dos EUA e seria publicado em Nova York — a rota que ele mesmo tomou —, mas esse era um cenário cada vez mais improvável.[36] Os jovens escritores "experimentais" canadenses sentiam-se excluídos — "canadenses" demais, o que quer que isso significasse, para serem publicados internacionalmente, e radicais demais em sua abordagem à escrita para que fossem publicados prontamente nas mais ou menos cinco editoras estabelecidas, mas enclausuradas, de língua inglesa no Canadá que funcionavam na época. Essas editoras estimaram — com correção suficiente — que nesses tempos recentemente pós-coloniais, quando se pensava que os lugares culturais "reais" estavam em outro lugar, o público para a literatura canadense não

---

[36] Ver *Canadian Novelists and the Novel*. Org. Douglas Daymond e Leslie Monkman. Borealis: Ottawa, 1981. Ou entre em contato com o Canadian Centre for Studies in Publishing.

era grande o bastante para justificar seu investimento em um romance, a não ser que se pudesse conseguir a parceria de uma editora estrangeira. Porém, sendo o Canadá visto nos "States" como o lugar de onde vinha a neve, e sendo a categoria "escritor canadense" considerada um oximoro por críticos culturais londrinos, os parceiros estrangeiros dispostos a assumir o risco eram poucos.

Se você fosse um jovem escritor frustrado que se desesperou para conquistar um lugar no Canadá, sempre podia se mudar, é claro; podia morar em outro lugar e começar a publicar ali, e foi o que fizeram alguns romancistas. Ou, se fosse poeta, podia produzir seu trabalho e o dos amigos em pequenas editoras e enfiá-los em revistas mimeografadas, como a *Tish* e a *The Sheet*, ou até em produções de projeto gráfico mais bonito como a *Emblem Books* e a *Alphabet*; já havia uma tradição desse tipo de publicação no Canadá. Você podia "ser publicado" pelo rádio, no programa de Robert Weaver, *Anthology* — praticamente o único lugar que lhe pagava dinheiro de verdade. Podia — a partir dos anos 1960 — ler sua poesia em voz alta, em algumas cafeterias escuras e enfumaçadas que promoviam séries de leituras; e ali podia conhecer poetas internacionais — em geral americanos — que estavam de passagem pela cidade.

Ou você podia, sozinho ou com outros escritores, raspar alguns dólares e criar uma editora nova e pequena. E foi o que de fato aconteceu, mais ou menos nesta ordem. Contact Press, Coach House Press, House of Anansi Press, Talonbooks, Blew-Ointment Press, Sono Nis e Quarry Press estavam entre os muitos empreendimentos semelhantes que começaram assim naquela época. Muitos escritores representados aqui, mas não todos, também eram poetas, e muitas editoras que os publicaram pela primeira vez começaram com a poesia; do início até meados dos anos 1960. As sobreposições — poetas publicando poetas em editoras dedicadas a poesia — eram consideráveis. Michael Ondaatje foi durante anos membro do coletivo Coach House; eu mesma trabalhei como editora da House of Anansi Press. Andreas Schroeder trabalhou na Sono Nis; George Bowering foi um dos fundadores da revista *Tish*; e esses são apenas alguns exemplos.

Essa cena não era idílica. Segundo minha própria experiência, as editoras pequenas eram um viveiro de inveja, intrigas e poças de sangue no chão, secundadas somente pela Roma de Calígula. A Coach House Press se virava nos primeiros dias consumindo uma grande quantidade de substâncias psicoativas — "Impresso no Canadá por doidões de ácido desmiolados", dizia seu logo, junto de "Copyright é obsoleto" —, mas na House of Anansi não havia tantas drogas, mas bebida, e ninguém saía de lá sem uma faca entre as omoplatas. Ninguém, menos alguém louco, ou alguém que sofreu lavagem cerebral das Guias e Escoteiras do Canadá e foi levado a pensar que tinha de fazer O Bem para os Outros, teria ficado nessa situação por muito tempo. O que eu era? Um pouco das duas coisas. Mas isso é outra história.

Os escritores publicados em *Ground Works*, como grupo, nasceram nos anos 1930 e 1940. Não eram *baby boomers*: antecederam essa onda. Quando crianças, estavam mais perto dos tempos da Depressão, e também dos tempos da guerra, quando o Canadá de fato parecia atraente. Vinham da era intelectual no zênite dos intelectuais franceses do pós-guerra; liam os grandes modernistas como coisa natural. O existencialismo era a palavra de ordem filosófica da época; Brecht, Sartre e o Teatro do Absurdo eram representados frequentemente nos campi universitários; o "experimental" estava no ar. Esse período se seguiu aos anos McCarthy, transitou pela era dos beatniks e levou aos dias do movimento pelos direitos civis e depois à era da Guerra do Vietnã. Era uma época de fermento e mudança, e do caldeirão saiu — mais ou menos nessa época — a ideia de nacionalismo cultural. Esta é uma coisa bem modesta no Canadá, consistindo principalmente, como foi, em uma proclamação da própria existência, mas ainda assim provocou um bom alvoroço. (O Canadá era na época, e ainda é, um daqueles lugares estranhos em que grandes doses de patriotismo são consideradas não patrióticas e onde os poderosos têm a firme crença de que um barco que balança sempre afunda.)

Esse também foi, na literatura, talvez o período mais completamente dominado por homens nos últimos cem anos. Internacionalmente, as grandes modernistas mulheres pertenciam ao primeiro terço do século XX. (Das canadenses, Elizabeth Smart era então desconhecida, acreditava-se que Mavis Gallant, se notada foi, era americana, e Sheila Watson tinha escrito *The Double Hook* algum tempo antes da publicação definitiva em 1961, quando apareceu bem a tempo de animar muitas de nós.) Os novos escritores em voga que faziam a estreia no final da década de 1940 e da de 1950, e no início dos anos 1960, eram quase todos homens. Muitos motivos podem ser dados para esse estado de coisas, mas basta dizer que a realidade era essa e ela — bem como o fato observável de que os homens, historicamente, têm tido mais interesse na literatura como um jogo do que as mulheres — conta para a escassez de escritoras nesta coletânea. Mais escritoras de todos os tipos apareceriam no Canadá em breve. Margaret Laurence chegaria à proeminência, Alice Munro e Marian Engel publicariam no finalzinho dos anos 1960 e muitas outras se seguiriam, algumas que escreveram ficção "experimental" e estão incluídas neste livro. Mas escrever nos anos 1960 era principalmente coisa de homem, no Canadá como em outros lugares, tanto na literatura experimental como na "mainstream".

Também era algo urbano. A cidade pequena, a natureza selvagem, os temas nativos e o passado de pioneiros da literatura canadense inicial tinham sido descartados junto com o Império. Voltariam, mas ainda não tinham voltado.

INTRODUÇÃO: *GROUND WORKS*

Fiz o clima literário da época parecer inclemente, e foi mesmo. Não havia muita infraestrutura nem reconhecimento público — os escritores, quando se pensa bem, eram retratados como loucos barbudos que habitavam uma boemia insalubre ou uma torre de marfim assolada por ventanias; ou, se fossem mulheres, em particular as poetas, eram vistas como meia-boca, sendo que a boca inteira estaria na cabeça no forno, porque depois da saída recente e espetacular de Sylvia Plath, esse tipo de suicídio era quase *de rigueur*. A não ser que você estourasse em Nova York — uma chance ridícula —, havia poucas perspectivas de fama e riqueza. Mas, por outro lado, era uma época de uma liberdade imensa. Você não precisava se preocupar com as forças do mercado, porque quase não havia mercado nenhum: os números até para um "best-seller" canadense eram ínfimos, pelos padrões de hoje. Você podia percorrer estradas estranhas, porque não havia rodovias. Não se sentia sobrecarregado pela bagagem cultural de seu país, porque — oficialmente, pelo menos — ela não era muita. Você podia se perder na linguagem, porque as placas de sinalização eram poucas. Podia pegar suas influências de onde quisesse, porque, quem estava olhando?

Era um vale-tudo verbal: prevalecia um ecletismo impetuoso. Havia — estranhamente — um espírito de otimismo enorme: não havia muita coisa real, então tudo era potencial. Tudo estava à beira, prestes a acontecer. Sentimos, por algum tempo, como se realmente pudéssemos parar de ser quem nos diziam com tanta frequência que éramos — pequenos, chatos, irremediavelmente provincianos — e, como o albatroz, fomos direto do status de recém-emplumados para um voo nas alturas.

Ground Works nos permite olhar aqueles anos fervilhantes do passado.

(Depois disso, é claro, tudo mudou. Como de hábito.)

38

A CAIXA ERRADA: MATT COHEN, FABULISMO E TAXONOMIA CRÍTICA

> Todos os golpes decisivos são desferidos com a mão esquerda.
> — Walter Benjamin, citado por Matt Cohen na epígrafe a *Last Seen*

É IMPOSSÍVEL LER muito da obra de Matt Cohen sem chegar a uma conclusão evidente por si mesma: Cohen não é um realista em todo momento de sua escrita literária. No cerne de sua imaginação — embora nem sempre na superfície — está o reino da fábula.

Sherwood Anderson e Tchekhov aceitam um conjunto de pressupostos sobre o que pode ser colocado dentro dos parênteses da prosa de ficção; Poe, Gogol, Kafka, Angela Carter e o Stevenson de *O médico e o monstro* aceitam outro conjunto. Neste último — o reino da fábula —, um corpo pode abrigar duas almas, os mortos podem voltar à vida, um nariz ambulante pode fugir de seu dono, homem e animal podem trocar de forma. Sempre houve certa quantidade de interseção entre os dois modos, mas pode ser justo dizer que os elementos que aparecem apenas como linguagem figurada, quando restritos pelos rigores do realismo literário, aparecem como experiência física quando esses rigores são descartados.

Naturalmente Cohen é um "realista" em grande parte do tempo. Sabe "fazer" realismo — ele conhece os passos —, mas não é a única coisa que sabe fazer. Por toda a carreira, ele alternou entre o "realismo" e outras formas mais peculiares de escrita, e em seu romance mais profundamente sentido e pessoal, que considero ser *Last Seen*, conseguiu misturar as duas coisas.

Em épocas de forte crise emocional, na vida como na arte, a observação realista de detalhes físicos vira hiper-realismo e pode ser interpretada como um estado febril ou onírico; e em épocas de grandes crises políticas e sociais (guerras, revoluções, catástrofes), o mesmo acontece com os eventos — o fluxo de tempo comum é rompido, a sequência de eventos triviais é quebrada e aparecem cenas horrendas e grotescas, também como nos sonhos ou nas febres. As obras literárias que tentam registrar ou evocar tais estados conterão exemplos do fantástico, como fazem o folclore e o mito. No folclore ou no mito, o herói em geral parte em uma aventura e entra em um Outro Mundo onde as regras da natureza não são mais válidas; e em épocas de crise na "vida real", os elementos desse Outro Mundo parecem romper uma barreira e entrar no reino da experiência humana comum, distorcendo-o na direção do bizarro.

Esses são meus axiomas. Outro de meus axiomas é que Matt Cohen nasceu fabulista. Ele foi — entre outros personagens — "Teddy Jam", um escritor prolífico e natural de livros infantis. Distorções na história, improvisação e a invenção de fantasias loucas chegavam facilmente a ele; foi o "realismo" que representou trabalho árduo.

Se Matt Cohen fosse ele próprio um personagem em uma fábula, teria sido Rumpelstiltskin — o artista como o estranho forasteiro e resmungão isolado. Uma singularidade cujo verdadeiro nome é um segredo conhecido só dele, envolvido em uma atividade improvável que transmuta a matéria básica em essência preciosa — esse papel fez parte da autodefinição do próprio Cohen, como rapidamente saberá qualquer leitor de suas memórias, *Typing: A Life in 26 Keys*. Aos próprios olhos, ele às vezes podia fiar palha em ouro, embora em outras ocasiões ele suspeitasse de que só estava fiando palha em palha. Parte do que fazia era vista por ele como *escrita*, no sentido bem nobre com que essa palavra é usada em cursos de escrita criativa; outra, por outro lado, era vista por ele apenas como datilografia, um ato de destreza mecânica realizado com os dedos, mas produzindo em si nada mais necessariamente valioso que um desperdício de papel.

Uma das "regras" dos contos folclóricos, como nos de espionagem, é que o conhecimento de nomes verdadeiros confere poder. O poder de Rumpelstiltskin reside em seu nome oculto. Seu nome nunca é adivinhado, é entreouvido: Rumpelstiltskin não pode ser nomeado por outros antes de ter nomeado a si mesmo.

A outra parte do poder de Rumpelstiltskin está em sua capacidade como fiandeiro. Ele pode fiar algo sem valor transformando em algo valioso, um talento que é chamado de "arte" pelo rei de coração ganancioso, lembrando-nos do fato de que *arte, artístico, artifício, artificial* e *articular* têm uma raiz comum. Sempre que encontramos um fiandeiro ou fiandeira em uma história, sabemos que não estamos muito longe do tipo de linguagem que se costuma aplicar à narração. As Moiras gregas tecem as histórias da vida dos homens, e a terminologia do mundo do vestuário é frequentemente entremeada com o que costumava descrever a contação de histórias, como em "tecer um fio", "bordar uma história" e "tecer um relato".

O fiar, a contação de histórias e o encantamento têm sido companheiros próximos na fala humana, uma relação que reconhece que as histórias são *feitas* — inventadas, articuladas, fabricadas —, mas também podem ter um caráter que é mais orgânico ou, na verdade, mágico, um crescimento ou fluxo como o fio fluindo durante o ato de fiar. Essas duas características da escrita — a artificial ou fabricada e a orgânica ou mágica — eram as que obcecavam Cohen em sua própria visão do que ele tentava fazer. Como se livrar do mero instrumento mecânico para o verdadeiro fluxo dourado — este fluxo em geral chamado pelos escritores de "encontrar a voz" — era um problema para ele, problema que se apresentou bem no início de sua carreira.

Em *Typing*, Cohen fala desse problema em relação à escrita de seu terceiro livro publicado, a coletânea de contos de 1972, *Columbus and the Fat Lady*. Esse livro foi publicado pela House of Anansi Press, uma casa editorial pequena mas aventureira na qual me envolvi em 1971 sem saber o quanto me enredaria. Fui eu que organizei a coletânea *Columbus and the Fat Lady*, embora me lembre muito pouco do processo. Em *Typing*, porém, vi-me fazendo uma participação especial: "Atwood era pequena e élfica, com cabelo crespo, olhos penetrantes, uma língua afiada e maneiras que eram ao mesmo tempo bruscas e amáveis." O caráter élfico, a pequenez, os cabelos crespos, a língua afiada e o resto — isso parece o Matt Cohen daqueles tempos olhando-se no espelho. Mas o elfo "Atwood" é referido como "assustador", apesar da amabilidade brusca. Um elfo com um toque de bruxa, então; uma criatura de certo poder.

No contexto da narrativa de *Typing* de Cohen, esta "Atwood" parece ser uma ajudante espiritual. Tais ajudantes são, em termos junguianos, um aspecto da psique do próprio protagonista, e essa função "Atwood" apareceria para servir na narrativa ou fábula de si mesmo de Matt Cohen.

Porque é narrativa ou fábula. *Typing* como um todo não é uma narrativa, mas memórias detalhadas e realistas da vida de um escritor *qua* escritor. Porém, as páginas 125 a 137 têm o elemento da *quest*, a busca, do conto folclórico, têm trama, linguagem e muito mais. Essa pequena seção do livro pode ser chamada de "Como o Escritor Encontrou Sua Voz".

E é como se segue. O escritor — vamos chamá-lo de C. — começa seu relato de como veio a escrever *Columbus and the Fat*

Lady dizendo que, após conseguir algum sucesso com seus dois primeiros romances, havia começado o terceiro. Este romance deveria ser "uma parábola-paródia sobre a ideia da arte como religião e o artista como mártir semiconsciente". Mas esse plano não conseguiu convencê-lo, e assim ele passou a dedicar mais tempo aos contos.

Em seguida vem um parágrafo sobre a diferença na mente de C. entre o romance — uma forma de arte séria, um meio de influenciar a consciência social — e o conto, que ele considerava "uma oportunidade de tirar férias", onde "regras" "antiquadas" podem ser descartadas. "Para mim", diz C., "cada conto é uma aventura em que se embarca por conta própria"; os rigores e as responsabilidades limitam o romance, enquanto o conto é o reino da "liberdade e do jogo" — o reino, isto é, da fantasia e da fabulação, das aventuras e das buscas no Outro Mundo.

No tempo real, Dennis Lee da House of Anansi sugeriu um livro de contos de C., e C. decidiu que podia transformar parte de suas "parábolas fracassadas de artista" em contos, e escrever mais histórias "com algumas semanas de privação de sono de datilografia frenética". (A atividade noturna, o fiar do produto, a rapidez, a destreza que exigia "dedos ligeiros" — essa é a escrita em modo Rumpelstiltskin.)

Enquanto isso, C. morava em uma fazenda na floresta, e seu casamento se desfazia. Na vida de escritor, ele achava que estava empacado. Seguem-se então três parágrafos interessantes sobre a escrita/datilografia que estava fazendo. Ele podia produzir as páginas amarelas datilografadas, conta-nos; podia fazer rapidamente dez ou quinze por noite. Mas em vez de fiar algo sem valor em algo valioso, ele achava que meramente produzia pilhas de "lixo amarelo rabiscado". O problema dele não era de bloqueio de escritor, isto é, a incapacidade absoluta de escrever. Era o controle de qualidade: ele estava produzindo "resmas de superfície". Concluiu que estava envolvido em um "número de malabarismo", que tinha significância oculta atrás de seu caráter incompreensível. Ele se sentia frustrado por uma "incapacidade de romper alguma barreira indefinível".

Ele pensou em outras ocupações, todas impossíveis: só tinha um talento, alojado nele sem uso. Depois fez uma visita não programada ao Mundo Inferior, disfarçado de uma festa em Toronto onde se viu "vagando por uma série de quadros vivos de Hieronymus Bosch quimicamente estimulados". Muito chapado, encontrou outro tipo de mulher sobrenatural, que falava alto de um jeito hipnótico e que, para C., parecia "uma bruxa poderosa e maligna que tinha roubado a alma de todos".

Atingido pelas "ondas de poder" que partiam dessa mulher, ele tombou e desmaiou no chão. "Mas eu não estava perdendo a consciência", diz ele, "a estava ganhando." A mulher que roubava almas evidentemente é outra ajudante espiritual, outra anima, outra parte da psique: uma bruxa boa disfarçada de má, uma Kali ambígua de vida-e-morte. Se ela roubou a alma dele, parece ter devolvido com um dom, porque, depois desse contato momentoso, C. descobriu que escrevia "com uma confiança e liberdade que eram inteiramente novas para mim".

Como acontece com tanta frequência, o Mundo Inferior guarda as chaves para a terra dos sonhos — isto é, para o tesouro da criatividade — e as entrega por intermédio de mensageiros inesperados em momentos inesperados. O elfo anima benevolente não pode cumprir toda a tarefa: o herói da história precisa confrontar sua contraparte maligna e enfrentar a própria aniquilação antes que seja possível liberar sua psique. Nos meses seguintes, diz Cohen, os contos para *Columbus and the Fat Lady* "emergiram em rápida sucessão", como se estivessem ali o tempo todo, "só esperando para ser descobertos". "Cada um desses contos", diz ele, "pareceu surgir de um lugar mais profundo em meu inconsciente", "mais como estranhos que encontrei em um *diner* 24 horas do que artifícios que eu deliberadamente elaborei". Por fim, depois de escrever constantemente por quatro anos, ele "descobriu a própria voz".

Mas o que essa "própria voz" está dizendo? Algumas coisas, como se revela. *Columbus and the Fat Lady* contém 15 contos, ou quase contos. Alguns seguem as "regras" para o conto que Cohen pode ter lido nas análises dessas coisas disponíveis na época. Não são em absoluto contos clássicos, embora sejam narrações. Eis aqui como são:

1. "The Watchmaker" é um diálogo com um relojoeiro judeu cuja família foi aniquilada no Holocausto. Esse homem sobreviveu porque foi colocado com um homem que no passado teve um caso com a mãe dele e que possivelmente era seu pai. Ele agora está no Canadá, mas sente-se deslocado. Este conto é a semente para a posterior trilogia "Europeans Jews", compreendendo *O médico espanhol*, *Nadine* e *Emotional Arithmetic*.
2. "The End." Uma série de mortes absurdas incitadas pela pergunta "Qual é o significado da vida?", em que um estudante, um professor e um médico se revezam com uma pistola e a testa um do outro.
3. "Our Passion Lit the Night." Um estranho triângulo sexual envolvendo um jovem estudante e um casal um pouco mais velho. O casal usa o estudante para engravidar a esposa, depois se livra dele.
4. "The Nurse from Outer Space." Alienígenas se fazem passar por humanos. Um deles é uma enfermeira que escreve contos constituídos por seu nome e número de telefone em uma embalagem de chocolate; o outro é um homem solitário. Eles discutem o conto como forma, em que tal análise é apresentada como ridícula.

5. "Keeping Fit." Duas páginas sobre o correr compulsivo, terminando na morte do corredor.
6. "Country Music." Uma idosa mora perto de uma caçamba de lixo. O conto fala dela e de vários personagens rurais, inclusive os irmãos Frank, que mais tarde aparecerão nos romances de Salem de Cohen sobre a vida em decadência de Ottawa Valley. Este conto e "The Watchmaker" talvez sejam os que mais se aproximam do realismo literário.
7. "Janice." Uma composição lírica de um amor perdido promíscuo, com o narrador ao mesmo tempo no papel de corno de outros homens e o excluído.
8. "The Toy Pilgrim." Um dos contos do escritor-mártir. Um desleixado de nome Elmer escreve contos sob o pseudônimo de Harold Noteworth e reescreve mentalmente a própria vida doméstica tediosa de várias formas inacreditáveis. Ninguém mais o acha digno de nota, em parte porque ele escondeu o segredo de seu nome. Ele decide escrever uma peça sobre um homem eternamente constrangido por si mesmo; e também um último romance, em que o herói se tornará puro ser depois de finalmente ter ligado seu passado com o presente. Esse romance só será publicado depois de sua morte; será a única obra a trazer seu "próprio nome". Apesar de estranho, este conto lida com um problema que obcecava Cohen: quem é o escritor oculto nele, na verdade? E como ligar o passado ao presente?
9. "Uncle Philbert and His Big Surprise." Este texto aparece na forma de uma peça melosa para crianças. Tio Philbert aparece de visita e termina por iniciar o menino da história na "masculinidade" por meio de uma morte no estilo Grand Guignol de um burro de pelúcia e um banquete ensopado de sangue. (Se escrito por uma mulher, isso teria sido chamado de "feminismo".)

10. "Straight Poker." Uma meditação corajosa sobre o amor, envolvendo três pessoas, um "eu", uma "ela" e uma entidade misteriosa em alguma comunhão invisível com o escritor, embora eles nunca tenham se encontrado.
11. "After Dinner Butterflies." Um exercício surreal sobre o tédio e os tormentos conjugais, envolvendo umas borboletas que se materializam do bolso antes vazio do marido.
12. "The Empty Room." Este também é sobre um escritor, que tem fantasias do tipo Walter Mitty em um quarto habitado por romances não escritos. Enquanto isso, na vida real, é sujeito à banalidade do casamento. O escritor pensa em escrever um romance sobre um cesto de papéis. Depois incendeia sua casa, libertando-se, assim, para se juntar à heroína de aventuras no deserto de seus sonhos românticos.
13. "Too Bad Galahad" foi publicado primeiro como uma história infantil; deve ter confundido algumas crianças. Este texto consiste em uma série de fábulas sobre Galahad, o cavaleiro perfeito e sua busca pelo Santo Graal, que ou nunca pode ser encontrado, ou é comum como o pó da terra. Mais uma vez o tema é o "escritor como mártir", desta vez como o herói de uma busca verdadeiramente ridícula — por sucesso, por fama? — que sempre o derrota.
14. "Spadina Time." Este conto começa com um estranho poema sobre a solidão na cidade e passa a descrever a vida de Erik, outro autofantasista. Erik está desempregado, mora em uma pensão e está envolvido com duas mulheres, sendo uma garçonete. Considerando seus problemas com o espaço-tempo, ele pode estar consumindo drogas. O personagem Erik, a pensão, a garçonete e muito mais neste conto são as sementes para a última parte de *The Disinherited*, o livro seguinte que Cohen escreveria. Há outro "Harold", um morador gordo e invasivo da pensão e pintor fracassado; esse nome reaparecerá no últi-

mo romance extraordinário de Cohen, *Last Seen*, como o nome do irmão morto que fica aparecendo em bares de imitadores de Elvis e na casa do narrador.
15. "Columbus and the Fat Lady." Colombo não conseguiu descobrir a América porque caiu do navio. Agora, por uma dobra do tempo, ele trabalha como aberração em um circo, junto com uma Mulher Gorda que se orgulha do fato de que sua gordura duramente conquistada é real. Talvez uma meditação sobre a natureza da verdade e da realidade — será a História "verdade" se ela só existe como histórias ou, de fato, só como performance? Será o corpo "real"? Que classes de objetos merecem essas palavras?

Colombo é outro contador de histórias, mas nunca consegue terminar a história de si mesmo que começa todo dia como parte de seu número circense, porque ele sempre desmaia.

Este também é um conto "seminal", a semente para os vários contos e romances de Velho Mundo/Novo Mundo que se seguiram.

Neste apanhado de contos, as descrições curtas não conseguem transmitir o sabor da engenhosidade, em vez disso são revelações da escrita excêntrica; mas pense nas descrições físicas precisas (pensões, roupas, clima) misturadas com paródia literária estilo Woody Allen, com pitadas de Teatro do Absurdo, misturadas com Kafka e talvez um pouco de George Gissing do romance *New Grub Street*, e você terá uma leve ideia. Vêm à mente "facilidade" e "destreza". "Divertido", "surreal", "melancólico", "selvagemente satírico" e "brilhantemente inventivo" também vêm à mente, ou devem ter vindo à minha mente quando eu redigia o texto da jaqueta, porque essas expressões estavam lá.

Para os fins deste artigo, várias observações podem ser feitas. Primeira, essa coletânea começa com um conto sobre a judeidade, exatamente onde começa *Typing*. Segunda, um grande número de contos ou contêm escritores, ou repetem refrões sobre vários tropos literários. Terceira, os contos podem ter sido escritos com "confiança e liberdade", mas não tratam de confiança e liberdade; na realidade, tratam da ausência dessas qualidades. Os narradores são perdidos, desarraigados, errantes, fracassados, absurdos, desesperados, desconexos ou moribundos.

Quarta, a coletânea semeou quase tudo que Cohen viria a escrever posteriormente. É uma espécie de mostruário: aqui está o alcance, aqui estão os estilos, aqui estão os interesses, aqui estão os protótipos: tudo chegou pela fabulação, pela "aventura", a "liberdade e o jogo", da forma do conto, tudo pipocou do inconsciente espontaneamente. Deve ter sido isso que Cohen quis dizer quando afirmou que havia encontrado a "própria voz". Quinta, a coletânea termina com Colombo desfalecendo: o desmaio, como vocês se recordarão, é o momento chave na História de C. e de como ele encontrou a "própria voz".

Da perspectiva da fábula da "descoberta da voz", a coletânea é organizada exatamente de trás para a frente: deveria começar pelo desmaio — a entrega das chaves, a abertura da porta — e terminar com o primeiro conto, aquele sobre o relojoeiro judeu desenraizado; porque o desenraizamento e a judeidade, e o dilema absurdista criado pelo escritor que compartilha essas coisas, estão no cerne mesmo do material da "própria voz" de Cohen entregue a ele durante seus quatro meses de "confiança e liberdade" literárias.

A própria voz de um escritor naturalmente não é uma voz real. É um meio de colocar no papel palavras que sejam convincentes, primeiro para o próprio escritor, depois para pelo menos alguns leitores. Uma escrita dessas cria a ilusão de que uma "voz" em que o leitor pode confiar está dizendo algo interessante ou comovente; e não parecerá ao leitor mero ventriloquismo ou truque, falsidade ou manipulação.

Mas é quase uma precondição para uma "voz" dessas ser "lida" que o leitor deva reconhecer pelo menos algo nela e saber que tipo de nome lhe pode ser aplicado.

Qualquer escritor é uma espécie de anti-Rumpelstiltskin, no sentido de que a antimatéria partilha características da matéria, mas gira da esquerda para a direita. Rumpelstiltskin conhece o próprio nome, mas o escritor deve descobrir o dele. Rumpelstiltskin perde poder quando é verdadeiramente nomeado pelos outros, o escritor ganha poder. Em nenhum empreendimento humano o "nomear" é mais importante do que na esfera das artes. Como observou Lewis Carroll através do Cavaleiro Branco, existe a coisa em si, existe o nome da coisa e existe por que nome a coisa é chamada, e todos são diferentes; mas nas artes estes podem sofrer uma confusão fácil. Os adjetivos aplicados a uma obra pela crítica influenciam como os leitores podem ler a obra, e esse processo sempre tem algo a ver com como a obra é "nomeada" — em que caixa ela parece caber.

Os critérios considerados dignos da busca pela qualidade na escrita não são absolutos, mas mudam com o tempo de acordo com aquele gás nebuloso, o *Zeitgeist*. Exibir um espelho à Natureza, deleitar e instruir, criar a Beleza, analisar problemas sociais, examinar o gênero, desencavar a história, dar testemunho de atrocidades, dar voz aos que não têm voz, recompensar o virtuoso e punir os cruéis, experimentar com a linguagem — tudo foi sustentado como objetivos aos quais deve aspirar à boa escrita de ficção.

A classificação de um desses objetivos como desejável no momento influenciará como a obra de um escritor será recebida por seus críticos, o que, por sua vez, tem um efeito em como os leitores a lerão ou deixarão de ler. Embora essas atitudes não se espalhem de forma homogênea por todos os resenhistas e críticos, existe ainda assim certo consenso em dado tempo. A terminologia costuma ser a chave. Se um escritor pode caber em uma caixa nomeada que também seja uma caixa térmica, então o "discurso crítico" acontecerá em torno deste escritor. Caso contrário, haverá silêncio, como tem havido em grande parte sobre a obra de Cohen, em particular entre a crítica acadêmica. E se o escritor parece estar na caixa errada no momento errado, haverá críticas severas, o que aconteceu com os romances "judeus" de Cohen, no Canadá, nos anos 1980.

Uma de minhas teorias sobre Matt Cohen é a teoria da Caixa Errada. Em determinados momentos a caixa era a certa, pelo menos para alguns leitores: a fabulação experimental no final dos anos 1960 foi razoavelmente bem recebida entre os *literati*, embora não tenha sido adotada por um público leitor mais amplo. *The Disinherited* (família rural desintegrando-se, jovem descendente desenraizado arrumando confusão na cidade) fez um sucesso modesto no início da década de 1970, quando os temas rurais e de cidades pequenas estavam na moda. (É inexato dizer, como ficou na moda, que esses temas rurais sempre fossem o "mainstream", o "cânone": a maior parte de MacLennan e Callaghan, o Richler popular dos anos 1960, o imenso sucesso de *Earth and High Heaven*, de Gwethalyn Graham, o clássico *The Tin Flute*, de Gabrielle Roy, os primeiros romances de Marian Engel — todos são literatura urbana, como a maior parte da coletânea *Columbus and the Fat Lady* e grande parte da literatura, em poesia e prosa, do final dos anos 1960 e início dos 1970.)

Os dois romances seguintes de Cohen da série Salem foram bem recebidos, embora com um fervor reduzido. (O que, por obséquio, um escritor judeu estava fazendo ao escrever sobre os WASPs interioranos decadentes de Ottawa Valley? Aqueles que escreviam sobre a literatura "judaica" não conseguiram encaixá-lo: não tinha iídiche, não tinha bagel e os personagens não eram judeus. E esses textos nem podiam ser sobre cidades pequenas "canadenses", como as sagas de Sherwood Anderson, porque o que ele fazia não era exatamente esse tipo de realismo. Ninguém pareceu entender a afinidade entre judeus e interioranos decadentes — os fios em comum, que eram a cultura destruída, a desmoralização e os sobreviventes desenraizados e errantes.)

Com o avanço da década de 1970, os tempos ficaram mais difíceis para alguns tipos de escritores. Novas caixas estavam em voga: o "nacionalismo" deu lugar ao "regionalismo"; o "feminismo" estava em ascensão. Na década de 1960, do ponto de vista da Caixa Certa, era melhor ser homem que mulher; com o correr dos anos 1970, o contrário passou a ser mais verdadeiro. O fator idade também entrou em jogo: os meados dos trinta ao final dos quarenta anos são a zona de perigo para um escritor — não é mais um jovem incendiário crepitante e ainda não é um veterano grisalho, alguém a quem não se pode aplicar nem "promissor", nem "estabelecido". Os escritores homens e brancos de certa idade (Graeme Gibson, Robert Kroetsch, Rudy Wiebe, entre outros) produziram uma escrita interessante nessa década, e todos — relativamente falando — foram desprezados.

À medida que os anos 1980 se estabeleciam, com a teoria crítica pós-modernista em ebulição, aqueles com um pé ou um amigo na academia estavam, até certo ponto, melhor situados — caixas verbais convincentes podiam ser fabricadas em que tais escritores poderiam ser metidos —, mas logo veio a etnicidade, a política identitária e a "apropriação da voz". Começaram as guerras por território. O que importava na avaliação não era mais o que era dito e como, mas quem se considerava ter o direito de dizer. As caixas se multiplicaram, mas o gelo ficou muito fino, e quem tinha permissão para entrar em que caixa passou a ser fundamental para esta coisa frágil, a reputação de bolha.

Nesse clima tenso surgiu *O médico espanhol*, e o que um judeu *canadense* estava fazendo ao escrever sobre judeus *europeus* do século XV? Caixa Errada! Além disso, os romances "históricos" eram vistos com desconfiança por aqueles que tinham esquecido *Kamouraska*, de Anne Hébert; o momento de Jane Urquhart com o seu romance *Away* ainda não havia chegado. (Fora do Canadá, a caixa não estava errada e o romance se saiu bem.) Depois veio *Nadine* — o que um *homem* judeu canadense estava fazendo ao escrever sobre uma *mulher* judia européia? E o que estava fazendo ao escrever sobre o *amor* entre heterossexuais entediantes? (Os homossexuais teriam sido arrojados.) O "amor" não significava "romance comercial medíocre" escrito só para ganhar dinheiro? Vendo esse romance mais uma vez hoje, é muito complicado deslindar essa resposta. Só aqueles que nunca leram nenhum verdadeiro romance comercial medíocre podiam fazer tal alegação.

E bem no fim de sua carreira, Cohen recuperou parte da altitude crítica e ganhou o Governor General's Award por *Elizabeth and After*, um romance que continua o fio de sua ficção que lida com a vida rural decadente. Mas é difícil escapar da impressão de que grande parte do pessoal das letras ainda não sabia bem o que fazer com o homem.

Pense no caso de *Last Seen*, o penúltimo romance de Cohen. Esse é, na verdade, um livro peculiar. Nele, um homem chamado Harold morre em uma agonia torturantemente descrita e depois reaparece para seu irmão colérico e pesaroso em um clube frequentado por imitadores de Elvis Presley. O irmão tem medo do morto-vivo Harold, discute com ele, faz piadas sobre ele e deseja suas manifestações, que ocorrem a intervalos imprevisíveis até que ambos terminam na sepultura de Harold, onde Harold literalmente descasca a própria mortalidade.

A justaposição da imagem bizarra, a progressão onírica dos acontecimentos, o detalhe realista atentamente observado e o estado emocional profundamente dolorido lembram muito a escrita inicial em *Columbus and the Fat Lady*. Desta vez, Cohen une tudo: *Last Seen* é uma obra de considerável poder e estranho encantamento. Mas não é um livro tranquilizador. Não é familiar, não é acolhedor, e para aqueles que tentam pregar o rabo taxonômico em um burro arisco, é um enigma um tanto afrontoso. Para citar o conto de Alice Munro, "The Dance of the Happy Shades" — "que tipo de festa é essa?".

Assim, qual seria a caixa certa para Cohen? Em que caixa sua obra pode ser colocada para permitir que o discurso crítico aconteça em torno dela? Em *Typing*, Cohen tenta nomear ele mesmo essa caixa colocando nela os escritores com quem sentia — pelo menos mais para o fim da vida — uma forte afinidade. São eles Franz Kafka, Walter Benjamin e, em particular, Joseph Roth; três judeus deslocados no espaço ou em fuga, os dois escritores de ficção uma espécie de fabulistas. Ele também inclui o Leonard Cohen de *Beautiful Losers* (um romance loucamente fabulista, se um dia existiu algum) e Mavis Gallant, que pode parecer uma escolha estranha até considerarmos que ela também é desenraizada ou, nas palavras de Cohen, "incrivelmente alienada". Quanto às caixas já existentes — aquelas "canadenses", ou pelo menos as que Cohen reconhecia —, ele sentia que simplesmente não cabia nelas. Considerava-se uma esquisitice, uma singularidade. Como Elmer/Harold Noteworth em "The Toy Pilgrim", ele era um escritor com um nome, isto é, um *self* essencial literário que não era reconhecido pelos outros.

Esta é outra caixa possível, uma caixa "canadense" — porque, apesar da crença ainda expressa de que a literatura realista canadense é a única forma reconhecida, existe uma forte tradição de fabulismo no Canadá. Essa caixa conteria *Tay John*, de Howard O'Hagan, "The Bully" e "The Box Social", de James Reaney, a obra de Larry Garber, o *Beautiful Losers*, de Leonard Cohen de novo, *The Double Hook*, de Sheila Watson, alguma coisa de Timothy Findley, *Urso*, de Marian Engel, *The Whirlpool*, de Jane Urquhart, *Communion*, de Graeme Gibson, e as obras de Barbara Gowdy, André Alexis, Eden Robinson e Steven Hayward, entre outros. Talvez até *In the Skin of a Lion (Na pele de um leão)*, de Michael Ondaatje, e *Fugitive Pieces (Peças em fuga)*, de Anne Michaels, fiquem mais confortáveis em uma caixa dessas do que na caixa do realismo literário puro.

Essa é a caixa dos romancistas, dos fabulistas, dos fiandeiros; e talvez seja a estrutura — ou uma das principais estruturas — dentro da qual Cohen devesse ser visto o tempo todo.

INTRODUÇÃO

DOUTOR GLAS
DE HJALMAR SÖDERBERG

Agora estou sentado junto à minha janela aberta, escrevendo... para quem? Não para qualquer amigo ou amante. Nem para mim mesmo. Não leio hoje o que escrevi ontem; nem lerei isto amanhã. Escrevo simplesmente para que minha mão possa se mexer, meus pensamentos movam-se por conta própria. Escrevo para matar uma hora insone. Por que não consigo dormir? Afinal, não cometi nenhum crime.

DOUTOR GLAS FOI lançado na Suécia em 1905, quando causou um escândalo, em grande parte devido a seu tratamento daqueles dois itens eternamente escandalosos, sexo e morte. Li pela primeira vez na forma de uma brochura surrada enviada a mim por amigos suecos — uma reimpressão de uma tradução de 1963, publicada para coincidir com o filme baseado nele. Na quarta capa de meu exemplar havia vários elogios merecidos de resenhas de jornais: "uma obra-prima", "o livro mais extraordinário do ano", "um livro de rara qualidade desenvolvido com verdadeira habilidade". Ainda assim, *Doutor Glas* havia muito estava esgotado nesta versão em inglês. É um prazer recebê-lo de volta.

O tumulto em torno de *Doutor Glas* brotou da percepção de que ele defendia o aborto e a eutanásia, e talvez até racionalizasse o assassinato. Seu protagonista é um médico e ele tem fortes coisas a dizer sobre a hipocrisia da própria sociedade em relação a essas questões. Mas Hjalmar Söderberg, seu autor — já um renomado romancista, dramaturgo e contista —, pode ter ficado um tanto perplexo com isso, porque *Doutor Glas* não é uma polêmica, não é um libelo de defesa. É um estudo psicológico elegante, vigoroso e coeso de um indivíduo complexo que se vê em uma perigosa mas atraente porta aberta e não consegue decidir se passa ou não por ela, ou por que deveria fazer isso.

O protagonista do romance, o Doutor Tyko Gabriel Glas, é um médico em seus trinta anos cujo diário lemos por cima de seu ombro enquanto ele o escreve. Sua voz é imediatamente convincente: inteligente, nostálgica, opinativa, insatisfeita, alternando-se entre o racional e o irracional, e corajosamente moderna. Nós o acompanhamos por suas lembranças, seus desejos, opiniões dos costumes de seu mundo social, elogios líricos e denúncias mal-humoradas do clima, suas prevaricações, as autodenúncias, o tédio e o anseio. Glas é um idealista romântico tornado solitário e triste, e aflito com o mal do *fin de siècle* — um composto de esteticismo fastidioso, desejo pelo que não pode ser obtido, ceticismo relacionado com os sistemas de moralidade estabelecidos e repulsa pelo real. Ele gostaria que só existissem coisas bonitas, mas o sórdido lhe é forçado pela natureza de sua profissão. Como ele mesmo diz, ele é a última pessoa na terra que deveria ser médico: isso o coloca em contato muito próximo com os aspectos mais desagradáveis da carnalidade humana.

O que ele quer sobretudo é ação, uma proeza a realizar que possa encaixar o herói que ele espera carregar dentro de si. Nos romances, tais feitos em geral envolvem um cavaleiro, um troll e uma donzela cativa que deve ser resgatada, e é esse tipo de situação que o destino serve ao Doutor Glas. O troll é um pastor abominável e moralmente repulsivo, de arrepiar, chamado Gregorius, que

INTRODUÇÃO: *DOUTOR GLAS*

Glas odeia mesmo antes de descobrir que tem bons motivos para seu ódio. A donzela em cativeiro é a jovem e bela esposa do pastor, Helga, que confidencia ao Doutor Glas que se casou com Gregorius por noções religiosas errôneas e não suporta mais as atenções sexuais dele. O divórcio é impossível: um clérigo "respeitável", convencido da própria correção, como o reverendo Gregorius, nunca consentiria nisso. A Sra. Gregorius ficará escravizada a seu duende com cara de cogumelo para sempre, a não ser que o Doutor Glas a ajude.

Doutor Glas agora tem uma oportunidade de se provar. Mas descobrirá que é um bravo cavaleiro, um ninguém comumente temeroso ou apenas tão troll quanto Gregorius, só que assassino? Ele contém em si as possibilidades dos três. Seu nome também é triplo. *Tyko* se refere ao grande astrônomo dinamarquês Tycho Brahe, que fica de olho nas estrelas, longe do caráter terreno da terra — como o Doutor Glas com tanta frequência faz pelo romance. *Gabriel* é o nome do Anjo da Anunciação, proclamador do nascimento sagrado de Jesus, que também tem o crédito de ser o Anjo Destruidor, enviado para destruir Sodoma e Senaqueribe, e considerado o anjo do Juízo Final também. Assim, é um bom nome para um médico, que tem as chaves da vida e da morte, mas também um bom nome para o Doutor Glas, que deve decidir se toma ou não o julgamento nas próprias mãos.

E *Glas* significa *vidro*: como a própria forma do diário, é uma superfície reflexiva, um espelho em que a pessoa se vê. É duro e impermeável, mas pode se quebrar facilmente; e, de determinados ângulos, é transparente. Este último caráter é objeto das queixas de Glas: ele só consegue se apaixonar por mulheres que são apaixonadas por outro, porque seu amor as torna radiantes; mas o amor dessas mulheres por outros homens implica que o próprio Glas fica invisível para elas. Assim acontece com a Sra. Gregorius: ela tem um caso adúltero com outro homem e não consegue "enxergar" o Doutor Glas. Só vê através dele, fazendo dele um meio para o fim que ela deseja. Quanto ao arqui-inimigo do Doutor Glas, vale observar que embora "Gregorius" seja o nome de um santo e de alguns papas, é também o nome de certo tipo de telescópio. Como Glas, Gregorius é vítreo; usa óculos, e, olhando neles, Glas vê o reflexo do próprio *self* de óculos. Talvez ele odeie tanto Gregorius porque o homem inconscientemente lembra a Glas o pai que costumava castigá-lo, e cuja fisicalidade o repelia quando menino; ou talvez seja porque Gregorius é seu duplo ogro, a personificação dissimulada, queixosa, egoísta e autojustificada do desejo que ele não pode se permitir realizar.

À primeira vista, a estrutura de *Doutor Glas* é surpreendentemente despojada, quase aleatória. O dispositivo do diário nos permite acompanhar os acontecimentos à medida que se desenrolam, mas também nos permite ouvir as reações de Glas a eles. Os mecanismos do romance são tão sutis que o leitor nem percebe no início que tem algum: tão imediata, até contundente, é a voz que parece estar lendo os pensamentos sem censura de uma pessoa real. Glas promete franqueza: ele não registra tudo, diz, mas não registrará nada que não seja a verdade. "De todo modo", acrescenta ele, "não posso exorcizar a desgraça de minha alma — se ela é desgraçada — contando mentiras." Encontros casuais e conversas banais se alternam com crises de escrevinhação no meio da noite; piadas e refeições sociais agradáveis são seguidas por horas de angústia; a noite e a hora dos sonhos se contrapõem ao mundo objetivo do dia. Perguntas não respondidas pontuam o texto — "A propósito, por que o clérigo sempre entra na igreja por uma porta dos fundos?" — assim como um ou outro momento de comicidade que beiram o burlesco, como quando Gregorius pensa em administrar o vinho da comunhão na forma de comprimidos, para evitar germes. (A ideia do comprimido logo se repete de uma forma mais cruel.)

INTRODUÇÃO: *DOUTOR GLAS*

Söderberg leu Dostoiévski: também tem interesse pelos descontentamentos de homens subterrâneos, pelo impulso de mapeamento, a racionalização e o motivo, e pela linha fina que corre entre o pensamento violento e o ato criminoso. Ele leu seu Ibsen tomado de fantasmas e o mestre da obsessão bizarra, Poe. Também leu seu Freud, e sabe como fazer uso do tema do semiconsciente, a onda crescente do não dito. Existem duas pistas no texto que nos apontam para os métodos do livro: a meditação de Glas sobre a natureza do artista, que para ele não é um criador, mas uma harpa eólica, que só faz música porque os ventos de seu próprio tempo a tocam — assim a discursividade; e sua invocação de Wagner, que usava o *leitmotiv* para ligar grandes trechos de música díspar em um todo unificado. Um traçado de todas as rosas vermelhas — da mãe morta à amada fora de alcance e à namorada em potencial rejeitada — revela algumas dessas interligações, assim como um levantamento de todas as imagens astronômicas, da lua às estrelas, ao sol e à ensolarada de olhos estrelados Sra. Gregorius. "A verdade é como o sol", diz o amigo Markel de Glas, "todo seu valor depende de estarmos a uma distância correta dele." E assim seria, suspeitamos, com a Sra. Gregorius: ela pode ser valiosa para Glas somente como um ideal desde que seja mantida a uma distância correta.

Doutor Glas é profundamente inquietante, como são alguns sonhos ou, o que não é coincidência, alguns filmes de Bergman, que deve ter lido o livro. As noites azuis e sinistras do norte no meio do verão combinadas com uma ansiedade inexplicável, o pavor kierkegaardiano e indefinível que aflige Glas nos momentos mais banais, a justaposição de espiritualidade pálida com uma sensualidade vulgar quase cômica — são do mesmo contexto cultural. O romance parte do terreno do naturalismo estabelecido por escritores franceses do século XIX, mas vai além dele. Parte das técnicas de Söderberg — o misto de estilos, os recortes como uma colagem — antecipam, por exemplo, *Ulisses*. Parte de suas imagens prenuncia os surrealistas: os sonhos perturbadores com suas figuras femininas ambíguas, o uso sinistro das flores, os óculos sem olhos por trás, o estojo de relógios sem alça em que o Doutor Glas carrega seus pequenos comprimidos de cianureto. Algumas décadas antes e este romance nunca teria sido publicado; alguns anos depois e teria sido considerado um precursor da técnica do fluxo de consciência.

Doutor Glas é um daqueles livros maravilhosos que parecem tão vicejantes e vibrantes agora como na época em que foi publicado. Como afirmou o escritor inglês William Sansom, "Na maior parte de sua escrita e em grande parte da franqueza de seu pensamento, ele poderia ter sido escrito amanhã". Ele ocorre no limiar dos séculos XIX e XX, mas abre portas que o romance vinha abrindo desde então.

40
OS DOIS MAIORES ERROS DE NAPOLEÃO

EM MEU CURSO de apreciação de música no secundário, ouvimos a Abertura 1812 de Tchaikovsky. Gostamos, porque era material que conseguíamos identificar: canhões ribombavam, sinos badalavam, hinos nacionais ressoavam e havia um clamor satisfatório no final.

Os ingleses — por serem ingleses — desde então produziram uma versão interpretada por ovelhas e galinhas. Generais fracassam, seus fiascos são transformados em arte, e depois a arte é transformada em fiasco. Essa é a marcha do progresso. Disseram-nos que a obra orquestral de Tchaikovsky celebrava a retirada de Napoleão Bonaparte de Moscou, mas não nos disseram quem era Napoleão nem o que ele fazia em Moscou, antes de mais nada. Assim, caso você tenha uma experiência de apreciação de música igualmente vaga, eis aqui o pano de fundo.

Napoleão era um soldado brilhante que subiu como uma bolha de sabão durante uma época de inquietação e derramamento de sangue, venceu muitas batalhas e foi, portanto, capaz — como Júlio César — de pôr as mãos no poder quase absoluto. Tomou posse da Itália, da Áustria, da Prússia e da Espanha. Substituiu a República Francesa por um imperador — ele mesmo —, dando assim ensejo a uma mobília muito impressionante com águias e colunas. Ele também introduziu um código civil, ainda relativamente admirado hoje em dia.

Ele tinha motivos louváveis, ou assim diziam seus admiradores: queria a paz e a justiça, e a unidade europeia. Mas achava que seria uma libertação que outros países tivessem suas práticas religiosas sufocantes destruídas e seus sistemas políticos substituídos por outro, como o dele. Para esse fim, eliminou os reis de outros países e coroou novos reis, que por acaso eram membros de sua família.

O que me leva aos dois maiores erros de Napoleão.

O primeiro foi a Espanha. Napoleão tomou a Espanha de forma traiçoeira. Tinha um acordo segundo o qual ele podia marchar por lá a caminho de Portugal, que o incomodava ao interferir em suas sanções comerciais contra os britânicos. Depois que seus exércitos estavam na Espanha, ele tomou posse do lugar, e depois disso suas tropas envolveram-se nas práticas habituais de atormentar padres, saquear igrejas e transferir objetos brilhantes e obras de arte a outros locais, por segurança. O grande erro de Napoleão foi subestimar os sentimentos religiosos de uma Espanha visceralmente católica.

Napoleão pensava que eles adotariam a "libertação", mas parece que eles tinham uma curiosa ligação com as próprias crenças. Os britânicos irritaram Napoleão na Espanha vencendo batalhas contra ele, mas a verdadeira derrota francesa foi provocada por uma resistência ampla de guerrilha. As coisas ficaram muito feias para os dois lados: espanhóis degolaram franceses, franceses assaram espanhóis vivos, espanhóis serraram um general francês em dois.

O povo espanhol venceu — embora a um custo enorme — porque é possível matar parte das pessoas o tempo todo e matar todas as pessoas em parte do tempo, mas não dá para matar todas as pessoas o tempo todo. Quando toda uma população odeia você, e odeia irrestritamente, fica difícil governar.

Os líderes atuais devem tomar nota: nunca subestimem o poder do fervor religioso. E também: sua versão do que é bom para eles pode não combinar com a versão deles.

O segundo grande erro de Napoleão foi invadir a Rússia. Não há uma explicação clara para isso. Ele não precisava tê-lo feito. A Rússia não o estava atacando, embora tivesse atacado no passado e viesse a fazer no futuro. Talvez ele só quisesse acrescentar o país à sua coleção. Seja como for, ele invadiu. Quando seu cavalo tropeçou na travessia do rio Dnieper — um mau augúrio —, uma voz disse das sombras: "Um romano teria recuado."

A guerra nessa época significava forçar o oponente a ficar de pé e lutar, resultando em vitória de um lado ou de outro. Mas os russos apenas bateram em retirada, queimando lavouras pelo caminho e deixando Napoleão cada vez mais fundo na mesma massa de terra russa imensa e no pavoroso clima russo que também viria a derrotar Hitler. Quando Napoleão chegou a Moscou, pensou que talvez tivesse "vencido": mas os russos queimaram Moscou e recuaram de novo. Napoleão zanzou pelas brasas, esperando o czar implorar pela paz, mas não chegou nenhuma mensagem. Daí a retirada, a Abertura 1812 e o extermínio da Grande Armée, o grande exército napoleônico. Como outros aprenderam desde então, é muito difícil derrotar um inimigo que nunca aparece.

A ocupação do Japão depois da Segunda Guerra Mundial foi proposta como um modelo para o Iraque. Não é uma comparação útil. Primeiro, o fervor religioso do soldado japonês ligava-se ao imperador, que portanto tinha o poder de ordenar uma rendição. O Iraque não terá tal autoridade única. Segundo, o Japão é uma ilha: não era possível uma retirada no estilo russo ou afegão. Terceiro, o Japão não tem vizinhos que compartilhem de suas visões religiosas e possam ajudar. Os japoneses só têm duas alternativas — a morte ou a democracia.

O Iraque, por outro lado, tem muitos vizinhos correligionários que podem solidarizar-se com ele, por mais repugnantes que antes achassem Saddam Hussein. É menos provável que uma ocupação estrangeira — não imediatamente, mas a longo prazo — se assemelhe a Douglas MacArthur no Japão do que a Napoleão na Espanha.

Agora você sabe sobre a Abertura 1812. Esse momento — depois do qual Napoleão afundou e o império francês se dissolveu — foi o responsável pelo que viria no resto do século XIX, como a Primeira Guerra Mundial foi a responsável para o século XX.

Quando uma porta se abre, nunca sabemos o que aparecerá por ela. E como o próprio Napoleão acreditava, os destinos da guerra — sendo notoriamente imprevisíveis e repletos de variáveis — são governados pela Deusa do Acaso.

41
CARTA À AMÉRICA

Prezada América:

Esta é uma carta muito difícil de ser escrita, porque não tenho mais certeza de quem você é. Alguns de vocês talvez tenham o mesmo problema.

Achei que a conhecia: nós nos familiarizamos bem nos últimos 55 anos. Você era as revistas em quadrinhos do Mickey Mouse e do Pato Donald que eu lia no final dos anos 1940. Você era os programas de rádio — Jack Benny, *Our Miss Brooks*. Você era música que eu cantava e dançava: as Andrews Sisters, Ella Fitzgerald, The Platters, Elvis. Você era um manancial de diversão.

Você escreveu alguns de meus livros preferidos. Você criou Huckleberry Finn, Hawkeye, Beth e Jo em *Mulherzinhas*, todos corajosos cada um de sua forma. Mais tarde, você era meu amado Thoreau, pai do ambientalismo, testemunha da consciência individual; e Walt Whitman, o bardo da grande República; e Emily Dickinson, guardiã da alma reservada. Você era Hammett e Chandler, andarilhos heroicos de ruas perigosas; mais tarde ainda, você era o incrível trio Hemingway, Fitzgerald e Faulkner, que traçaram os labirintos escuros de seu coração oculto. Você era Sinclair Lewis e Arthur Miller, que, com seu próprio idealismo americano, atacaram o que há de vergonhoso em você, porque pensavam que você podia fazer melhor.

Você era Marlon Brando em *Sindicato de ladrões*, era Humphrey Bogart em *Paixões em fúria*, era Lillian Gish em *A noite do caçador*. Você defendia a liberdade, a honestidade e a justiça; protegia os inocentes. Acreditei em grande parte disso. Acho que você também. Parecia a verdade na época.

No entanto, mesmo assim você colocou Deus no dinheiro. Tinha um jeito de pensar que as coisas de César eram as mesmas coisas de Deus: isso lhe deu autoconfiança. Você sempre quis ser uma cidade no alto da colina, uma luz para todas as nações, e por algum tempo foi. Tragam a mim os seus cansados, os seus pobres, você entoava, e por algum tempo estas palavras foram sinceras.

Sempre fomos próximos, você e nós. A História, essa velha enoveladora, nos entrelaçou desde o início do século XVII. Alguns de nós costumávamos ser você; alguns de nós queriam ser você; alguns de vocês costumavam ser nós. Você não é a única entre nossos vizinhos: em muitos casos — no meu, por exemplo — você também são nossos parentes de sangue, nossos colegas e nossos amigos pessoais. Mas embora tenhamos tido um lugar no camarote, nós nunca entendemos você completamente, aqui ao norte do paralelo 49. Somos como gauleses romanizados — parecemos romanos, vestimo-nos como romanos, mas não somos romanos — espiando por cima do muro os verdadeiros romanos. O que eles estão fazendo? Por quê? O que estão fazendo agora? Por que o arúspice está olhando fixamente para o fígado da ovelha? Por que o adivinho está vendo seus presságios de cautela no atacado?

Talvez tenha sido esta minha dificuldade na redação desta carta: não estou certa de saber o que realmente está acontecendo. De todo modo, você tem um pelotão gigantesco de leitores de entranhas experientes que não fazem nada além de analisar cada veia e lobo seu. O que posso lhe dizer sobre você que você já não saiba?

Este pode ser o motivo para minha hesitação: constrangimento, criado por uma modéstia em formação. Mas é mais provável que seja outro tipo de constrangimento. Quando minha avó — originária da Nova Inglaterra — era confrontada com um tema desagradável, mudava de assunto e olhava pela janela. E é esta minha inclinação: ficar de boca fechada, cuide de sua vida.

Mas darei o mergulho, porque sua vida não é mais apenas sua. Parafraseando o fantasma de Marley, que entendeu isso tarde demais, a humanidade é da sua conta. E vice-versa: quando o Alegre Gigante Verde de Minnesota se enfureceu, muitas plantas e animais menores foram pisoteados. Quanto a nós, você é nosso maior parceiro comercial: sabemos muito bem que se você descer pelo ralo, iremos com você. Temos todos os motivos para lhe querer bem.

Não entrarei nos motivos para eu pensar que suas recentes aventuras no Iraque foram — pensando em longo prazo — um erro tático insensato. Quando você ler isto, Bagdá poderá ou não ser uma panqueca, e muito mais entranhas de ovelha terão sido examinadas. Falemos, então, não do que você fará com os outros, mas do que está fazendo consigo mesma.

Você está eviscerando a Constituição. Já se pode entrar na sua casa sem seu conhecimento ou permissão, você pode ser arrebatada e encarcerada sem motivos, seu e-mail pode ser espionado, seus registros privados, investigados. Por que esta não é uma receita para o roubo corporativo generalizado, a intimidação política e a fraude? Sei que lhe disseram que tudo isso é para sua segurança e proteção, mas pense por um minuto. De todo modo, quando foi que você ficou com tanto medo? Antigamente não se assustava com tanta facilidade assim.

Você está incorrendo em um nível recorde de dívida. Continue gastando nesse passo e logo não conseguirá pagar por nenhuma grande aventura militar. Ou isso, ou você tomará o caminho da URSS: muitos tanques, mas sem ar-condicionado. Isso deixará o povo muito irritado. Eles ficarão ainda mais irritados quando não puderem tomar um banho porque sua demolição míope de proteções ambientais poluiu a maior parte da água e secou o que restava. Depois as coisas ficarão de fato quentes e sujas.

Você está incendiando a economia americana. Quanto tempo até que a resposta a isso não será produzir nada você mesma, mas tomar a produção dos outros, a preços de diplomacia dos canhões? Será que o mundo vai consistir em alguns Midas megarricos, com o restante sendo servos, dentro e fora de seu país? Será o maior setor econômico dos Estados Unidos o sistema carcerário? Esperemos que não.

Se você continuar descendo muito a ladeira escorregadia, as pessoas do mundo todo vão parar de admirar as boas coisas a seu respeito. Elas concluirão que sua cidade no alto da colina é um cortiço e sua democracia é um embuste, e portanto você não tem o direito de tentar impor sua visão suja a elas. Elas pensarão que você abandonou o Estado de Direito. Elas pensarão que você contaminou o próprio ninho.

Antigamente os britânicos tinham um mito sobre o rei Arthur. Ele não tinha morrido, mas dormia em uma caverna, diziam; e na hora do maior perigo no país, ele voltaria. Você também tem grandes espíritos do passado a quem pode apelar: homens e mulheres de coragem, de consciência, de presciência. Invoque-os agora, para que estejam a seu lado, para inspirá-la, para defender o que há de melhor em você. Você precisa deles.

42
A ESCRITA DE *ORYX E CRAKE*

Oryx e Crake foi iniciado em março de 2001. Eu ainda estava em uma turnê literária de meu romance anterior, *O assassino cego*, mas na época fui até a Austrália. Depois de terminar os eventos relacionados com o livro, meu marido, eu e dois amigos viajamos para o norte, ao acampamento de Max Davidson na floresta tropical de monções na região de Arnhem Land. Na maior parte do tempo, ficamos observando pássaros, mas também visitamos vários complexos de cavernas abertas onde povos aborígines tinham vivido, em harmonia com o ambiente, por dezenas de milhares de anos. Depois disso fomos à Cassowary House; perto de Cairns, uma casa de hóspedes administrada por Philip Gregory, um observador de pássaros extraordinário; e foi enquanto olhava da sacada de Philip os *Rallina tricolor* transitando pelos arbustos que *Oryx e Crake* me apareceu quase em sua totalidade. Comecei a tomar notas naquela noite mesmo.

Eu não pretendia começar outro romance tão cedo depois do anterior. Achei que podia tirar um tempo de folga, escrever alguns contos, limpar o porão. Mas quando uma história aparece a você com tanta insistência não dá para adiar.

É claro que nada vem do nada. Eu havia passado quase a minha vida inteira pensando em cenários "hipotéticos". Fui criada entre cientistas — "os meninos do laboratório" mencionados nos

Agradecimentos são os estudantes de pós-graduação e pós-doutorado que trabalhavam com meu pai no final dos anos 1930 e início dos 1940 em sua estação de pesquisa de insetos da floresta no norte de Quebec, onde passei o início de minha infância. Vários de meus parentes próximos são cientistas, e os principais temas de assunto na ceia anual de Natal da família costumam ser parasitas intestinais, ou hormônios sexuais de camundongos, ou, quando isso deixa os não cientistas nauseados demais, a natureza do universo. Minha leitura recreativa — livros que leio para o meu entretenimento ou revistas que leio em aviões — provavelmente é do tipo ciência popular como Stephen Jay Gould ou *Scientific American*, assim em parte sou capaz de acompanhar os diálogos da família e talvez pegar alguém de surpresa com uma pergunta. ("E a supercavitação?") Então havia anos que eu vinha recortando pequenos artigos das últimas páginas dos jornais e notando, alarmada, que as tendências ridicularizadas dez anos antes como fantasias paranoicas viravam possibilidades, depois realidades. As regras da biologia são tão inexoráveis quanto as da física: fique sem comida e água e você morre. Nenhum animal pode exaurir sua base de recursos e esperar sobreviver. As civilizações humanas são submetidas à mesma lei. Continuei a escrever *Oryx e Crake* no verão de 2001. Tínhamos algumas viagens planejadas e escrevi vários capítulos desse livro em um navio no Ártico, onde pude ver com os próprios olhos a rapidez com que as geleiras estavam recuando. Eu tinha o livro todo mapeado e chegara ao final da Parte 7 quando precisei ir a Nova York para o lançamento em brochura de *O assassino cego*.

Estava sentada no aeroporto de Toronto, devaneando com a Parte 8. Dali a dez minutos meu voo seria chamado. Um velho amigo meu chegou e disse, "Não vamos mais viajar". "Como assim?", perguntei. "Venha ver a televisão", respondeu ele. Era 11 de setembro.

Fiquei sem escrever por várias semanas. É profundamente inquietante quando você está escrevendo uma catástrofe fictícia e então acontece uma real. Pensei que talvez eu devesse voltar aos livros de jardinagem — algo mais animador. Mas recomecei a rescrever, pois que utilidade teriam os livros de jardinagem em um mundo sem jardins e sem livros? E era essa a visão que me preocupava.

Como *O conto da aia*, o livro *Oryx e Crake* é uma ficção especulativa, e não ficção científica propriamente dita. Não contém nenhuma viagem espacial intergaláctica, nem teletransporte, nem marcianos. Como em *O conto da aia*, não inventa nada que já não tenhamos inventado ou começado a inventar. Todo romance começa com um *E se?* e depois estabelece seus axiomas. O *E se?* de *Oryx e Crake* é simplesmente: *E se continuarmos pela estrada em que já estamos? Até que ponto o seu declive é escorregadio? Quais nossas chances de salvação? Quem terá a determinação de nos fazer parar?*

As "tempestades perfeitas" ocorrem quando coincidem várias forças diferentes. O mesmo acontece com as tempestades na história humana. Como disse o romancista Alistair MacLeod, os escritores escrevem sobre o que os preocupa, e o mundo de *Oryx e Crake* é o que me preocupa agora. Não é uma questão de nossas invenções — todas as invenções humanas são meras ferramentas —, mas do que pode ser feito com elas; porque não importa o quanto a tecnologia seja avançada, o *Homo sapiens sapiens* continua essencialmente o que era dezenas de milhares de anos atrás — as mesmas emoções, as mesmas preocupações. Para citar o poeta George Meredith:

> *[...] Na trágica vida, Deus sabe,*
> *Vilões não são necessários! As paixões tecem a trama:*
> *Somos traídos pelo que há de falso dentro de nós.*

43

GEORGE ORWELL:
ALGUMAS LIGAÇÕES PESSOAIS

CRESCI COM GEORGE Orwell. Nasci em 1939 e o livro *A revolução dos bichos* foi lançado em 1945. Assim, pude ler aos nove anos. Eu estava à toa em casa e o confundi com um livro sobre animais falantes, como *O vento nos salgueiros*. Não sabia nada sobre o tipo de política no livro — a versão infantil da política na época, pouco depois da guerra, consistia na simples ideia de que Hitler era mau, mas tinha morrido. Então devorei as aventuras de Napoleão e Bola-de-neve, os porcos inteligentes, gananciosos e em ascensão, Garganta, o porta-voz, Sansão, o cavalo nobre mas obtuso, as ovelhas que baliam lemas e canções e eram facilmente levadas, sem fazer nenhuma associação com os acontecimentos históricos.

Dizer que fiquei apavorada com esse livro seria pouco. O destino dos animais da fazenda era tão terrível, os porcos eram tão cruéis, desonestos e traiçoeiros, as ovelhas eram tão burras. As crianças têm um senso agudo de injustiça e era isto que mais me perturbava: os porcos eram tão *injustos*. Chorei baldes quando Sansão, o cavalo, sofre um acidente e é levado de carroça para virar comida de cachorro, em vez de receber o canto sossegado do pasto que lhe prometeram.

Toda a experiência foi profundamente perturbadora para mim, mas sou eternamente grata a George Orwell por me alertar bem cedo sobre os sinais de perigo que tentei vigiar desde então. No mundo de *A revolução dos bichos*, a maior parte do palavreado e da tagarelice pública é papo furado e a mentira é instigada, e embora muitos personagens tenham bom coração e também sejam maus, podem fechar os olhos por medo do que realmente está acontecendo. Os porcos intimidam os outros com ideologia, depois distorcem essa ideologia para que combine com seus próprios fins: seus jogos de linguagem eram evidentes para mim, mesmo naquela idade. Como Orwell ensinou, não são os rótulos — cristianismo, socialismo, islamismo, democracia, Quatro Pernas Bom, Duas Pernas Ruim, as obras — que são definitivos, mas os atos feitos em seu nome.

Pude ver também com que facilidade aqueles que derrubaram um poder opressivo absorveram sua pompa e seus hábitos. Jean-Jacques Rousseau tinha razão ao nos alertar que a democracia é a forma de governo mais difícil de manter; Orwell sabia disso até a medula, porque vira em ação. Com que rapidez o preceito "Todos os animais são iguais" é alterado para "Todos os animais são iguais, mas alguns são mais iguais que outros". Que preocupação falsa os porcos demonstram pelo bem-estar dos outros animais, uma preocupação que disfarça seu desprezo por aqueles que manipulam. Com que entusiasmo eles vestem os uniformes antes desdenhados dos tiranos humanos que derrubaram e aprendem a usar seus chicotes. Com que hipocrisia justificam seus atos, ajudados pela teia verbal de Garganta, seu assessor de imprensa de língua ágil, até que todo o poder esteja em suas patas, a farsa não seja mais necessária e eles governem pela força bruta. Uma *revolução* em geral significa apenas isto: um revolvimento, um giro na roda da fortuna, pelo qual aqueles que estão na base sobem ao topo e assumem as posições preferidas, esmagando os antigos detentores do poder sob eles. Devemos ter cuidado com todos aqueles que emplastram a paisagem com grandes retratos deles mesmos, como o porco mau, Napoleão.

A revolução dos bichos é um dos livros no estilo "O rei está nu" mais espetacular do século XX e meteu George Orwell em problemas na mesma medida. As pessoas que são contrárias à sabedoria popular corrente, que apontam o óbvio desagradável, provavelmente ouvirão balidos vigorosos dos rebanhos de ovelhas furiosas. Eu não tinha toda essa compreensão aos nove anos, é claro — não de alguma forma consciente. Mas aprendemos os padrões das histórias antes de aprendermos seus significados, e *A revolução dos bichos* tem um padrão muito claro.

E então veio *1984*, lançado em 1949. Assim, li esse livro em brochura alguns anos depois, quando estava no secundário. Depois reli, e li de novo: colocou-se rapidamente entre meus livros preferidos, junto com *O morro dos ventos uivantes*. Ao mesmo tempo, absorvi seus dois companheiros, *O zero e o infinito*, de Arthur Koestler, e *Admirável mundo novo*, de Aldous Huxley. Gostava de todos os três, mas entendi que *O zero e o infinito* era uma tragédia sobre eventos já acontecidos e *Admirável mundo novo* era uma comédia satírica, com eventos que não era provável que se desenrolassem daquela forma. ("Orgião-espadão", na verdade.) O livro *1984* me pareceu mais realista, provavelmente porque Winston Smith era mais parecido comigo — uma pessoa magrela que ficava muito cansada e era sujeita a educação física em condições de frio — essa era uma característica de minha escola — e que ficava silenciosamente em conflito com as ideias e o estilo de vida proposto para ele. (Este pode ser um dos motivos para que *1984* seja lido melhor quando se é adolescente: a maioria dos adolescentes se sente assim.) Simpatizei particularmente com o desejo de Winston Smith de escrever seus pensamentos proibidos em um caderno em branco e secreto, deliciosamente tentador: eu mesma ainda não tinha começado a escrever, mas podia entender a atração. Podia também enxergar os perigos, porque é essa escrita dele — junto com o sexo ilícito, outro item com sedução considerável para uma adolescente nos anos 1950 — que mete Winston em tal encrenca.

A revolução dos bichos traça o progresso de um movimento idealista de libertação para uma ditadura totalitária chefiada por um tirano despótico; *1984* descreve como é viver inteiramente em um sistema desses. Seu herói, Winston Smith, tem apenas fragmentos de lembranças de como era a vida antes da instalação do pavoroso regime atual: ele é órfão, um filho da coletividade. O pai morreu na guerra que levou à repressão e a mãe desapareceu, deixando-o apenas com o olhar reprovador que ela lhe dispensou quando ele a traiu por uma barra de chocolate — uma pequena traição que age ao mesmo tempo como a chave para o caráter de Winston e é precursora das muitas traições no livro.

O governo da Pista de Pouso Um, o "país" de Winston, é brutal. A vigilância constante, a impossibilidade de falar com sinceridade com alguém, a figura ameaçadora e sinistra do Grande Irmão, a necessidade que tem o regime de inimigos e guerras — embora possam ser fictícios — usados para aterrorizar o povo e o unir no ódio, os lemas estupidificantes, as distorções da linguagem, a destruição do que realmente aconteceu metendo qualquer registro no Buraco da Memória — isto causou uma impressão funda em mim. Deixe-me reformular: arrancaram minha lama de medo. Orwell estava escrevendo uma sátira sobre a União Soviética de Stalin, um lugar sobre o qual eu sabia muito pouco aos 14 anos, mas ele o fez tão bem que eu podia imaginar essas coisas acontecendo em qualquer lugar.

Não existe interesse amoroso em *A revolução dos bichos*, mas existe em *1984*. Winston encontra uma alma gêmea em Julia, por fora uma dedicada fanática do partido, no fundo uma garota que desfruta de sexo, maquiagem e outras máculas de decadência. Mas os dois amantes são descobertos e Winston é torturado por pensamento-crime — deslealdade íntima ao regime. Ele sente que se ao menos pudesse continuar fiel a Julia no coração, sua alma seria salva — um conceito romântico, embora possa ser endossado por nós. Mas como todos os governos e religiões absolutistas, o Partido exige que toda lealdade pessoal seja sacrificada em nome dele e substituída por uma lealdade absoluta ao Grande Irmão. Confrontado com seus piores temores no pavoroso Quarto 101, onde há um dispositivo horrível envolvendo uma gaiola cheia de ratos famintos que pode ser encaixada no nível dos olhos, Winston quebra — "Faça isso com Julia", ele suplica, "comigo não." (Essa frase passou a ser jargão em nossa casa para evitar deveres onerosos. Pobre Julia — como tornaríamos sua vida difícil se ela realmente existisse. Ela teria de estar em muitos painéis de debate, por exemplo.)

Depois de sua traição a Julia, Winston Smith vira uma gosma maleável. Ele acredita verdadeiramente que dois e dois são cinco e que ama o Grande Irmão. Nosso último vislumbre dele o mostra sentado e encharcado de bebida em uma cafeteria ao ar livre, sabendo que é um morto ambulante e tendo tomado conhecimento de que Julia o traiu também, enquanto ouve um refrão popular: "Sob a frondosa castanheira/ Eu te vendi e tu me vendeste..."

Orwell foi acusado de amargura e pessimismo, de nos deixar com uma visão do futuro em que o indivíduo não tem chances e a bota brutal e totalitária do Partido que a tudo controla triturará a face humana, para sempre. Mas essa visão de Orwell é contradita pelo último capítulo do livro, um ensaio sobre a Novilíngua ou Novafala — a língua do duplipensar inventada pelo regime. Ao expurgar todas as palavras que possam ser problemáticas — "mau" não é mais permitido, mas se torna "desbom"— e tornar o significado de outras palavras o contrário do que costumavam ser — o lugar onde as pessoas são torturadas é o Ministério do Amor, o prédio onde o passado é destruído é o Ministério da Informação —, os governantes da Pista de Pouso Um desejam tornar literalmente impossível que as pessoas raciocinem direito. Porém, o ensaio sobre a Novilíngua é escrito em inglês padrão, na terceira pessoa e no pretérito, o que só pode significar que o regime fracassou e que a língua e a individualidade sobreviveram. Para quem escreveu o ensaio sobre a Novilíngua, o mundo de *1984* acabou. Assim, é minha opinião que Orwell tinha muito mais fé na resistência do espírito humano do que costumavam atribuir a ele.

Orwell passou a ser um modelo direto para mim muito mais tarde na vida — no verdadeiro 1984, o ano em que comecei a escrever uma distopia um tanto diferente, *O conto da aia*. Nessa época, eu tinha 44 anos e aprendera o suficiente sobre despotismos verdadeiros — por minhas leituras de História, por viagens e por minha associação com a Anistia Internacional —, então não precisava depender só de Orwell.

A maioria das distopias — inclusive a de Orwell — foi escrita por homens e a perspectiva era masculina. Quando mulheres apareciam nelas, ou eram autômatos sexuais ou rebeldes que desafiavam as regras sexuais do regime. Agiam como a tentação para os protagonistas homens, embora essas tentações fossem bem recebidas pelos próprios homens. Por isso Julia, e por isso a sedutora seminua, orgião-espadão do Selvagem em *Admirável mundo novo*, e por isso a *femme fatale* subversiva do clássico seminal *Nós*, de Ievguêni Zamiátin, publicado em 1924. Eu queria experimentar uma distopia da perspectiva feminina — o mundo segundo Julia, por assim dizer. Mas isso não faz de *O conto da aia* uma "distopia feminista", a não ser na medida em que dar uma voz e uma vida interior a uma mulher sempre será considerado "feminista" por aqueles que pensam que as mulheres não devem ter essas coisas.

Em outros aspectos, o despotismo que descrevo é igual a todos aqueles reais ou imaginários. Tem um pequeno grupo poderoso no topo que controla — ou tenta controlar — todos os outros e recebe a parte do leão dos bens disponíveis. Os porcos em *A revo-*

lução dos bichos recebem o leite e as maçãs, a elite de *O conto da aia* recebe as mulheres férteis. A força que se opõe à tirania em meu livro é aquela a que o próprio Orwell — apesar de sua crença na necessidade de organização política para combater a opressão — sempre deu muita importância: a decência humana comum, do tipo que ele elogiou no ensaio sobre Charles Dickens. A expressão bíblica dessa propriedade provavelmente está no versículo "Em verdade vos digo que quando o fizestes a um destes pequeninos irmãos, a mim o fizestes". Os tiranos e poderosos acreditam, com Lenin, que não se pode fazer uma omelete sem quebrar os ovos e que os fins justificam os meios. Orwell, na hora da verdade, teria acreditado — ao contrário — que os meios definem os fins. Ele escrevia como que aliado de John Donne, que disse, "A morte de todo homem me diminui". E o mesmo se diz — assim espero — de todos nós.

No final de *O conto da aia*, há uma seção que deve muito a *1984*. É o relato de um simpósio que acontece várias centenas de anos no futuro, em que o governo repressor descrito no romance agora é apenas objeto de análise acadêmica. Os paralelos com o ensaio de Orwell sobre a Novilíngua devem ser evidentes.

Orwell tem sido uma inspiração para gerações de escritores em outro aspecto importante — sua insistência no uso claro e exato da linguagem. "A prosa como uma vidraça", disse ele, optando por um cantochão no lugar do ornamento. Os eufemismos e a terminologia distorcida não devem ocultar a verdade. "Megamortes aceitáveis" em vez de "milhões de corpos apodrecendo, mas, olha, não somos nós os mortos"; "desordem" em vez de "destruição maciça" — são esses os primórdios da Novilíngua. O palavreado elegante é o que confunde Sansão, o cavalo, e sustenta os refrãos das ovelhas. Insistir no *que é*, diante do efeito ideológico, do consenso popular e da negação oficial: Orwell sabia que isso requer honestidade e muita coragem. A posição do estranho no ninho é sempre intranquila, mas o momento em que olhamos em volta e descobrimos que não existe mais nenhum estranho em meio a nossas vozes públicas é aquele de maior perigo — porque é quando estamos em sincronia, prontos para os Dois Minutos de Ódio.

O século XX pode ser visto como uma corrida entre duas versões de inferno feito pelo homem — o totalitarismo sob o tacão do Estado de *1984* de Orwell e o sucedâneo de paraíso hedonista de *Admirável mundo novo*, onde absolutamente tudo é um bem de consumo e os seres humanos são manipulados para que sejam felizes. Com a queda do Muro de Berlim em 1989, por algum tempo pareceu que *Admirável mundo novo* tinha vencido — daí em diante, o controle estatal seria mínimo e só o que todos teríamos de fazer seria sair às compras, sorrir muito e chafurdar em prazeres, engolindo um ou dois comprimidos quando a depressão se instalasse.

Mas com o lendário ataque ao World Trade Center em 11 de setembro no ano de 2001 tudo isso mudou. Agora parece que enfrentamos a perspectiva de duas distopias contraditórias ao mesmo tempo — mercados abertos, mentes fechadas —, porque a vigilância estatal voltou com força. O pavoroso Quarto 101 do torturador tem estado conosco há milênios. Os calabouços de Roma, a Inquisição, a Câmara Estrelada, a Bastilha, os atos do general Pinochet e a Junta Militar da Argentina — todos dependeram de sigilo e do abuso de poder. Muitos países têm suas versões disso — seus meios de silenciar o dissidente problemático. As democracias, por tradição, se definiam, entre outras coisas, pela abertura e o Estado de Direito. Mas agora parece que nós, no Ocidente, estamos legitimando tacitamente os métodos do passado humano mais sombrio, tecnologicamente atualizado e santificado por nossos próprios usos, é claro. Pela liberdade, deve-se renunciar à liberdade. Para nos fazer avançar para o mundo melhor — a utopia que prometemos —, primeiro a distopia deve prevalecer. É um conceito digno de duplipensar. Também é, na ordem de seus acontecimentos, estranhamente marxista. Primeiro a ditadura do proletariado, em que muitas cabeças devem rolar; depois a miragem da sociedade sem classes, que estranhamente nunca se materializa. Em vez disso, temos apenas porcos com chicotes.

O que George Orwell teria a dizer sobre isso?, é o que me pergunto com frequência.

Muita coisa.

44
ARGUMENTO CONTRA O SORVETE

ENOUGH: STAYING HUMAN IN AN ENGINEERED AGE
DE BILL MCKIBBEN

1

ENOUGH, DE BILL MCKIBBEN, é um resumo passional, sucinto, arrepiante, cuidadosamente fundamentado, às vezes cômico, comoventemente bem-intencionado e essencial do futuro proposto pela "ciência" para a raça humana. É do mesmo Bill McKibben que escreveu *O fim da natureza*, sobre como o *Homo sapiens* vem reorganizando a biosfera com o auxílio de plantas geneticamente modificadas para servir ao que se acredita serem seus próprios interesses, e *Long Distance*, sobre correr maratonas, bem como artigos para a *New Yorker*, o *New York Times*, o *New York Review of Books*, o *Atlantic*, entre outros.

Bill McKibben parece ser uma pessoa inteligente e ponderada, mas também amável e otimista, pelo que podemos ver a partir de sua prosa. Ele gosta de dar caminhadas na mata, parece estar em boa forma física e sua foto na capa parece de alguém que não queria jogar bridge com você porque já sabia o que você tinha na mão. Em outras palavras, ele poderia se qualificar como membro de um ramo robusto do clube de geeks de QI muito alto e de forma alguma pode ser desconsiderado simplesmente como um ludita de inteligência abaixo da média, burro demais para entender as partes engenhosas e customizadas de corpo e cérebro que em breve serão oferecidas a você e aos seus.

Uma oferta que naturalmente tem um preço. Ah, sim, o preço. A tradicional taxa por esse tipo de coisa era sua alma, mas quem ainda presta alguma atenção a esse trapo teológico esfarrapado, uma vez que não pode ser localizado com uma sonda cerebral? E veja, a Oferta Especial é um superpacote! Como você pode recusar? Contém tanta coisa que compõe os sonhos humanos.

Fausto queria o mesmo tipo de coisa. Muitos quiseram: juventude eterna, beleza divina, hiperinteligência, a força de Charles Atlas. Aqueles de nós que foram criados com as últimas páginas dos gibis conhecem o apelo. Nunca mais vão rir de novo quando você se sentar ao piano porque agora você tem os dedos dos X-Men e o gênio de Mozart; não se atreverão a chutar areia na sua cara na praia porque você terá a constituição física de Hércules; você nunca mais será rejeitado para um encontro romântico por causa de seus cravos feios no rosto, que terão sido proibidos, junto com muitas outras características que você pode dispensar. Voltando-se para preocupações mais adultas como a morte, você não terá de investir em um caixão de concreto, porque não só seu ente querido estará seguro à noite, como ainda estará vivo, e para sempre! E você também.

Uma fila se forma na porta da sua casa, e será uma fila comprida. (*Enough* menciona dois artistas californianos que montaram uma instalação de arte conceitual na forma de uma butique chamada Gene Genies Worldwide, que imprimia folhetos ilustrando o que você poderia comprar, e receberam uma enxurrada de encomendas sérias.) Qualquer um que pense que não existiria uma demanda para o que supostamente está à venda está alucinando. Mas lá vem Bill McKibben vestido com seu cartaz-sanduíche de pregador de calçada denunciando todo o empreendimento e profetizando a perdição. Haverá gritos de *estraga-prazeres*, *baixo-astral*, para não falar em *troglodita*, *derrotista* e *fanático*. Como o príncipe Charles, que se manifestou contra a nanotecnologia porque ela poderia reduzir o mundo a uma gosma cinza, McKibben ouvirá para não meter o nariz naquilo porque não era da conta dele.

"A humanidade era da minha conta", lamenta o fantasma de Marley quando é tarde demais para ele. E o mesmo diz Bill McKibben. A humanidade é da minha conta. Ele se dirige ao pequeno e ganancioso Scrooge que existe em todos nós e diz ao pequeno e ganancioso Scrooge por que ele não deveria querer cada vez mais e mais, e ainda por cima mais.

Mais do quê? Chegarei a isto daqui a pouco, mas primeiro uma digressão sobre a palavra *mais*. Dois usos emblemáticos de *mais* me vêm à mente. O primeiro é naturalmente o *mais* ecoante pronunciado por Oliver Twist quando passa fome em um orfanato graças a autoridades venais. Este *mais* é a resposta legítima a *não basta*. É o *mais* da verdadeira necessidade, e só o Sr. Bumbles de coração duro e hipocrisia perversa deste mundo pode ficar ofendido com ele. O segundo *mais* está no filme *Paixões em fúria*, no diálogo extraordinário entre o personagem herói de Humphrey Bogart e o bandido mau de Edward G. Robinson. Ao bandido é perguntado o que ele quer e ele não sabe. Mas Humphrey sabe. "Ele quer mais", diz ele. E é isto o que o bandido quer: mais e mais do que ele pode usar; ou melhor, mais do que ele pode apreciar, dedicado como é à mera acumulação e ao mero poder. Pois a alternativa a *mais*, no livro de McKibben, não é *menos*, mas o *bastante*. Sua epígrafe podia muito bem ser aquele antigo ditado popular, "Bem-aventurado aquele que se contenta com pouco".

O *enough* do título do livro, visto corretamente — dá a entender McKibben —, já traz em si a ideia de contentamento. Somos nós, como somos, com talvez algumas melhorias admissíveis. Mais do que isso é demais. Esses *mais* tentadores — porque existem muitos — crescem em cada vez mais Árvores do Conhecimento que atulham tão densamente a paisagem científica moderna que não conseguimos ver a floresta a partir delas. McKibben segura o machado e parte para abrir uma trilha. Que maçãs devem ser colhidas, quais delas deixar em paz? O quanto devemos pensar bem antes de dar a dentada fatídica? E por que não devemos nos empanzinar e qual será nossa motivação se o fizermos? Será a mesma velha história — queremos ser como os deuses? Se é *esta* história, já lemos, em muitas versões. Nunca tem um final feliz. Não até agora.

Os itens no banquete da alteração humana dividem-se aproximadamente em três. Primeiro, alteração genética, ou *splicing* genético, em que os pais que têm um metro e meio de altura e são carecas darão à luz filhos de um e oitenta de altura com cabelo louro parecidos com o vizinho. Bom, isso fornecerá algumas desculpas. ("Querido, nós *escolhemos* isso! Lembra?") Segundo, a nanotecnologia, ou o desenvolvimento de engenhocas com uma única camada de átomos que podem se replicar, montar e desmontar matéria. Algumas podem ser enviadas para dentro de nosso corpo para fins de reparo, como o submarino miniaturizado que continha a memorável Raquel Welch no filme *Viagem fantástica*. Terceiro, a cibernética, ou a fusão do homem com a máquina, como o homem biônico. Pelo menos conseguiremos abrir as tampas dos vidros.

Há uma quarta ideia que é vista de relance — a criogenia, ou colocar em congelamento a si mesmo, ou sua cabeça na versão que cabe no orçamento, até chegar a hora em que a estrada dos tijolos amarelos da imortalidade tenha sido construída; daí você será descongelado e restaurado a sua juventude e saúde e, se a opção só da cabeça foi a escolhida, um novo corpo poderá ser cultivado para você a partir de algumas amostras do seu DNA — ou do DNA de outra pessoa. Investir mesmo que uma pequena quantidade de crença nesse esquema o coloca em pé de igualdade com aqueles que compram alegremente a ponte do Brooklyn de trapaceiros de sobretudo, porque a empresa — sim, seria uma empresa encarregada de sua cabeça congelada — precisaria não só ser eternamente solvente — a falência equivaleria ao derretimento —, mas de uma honestidade impecável.

Cada campo do esforço humano atrai sua cota de vigaristas e golpistas, mas este pareceria um patife nato. O que impede os operadores de embolsarem seu dinheiro, submetendo você aos procedimentos iniciais da criopreservação e, depois, alegando uma pane elétrica, largando seu ser desagradavelmente derretido na lixeira, ou melhor — sabendo usar, não vai faltar, e os acionistas esperam um resultado financeiro sólido —, reciclar você como ração para gatos? As pirâmides de reis egípcios mumificados, completamente pilhadas depois que os parentes davam as costas, brilham nesse tipo de raciocínio, como o Cemitério Highgate de Londres, um Jardim da Eternidade parcelado em lotes baratos que virou um matagal depois que o fluxo de dinheiro se esgotou.

Mas os fervorosos argumentos de McKibben são mais precisos: ele não é ficcionista nem poeta, portanto não desce até a "loja de ossos e trapos sujos do coração", de Yeats. Ele pressupõe certo nível de sinceridade e integridade nos defensores menos tresloucados desses desenvolvimentos, e seu apelo é dirigido a nossas faculdades racionais e éticas. Devemos agir, acredita ele, por respeito à História e à raça humanas.

Primeiro ele ataca a engenharia genética, já presente na soja e não muito distante do *Homo sapiens*, agora que temos o coelho verde luminoso e a cabra-aranha. O *splicing* genético é a resposta contemporânea ao eterno impulso de fazer um modelo mais perfeito de nós mesmos. O romance de registro é *Frankenstein*, de Mary Shelley: simplesmente não conseguimos parar de mexer, consertar e ajustar coisas, em parte porque é muito interessante e em parte porque temos uma opinião elevada de nossas capacidades; mas corremos o risco de criar monstros.

O *splicing* genético depende de clonagem — McKibben explica como —, mas não é a mesma coisa. Envolve a inserção de genes selecionados — de pessoas que não sejam os pais — em um óvulo, que é depois implantado do jeito habitual (ou será, até que os bebês engarrafados de *Admirável mundo novo* façam seu aparecimento e possamos nos livrar inteiramente do útero). Se nos tornarmos geneticamente aprimorados desse jeito — aprimorados por nossos pais antes de nascermos —, a alegria e o mistério desaparecerão da vida, diz McKibben, porque não teremos de lutar pela maestria. Nossas realizações não serão "nossas", mas terão sido programadas em nós; nunca saberemos se realmente estamos sentindo "nossas" emoções ou se elas — como as falsas memórias implantadas nos replicantes do filme *Blade Runner* — são compradas. Não seremos identidades singulares, seremos apenas a soma de caprichos do mercado. Nós verdadeiramente seremos as "máquinas de carne" de que alguns cientistas já nos chamam. Neste momento quase tudo que nossos pais podem escolher para nós são nossos nomes, mas e se eles puderem escolher tudo a nosso respeito? (E você achava que sua mãe tinha mau gosto para sofás!)

Pior ainda, seremos apanhados em uma competição do tipo "não posso ficar para trás" em que cada nova geração de bebês precisará ter todos os últimos aprimoramentos — terá de ser mais inteligente, mais bonita, mais livre de doenças, terá de viver mais do que a geração anterior. (Os filhos dos ricos, não é preciso dizer, porque é com eles que o ouro se esconde.) Assim, cada nova geração será *sui generis* — isolada, desconsolada, tão desatualizada como o modelo de carro no ano passado, antes até de chegarem aos 21 anos, cada um deles preso em um nenúfar de aprimoramentos alguns saltos atrás daquele que veio logo depois. Além disso, serão excluídos da História — de sua própria árvore genealógica —, porque quem sabe que árvores genealógicas eles estão de fato perpetuando? Eles terão pouca relação com seus ditos ancestrais. A solidão e a sensação de desconexão podem ser extremas.

McKibben não passa a explorar o inferno definitivo que esta situação pode produzir. Imagine o adolescente lamuriento e emburrado que será legado por pais que escolheram as características dos filhos em um catálogo e — inevitavelmente — terão escolhido errado. "Não pedi para nascer" será substituído por ressentimentos como "Não pedi para ter olhos azuis" ou "Não pedi para ser um gênio em matemática". Queimem aquele folheto de genes! Se seu filho reclamar por não ser aprimorado o bastante, você pode simplesmente dizer que não podia pagar por isso. (Os defensores do melhoramento genético podem responder que, como você poderá escolher também o temperamento de seu filho, naturalmente escolherá um tipo que nunca soltará nenhuma lamúria nem será um adolescente emburrado. Não preste atenção: essas pessoas não estarão falando de crianças de carne e osso, mas de Crianças de Stepford.)

Mais uma vez, McKibben não percorre todo o caminho, como entrar nos reinos sombrios da inveja, da trapaça, de retaliações e vingança megalomaníaca. Como evitar que seu inimigo suborne seu geneticista para que seu filho vire Hannibal the Cannibal?

Mas e as doenças hereditárias?, você pode perguntar, e com razão. Por que as crianças devem sofrer de paralisia cerebral, ou autismo, ou esquizofrenia, ou coreia de Huntington, ou as muitas outras enfermidades que são geneticamente herdadas? Elas não deveriam, se existisse uma solução, e existe. McKibben observa que esses problemas podem ser eliminados sem dar o passo final. (Depois de *Enough* ser publicado e antes que esta resenha fosse escrita, uma equipe canadense decodificou o gene do autismo. A ajuda está a caminho.) Depois que seu genoma foi analisado, os pais em risco podem ser notificados de quaisquer defeitos e podem partir para a rota *in vitro*, com óvulos fertilizados sem o gene culpado escolhidos para ser implantados. Essa "terapia genética somática" não envolveria o acréscimo dos genes de outra pessoa. Cirurgia plástica, hormônios, vitaminas e terapia genética somática já bastam, diz McKibben; *splicing* genético é demais.

Em seguida, McKibben mergulha na nanotecnologia, que também está a caminho. O conto folclórico aplicável à nanotecnologia é "O Aprendiz de Feiticeiro" — e se você der início ao processo, mas o nanobot replicante escapar e você não conseguir desativar a porcaria? Podemos criar um montador que faz comida — terra em uma ponta, batatas na outra — ou algo que destrua bioformas hostis a nós. Mas e se um nanobot desses surtar e atacar todas as bioformas? É daqui que vem a apreensão do príncipe Charles com a "gosma cinza". É um medo real e um medo discutido por McKibben.

A cibernética e a inteligência artificial também são objetos de análise, à medida que combinações de homem e máquina estão ocupando parte de nossos intelectos melhor remunerados. Visões de microchips implantados em seu cérebro dançam na cabeça deles — bom, já temos marcapassos, então qual é a diferença? Por que não devemos batizar engenhocas de inteligência artificial, porque elas podem ser feitas para se assemelhar a nós de tal modo que talvez tenham o que pensamos ser méritos de batismo? Chamemos de alma, por que não? Talvez possamos ter olfato aprimorado, visão de raio-X, Sentido de Aranha, essas coisas. Orgasmos artificiais, melhor do que a coisa para valer. *Tudo* será melhor do que a realidade! Por que não devemos ter olhos na nuca? Por que só temos uma boca que precisa cumprir várias funções — falar, comer, assoviar? Se tivéssemos vários orifícios bucais, poderíamos fazer todas essas coisas ao mesmo tempo! (Assine aqui. Você deve isso a si mesmo. Porque você merece.)

Tem havido muita conversa sobre as limitações que temos de suportar graças à Mãe Natureza, a vaca traiçoeira e suja, e este é o subtexto não tão habilmente oculto de grande parte do pensamento de admirável mundo novo. Esse pessoal odeia a Natureza e odeia fazer parte dela. McKibben cita um discurso espantoso dado por Max More (sobrenome escolhido por ele mesmo) na Convenção Extropiana (*extropia*, palavra cunhada em oposição a *entropia*). Esse discurso assumiu a forma de um desrespeito à Mãe Natureza e dizia, essencialmente, obrigada por nada e adeus. A Natureza cometeu tantos erros, e o principal deles é a morte. Por que temos de envelhecer e morrer? Por que o homem é a única criatura que antevê a própria morte?

Como em muitas religiões — e a energia propulsora das margens mais desvairadas deste empreendimento do "mais" é religiosa em sua essência —, tinha de haver um segundo nascimento, que contornasse a indignidade de ter saído de um corpo — de um corpo feminino — e, pensando bem, de ter um corpo você mesmo. Toda aquela gosma, sangue, células e morte. Por que temos de comer? E, por implicação, defecar. Que sujeira. Talvez possamos consertar nosso trato digestivo de modo a só soltar uma bolinha, digamos uma vez por mês. Talvez possamos nascer de novo, desta vez de uma cabeça artificial em vez de um corpo natural, e descarregar o conteúdo de nosso cérebro em máquinas, e ficar no ciberespaço, como nos romances de William Gibson. Mas se você leu William Gibson saberá que o lugar é um pesadelo nauseante.

2

Todos os aprimoramentos que McKibben discute estão convergindo para o grandão, que nada mais é do que o definitivo dedo no nariz da natureza — a imortalidade. A imortalidade não cai muito bem nos mitos e nas histórias. Ou você a consegue mas se esquece de pedir também a juventude eterna, e vira um horror caindo aos pedaços (Titono, a Sibila de Cumas, Struldbrugs de Swift), ou você toma posse da imortalidade e da vitalidade, mas perde sua alma e deve viver sendo alimentado do sangue dos inocentes (Melmoth, o Andarilho, vampiros, e assim por diante). As histórias são claras: os deuses são imortais, os homens morrem, tente mudar isso e vai acabar levando a pior.

Isso não nos impede de querer ardorosamente. McKibben reconhece o impulso: "Contrapor-se à imortalidade, mesmo que ligeiramente", diz ele corretamente, "é um pouco como argumentar contra o sorvete — a vida eterna tem sido o grande sonho da humanidade desde o momento em que nos tornamos conscientes." Mas ao contrário de todas as gerações anteriores, a nossa talvez a alcance. Isto nos alteraria para além de qualquer reconhecimento. Nós nos tornaríamos uma espécie diferente — que vive em eterna bem-aventurança, aos olhos de seus defensores, mais ou menos como, ora, anjos, ou seres sobre-humanos. Certamente significaria o fim da narrativa. Se a vida é infinita, por que contar histórias? Chega de começos e meios, porque não haverá mais fins. Nada de Shakespeare para nós, nem Dante, nem, bom, qualquer arte, na verdade. Está tudo infestado de mortalidade e fede a coisa terrena. Nossos novos eus de anjo não precisarão mais de nossa arte nem a compreenderão. Eles podem ter outra arte, mas seria bem exangue.

Porém, depois de sermos imortais de verdade, o que faríamos o dia todo? Não ficaríamos cansados do interminável, da monotonia, da falta de um evento significativo? Não ficaríamos entediados? Nada disso. Ficaríamos sentados e pensaríamos em problemas, como por exemplo: "Qual a origem do universo?" "Por que existe algo em vez de nada?" "Qual o significado da existência consciente?" Será este o resultado de toda essa ciência sem dúvida fascinante — um tedioso seminário de filosofia do primeiro ano? "Não quero ser indelicado", diz McKibben, "mas trocamos nossa humanidade por isto?"

Esta é a versão boa da mente imortal. Encontrei a versão ruim em um folheto que recebi por um clube do livro do mês de um colégio. *O cérebro de Donovan* era o título e o cérebro em questão era mantido vivo em um tanque de vidro e alimentado com comida de cérebro. A esperança dos cientistas que faziam o experimento era que o cérebro tivesse poder e força maiores e resolvesse problemas como "Por que existe algo em vez de nada", e beneficiasse a humanidade. Mas Donovan, quando tinha um corpo, era um manipulador de ações ou o equivalente, e inclinou seus poderes mentais recém-descobertos para a dominação do mundo, destruindo as pessoas que o atrapalhassem. Um cérebro grande não significa um cérebro bom. Isso ficou claro para mim aos 12 anos e ficou ainda mais claro em *Enough*. Existem algumas pessoas muito inteligentes trabalhando nas partes que entrarão na composição de nossa imortalidade, e o que elas estão fazendo é, em certos níveis, fascinante — é como mexer na maior caixa de brinquedos que você já viu —, mas não são elas as pessoas que deveriam decidir nosso futuro. Perguntar a esse tipo de cientistas como seria a natureza humana melhorada é como perguntar a formigas o que você deve ter em seu quintal. É claro que elas dirão "mais formigas".

E já que nós estamos falando nesse assunto, o que exatamente significa "nós"? O "nós", isto é, a quem prometem todos esses presentes. "Nós" serão os "GenRich", os melhorados geneticamente. "Nós" certamente não serão os 6 bilhões de pessoas que já estão no planeta, nem os 10 bilhões projetados para o ano de 2050 — estes serão os "GenPoor", os não melhorados geneticamente. "Nós", quando aparecermos, seremos uns poucos eleitos, e como nossos genes aprimorados e nossa imortalidade serão tão caras e não sobreviveremos — por exemplo — se formos esmagados por tanques, teremos de tomar medidas para nos proteger. Sem dúvida "nós" pensaremos em muralhas quase intransponíveis, como no romance de Zamiátin de mesmo nome, ou "nós" viveremos em um castelo, com "eles" — os servos e camponeses, os estúpidos, os mortais — agitando-se do lado de fora. Falaremos como James Dewey Watson; diremos coisas como "Não é muito divertido ficar perto de gente burra". Na verdade, nos comportaremos muito como os aristocratas do passado, convencidos de nosso direito divino. Os servos nos odiarão. Sem querer aqui jogar um balde de água fria, mas se os servos e camponeses são fiéis a sua forma, mais cedo ou mais tarde eles pegarão uns forcados e umas tochas e romperão as barricadas. Assim, para evitar os camponeses, teremos de ir para o espaço sideral. Ainda está achando divertido?

A agenda daqueles que vislumbram a si mesmos como GenRich — assim como os que vivem no passado, os que vivem no futuro nunca se veem no papel de coveiros — está sendo pressionada em nome daquela dupla mágica, o progresso e a inevitabilidade, esses gêmeos que sempre aparecem quando alguns potenciais acionistas sentem no ar o cheiro de uma boa grana. (Junto com eles, vêm os habituais adjetivos meu-pau-é-maior, como observa McKibben — ter garra, assumir riscos e por aí vai —, então se você não correr e conseguir logo seu *splicing* genético e sua cabeça congelada, você é uma espécie de fracote.) O "progresso" iludiu muitos, mas certamente suas pretensões, como uma palavra de ordem em um comício, a essa altura explodiram: progresso não é igual a mudança. Quanto à "inevitabilidade", é o argumento do estuprador: a coisa vai acontecer de qualquer forma, então por que não relaxar e aproveitar? A resistência é inútil. (Esse era o antigo conselho: agora lhe dizem para gritar e vomitar, influenciando assim o resultado. Os tempos mudam.)

McKibben enfrenta os dois gêmeos mágicos e é particularmente tocante quanto à "inevitabilidade". Ainda temos escolha, diz ele. Só porque uma coisa foi inventada, não quer dizer que você precise usar. Ele propõe como exemplos a bomba atômica, a rejeição de armas de fogo por parte dos samurais japoneses, o abandono chinês do poder marítimo avançado e os amish, que examinam cada nova tecnologia e aceitam ou rejeitam de acordo com critérios sociais e espirituais. Nós também, diz ele, podemos aceitar ou rejeitar de acordo com critérios sociais e espirituais. Podemos e devemos. Devemos decidir como nós mesmos — como quem já somos como seres humanos. Devemos decidir a partir da totalidade de nossa humanidade atual, por mais imperfeita que seja. Como eu disse, McKibben é um otimista. Concordo com ele sobre o que devemos fazer, mas não estou tão certa assim de que o faremos.

O fato — e esta não é uma linha de raciocínio seguida por McKibben — é que o argumento pela perfectibilidade da humanidade assenta-se em uma falácia lógica. Portanto: o homem, por definição, é imperfeito, dizem aqueles que o aperfeiçoariam. Mas aqueles que o aperfeiçoariam são eles mesmos, por sua própria definição, imperfeitos. E seres imperfeitos não podem tomar decisões perfeitas. A decisão sobre o que constitui a perfeição humana teria de ser uma decisão perfeita; caso contrário, o resultado não seria a perfeição, mas a imperfeição. Como testemunha o desejo de ter várias bocas diferentes.

Talvez nossa busca pela perfeição deva assumir uma forma diferente, uma forma no sentido de William Blake. Talvez o Infinito possa ser visto em um grão de areia e a Eternidade em uma hora. Talvez a felicidade não seja um fim, mas um caminho. Talvez a felicidade seja a busca desta felicidade. Talvez devamos seguir o exemplo de Tennyson e separar sabedoria de conhecimento, e reconhecer que a sabedoria não pode ser clonada nem fabricada. Talvez este reconhecimento seja sabedoria. Talvez o bastante baste para nós. Talvez devamos deixar o bastante em paz.

JARDINS VITORIANOS: PREFÁCIO

A BREATH OF FRESH AIR
DE ELISE HOUGHTON

I

Quando eu era pequena, as pessoas tinham Jardins Vitorianos. Isto foi durante a Segunda Guerra Mundial e a ideia era que se as pessoas cultivassem os próprios vegetais, o alimento produzido pelos agricultores ficaria livre para uso do exército. Havia outro forte motivador: vigorava o racionamento para o que era improvável de produzirmos nós mesmos, como açúcar, manteiga, chá, queijo e carne, assim quanto mais se pudesse cultivar, melhor comeríamos, e melhor os soldados comeriam também. Assim, ao cavar, capinar, arrancar ervas daninhas e irrigar, você podia ajudar a vencer a guerra.

Mas as pessoas não viviam só de frutas e legumes. Qualquer coisa semelhante a proteína ou gordura era preciosa. Escassas, margarina e banha de porco eram valorizadas; moela, fígados, pés e pescoços não eram desprezados. Pedaços e restos que hoje seriam despreocupadamente jogados na lixeira eram acumulados e guardados, abrindo caminho para seu primeiro aparecimento como, digamos, um frango assado, por meio de várias outras encarnações como ensopados de macarrão com sobras, sopas e guisados, e ingredientes misteriosos em tortas salgadas. A habilidade de uma dona de casa era medida pelo número de vezes em que ela conseguia servir a mesma coisa sem que você soubesse disso.

Era necessário um planejamento cuidadoso; o desperdício não era visto com bons olhos. Isso significava que tudo, não só coisas como galinhas, mas da horta, tinha de ser usado e, se necessário, conservado. O congelamento doméstico ainda não tinha chegado, então fazer compotas e a conservação eram atividades importantes, em particular no final do verão, quando a horta produzia mais do que a família conseguia comer. As donas de casa cozinhavam uma grande quantidade de molho de tomate, picles, vagens, morangos, molho de maçã — todo tipo de legumes e frutas. Estes seriam consumidos no inverno, junto com os repolhos, a abóbora e os tubérculos — beterrabas, cenouras, nabos e batatas — que tinham sido armazenados em um lugar frio.

Como crianças em crescimento nessa época, sabíamos que toda mudinha era preciosa. Fazíamos parte do sistema: arrancávamos as ervas daninhas e regávamos, catávamos as lagartas de repolhos, de tomates e os insetos das batatas. Enterrávamos cascas, caroços, carcaças de volta ao solo; enxotávamos marmotas; borrifávamos cinzas de madeira. Se tivéssemos a sorte de estar perto de uma fonte de mirtilos, colhíamos; colhíamos ervilhas e feijões, e desenterrávamos batatas. Não posso alegar que tudo isso fosse trabalho espontâneo, alegremente realizado: eram deveres. Mas a ligação entre cuidar de vegetais e comer os produtos era clara. A comida não vinha embalada em plástico do supermercado — nem havia supermercado nenhum mesmo. Saía da terra ou crescia em um arbusto ou árvore, e só precisava de água, luz solar e uma fertilização adequada.

A geração de minha mãe foi criada com rigor: esperava-se que as crianças comessem tudo que estava no prato, gostassem ou não, e se não fizessem isso, eram obrigadas a ficar sentadas à mesa de jantar até terminarem. Frequentemente eram lembradas de outras crianças que passavam fome — os armênios, os chineses. Eu costumava pensar que isso era ao mesmo tempo cruel — por que obrigar uma criança a comer quando não está com fome? — e ridículo — que bem faria aos armênios comer suas crostas de pão? Mas esse método sem dúvida tinha em seu cerne uma insistência no respeito. Muitas pessoas tinham trabalhado para produzir a comida no prato, entre elas os pais que ou a cultivavam ou pagavam um dinheiro suado por ela. Você não podia esnobar essa comida. Devia mostrar uma gratidão verdadeira. Daí a prática antes generalizada de dar as graças às refeições, que acabou caindo em desuso. Por que ser grato por uma coisa — atualmente — tão fácil de conseguir?

II

No enredo da vida na terra, as hortas são uma reviravolta recente. Datam talvez de dez mil anos atrás, quando a caça e a coleta, que tinham sido o modelo dominante por 99% da história humana, não sustentavam mais as sociedades diante da redução de animais de caça e da oferta de alimentos silvestres.

Quando a população total da terra era de menos de quatro milhões de pessoas — antes, estimam os especialistas, de cerca de dez mil anos atrás —, a caça e a coleta eram um meio de vida ainda viável. O mito da Era de Ouro parece ter algum fundamento na realidade: a comida estava ali, no meio silvestre, para ser apanhada, e as pessoas não precisavam despender muito tempo em sua obtenção. Depois desse ponto, as condições ficaram mais difíceis, à medida que comunidades tiveram de se adaptar a estratagemas de mão de obra intensiva para se alimentarem. A "agricultura" às vezes é usada para denotar qualquer forma de cultivo ou domesticação — de animais de rebanho para carne e leite, de hortaliças e frutíferas, de monoculturas como do trigo e da cevada. Às vezes uma distinção é feita entre "agricultura", em que grandes áreas são cultivadas usando o arado para romper a terra — tradicionalmente uma atividade masculina —, e "horticultura", em que canteiros individuais e menores eram cultivados, tradicionalmente por mulheres. Pensava-se que a "horticultura" tinha aparecido primeiro, mas todos concordam que houve um longo período de transição em que a caça e a coleta, horticultura e agricultura coexistiam lado a lado.

Muitos males foram atribuídos à agricultura. Nas culturas de caça e coleta, o alimento — via de rega — era obtido e consumido quando necessário. Mas depois que a agricultura se tornou firmemente estabelecida — depois que as lavouras podiam ser colhidas e armazenadas, depois que os excedentes podiam ser acumulados e, não por acaso, transportados, trocados, destruídos e roubados —, os estratos sociais passaram a ser possíveis, com escravos na extremidade inferior, camponeses acima deles e uma classe governante no topo, que não fazia nenhum esforço físico para comer. Exércitos podiam marchar sobre excedentes de alimentos; hierarquias religiosas puderam cobrar o dízimo; reis puderam presidir; impostos puderam ser cobrados. As monoculturas se disseminaram, com uma dependência de apenas alguns gêneros alimentícios, resultando não só em desnutrição, mas em fome em tempos de quebra de safra.

A relação de um habitante urbano com a comida — como sistema – está mais próxima do modelo de caça e coleta do que daquele de horticultura-agricultura. Você não cultiva a própria comida nem a cria na forma de um animal. Em vez disso, vai ao lugar onde está a comida — o supermercado, mais provavelmente. Outra pessoa fez o abate, no caso de alimento animal, ou a colheita primária, no caso de vegetais, mas o comprador é essencialmente um coletor. Suas habilidades consistem em saber onde estão as coisas boas e localizá-las se forem raras. A experiência de compras recebe todos os adornos de uma caminhada em uma floresta mágica — música suave, as cores das embalagens são de um brilho sobrenatural, a comida é exibida como se estivesse ali por milagre. Só o que você precisa fazer é estender a mão, como na Era de Ouro. E depois pagar, é claro.

Um sistema desses disfarça as origens. A comida nas lojas não tem terra e traz o mínimo possível de sangue. Entretanto, tudo que comemos vem — de um jeito ou de outro — da terra.

III

A primeira horta de que me lembro ficava no norte de Quebec, onde meu pai dirigia uma pequena estação de pesquisa de insetos florestais. A área era uma superfície glacial estriada por arranhão — uma região onde as geleiras tinham removido a camada de solo milhares de anos atrás, descendo até o leito rochoso de granito. Milhares de anos depois de sua retirada, o solo era apenas uma fina camada por cima de areia ou cascalho. Meus pais usaram esse solo arenoso como base para sua horta. Por sorte, tinham uma fonte de esterco, de uma madeireira — naquela época, os cavalos ainda eram usados no inverno para arrastar as árvores tombadas ao lago para posterior transporte à serraria pela água. Meus pais transportaram uma grande quantidade desse esterco até seu canteiro arenoso e cercado, onde o aplicaram. Dessa terra nada promissora eles cultivaram — entre outras coisas — ervilhas, feijões, cenouras, rabanetes, alface, espinafre, acelga e até uma ou outra flor. As capuchinhas são as que lembro, e os botões vibrantes de feijão-da-espanha, uma preferida dos colibris. Moral da história: quase qualquer pedaço de terra pode ser uma horta, com trabalho braçal e esterco de cavalo suficientes.

Essa horta aconteceu nos anos 1940, quando a guerra ainda estava em andamento, a horticultura na forma de Jardins Vitorianos ainda era amplamente praticada e cada farelo de comida era valorizado.

IV

Depois da guerra veio o *boom* pós-guerra e as atitudes sofreram uma grande mudança. Após um longo período de ansiedade, trabalho árduo e tragédia, as pessoas queriam mais facilidade na vida. A produção militar foi desativada, a manufatura de bens de consumo, ativada. Proliferaram eletrodomésticos: o varal do lado de fora foi substituído pela secadora, a antiga lavadora de roupas pela máquina de lavar automática. Brotaram supermercados. Chegaram os produtos pré-embalados. A abundância simplista estava na ordem do dia.

O período de 1950 a 2000 pode ser caracterizado como o Período do Descartável. O desperdício — inclusive por obsolescência programada — não é mais visto como um mal e um pecado. Passou a ser uma coisa positiva, porque quanto mais você joga fora, mais vai consumir, e isso dá impulso à economia e todos ficarão mais prósperos. Não ficarão?

Esse modelo funciona bem desde que haja uma oferta interminável de produtos canalizados para a porta de entrada do sistema. Mas entra em colapso quando a fonte de oferta é exaurida. A fonte definitiva de oferta é a própria biosfera. Mas nos anos 1950 esta também parecia inesgotável. E assim a festa continuou. Que emoção, comer só metade do seu hambúrguer e jogar o resto fora!

Havia uma carga emocional inegável em jogar fora as coisas. Limitar, economizar e guardar faziam com que uma pessoa se sentisse pobre — pense em Scrooge de *Um conto de Natal* —, enquanto distribuir prodigalidade, seja na forma de um ganso, como no caso de Scrooge, ou na forma de encher sua lixeira com lixo que você não quer mais, faz com que você se sinta rico. Economizar é pesado, descartar é leve. Por que sentimos isso? Antigamente éramos nômades, e os nômades não carregam pianos de cauda. Não guardam comida; em vez disso, eles se mudam para onde a comida está. Deixam uma pegada leve, como diz o pessoal verde. Bom, é uma teoria.

Mas não podemos mais ser todos nômades. Não sobrou espaço para isso.

V

Muita gente desistiu de suas hortas depois da guerra. Meus pais mantiveram a deles, porque diziam que o alimento fresco tinha um sabor melhor. (Isso é um fato.) A era plena dos pesticidas estava apenas chegando e isso também pode ter alguma relação com a questão. Meu pai foi um adversário precoce do uso disseminado de pesticidas, em parte porque este era seu campo de estudos. De acordo com ele, borrifar florestas para matar infestações de lagartas e moscas-serra simplesmente represava a infestação, e depois disso os insetos desenvolviam resistência aos venenos usados e continuavam seu ataque. Enquanto isso, você teria matado seus inimigos naturais, que não estariam mais presentes para combatê-los. Os efeitos desses venenos em seres humanos eram desconhecidos, mas não podiam ser desprezados. Naquela época, as opiniões dele eram consideradas exóticas.

Assim, a segunda maior horta de minha vida ficava em Toronto. Mais uma vez, o solo não era promissor: argiloso demais, que ficava pegajoso na chuva, mas passava a um acabamento duro nos períodos de estiagem. O solo era particularmente bom para cultivar dentes-de-leão enormes e imensas touceiras de grama. Dava muito trabalho revirá-lo e fazer dele algo semelhante a uma horta. Os restos da cozinha eram compostos, as folhas caídas enterradas perto dos canteiros.

Nessa época eu era adolescente e esperava arrancar muito mato e irrigar muito. Notícia para os pais: arrancar ervas daninhas e regar a horta de outra pessoa não é tão envolvente como arrancar ervas daninhas e regar a própria horta. Os pontos altos foram quando eu atingi uma marmota saqueadora com meu arco (a flecha era de ventosa, não de caça, então ela quicava) e o outro quando eu arranquei todas as alcachofras-de-jerusalém experimentais de meu pai por engano.

Passada minha adolescência, desisti por algum tempo da horticultura. Já estava farta daquilo. E também não estava em um local que me permitisse: eu era uma estudante itinerante e, por algum tempo, professora e pesquisadora de mercado e escritora, e me mudei quinze vezes em dez anos. No início dos anos 1970, porém, vi-me em uma fazenda que tinha um celeiro com um grande suprimento de esterco de cavalo curtido, e a tentação foi tão grande que não resisti. Por oito anos cultivamos tudo que se pode imaginar. Aos alimentos essenciais acrescentamos milho, couve-rábano, aspargo, groselhas — vermelhas e brancas — e sabugueiros. Experimentamos novos métodos — batatas cultivadas em palha, cravos para apanhar lesmas. Fizemos conservas, congelamos, secamos; fizemos chucrute, um experimento que eu preferia não repetir. Fizemos vinho, geleias e compotas, cerveja. Criamos nossas galinhas, patos e ovelhas; enterramos pastinagas em buracos no chão e cenouras em caixotes de areia no porão.

Foi muito trabalho. Esse é um motivo para que as pessoas não se dediquem mais à horticultura doméstica.

O outro motivo, naturalmente, é a falta de terra. O número de abóboras que você pode cultivar na varanda de seu apartamento é finito e sua safra de trigo nesse local não seria grande.

VI

Falta de terra. Falta de terra *arável*. Ao que podemos acrescentar "falta de mar", porque os recursos marinhos estão sendo destruídos com a mesma rapidez dos terrestres. Logo talvez tenhamos de acrescentar "falta de água fresca" e até "falta de ar respirável". Afinal, não existe almoço grátis.

Como espécie, estamos sofrendo de nosso próprio sucesso. De uma população de quatro milhões há dez mil anos, aumentamos para seis bilhões[37] hoje em dia e continuamos crescendo. A exponencial explosão populacional que vem ocorrendo desde a década de 1750 não tem precedentes na história humana e nunca se repetirá. Devemos reduzir nossa taxa de crescimento como espécie ou enfrentar uma série de catástrofes ambientais e humanas inimagináveis. A terra arável é finita e grande parte dela está sendo rapidamente pavimentada, erodida, poluída ou esgotada. As mesmas regras valem para nós e para outros animais: nenhuma população biológica pode sobreviver à exaustão de sua base de recursos. É fácil demonstrar isso a crianças. Consiga para elas uma fazenda de formigas, alimente as formigas, observe o número de formigas aumentar. Depois corte o suprimento de comida. Fim das formigas.

Para o *Homo sapiens*, a principal pergunta do século XXI será: *Como vamos comer?* Já temos 80% da população do mundo no limite da inanição. Veremos uma queda enorme e súbita, como nos ciclos de camundongos e lemingues? E se for assim, como será depois?

VII

Estes são pensamentos alarmantes para se colocar no prefácio de um livro agradável e atraente sobre horticultura em escolas. Uma demonstração tão admirável de cuidado e planejamento criterioso, tanta variedade, um símbolo tal de esperança. Não pedirei desculpas por estes pensamentos, porém: o mundo que acabo de descrever é aquele que as crianças de hoje enfrentarão, a não ser que sejam feitas algumas grandes mudanças de rumo.

---

[37] Em novembro de 2022, a população mundial chegou a 8 bilhões de pessoas. (N. do E.)

Os motivos para estimular o movimento de horticultura nas escolas são muitos. As hortas são educativas, ensinam muitas lições. Cultive alimentos na terra, e não em supermercados; ar, terra, sol e água são os quatro ingredientes necessários; a compostagem é uma ótima ideia; os gramados de jardim são um desperdício de espaço devoradores de água; o indivíduo pode ser um instrumento para a mudança positiva; a não ser que você seja geólogo, as plantas são mais interessantes do que o cascalho; os besouros têm muitos formatos; as minhocas são boas; a natureza deve ser respeitada, somos parte dela.

Todos esses são conceitos positivos, mas, cinquenta anos atrás — ou mesmo trinta anos atrás —, teriam sido vistos como frescura, puritanismo, coisa de gente certinha. Mesmo agora, alguns em nossa sociedade os colocariam neste compartimento: o complicado, o certo a triturar na mente das crianças é como ganhar muito dinheiro.

Mas o dinheiro é inútil quando não há o que comer. Assim, há outro conjunto de habilidades que aprendemos com as hortas escolares: como cultivar sua própria comida. Talvez as crianças de hoje venham a precisar dessas habilidades. Talvez elas venham a se descobrir em algum triste coletivo dedicado a transformar campos de golfe em hortas e supervias em campos de grãos muito compridos, e gramados de jardim em lavouras de batatas. Talvez o Jardim Vitoriano venha a ter um retorno forçado devido à escassez.

Ou talvez nossa espécie vá resolver seus problemas antes que as secas e a fome se tornem endêmicas.

Por outro lado, talvez não.

46
CAROL SHIELDS ESCREVEU LIVROS CHEIOS DE ENCANTOS

A AMADA ESCRITORA canadense Carol Shields morreu em 16 de julho de 2003 em sua casa em Victoria, na Colúmbia Britânica, depois de uma longa batalha com o câncer. Tinha 68 anos. A enorme cobertura da imprensa dada a ela e a tristeza expressa por seus muitos leitores prestam um tributo à elevada estima que têm por ela em seu próprio país, mas sua morte ganhou os noticiários do mundo todo.

Consciente como era dos caprichos da fama e do elemento do acaso em qualquer destino, ela teria visto isso com certa ironia, mas também teria achado profundamente agradável. Ela conhecia a escuridão, mas — como escritora e como pessoa — agarrava-se à luz. "Ela era simplesmente uma pessoa luminosa, o que já seria importante e persistiria mesmo que não tivesse escrito nada", disse a amiga e companheira de ofício Alice Munro.

Mais para o início de sua carreira de escritora, alguns críticos confundiram seu caráter luminoso com leveza, frivolidade, com base no princípio geral de que a comédia — uma forma que gira em torno de mal-entendidos e confusão, mas termina em reconciliação, embora de uma espécie tênue — é menos séria do que a tragédia, e que a vida pessoal é de menor importância do que a pública. Carol Shields sabia da verdade. A vida humana é uma massa de estatística só para estatísticos: o resto de nós vive em um mundo de indivíduos e a maioria deles não é proeminente. Mas suas alegrias são plenamente alegres e suas tristezas são reais. O forte de Shields era o caráter extraordinário de pessoas comuns, chegando a sua expressão mais plena nos romances *Swann*, *The Republic of Love* e especialmente em *Os diários de pedra*. Ela deu a seu material todo o benefício da grande inteligência que tinha, de sua capacidade de observação, seu espírito humano e a ampla leitura. Seus livros são deliciosos, no sentido original da palavra: são cheios de delícias.

Ela entendia a vida dos obscuros e dos desprezados em parte porque a havia vivido: seu estudo de Jane Austen revela uma solidariedade profunda para com as agruras da mulher romancista que trabalha incógnita, valorizada apenas por um círculo imediato, mas ansiando por seus direitos. Nascida em 1935 nos Estados Unidos, Shields estava na retaguarda da geração pós-guerra de mulheres norte-americanas com instrução universitária que foram convencidas pelos costumes de seu tempo de que seu destino era se casar e ter cinco filhos. Isso Carol fez; foi uma mãe dedicada e uma esposa constante por toda a vida. O marido, Don, era engenheiro civil. Eles se mudaram para o Canadá, começando por Toronto na década de 1960, uma época de efervescência poética naquela cidade. Carol, que já estava escrevendo na época e tinha comparecido a algumas leituras, disse daqueles tempos, "Eu não conhecia escritor nenhum". Sem dúvida se sentia relegada àquela categoria nebulosa, "só uma dona de casa", como Daisy em *Os diários de pedra* e como Mary Swann, poeta epônima que é assassinada pelo marido quando seu talento começa a aparecer. (Leitores canadenses entenderiam a alusão, mas os britânicos que podem considerar essa trama forçada gostarão de saber que existiu de fato uma poeta canadense assassinada assim: Pat Lowther, cuja coletânea mais conhecida é *A Stone Diary*.)

Depois de obter um mestrado na Universidade de Ottawa, Shields foi professora por anos na Universidade de Manitoba, em Winnipeg, onde começou a publicar nos anos 1970. Mas essa foi a década do feminismo galopante, pelo menos nas artes. Seus primeiros livros, inclusive *Others, Intersect, Small Ceremonies* e *The Box Garden*, que examinavam os caprichos da vida doméstica sem torpedeá-la, não causaram muita sensação, embora alguns dos primeiros leitores os achassem ao mesmo tempo altamente talentosos e cômicos. Ela teve a primeira conquista literária — não em relação à qualidade da escrita, mas no tamanho do público — na Grã-Bretanha e não na América do Norte, com o romance de 1992, *The Republic of Love*.

O livro que fez sua glória foi *Os diários de pedra*, finalista do Booker Prize e vencedor do canadense Governor General's Award e depois, em 1995, do americano Pulitzer, uma proeza possibilitada pela dupla cidadania. O romance seguinte, *A festa de Larry*, venceu o Orange Prize em 1998. Dizer que ela não ficou emocionada com o sucesso seria fazer-lhe uma injustiça. Ela sabia o quanto isso valia. Tinha esperado muito tempo por ele. Usou sua proeminência recém-descoberta com elegância e a utilizou com prodigalidade. Um dos últimos exemplos de sua enorme generosidade de espírito talvez não seja bem conhecido: ofereceu uma citação de sobrecapa para o ótimo mas desafiador romance de Valerie Martin, *Property* — um livro que viria a ganhar o Orange Prize de 2003. É ambientado no Sul americano durante a escravidão e não há nenhum personagem "bom", mas como Carol observou em uma carta escrita a mim, essa era a questão.

Unless, o último romance de Shields, foi escrito no curto espaço de tempo que ela passou na Inglaterra, depois de derrotar o câncer pela primeira vez e antes de ele voltar. É um hino ao provisório: a sensação de felicidade e segurança como temporária e frágil é mais forte que nunca. *Unless* foi lançado em 2002 e finalista de cada prêmio importante que existe em língua inglesa. A Doutrina Munro, informalmente batizada com o nome de Alice Munro, se estabelecera na época — depois de certo número de prêmios, você é lançado na estratosfera, onde circula em névoas radiantes, muito além do alcance de júris.

Vários meses antes de sua morte, Carol publicou — com a coeditora Marjorie Anderson — *Dropped Threads 2*, sequência do sucesso espetacular de 2001, a antologia *Dropped Threads*. Esta é uma coletânea patentemente feminista, tomando o "feminismo" em seu sentido mais amplo: as colaboradoras foram solicitadas a escrever sobre temas de preocupação para as mulheres que até então tinham sido excluídas da conversa. Aquelas que ouviram Carol Shields ser entrevistada provavelmente se surpreenderam com a força de seu caráter e com as cartas furiosas endereçadas a comentaristas homens indiferentes a escritoras mulheres em *Unless*, porque na conversa ela foi discreta e alusiva. O leve franzido na testa e o menear da cabeça diziam tudo.

É possível que o feminismo fosse algo em que ela estivesse trabalhando, à medida que publicava mais amplamente e se erguia contra críticos que pensavam que a pastelaria excelente era uma criação fácil se comparada com a carne crua em espetos, e que de todo modo não conseguiam reconhecer o fio de sangue em sua obra, embora estivesse ali. O problema dos luminosos é a sua luminosidade encontrar as sombras de que dependem para seu brilho.

Vi Carol Shields pela última vez no final de abril. Sua casa nova era espaçosa, cheia de luz. Do lado de fora das janelas, as tulipas em seu amado jardim estavam em flor. O que era típico dela, Carol alegou que não conseguia acreditar que merecia viver em uma casa tão grande e tão bonita. Ela sentia ter muita sorte, segundo disse.

Embora estivesse bastante doente, não aparentava. Estava alerta, interessada em todo tipo de livro e curiosa como sempre. Recentemente tinha lido obras de não ficção sobre biologia, ela me contou: algo novo para ela, uma nova fonte de espanto e admiração. Não falamos de sua doença. Ela preferia ser tratada como uma pessoa que estava vivendo, não que estava morrendo.

E ela viveu, e vive. Porque, como observou o poeta John Keats, todo escritor tem duas almas, uma terrena e outra que vive no mundo da escrita como uma voz na própria escrita. É esta voz, astuta, compassiva, observadora e profundamente humana, que continuará a falar aos seus leitores de toda parte do mundo.

47
RESISTÊNCIA AO VÉU

RELATOS DE UMA REVOLUÇÃO

Persépolis
De Marjane Satrapi

Reading Lolita in Tehran: A Memoir in Books
De Azar Nafisi

The Bathhouse
De Farnoosh Moshiri

Shah of Shahs
De Ryszard Kapuściński

The Crisis of Islam: Holy War and Unholy Terror
De Bernard Lewis

The Crusades Through Arab Eyes
De Amin Maalouf

O MAPA LITERÁRIO assemelha-se a um mapa geológico: é tridimensional. Montanhas são niveladas, fissuras se abrem, vulcões de repente aparecem onde antes não havia nenhum. Não muito tempo atrás, livros de emigrados da União Soviética ou de seus satélites tinham um público quase garantido no Ocidente. Agora, mesmo depois do 11 de Setembro, uma catástrofe que já é um logo, o ponto quente editorial deslocou-se para outra região incandescente, o Oriente Médio.

Não há muito mistério quanto ao motivo. Como todos os animais sencientes, sentimos o cheiro do vento, e o vento traz as novidades, e são novidades que desejamos, porque precisamos delas. O sangue derramado é um aroma atraente. Um trocista certa vez comentou que o que era realmente necessário para um país produzir uma literatura de alto nível era uma Marinha poderosa, o que pode ser reformulado como "uma guerra estrategicamente significativa".

É um preço alto a ser pago pelos povos desses países. Isso faz parte da novidade.

O que pensávamos saber sobre essa parte do mundo, antes que a terra se abrisse de forma tão impressionante sob nossos pés? Tínhamos ideias nebulosas. As crianças de minha geração provavelmente ganharam *As mil e uma noites* com ilustrações de Maxfield Parrish. Os céus nessas terras fabulosas eram mais azuis do que o azul, os jardins eram mais luxuriantes, princesas de véu eram radiantes, escravas, engenhosas, bandidos, malévolos, gênios da lâmpada, prestativos. Tudo era colorido e romântico e, por fim, nada confiável, como Rodolfo Valentino fazendo um sheik.

Na escola, pudemos aprender algo sobre as Cruzadas e Ricardo Coração de Leão. Talvez tivéssemos topado com o *Rubáiyát* de Omar Khayyám: nos anos 1920, 1930 e 1940 toda casa letrada na América do Norte deveria ter um exemplar. Mas o dedo em movimento escreveu na parede e chegou a vez da Guerra Fria, e nossa mente foi para outras coisas, e as calças harém passaram a ser apenas uma declaração de moda. Além do artigo ocasional na

National Geographic — as maravilhas da Mesquita Pérola, o deslumbramento de antigos tapetes —, pouco ouvimos desses lugares, e o pouco que aprendemos no passado, esquecemos. Seria sensato para nós lembrar agora. Como as coisas ficaram tão ruins? Precisamos saber.

Tudo isso é um prelúdio para três livros recentes de escritoras iranianas. Um segundo prelúdio viria a calhar, porque os três livros foram escritos em um contexto — o da história do Irã — que, em si, existe na história do mundo muçulmano mais amplo. Embora incluído no conhecido trio do "eixo do mal" e, portanto, um possível alvo para outra guerra preventiva dos EUA, o Irã não é igual ao Iraque — um país forjado durante a negociata que aconteceu depois da Primeira Guerra Mundial — nem é o equivalente do Afeganistão desértico e montanhoso. É verdade que todos são muçulmanos, todos têm petróleo — uma bênção extremamente intrincada — e todos viveram várias décadas ou mais de guerra civil, repressão, invasão e um horror inacreditável. Mas o Irã — e ele se orgulha disto — é a Pérsia dos antigos, no passado o centro de um império sofisticado, renomado pela beleza de seus jardins, a complexidade da literatura e o refinamento da cultura.

No mundo muçulmano, as memórias são longas, então o livro fascinante de Amin Maalouf, *As Cruzadas vistas pelos árabes*, de 1984, é útil como ponto de partida. Nesse período, o mundo muçulmano era civilizado e inventivo — "moderno", se preferir —, era o Ocidente que abastecia os bárbaros maus, e o líder mais admirável não era Ricardo Coração de Leão, mas o herói muçulmano Saladino. (Leitores de *Ivanhoé* já sabiam disso, além de alguns quase factoides peculiares sobre os Cavaleiros Templários e suas tendências ao estupro.)

De acordo com Maalouf, os acontecimentos das Cruzadas ainda tingem profundamente o pensamento muçulmano. Depois das Cruzadas, escreve ele, "o progresso foi a encarnação do 'outro', o modernismo tornou-se exótico. Seria a identidade cultural e religiosa afirmada pela rejeição deste modernismo, que o Ocidente simbolizava: ou, ao contrário, a estrada da modernização seria tomada com resolução, arriscando-se assim à perda de identidade [...]. Mesmo hoje podemos observar uma alternância vacilante entre fases de ocidentalização forçada e fases de tradicionalismo extremista e fortemente xenófobo [...]".

De uma perspectiva mais ampla sobre a mais recente fase da disputa islâmica com o Ocidente, *A crise do Islã: Guerra Santa e terror profano*, de Bernard Lewis, é indispensável. Lewis, renomado estudioso do islamismo, explica em alguns detalhes como o Ocidente, e a América em particular, foi transformado no Grande Satã pelos islâmicos e como essa transformação tem sido muito útil para eles. Todos os líderes políticos tendem a alimentar a necessidade do próprio povo de um Grande Satã, ou um eixo do mal, ou algo do gênero, assim essa resistência ao líder pode ser retratada não só como inútil, mas herege.

Talvez o livro contextual mais necessário seja o clássico artístico e de arrepiar os cabelos de Ryszard Kapuściński, *O xá dos xás*, de 1982. Kapuściński o escreveu nos primeiros anos da Revolução Iraniana. É um relato de dentro do caldeirão em ebulição — como é viver aqueles anos salpicados de sangue —, mas é também um longo olhar ao passado. Somos lembrados de como o finado pai brutal do xá foi alçado ao poder pelos britânicos, que cobiçavam o petróleo; de como Mossadegh tornou-se primeiro-ministro, introduziu a democracia por dois anos e nacionalizou a petrolífera do país; de como ele foi derrubado pelo segundo xá Pahlavi, apoiado pelo Ocidente; deste reino de terror do xá, com a Savak, sua polícia secreta, à solta para assassinar e torturar. Só contra esse pano de fundo o resultado conhecido — a volta do asceta e fanático aiatolá Khomeini, a luta entre elementos de esquerda modernizantes e extremistas religiosos, a ascensão dos mulás punitivos — faz algum sentido.

"Estas" — diz um dos informantes de Kapuściński — "são as histórias tristes e brutais que abrigamos em nossa memória nacional. Os tiranos conquistaram o trono pela força, alcançaram-no subindo em cadáveres [...]. A questão da sucessão era frequentemente resolvida em capitais distantes, e o novo pretendente à coroa entraria em Teerã com os enviados britânicos e russos escorando seus cotovelos, um de cada lado. O povo tratava xás como este como usurpadores e invasores, e quando se conhece esta tradição, pode-se entender como os mulás conseguiram provocar tantos levantes contra eles."

Kapuściński observa como as turbas que fizeram manifestações contra o xá despótico despedaçaram-se mutuamente, permitiram que o desejo de vingança as dominasse e tornaram-se elas próprias déspotas. Para um escritor da Polônia, então ainda sob controle soviético, era um estado de coisas conhecido. "[Aqueles] que derrubaram um ditador costumam agir, mesmo a contragosto, como seus herdeiros, perpetuando as atitudes e padrões de pensamento da época que eles próprios destruíram", comenta ele. Mais para o fim de seu triste relato, ele reflete, "Uma pessoa, um ser individual [...], é uma riqueza sem fim, ele é um mundo em que podemos sempre descobrir algo novo. Uma multidão, por outro lado, reduz a individualidade da pessoa; um homem em uma multidão se limita a algumas formas de comportamento elementar. As formas pelas quais uma multidão pode expressar seus anseios são extraordinariamente exíguas e se repetem continuamente: a manifestação, a greve, o comício, as barricadas. É por isso que podemos escrever um romance sobre um homem, mas sobre uma multidão — nunca". O que contribui muito para explicar por que os despotismos sempre pretenderam suprimir a literatura: eles adoram a multidão e odeiam o indivíduo, e a literatura é, sobretudo, singular.

Este é o pano de fundo. Agora, ao primeiro plano: três livros singulares de escritoras iranianas. O Irã produziu muitos escritores — o nível de cultura literária lá é relativamente alto, como tem sido há séculos —, e, de uma forma crescente, muitos desses escritores têm sido mulheres. A experiência iraniana desde 1979 tem sido de interesse especial pelas mulheres — não só iranianas, mas mulheres de todo canto. As iranianas, no segundo terço do século XX, fizeram um bom progresso; podiam obter educação formal, ter empregos, ter uma vida individual. Depois foram empurradas para trás, forçadas a usar véu, privadas da maior parte de sua autonomia. Seu destino lembra a todas as mulheres a fragilidade dos chamados direitos e liberdades, pois, sob o regime dos mulás iranianos, o corpo feminino em si foi transformado em um símbolo altamente carregado, um veículo para projeções e fantasias religiosas. Para os seres humanos que possuíam esse corpo, o resultado raras vezes era feliz.

Persépolis, de Marjane Satrapi, é uma autobiografia desenhada, como a história em quadrinhos *Maus*, de Art Spiegelman. Há uma curta introdução: seu livro, espera a autora, será um tributo à maioria dos iranianos que não se envolveram em "fundamentalismo, fanatismo e terrorismo". Depois somos lançados no livro propriamente dito, que começa com uma imagem de um olho sinistro cercado de preto, e o título do capítulo: "O Véu."

Este é o motivo que domina a narrativa: Satrapi tinha dez anos em 1980, quando o véu se tornou obrigatório na escola. Mas sua família era "moderna" — de esquerda e intelectual — e se envolvera em protestos contra o xá e seus banhos de sangue. Não só isso, mas o avô tinha sido príncipe da Pérsia, cujo pai fora destronado pelo primeiro Reza Pahlavi, um oficial iletrado do exército.

Pelos desenhos encantadores, às vezes cômicos e frequentemente melancólicos de Satrapi, conhecemos toda a sua família e acompanhamos seus integrantes de um trauma nacional e pessoal macabro a outro. O mais comovente diz respeito ao amado tio de Satrapi, preso sob o xá, mas executado pela Revolução Islâmica. Seu livro é menos um chamado à luta e mais um testamento: é assim que uma família vive em tempos sombrios. Como muitas pessoas criativas do Irã, Satrapi enfim parte para o Ocidente. Caso contrário, supomos, seu livro talvez jamais tivesse sido publicado.

E o mesmo pode ser dito de Azar Nafisi, autora do envolvente *Lendo Lolita em Teerã: Uma memória nos livros*. Esse livro também é meio autobiográfico e cobre o mesmo período de *Persépolis*. Nafisi também começou como parte da esquerda opositora ao xá, participante de grupos estudantis de protesto durante os anos de faculdade nos Estados Unidos. Sua verdadeira paixão era a literatura ocidental, porém, e ela voltou ao Irã para ensinar essa matéria assim que o regime do xá estava caindo.

Ela também resistiu ao véu e à repressão das mulheres que ele simbolizava para ela — sob o regime do xá, por exemplo, a idade legal para o casamento era 18 anos, mas com os mulás passou a ser de oito anos lunares e meio. (Ela fala de uma lei interessante do aiatolá Khomeini relacionada com as galinhas com quem a pessoa faz sexo, uma prática permitida para que os homens não desafogassem seus impulsos de formas ilegais nas mulheres. É permitido comer essas galinhas? Não, disse o aiatolá: nem você nem seu vizinho podem comer a galinha, mas a família duas portas adiante tem permissão para fazê-lo. Imagina-se um animado trânsito de galinhas na rua. Esse incidente é emblemático do caráter estranho das questões sexuais no Irã dessa época, uma estranheza encontrada nos três livros.)

Por fim, pressionada pelas autoridades e pelos fanáticos entre seus alunos, Nafisi demite-se da universidade e monta um grupo de leitura particular em sua própria casa. As aventuras com a literatura ocidental na República Islâmica são essenciais para quem quer saber como é a vida para as mulheres nesse regime, mas também mostram a literatura ocidental em si sob uma ótica diferente. Jane Austen, por exemplo, jamais parecerá a mesma depois da defesa vigorosa que Nafisi faz de sua obra. Os romances de Austen — e os romances socialmente realistas em geral, ao contrário de outras formas de prosa ficcional como as histórias de amor — são essencialmente democráticos, acredita ela, porque todos os personagens podem falar em sua própria voz, como falam, por si mesmos. Em um regime em que só uma voz é considerada legítima e o jeito habitual de ler literatura é como uma alegoria, Jane Austen é transformada — estranhamente, para leitores ocidentais — em uma agente da dissidência radical.

Persépolis e *Lendo Lolita em Teerã* falam da obsessão dos mulás pelo sexo, e ambos se referem a uma das práticas mais medonhas da guarda revolucionária: se uma mulher a ser executada fosse virgem, ela era obrigada a "casar" em uma falsa cerimônia, depois era estuprada por um dos guardas, porque as virgens iam para o paraíso e os guardas queriam evitar isso. No romance de Farnoosh Moshiri, *The Bathhouse*, esse tema sai dos bastidores para o palco central, porque o balneário do título é um curral para prisioneiras políticas. A narradora desse romance seco e corajoso termina no balneário como muitas outras — por ser aparentada de alguém politicamente envolvido — e é submetida a várias experiências terríveis, evitando por pouco a execução no Muro do Todo-Poderoso.

Sua fuga, como a prisão, acontece por um golpe de sorte: os guardas revolucionários não são o que podemos chamar de metódicos. Há um grande componente de sadismo e oportunismo entre eles, para não falar de superstição e loucura limítrofe: é uma firme crença entre os guardas do balneário que se pode ver a face do Grande Líder na lua cheia, você foi abençoada e, portanto, está salva. Muitos dos torturadores eram mulheres, inclusive ex-prisioneiras que alegavam ter sido "convertidas" e morrem de medo de serem torturadas de novo, se não participarem.

Aqueles familiarizados com a literatura do Holocausto se sentirão em casa, porque o que ocorre com as multidões ocorre com as torturas: o âmbito de expressão é limitado. Como observou Sartre no prefácio de *A tortura*, de Henri Alleg, que examina o comportamento francês na Argélia, a lição mais frequentemente aprendida por aqueles que foram brutalizados é como fazer o mesmo com os outros.

Um claro consenso emerge desses três livros: as afirmações do regime iraniano sobre a pureza da religião são apenas nominais. O sequestro da religião por aqueles inclinados ao poder é um tema antigo e não se limita de forma alguma ao mundo muçulmano, mas deve ser motivo de muita tristeza para a maioria dos muçulmanos ver como sua fé foi distorcida e mal empregada. Os profetas alertaram contra a conversão de falsos ídolos em deuses, mas aqui vemos a conversão de Deus em um falso ídolo.

Também é verdade em qualquer sociedade que se você dá a uma pessoa licença para ser cruel e lhe diz que o exercício dessa crueldade é por uma boa causa — melhor, pela causa de Deus —, essa licença será usada plenamente. A coisa mais assustadora nesses regimes é o amortecimento emocional e a mera maldade que eles semeiam em pessoas que, de outra forma, seriam comuns. Um homem pode ter "riquezas sem-fim [...] um mundo em que sempre podemos descobrir algo novo", mas esses mundos percorrem todo o caminho do céu ao inferno. Infelizmente, embora continuemos a sonhar com o paraíso, não somos muito bons na sua criação. Somos muito melhores com o inferno.

48
INTRODUÇÃO

THE COMPLETE STORIES, VOLUME 4
DE MORLEY CALLAGHAN

MORLEY CALLAGHAN, HÁ muito considerado o mais importante contista canadense de sua geração — e ele era mesmo —, também há muito tem sido um desajustado literário; as pessoas nunca sabem muito bem o que fazer com ele. Sem dúvida Callaghan preferia assim: tinha prazer em frustrar expectativas. Ele é importante, é muito importante, dizem; mas por quê? Até o crítico americano Edmund Wilson, pródigo no elogio a Callaghan no livro *O Canada: An American's Notes on Canadian Culture*, de 1964, passa muito tempo coçando a cabeça. Os efeitos de Callaghan, diz ele, são tão sutis, tão modulados e, no entanto, tão simples que é difícil descrevê-los. E tem sido assim com frequência.

Para aqueles escritores canadenses que começaram no início dos anos 1960, aventurando-se com os beatniks, os existencialistas do pós-guerra e o Teatro do Absurdo, Callaghan não se enquadrava em nenhuma categoria. Escreveu sobre uma época antes de nossa época, mas não tão anteriormente que não tivéssemos lembranças dela. De certo modo, o mundo que ele retratou se sobrepunha à nossa própria época — sabíamos sobre a sordidez das casas de pensão, das vidas sujas marcadas pela Depressão na margem financeira e do medo da gravidez indesejada —, mas, nesses casos, representavam partes de nossa vida que queríamos mudar, ou torcíamos para delas ter escapado. Essas coisas não tinham glamour para nós.

A estética do estilo minimalista de Callaghan, desprovida de palavras e metáforas elegantes — um estilo que ele esperava tornar "transparente como vidro"[38] —, tinha excelentes antecedentes na tradição inglesa, dos esforços de Joseph Addison para despir o palco inglês do século XVIII da retórica bombástica e supérflua à tentativa de William Wordsworth, em *Lirycal Ballads*, de retornar ao básico da poesia, à prosa de George Orwell como uma vidraça, pretendendo nos dar uma visão desimpedida da vida real, como tantas carnes cruas em uma vitrine de açougueiro. Todos esses depuradores veem seus esforços como uma espécie de escavação: um acúmulo fraudulento de cracas velhas e encardidas chamadas de "o literário" ou "o acadêmico" deve ser raspado para que cheguemos ao frescor e à novidade profunda do real — à verdade, à honestidade ou, nas palavras de Callaghan, ao "objeto como ele realmente era".[39]

Porém, se você é escritor, tudo isso deve ser feito através da linguagem, que é — como o depurador pode contornar isso? — feita pelo homem, e portanto artificial. Mas se você deve ter fala, então que a fala seja simples; se há palavras, que sejam palavras curtas. A estranheza deve ser preferida a uma elegância demasiadamente entalhada e envernizada; e se houver elegância, que seja a elegância de uma cadeira estilo Shaker. Essas tendências também podem vir a ser maneiristas. Se levadas longe demais, você acabará com uma literatura de monossílabos que seria lida como uma cartilha de alfabetização *Dick and Jane*, mas Callaghan evitou esta armadilha.

---

[38] De *That Summer in Paris*, reimpresso em *Canadian Novelists and the Novel*, organizado por Douglas Daymond e Leslie Monkman, Borealis Press, Ottawa, 1981, pp. 143-146.
[39] Idem ibidem.

Em cada arte, o estilo oscila como um pêndulo do simples ao ornamentado e volta ao simples, sendo *natureza* e *artifício* os lemas polarizadores; mas nós, os fedelhos do início dos anos 1960, não pensávamos muito nisso. Para nós, a escola de ficção *hard-boiled* — com décadas de idade quando demos com ela — parecia uma afetação quase cômica, como falar pelo canto da boca nos filmes de gângster. Os jovens são cruéis, e são mais cruéis com a geração quase parental que os antecedeu, como o próprio Callaghan foi cruel com os estetas da virada do século — "escritores exibidos",[40] como ele os denominou, fixados em demonstrar a própria inteligência. É uma crueldade necessária, suponho, ou seríamos todos replicantes.

No entanto, a lenda de Callaghan — em contraposição ao meio retratado em sua obra — tinha glamour para nós. Nos anos 1920, ele era jovem como nós agora e tinha escrito durante a Grande Depressão e depois a Guerra — épocas que agora eram tão distantes que já decoravam os trajes de festas à fantasia. Em Paris, ainda considerada o destino apropriado para qualquer tipo de artista, ele se associou com Hemingway e Scott Fitzgerald — escritores que estudamos na escola e que só por esse motivo tinham uma aura de semideuses, embora ao mesmo tempo fossem ridiculamente antigos. Ao contrário desses dois, contudo, ele não virou um bêbado nem um suicida, e diziam que morava em Toronto — Toronto! —, uma cidade de segunda classe e nada romântica em que nenhum escritor de verdade — certamente — moraria por opção própria. Por que ele não estava entocado em Paris ou Nova York, onde não teríamos de nos incomodar com ele? Por que ficava por aqui, como um carrapicho?

O que havia em Callaghan que nos causava desconforto? Primeiro, ele fazia algo considerado impossível: estava ganhando a

---

[40] Idem ibidem.

INTRODUÇÃO: *THE COMPLETE STORIES*

vida no Canadá como escritor, apesar de vender nos Estados Unidos e na Inglaterra. Isso era um desafio, uma vez que era um truísmo entre nós que era preciso sair do país para chegar a algum lugar. Éramos — naturalmente — provincianos, que acreditavam que o Melhor Lugar do Mundo ficava em outras paragens; e ele era um não provinciano que compreendia o provinciano — depois de fazer parte dele — e que escolhera essa mesma provincianidade como material. (Ele era um estudioso — entre outros — de Flaubert e Maupassant, que tinham feito o mesmo.) Nós, os jovens, não éramos os únicos a nos enervar com isso. Como disse Edmund Wilson em 1960:

> O crítico [...] agora se pergunta se o principal motivo para a atual subestimação de Morley Callaghan não poderia ser uma incapacidade generalizada — aparentemente compartilhada por seus compatriotas — de acreditar que um escritor, cuja obra pode ser mencionada sensatamente em associação com a de Tchekhov e Turguêniev, possa dar certo em Toronto.[41]

Northrop Frye foi outro a apontar o dedo para o mal-estar canadense com Callaghan. Depois de declarar que, em 1929, Callaghan tinha se estabelecido como talvez o melhor contista do Canadá, ele disse mais tarde:

> Os livros de Morley Callaghan, creio estar correto em dizer, às vezes foram banidos pela biblioteca pública de Toronto — esqueci-me da razão alegada, mas a verdadeira razão só pode ter sido que se um canadense fosse fazer algo tão eticamente duvidoso como escrever

---

[41] Edmund Wilson, *O Canada: An American's Notes on Canadian Culture*, Farrar, Strauss and Giroux, Nova York, 1964, alguns ensaios de 1960, p. 21.

deveria pelo menos escrever como um colonizado e não como alguém que tinha morado na Paris de Joyce e Gertrude Stein.[42]

Não é de surpreender que Callaghan — que não dispensava uma briga — tenha respondido à altura seus detratores. Ele ridicularizava o que via como o embuste toma lá dá cá medíocre dos *literati* no Canadá, chamando-os — entre outras coisas — de "um bando de curandeiros locais festejando em meio a grandes debates culturais",[43] e a crítica nacional desceu o malho nele por isso, e ele então desceu o malho na crítica. Uma dessas brigas aconteceu ao vivo na televisão, depois de Callaghan ter sido elogiado por Edmund Wilson, e então previsivelmente denunciado por isso por um acadêmico menor, ao vivo em um programa de entrevistas. Callaghan, que não era estranho a um debate rancoroso, não aceitou isso calado. Foi uma aula prática de respeito próprio aos jovens, e uma aula de que precisávamos; porque nessa época, no Canadá, ser um escritor era quase ser considerado um vendedor de títulos podres: ardiloso, quase um escroque, alguém para ser escarnecido e visto com desconfiança.

Respeito próprio. Respeito. Respeitabilidade. Esses são os conceitos fundamentais na obra de Callaghan: na verdade, *respeito* é a última palavra no último conto desta coletânea. Quase todo personagem de Callaghan deseja ter e conquistar "respeito", a admiração dos outros. O "respeito próprio" — essa qualidade de integridade interior, a capacidade de manter a cabeça erguida quando se olha no espelho — também é muito valorizado. A "respeitabilidade" é ambígua. Você precisa dela para ter e manter um emprego, o que a relaciona com dinheiro — a capacidade de se

---

[42] *Northrop Frye on Canada*, organizado por Jean O'Grady e David Staines, University of Toronto Press, 2003, p. 549.
[43] De "The Plight of Canadian Fiction" (1938), reimpresso em Daymond e Monkman, p. 150.

sustentar, proporcionar diversão a uma garota e comprar objetos cobiçados, em geral artigos de vestuário, pois as pessoas naquele tempo eram muito julgadas pelo guarda-roupa. O dinheiro nunca sai do quadro, porque, para os personagens de Callaghan, ele não dá em árvores. Mas a "respeitabilidade" também é algo negativo. É a falta de *joie de vivre*, a ausência de paixão e energia; é a conformidade; é a hipocrisia; é a mediocridade; é uma névoa cinzenta, suja e sufocante. Também é vizinha da hipocrisia, e a hipocrisia não era uma característica que Callaghan admirasse, embora o ocupasse muito como tema.

Frequentemente Callaghan era comparado com Fitzgerald e Hemingway, entretanto as preocupações dos três eram bem diferentes. Em uma saga de faroeste, Fitzgerald teria se interessado pelos barões do gado contratando os pistoleiros, Hemingway nos próprios pistoleiros; mas Callaghan, embora pudesse dar alguma atenção aos dois grupos, se concentraria nos cidadãos nervosos agachados atrás do balcão do armazém. Fitzgerald era atraído aos ricos, Hemingway aos aventureiros, mas Callaghan às pessoas — em geral homens —, que podiam desejar ser ricas e aventureiras, mas não conseguiam realizar seus desejos, seja porque a vida não lhes proporcionava essa possibilidade, ou porque sua própria constituição os derrotava. O senso de valor próprio deles é tênue, como é o seu senso da própria coragem: ambos podem suportar ou cair em um acidente, um incidente, uma incompreensão, uma pressão exercida a mais. Identificamo-nos com esses personagens porque conhecemos pessoas assim, mas também porque, dada uma mudança nas circunstâncias, podemos muito facilmente nos colocar em sua pele.

Como contista, Callaghan foi comparado a muitos: Tchekhov e Turguêniev, Sherwood Anderson, Katherine Mansfield, Maupassant, o Joyce de *Dublinenses*, até O. Henry. Suas especialidades eram a vida pequena e frustrada, e o breve estado emocional esboçado com exatidão. Em geral, os personagens vivem em casas de pensão ou apartamentos apinhados; são desempregados ou correm o risco de perder o emprego ou um negócio modesto. Pegam emprestado dinheiro que não conseguem pagar, ou se embriagam e perdem tudo, ou correm à margem da criminalidade menor. Se forem mulheres, os maridos podem ter fugido, ou — e o senso de interação entre gêneros de Callaghan é preciso para sua época — podem ser ressentidas e até maltratadas fisicamente por terem empregos quando seus homens não têm. Se são crianças ou jovens, os adultos os decepcionaram. Se são cães, são desafortunados.

A maioria deles se deixa levar por esperanças irracionais e deseja coisas melhores, mas não é provável que as conseguirá. Eles se veem refletidos nos olhos dos outros e o reflexo não lhes agrada, a não ser que sejam inflados por uma vanglória que em breve estará murcha. Desejando olhar de cima, eles com mais frequência sentem-se diminuídos ou pequenos: o tamanho não importa. De vez em quando alguém marcará pontos — o garoto em "The New Kid" ganha status pelo combate, o árbitro em "Mother's Day at the Ball Park" é aplaudido pela multidão —, o que é confuso para ele — porque ele esmurrou um desordeiro que insultava a mãe. Em meio à maldade, à decepção, à raiva e à amargura nessas vidas, existem momentos de generosidade e alegria, embora infundados; mas tais estados de graça, sabemos, são temporários.

Na literatura, a ironia é um método em que o leitor supõe mais precisamente o destino do personagem do que o dele próprio, e nesse sentido Callaghan é um escritor profundamente irônico; a vida não é só uma luta, é um enigma. Outro enigma é por que Callaghan, em *That Summer in Paris*, alegaria aplaudir a arte que ele admira — seu exemplo é Matisse — como "uma alegre celebração das coisas como eram"[44]. "Por que todas as pessoas não

---

[44] Daymond e Monkman, p. 146.

podem ter os olhos e o coração que lhes dariam esta aceitação feliz da realidade?", continua ele. A felicidade, a alegria e a aceitação das coisas como são podem ter pertencido ao autor dos contos de Callaghan, mas não são encontradas com frequência entre seus personagens. Talvez os contos, em parte, sejam uma tentativa de Callaghan responder à própria pergunta — dar um "porque" para acompanhar o "por que" — com a escassez lamentável do tipo certo de corações e olhos.

As cinco palavras seguintes na curiosa passagem citada aqui são "O verbo se fez carne". O contexto pode nos levar a acreditar que este é um endosso de uma filosofia da imanência, da *essência* divina das coisas — "a maçãneidade das maçãs. Ainda assim, apenas maçãs", como Callaghan disse de Cézanne. Entretanto, também é uma placa apontando para Callaghan, o escritor cristão.[45]

Esse lado de Callaghan não é intrusivo nem doutrinário, e ainda assim está presente — o terreno embaixo da casa, nem sempre visto, mas necessário. É mais evidente nos romances e evitável em "The Man with the Coat", o último conto de ficção que Callaghan escreveu — uma forma transicional, denominado um romance na edição de 1955 da revista *Maclean's* em que apareceu, mas na verdade uma novela. Callaghan a expandiu e mudou a trama, e esta versão posterior apareceu como *The Many Coloured Coat*.

"The Man with the Coat" é um texto habilmente construído em que vários personagens se revezam escarnecendo e diminuindo uns aos outros. O desdém é passado de um personagem a outro, como o objeto quente em um jogo de batata quente, até que a sequência de culpas leva a uma consequência trágica. O movimen-

---

[45] Logo depois disto, Callaghan fez uma observação desdenhosa sobre São Paulo. Os cristãos costumam se ver diante da escolha da estrada de São Paulo, que leva a Roma, ou daquela de Cristo, que leva ao Calvário. Não há muita dúvida sobre qual delas Callaghan preferia.

to não é circular, mas espiralado: o fim não é o começo. É possível que esse conto tenha sido escrito como uma tentativa de resolver um problema: como escrever uma tragédia na era do homem comum. *A morte do caixeiro-viajante*, de Arthur Miller, por exemplo, é patética, e não trágica, em seu efeito, porque o caixeiro-viajante não cai de um ponto elevado, porque jamais alcançou algum. O verdadeiro herói trágico deve mergulhar como uma estrela cadente, e sua queda precisa se dever em parte a uma fraqueza ou falha de caráter. Ou assim diz a teoria. Callaghan tinha muita leitura e perfeita consciência dos requisitos. Como era um escritor cristão, a falha necessária seria uma falha em termos cristãos: mais um pecado que uma falha.

O conto começa com um julgamento e termina em outro. A descrição da atmosfera física — o cheiro de lã molhada, o *ruído* irritante das galochas, cada mínimo detalhe — é precisa, como sempre em Callaghan. Harry Lane, o herói, começa como uma espécie de Timão de Atenas antes da virada em sua sorte, ou um Hamlet antes da fase das roupas pretas: ele é o observador de todos os observadores. É um celebrado herói de guerra, próspero, tranquilo, generoso, despreocupado de um jeito como o lírio do campo, admirado por todos e tem uma namorada de primeira. O evento inicial na trama é motivado, como os atos de Cássio em *Júlio César*, pela inveja: um gerente de banco de nome Scotty usa Harry como laranja em uma transação fraudulenta, na esperança de embolsar o lucro. Mas é apanhado e levado a julgamento, e depois se mata, e Harry — sem merecer — tem a culpa moral imputada a ele. As pessoas o olham de cima. Esperam que ele se sinta pequeno. Não o respeitam mais. Para um protagonista de Callaghan, isso é medonho.

Na luta para recuperar a estima de sua sociedade, Harry transfere parte do desprezo ao amigo de Scotty, um alfaiate e ex-pugilista de nome Mike Kon. O veículo é um casaco com defeito

INTRODUÇÃO: *THE COMPLETE STORIES*

no forro, feito por Kon, interpretado por Harry como um gesto de desrespeito para com ele. Ao espalhar sua história e usá-la em toda parte, Harry faz com que Kon pareça desonesto e um tolo. (Kon, por sua vez, transfere o desprezo, e o mesmo faz Molly, a garota de classe alta e coração frio que abandonou Harry devido a sua desgraça.) Mas nem Harry, nem Kon conseguem resolver o conflito entre eles, porque ambos sofrem do pecado do orgulho. Ambos exigem "justiça".

A trama se desenvolve em círculos, como a luta de boxe que indica o clímax da ação. Enquanto se vingam, defendendo seu amor-próprio e sua honra, os personagens esmurram um ao outro verbal e fisicamente, e são também esmurrados. Existem três árbitros, ou juízes, que ficam do lado de fora do ringue. Um é o dono do bar de prestígio onde todos se reúnem ou querem se reunir. Ele é o árbitro social: decide, literalmente, quem entra e quem sai. O segundo é o pai de Mike Kon, um velho que sofreu um derrame. Ele é o árbitro espiritual. Não consegue falar, mas escreve, e cria um oráculo tremulamente impresso que provavelmente diz *Não julgueis*. (O resto da frase, que não é dada pelo velho, é, [...] *para não serdes julgados*. E assim é: todos que julgam são de fato julgados também.)

O terceiro árbitro é Annie Laurie, uma mulher de coração grande e moral fácil, que infelizmente — como as sereias — traz azar. A Annie Laurie na música de mesmo nome promete a verdade, e a Annie de Callaghan também diz a verdade, porque — sem ter respeitabilidade — não tem nada a perder. Ela tem aquelas características cobiçadas por Callaghan, a honestidade e a capacidade de mostrar o objeto como ele realmente é, e o leitor confia nela. Mas a Annie Laurie da música é uma criatura por quem os homens se deitariam e morreriam, e a Annie Laurie de Callaghan também tem este efeito nos homens que ficam muito tempo com ela: eles terminam prostrados e sem fôlego.

É para que a vejamos como uma espécie de *femme fatale*? Creio que não: ela está ligada à verdade, e não a estratagemas venenosos. Talvez um jeito de entender seu lugar na história seja voltarmos a *Everyman*, do final do século XV, uma peça teatral de moralidade cristã escrita com simplicidade sobre o progresso de um homem para a sepultura. A maioria dos companheiros de Everyman — Kindred, Goods, Fellowship e semelhantes — o abandonam quando os tempos ficam difíceis, como fazem os amigos de Harry. Só quem resta no fim é uma mulher, e seu nome é Knowledge. Pode ser que Annie Laurie não seja uma mulher fatal, mas um psicopompo bonzinho, uma terna condutora da alma dos mortos, uma companheira útil na jornada fatídica de Harry. Ela tenta alertá-lo para se desviar dos caminhos do orgulho: ela tem o tipo de conhecimento de que ele precisa. Mas ele não dá ouvidos.

É Annie que está presente quando Harry é morto e é Annie que testemunha no julgamento. Como muitas profetisas, ninguém acredita muito nela; em seu caso, devido a sua duvidosa reputação sexual. É Mike Kon, o outrora inimigo e assassino de Harry, que — inocentado pelo mesmo sistema judiciário que antes causou tanto sofrimento a Harry — acaba como o escudeiro, a figura de Horácio, o contador da história da morte de Harry. Ele aprendeu o que é julgar e ser julgado, e optou pela alternativa oculta à justiça, que é a misericórdia. É uma conclusão ao mesmo tempo irônica e estranhamente compassiva.

O que, por baixo de todo resto, seria a maçãneidade das maçãs bem no fundo do barril de Callaghan. A ironia e a compaixão. A callaghaneidade de Callaghan. Ainda assim, apenas Callaghan. O objeto como realmente é.

49
ELE BROTA ETERNO

HOPE DIES LAST: KEEPING THE FAITH IN DIFFICULT TIMES
DE STUDS TERKEL

Se Studs Terkel fosse japonês, seria um Tesouro Sagrado. Como disse John Kenneth Galbraith a respeito dele, "Studs Terkel é mais do que um escritor, é uma riqueza nacional". *Hope Dies Last* é o último livro de uma série de histórias orais americanas que ele vem publicando desde *Division Street, America*, lançado em 1967. Nos trinta e seis anos entre aquele ano e agora ele abordou, em livros distintos, a Grande Depressão, a Segunda Guerra Mundial, relações raciais, trabalho, o Sonho Americano e o envelhecimento. Para cada livro, entrevistou uma variedade impressionante de pessoas — aliás, onde ele conheceu esse pessoal? —, e a obra completa tem uma abrangência e uma monumentalidade que fará dela leitura necessária para futuros historiadores sociais do século XX americano.

A organização dos temas começa a parecer menos fortuita e mais esquemática. Aos livros sobre a juventude e a meia-idade — iniciação, provação e vida diária em ação — seguiram-se livros sobre a contemplação e inventários. O penúltimo tinha como título *Death: Will the Circle Be Unbroken?* (2001), que nos levava ao desconhecido: existirá uma vida após a morte? (O consenso geral: talvez sim, talvez não.) A série agora parece um ciclo planejado, como os ciclos das peças de mistério apresentadas em cidades medievais. Podia-se pensar que *Death* seria o fim da série, mas, com o acréscimo de *Hope Dies Last*, o padrão agora é semelhante ao das cerimônias do Dia do Armistício, onde o toque do pôr do sol é seguido pelo toque de alvorada, o chamado para acordar, simbolizando a Ressurreição. A morte e a esperança, da mesma forma, estão lado a lado em muitas lápides cristãs, que trazem as palavras *In Spe*. Não é coincidência que Terkel inicie seu livro com um sentimento que tende para as alturas: "A esperança nunca escorre para o chão. Ela sempre brota para o alto." Primeiro o corpo morto, depois as folhas da relva jovens e verdes.

É muito terkelesco — a essa altura, o homem requer um adjetivo todo dele — que depois da morte deva vir a esperança, porque o otimismo de Terkel não o abandonou. Sua vida de 91 anos cobriu os tempos do *boom* nos anos 1920, a Depressão, a Segunda Guerra Mundial, a era da caça aos comunistas de McCarthy, o movimento pelos direitos civis, os ativistas hippies do final dos anos 1960 e entrou pelos tempos atuais. Ele foi criado na Chicago dos anos 1920, entreouvindo as discussões que aconteciam no saguão do hotel para trabalhadores administrado por sua mãe viúva — discussões de antigos sindicalistas revolucionários (os *wobblies*) do Industrial Workers of the World (IWW) contra os antissindicalistas e os trabalhadores comuns, que "não davam a mínima nem para uma coisa, nem outra", mas metiam também a colher no assunto. Essa foi a educação perfeita para um homem que viria a se tornar o entrevistador americano por excelência: Terkel tornou-se um ouvinte experiente. Aprendeu a ponderar o que ouvia e avaliar quem estava falando.

Ele passou três anos desanimadores na Faculdade de Direito da Universidade de Chicago, depois começou a atuar em novelas de rádio para não ser advogado — "Eu sempre era escolhido para fazer o papel de um gângster de Chicago", diz ele. Depois virou DJ — clássico, jazz e folk — e, com o advento da televisão, um apresentador de *talk show* heterodoxo. Em seu programa *Studs's*

Place, ele dirigia uma versão sem roteiro dos divertidos debates de saguão de hotel de sua juventude — improvisados, ao vivo, belicosos, imprevisíveis. O tipo de TV que fazia era conhecido como "TV estilo Chicago", com um formato todo próprio, uma atmosfera turbulenta e caótica, com um toque do famoso poema de Chicago de Carl Sandburg sobre isso: Cidade de Ombros Largos, "de cabeça erguida cantando tão orgulhosa de ser viva e bruta e forte e astuta", sem falar nos risos de dentes brancos à mostra, destemidos, desafiadores, arruaceiros, enganosos a que Sandburg dava lugar de destaque.

Terkel sempre foi risonho nesse sentido, embora do tipo endiabrado e não da variedade arruaceira de dentes brancos; e ele nunca teve medo de se colocar em risco. Naturalmente, envolveu-se com piquetes de greve e petições — "Nunca conheci um piquete ou uma petição de que não gostasse", diz ele, com uma genialidade desafiadora estilo Pickwick. Desnecessário dizer que ele se viu objeto de repetidas investigações durante a era McCarthy. Agentes do FBI costumavam visitá-lo em duplas solenes, e embora sua esposa fosse fria com eles, ele mesmo era "sempre hospitaleiro. Lembre-se, eu era um filho de dona de pensão". Quando um emissário da NBC apareceu, exigindo que ele dissesse que fora "ludibriado pelos comunistas", ele se recusou. "Suponha que os comunistas comecem a lutar contra o câncer. Teremos de ser pró--câncer?", perguntou ele. "Isto *não* é muito engraçado", disse o funcionário da NBC, como muitas professoras antes dele.

Terkel ficou então na lista negra por vários anos, durante os quais ganhou a vida dando aulas de jazz em clubes de mulheres. (Ele tem orgulho desses clubes de mulheres, porque elas também não tinham medo de rir no estilo Chicago: embora advertidos a respeito dele, nenhum clube chegou a cancelar um compromisso.) Em meados dos anos 1950, ele enfim foi resgatado por Mahalia

Jackson, que insistiu que ele fosse o apresentador de seu programa semanal na rádio CBS. Quando um emissário da rede apareceu com um juramento de lealdade, insistindo para que Studs o assinasse, senão..., Mahalia disse, "[...] Se demitirem Studs [...], podem procurar outra Mahalia". "Ao dizer não", disse Terkel, Mahalia Jackson "revelou mais autoestima, sem falar no que é o nosso país, do que [...] todos os patrocinadores e agências juntos".

Aqueles que passaram pelo prazeroso teste de serem entrevistados por Studs Terkel durante seu longevo programa sobre literatura na NPR concordarão que foi uma experiência de entrevista como nenhuma outra. Ao contrário de algumas pessoas, Studs sempre lia o livro. Depois relia. Quando um autor chegava para a entrevista, lá estaria Studs, abraçando seu livro, o que dava a impressão de que ele esteve rolando no chão com ele. Estaria sublinhado com diferentes canetas e lápis, fichado, com pedacinhos de papel colorido metidos por todo o exemplar. Depois ele começava — "Passei a noite toda acordado lendo isto, não consegui largar" —, e o autor percebia que Studs sabia mais do seu livro do que ele mesmo. Esse conhecimento não era usado para fazer o autor se sentir um idiota, mas para animá-lo. O entusiasmo, a energia, a empolgação eram transmitidos com uma verve que fazia todos saíram dali sentindo que tinham acabado de participar de uma comédia musical muito divertida, em que Studs dera aos escritores o papel de protagonistas sapateadores sem que eles tivessem feito teste nenhum para isso.

Enquanto realizava as entrevistas para a série de histórias orais, Terkel evidentemente recorreu a muitas das mesmas habilidades, embora se preocupasse não com livros, mas com pessoas. Ele fez de si mesmo um conduíte pelo qual vozes fluíam — vozes conhecidas, vozes poderosas, mas também vozes obscuras, vozes comuns, vozes que não teriam sido ouvidas se não fosse por ele. Foi uma quantidade imensa de trabalho, em cujo auxílio ele viajou por todo o país. Em seus últimos anos, não deve ter sido fisicamente fácil para ele — Terkel narra com apreciação suas viagens, enquanto visita um magnata de Chicago, sobe um lance de escada em uma poltrona elétrica — e também deve ter sido difícil de outras formas: as histórias que ele gravou não são desprovidas de conflitos e derrotas, as vidas celebradas frequentemente foram difíceis e nem todas tiveram um final feliz. Alguns que ele entrevistou para este livro eram velhos e doentes. Suas esposas tinham morrido, ou eles tiveram um derrame, ou usavam andadores, ou estavam em cadeiras de rodas. As duas pessoas a quem o livro é dedicado são o advogado Clifford Durr e sua beldade sulista, a esposa Virginia Durr, de Montgomery, Alabama, pontas de lança do movimento pelos direitos civis ali na década de 1950, apesar de todos os riscos. Ambos morreram.

O que impelia Terkel? Em parte era o mesmo tipo de alerta e curiosidade franca que o levaram a entrevistar, antes de mais nada. "Sempre me perguntei o que motivava Virginia e Clifford Durr", reflete ele, sem chegar a uma teoria definitiva. Mas é mais do que simples reflexão. As respostas a essas perguntas, sugere ele, estão nas histórias, e ele deixa que os entrevistados contem eles mesmos essas histórias.

Talvez seja útil pensar em Studs Terkel como o herdeiro da mesma linhagem de romantismo idealista americano que produziu Walt Whitman, o Huckleberry Finn de Mark Twain, John Dos Passos e John Steinbeck, entre muitos outros. Segundo essa tradição, a "democracia" é uma ideia séria, na realidade um artigo de fé, e não um retalho de retórica de ano eleitoral ou tirada de Oscar Wilde sobre o espancamento do povo, pelo povo e para o povo. Para aqueles que ainda têm fé no conceito inicial e luminoso da democracia americana, todos os homens são de fato criados iguais, e tratar qualquer ser humano como inferior a um humano é uma heresia. Não é coincidência que Terkel cite Tom Paine, aquele moscardo apologista dos direitos humanos do século XVIII, e ache suas palavras apropriadas na América de 2003:

> A liberdade foi caçada pelo planeta; a razão era considerada rebeldia; e a escravidão do medo fez os homens temerem o pensamento. Mas esta é a natureza irresistível da verdade que só o que pede, e só o que quer, é a liberdade de aparecer [...]. Numa situação dessas, o homem se torna o que deve. Ele vê sua espécie não com o olho inumano de um inimigo natural, mas como um semelhante.

"One's-Self I sing, a simple separate person,/ Yet utter the word Democratic, the word En-masse",[46] diz Whitman...

> One of the Nation of many
> nations, the smallest the same
> And the largest the same. [...]
> Of every hue and caste am I, of
> Every rank and religion,
> A farmer, mechanic, artist,
> Gentleman, sailor, quaker,
> Prisoner, fancy-man, rowdy,
> Lawyer, physician, priest.[47]

Esta pode ser quase uma perspectiva para o trabalho da vida de Terkel: unir diversas vozes até que se juntem em harmonia e

---

[46] "Ao próprio Ser eu canto, uma pessoa simples isolada,/ Ainda que pronuncie a palavra Democrático, a palavra Massa." ("One's-Self I Sing", Walt Whitman.)

[47] "Alguém da Nação de muitasmuitas/ nações, tanto faz as menores/ tanto faz as maiores. [...]/ De toda cor e casta eu sou, de toda classe e religião,/ Fazendeiro, mecânico, artista,/ Cavalheiro, marinheiro, quacre,/ Prisioneiro, proxeneta, arruaceiro,/ Advogado médico, sacerdote." ("Song of Myself", Walt Whitman.)

contraponto, sendo o objetivo o todo unificado em que cada indivíduo permanece, ainda assim, distinto. "É [...] uma legião de Davis, com toda a sorte de estilingues. Não é um único estilingue que vai resolver", diz Terkel.

Mas existem problemas em uma legião de Davis. Uma sociedade desperta e corretamente irritada não é a mesma coisa que uma turba furiosa, mas como se impede que uma se transforme na outra? E se os Davis vencerem, será que alguns deles se tornarão Golias por sua vez, como testemunham as histórias de alguns sindicatos? *E pluribus unum*, "de muitos, um", diz o Grande Selo dos Estados Unidos, mas não diz que tipo de um deve ser feito de muitos, ou como se impede que o país se torne uma ditadura de fato, governada pelo medo, com todos espionando a vida dos outros. Essas são as dificuldades enfrentadas por uma sociedade pluralista, individualista, impulsionada pelo mercado e ainda assim oficialmente democrática como a dos Estados Unidos. "O preço da liberdade é a eterna vigilância", dizia Thomas Jefferson. Terkel pode alterar isso para "O preço da liberdade são os eternos estilingues". Mas será que liberdade significa que você pode fazer o que quiser, desde que não seja apanhado? A que altura a liberdade de um depende da servidão de outro? Em que Golias, exatamente, devem os Davis atirar com seus estilingues? Quaisquer Golias que se esqueçam de que liberdade implica responsabilidade. Terkel provavelmente responderia: Pise nas pessoas e você será um alvo fácil.

O tema de *Hope Dies Last* não é apenas qualquer tipo de esperança, como "Espero que você se sinta melhor", "Espero pelo melhor", ou mesmo "Espero que você morra". Muitas coisas foram ditas sobre a esperança; nem sempre ela teve uma boa publicidade. Para alguns, a esperança é um fantasma, um fogo-fátuo ilusório, seduzindo os homens a se afastarem da realidade — pressuposta como sombria — e entrarem em pântanos atraentes, mas mortais. Para alguns, inclusive Camus, é o truque sujo no fundo da caixa de Pandora, a engenhoca enganosa que mantém Sísifo rolando a pedra montanha acima. "A esperança nos sustenta, para ser substituída mais cedo ou mais tarde por uma bengala", disse o epigramatista búlgaro Kouncho Grosev. "Existe muita esperança, mas não para nós", disse Franz Kafka. "É preciso continuar, não posso continuar, vou continuar", diz Beckett em *O inominável*.

Terkel conhece seu Camus, seu Beckett e os mitos gregos, mas não muda de rumo por eles. Dois de seus temas referem-se ao poema de Emily Dickinson:

> "Hope" is the thing with
> Feathers...
> That perches in the soul...
> And sings the tune without the
> Words...
> And never stops... at all...
>
> And sweetest... in the Gale... is
> Heard...
> And sore must be the storm...
> That could abash the little Bird...
> That kept so many warm. [...] [48]

É a este tipo de esperança que Terkel se refere, a esperança que persiste em face do desânimo. Quase todas as pessoas que en-

---

[48] "Esperança é uma coisa com/ Plumas.../ Que na alma vem pousar.../ E canta uma canção sem/ Palavras.../ E nunca para de cantar.../ E mais doce ainda... na Ventania...é de/ Escutar.../ Severa deve ser a tormenta.../ Que abateria a Avezinha.../ Que a tantos de nós acalenta [...]

trevista no livro foram escolhidas porque elas não cessaram a luta mental nem deixaram que as espadas dormissem em suas mãos: elas ergueram seus arcos dourados flamejantes, suas flechas do desejo e as deixaram voar.

Se existe algum eco bíblico aqui, não é por acaso. "Studs [...] você fala demais, devia ter sido pregador", diz um amigo de Terkel, segundo o próprio. Mas ele é uma espécie de pregador. Um ramo do cristianismo sempre levou ao ativismo: de acordo com ele, todas as almas são iguais perante Deus, os primeiros serão os últimos e os últimos serão os primeiros, e você deve amar ao próximo como a si mesmo e visitá-lo quando estiver enfermo ou na prisão, e se você fizer o mal a um destes pequeninos irmãos, estará fazendo contra Deus. (Há outro ramo do cristianismo que se baseia no versículo que diz: a quem tem, mais será dado, e a quem não tem, até o que tem lhe será tirado, o que um certo pessoal interpreta financeiramente; mas isto é outra história.) Vários entrevistados neste livro começaram pelo caminho da religião: entre eles estão padres, seminaristas, quacres, metodistas, batistas.

Quanto à esperança, ela anda de mãos dadas — no sentido bíblico — com a fé e a caridade: você pode dizer que a fé é a crença, a esperança é a emoção possibilitada por ela e a caridade é a ação necessária. A esperança de Terkel não é uma esperança vã, mas aquela luz que nos conduz gentilmente em meio à escuridão circundante: é a esperança por algo melhor. O título do livro vem de um dito que era corrente entre os trabalhadores rurais hispânicos organizados por César Chávez *"La esperanza muere última"* —, mas é citado por outros no livro. Terkel comenta, "Era uma metáfora para grande parte do século XX". Ele cita Kathy Kelly do projeto Voices in the Wilderness: "Estou trabalhando em prol de um mundo em que seria mais fácil para as pessoas terem um comportamento decente."

* * *

É possível sermos arrebatados pelo que às vezes parece um inspirador encontro de renovação. O espírito nos move. Os sentimentos afáveis do Bom Samaritano derramam-se sobre nós; sentimos vontade de sair correndo e nos unirmos a alguma coisa. Talvez uma ressalva seja aqui apropriada: o ativismo inspirado pela esperança de uma pessoa é a dor de cabeça de outra. Quem deve escolher o que é "um mundo melhor" e como concretizá-lo melhor? Há um ponto de vista que pode caracterizar várias atividades bem-intencionadas como obstrucionismo equivocado, interferência ilegal, prejuízo subversivo da ordem social, comunismo ateu, e assim por diante. Será que os atos devem ser julgados pela sinceridade de suas intenções? Sim, dizem os românticos; não, dizem os historiadores, eles devem ser julgados, como as guerras, por seus resultados. Quanto às boas intenções, sabemos que o caminho para o inferno é pavimentado delas. Seriam os combatentes da Resistência atrás das linhas alemãs na Segunda Guerra Mundial heróis corajosos desferindo um golpe pela liberdade ou bandidos criminosos? Depende de quem está rotulando.

A esperança não respeita fronteiras nacionais e atravessa linhas ideológicas como bem entende. O livro de Terkel evita esta questão, embora sua inclusão do general Paul Tibbetts — piloto do *Enola Gay*, o avião que largou a bomba que dizimou Hiroshima — nos provoque um choque. Tibbetts diz que foi motivado por uma espécie de esperança — ele esperava que seu ato desse um fim à guerra e "salvasse muitas vidas". Vidas americanas, bem entendido, porque sua atitude para com civis japoneses que foram ceifados é arrogante. "Foi falta de sorte deles estarem ali." Como Lenin notoriamente observou, não se pode fazer omeletes sem quebrar os ovos, mas que tipo de omelete é necessário sempre será uma questão de debate, e não há uma longa fila de candidatos em lugar nenhum para a posição do ovo.

Dito isso, *Hope Dies Last* prende o leitor, embora as escolhas não sejam do gosto de todos. A ênfase principal de Terkel está nas pessoas das partes da sociedade que ele conhece: velhos de esquerda, trabalhadores em conjuntos habitacionais e entre os pobres, estudantes que combateram em defesa do pessoal da limpeza durante os protestos de Harvard em 2001, sindicalistas e militantes contra a corrupção nos sindicatos, trabalhadores dos direitos civis, pacifistas, professores em bairros perigosos. Não surpreende que alguns sejam de Chicago.

Mas há outros tipos de surpresa. Em uma parte — "Easy Riders" —, os entrevistados compartilham apenas o fato de que andam pela cidade de bicicleta. Um deles é um courier, vivendo o dia a dia. O outro é um médico que passa

> metade do dia toda semana no Golden Gate Park com minha bicicleta com remédios [...]. Em geral, se você trabalha em uma clínica, as pessoas vêm até você. Ao passo que se você vai ao parque, vai oferecer seus serviços. É um campo de jogo diferente.

Outra parte, "Immigrants", contém um engenheiro de som de origem iraquiana, dois guatemaltecos ilegais cuja esperança consiste na esperança de não serem descobertos e um homem de ascendência japonesa que descreve como, quando aluno de colégio, foi colocado em um campo de detenção com a família depois de Pearl Harbor, e desde então trabalhava com o movimento para reparar o mal feito aos japoneses. Os iraquianos americanos terão algum dia seu próprio movimento de reparação? Depois do 11 de Setembro, o Sr. Usama Alshaibi disse a Terkel:

Fiquei muito preocupado porque o governo pegou três mil homens e colocou em centros de detenção. Eles não foram indiciados oficialmente [...]. Não me surpreenderia agora se eles me agarrassem e começassem a me fazer um monte de perguntas.

As surpresas desagradáveis incluem muitas histórias de terror — prisões, espancamentos, assassinatos. Entre eles estão os relatos de Dierdre Merriman, presa a uma cadeira de rodas, uma alcoólatra em recuperação cujo pescoço foi quebrado por um ex-namorado e que agora mora em um conjugado em um grande edifício de Chicago e trabalha como advogada de vítimas de estupro, e o de Leroy Orange, torturado com eletrodos para que obtivessem uma confissão de homicídio durante o reino do terror do departamento de polícia de Chicago, condenado erroneamente e por fim perdoado pelo governador George Ryan em 2003, depois de uma corajosa campanha judicial.

No entanto, nem todos os entrevistados de Terkel são da crosta do fundo da torta social. John Kenneth Galbraith contribui com uma declaração sucinta na parte intitulada "Concerning Enronism":

> No pé em que as coisas estão, permitimos uma enorme incompetência e enorme remuneração àqueles que têm poder. Vejo isso como um grande problema não resolvido de nossa época. E como é tudo muito legítimo, chamo de probabilidade de fraude inocente. Entrei no mundo da política numa época em que existiam comunistas da Quinta Emenda e cheguei aos 94 anos, quando existem capitalistas da Quinta Emenda.

Depois dele vem Wallace Rasmusson, que ascendeu na Depressão e tornou-se presidente e CEO da Beatrice Foods, uma empresa que valia 7,8 bilhões de dólares quando ele se aposentou em 1975.

O que aconteceu na Enron e na WorldCom — os livros de culinária — é criminoso. Um grande país dura cerca de quatrocentos anos. Estamos no período do declínio da moralidade. Foi isto que arruinou Roma [...]. A ganância [...]. Eu sempre disse, "Em Deus nós confiamos, todo o resto auditamos".

Há vários tipos de ativismo que podem parecer óbvios para alguns leitores, mas não são muitos os representados em *Hope Dies Last*. O movimento feminista marca uma das mudanças sociais mais dignas de nota dos últimos dois séculos, porém mal está presente no livro. Há mulheres entrevistadas, é verdade — 17 de 58 entrevistados —, e mulheres intrépidas. Uma das mencionadas é anônima — uma idosa branca que evitou que um *sit-in*, uma manifestação de protesto pacífica de estudantes sentados no balcão de almoço da Woolworth em Nashville, virasse um massacre. Ela o fez puramente pela força de caráter e por acreditar que algumas maneiras não são jeito de se comportar — um caso para os conselhos da colunista Miss Manners. "Só entrei para comprar uma fôrma para ovo", era sua história. Ela andou

> de um lado a outro dos estudantes sentados e uma turba, que tinha aparecido e jogado um cigarro neles, cuspiu no pescoço de uma jovem e tudo. Os estudantes simplesmente continuaram sentados, não protestaram. Essa idosa [...] apareceu e falou com os brutamontes jovens e brancos. "Como vocês se sentiriam se fosse com a irmã de vocês?" E eles ficaram tipo, "Ah, isso não foi nada". Depois voltaram para a turba e outra pessoa assumiu o controle.

Algumas mulheres estão entre os mais corajosos entrevistados de Terkel — mulheres como Kathy Kelly, presa por plantar milho em silos nucleares, e Mollie McGrath, que trabalhou pela reforma das *sweatshops* e participou de protestos contra a Organização Mundial do Comércio —, mas elas estão incluídas porque se envolveram em outros tipos de movimento. Por que isso? Terkel não tem nada contra as mulheres; na verdade, ele é tão não discriminatório para com elas que nem parece vê-las como uma categoria especial ou que precise de um movimento próprio. Talvez ele tivesse a atitude um tanto acanhada — tão comum entre os homens do passado — de não querer se intrometer num clube da Luluzinha. Talvez não conseguisse acreditar muito na opressão por um gênero, de um gênero, por causa de um gênero. Também não há ativistas gays entrevistados.

Com Mollie McGrath, o movimento antiglobalização chega a uma breve exposição, mas não passa disso. O movimento verde é mencionado por intermédio de Pete Seeger, cantor folk para uma geração, agora atarefado tentando limpar o rio Hudson; e também por Frances Moore Lappé; muitos se lembrarão carinhosamente de Lappé como a autora de *Dieta para um pequeno planeta*. Como é que um dia saberíamos sobre a farinha de soja sem ela? *Hope Dies Last* é tão repleto de citações que às vezes pensamos que estamos lendo o *Bartlett's Familiar Quotations*, e Lappé dá alguns toques. "A fome não é causada por falta de comida, é causada por falta de democracia", diz ela.

> Minha filha Anna adora dizer, "Antigamente eu pensava que a esperança era para os fracos". A esperança não é para os fracos; é para os de coração forte que sabem reconhecer como as coisas estão ruins e ainda assim não se deixam abalar, não se deixam paralisar.

A esperança não é algo que encontramos, a esperança é algo em que nos tornamos.

Esta é a primeira geração a saber que as decisões que tomamos têm consequências definitivas. É um tempo em que ou escolhemos a vida ou escolhemos a morte [...]. Seguir a ordem vigente significa que estamos escolhendo a morte.

Somos uma gota no balde [...]. Se você tem um balde, as gotas de chuva o encherão rapidamente [...]. Nosso trabalho é ajudar as pessoas a verem que existe um balde. São todas essas pessoas no mundo todo *que* criam este balde de esperança.

Se estivéssemos selecionando times — as Esperanças contra os Desesperos —, Lappé seria minha primeira opção para capitã das Esperanças. Sua perspectiva é global, ela sabe em que pé estamos como espécie, é durona como um biscoito de farinha de soja de uma semana, ela olha à frente, não para trás.

E Studs Terkel seria o árbitro. Não, vou repensar isto: ele é tendencioso demais para o lado do time da Esperança. Teria de ser o treinador. Ele levaria para a tarefa muitas décadas de experiência, a capacidade de estimular, muitas histórias pessoais e uma reserva de energia para ajudar nas partes difíceis. É isto que é *Hope Dies Last*, essencialmente: não só um documento social, nem só história americana fascinante, mas um manual para treinadores, completo, com vários modelos de preleção que podem fazer você se levantar da poltrona e o impelem direto para a "luta mental" de Blake. Ainda por cima, é impressionante que Terkel tenha compilado este livro nos dias depois do 11 de Setembro e antes da invasão do Iraque, quando podia dar a impressão de que ele não pregava para ninguém. Agora muitos acharão as palavras que ele coletou inspiradoras e oportunas: o deputado Dennis Kucinich fala por muitos em *Hope Dies Last* quando diz:

> [...] Somos desafiados a insistir ainda mais fortemente nas liberdades fundamentais que temos, porque é por estas liberdades que somos vingados. Se perdermos estas liberdades, não seremos mais a América.

50
RUMO À ILHA DE BEECHEY

> O turista é parte da paisagem do nosso tempo,
> como era o peregrino na Idade Média.
> — V. S. Pritchett, *The Spanish Temper*

Uma semana antes de minha peregrinação começar, meu companheiro Graeme Gibson e eu encontramos um corvo morto no jardim. Vírus do Nilo Ocidental, pensamos. Colocamos no freezer e ligamos para a Humane Society. Eles levaram o corvo congelado, mas disseram que não nos informariam do diagnóstico, porque não queriam espalhar pânico. Mais ou menos nessa hora me ocorreu que eu devia ter passado um pouco de repelente antes de podar as roseiras: tinha alguns mosquitos ali.

Um dia antes de minha partida, notei umas manchas rosadas na cintura. Atribuí ao rolinho primavera tailandês que comi. Talvez eu fosse alérgica.

Logo as manchas se tornavam mais numerosas e se espalhavam pela pele. Verifiquei se minha língua estava saburrosa, se sentia vertigens e rigidez no pescoço. Eu me sentia estranha, embora ninguém mais parecesse perceber. Desta vez eu estava em um avião rumo à Groenlândia e, de súbito — o tempo passa rápido quando você esta infestado de micróbios —, vi-me em um navio russo de pesquisa no Ártico chamado *Akademic Ioffe*. Eu era membro temporário de uma empresa de nome Adventure Canada, que sublocava o navio de pesquisa russo da Peregrine, empresa de turismo australiana que alugou o barco para cruzeiros antárticos. A bordo comigo havia um grupo misto: a tripulação russa, os australianos que cuidavam dos aspectos de "hotel" da viagem e os canadenses que planejaram e executaram os programas diários para os cerca de cem aventureiros ávidos que tinham reservado uma passagem. Meu trabalho era dar duas palestras sobre a exploração do norte moldada em conceitos literários e artísticos — um trabalho que, em meu estado confuso pelo vírus, eu me sentia despreparada para realizar.

Logo navegávamos pelo fiorde Sondreström muito, muito comprido — sendo um fiorde, como explicou o geólogo a bordo, um vale originalmente escavado por geleiras e subsequentemente preenchido pelo mar. Depois viramos para o norte e contornamos a costa oeste da Groenlândia, navegando entre icebergs imensos e espetaculares. O mar era azul, o céu era azul, os icebergs também eram azuis, ou suas superfícies recém-cortadas: um azul sobrenatural, como de tinta, artificial. Enquanto navegávamos entre eles em nossos botes de borracha Zodiacs, o gelo de mil anos assobiava na água com o escape de seu ar comprimido.

Rumávamos — por fim — à baía de Baffin, depois ao estreito de Lancaster e finalmente à ilha de Beechey, onde os três primeiros membros da malfadada expedição de John Franklin em 1847 foram enterrados. Será que eu estava destinada a me juntar a eles?, perguntei-me, enquanto as montanhas se erguiam à direita, o mar deslumbrante tomado de gelo se estendia à esquerda e os poentes duravam horas. Será que minha cabeça está prestes a explodir, por motivos que pareceriam misteriosos a observadores? A história pronta para se repetir, e eu pereceria de causas desconhecidas, para ser seguida logo depois por toda a lista de passageiros e tripulantes, como na expedição de Franklin? Não contei esses pensamentos a ninguém, embora achasse que podia ser adequado fazer algumas anotações ilegíveis, mas pungentes, a serem descobertas depois, em uma lata ou pote plástico de comprimidos, como o pedaço de papel quase ilegível que sobreviveu ao desastre de Franklin: *Oh, a terrível tristeza*.

Mas o tema são as peregrinações ou uma peregrinação. Eu deveria estar escrevendo sobre uma — esta, aquela em que estava. Mas por estar manchada — as manchas agora já tinham atingido os pulsos e possivelmente o cérebro — não consegui me concentrar bem na ideia geral. O que era uma peregrinação? Será que já fiz alguma na vida? Será possível que o que faço agora seja considerado uma peregrinação? E se for assim, em que sentido?

Fiz algumas peregrinações literárias na juventude, algo do tipo. Vomitei no acostamento da estrada na terra de Wordsworth; visitei a mansão das Brontë e fiquei espantada com o tamanho mínimo de suas habitantes famosas; estive na casa de Samuel Johnson em Londres e também na Casa das Sete Torres, em Salem, Massachusetts, retratada por Hawthorne; mas essas visitas contam? Todas elas foram acidentais: por acaso eu estava de passagem. Quanto da essência de uma peregrinação reside na intenção, e não na jornada em si?

O dicionário nos dá alguma flexibilidade: um peregrino pode significar simplesmente um andarilho, um viajante; ou pode significar alguém que viaja a um local sagrado como ato de devoção religiosa. Precisa ter movimento; relíquias, não necessariamente. Mas o movimento precisa ser prolongado — uma ida à padaria da esquina para comprar pão não se qualifica. Também precisa ser — certamente — de natureza não comercial. Marco Polo, apesar de ser um viajante magnífico, não era um peregrino. E também uma peregrinação deve fazer bem a você: fazer bem à sua saúde (Templos de Esculápio, Lurdes, o coração do Santo Irmão André, com seu rastro de muletas abandonadas) ou fazer bem ao estado de sua alma (compra por prazer, descontar tempo no Purgatório; tornar-se um Pai Peregrino, encontrar a virtuosa Nova Jerusalém, em algum lugar na área de Boston).

Desnecessário dizer que nem todas as peregrinações funcionam como o anunciado. Lembre-se das Cruzadas.

Mas quando pensei em peregrinos, pensei primeiro na literatura. A maioria dos peregrinos que eu conhecia eram encontrados nela.

Temos Chaucer, é claro: seus peregrinos de Canterbury são um grupo sociável, fazendo a viagem juntos porque é primavera e eles têm sede de viajar e querem se divertir. Independentemente do lustro religioso que possam imputar a isso, o que eles realmente desfrutam é viajar em companhia alegre, e observar o guarda-roupa e os pontos fracos uns dos outros, e contar histórias.

Temos a variedade de peregrinos do século XVII, exemplificada por aqueles em *O peregrino*, de John Bunyan. Para esses bravos protestantes, a jornada do peregrino leva não a um santuário, mas por este vale mortal de lágrimas e batalhas espirituais rumo a seu objetivo, o lar celestial a ser conquistado depois da morte.

O século XVIII passou por viagens educacionais e jornadas sentimentais em vez de peregrinações, mas a peregrinação voltou com a era do romantismo. Pense no longo poema de Lord Byron, *A peregrinação de Childe Harold*. Seu herói é um vagabundo, embora cheio de desejo indócil por algo que desconhece. Mas os lugares sagrados que ele visita não são igrejas; são paisagens sublimes, com muitos penhascos e abismos, e o poema termina com um panegírico à imensidão do mar, que contém a estrofe muito citada:

> Roll on, thou deep and dark blue ocean — roll!
> Ten thousand fleets sweep over thee in vain;
> Man marks the earth with ruin — his control

Stops with the shore; — upon the watery plain
The wrecks are all thy deed, not doth remain
A shadow of man's ravage, save his own,
When for a moment, like a drop of rain
He sinks into thy depths with bubbling groan,
Without a grave, unknell'd, uncoffin'd, and unknown.[49]

Se juntarmos todas essas variedades de peregrinações, o que teremos? À primeira vista, nada de muito coerente. Porém, existem algumas ligações. Por exemplo, um peregrino — ao que parece — nunca é o primeiro a chegar. Outra pessoa sempre esteve ali antes e chegou a um fim desafortunado (embora heroico ou santificado). É em homenagem a esses precursores que o peregrino pega seu cajado. A alegre companhia de Chaucer vai a Canterbury, cena do assassinato de Thomas Becket. Os peregrinos de Bunyan seguem os passos do Cristo crucificado; e até *A peregrinação de Childe Harold*, de Byron, termina com a contemplação de uma miríade de naufrágios e afogamentos trágicos. Um cadáver, pelo visto, costuma preceder o peregrino vivo.

A jornada que empreendi tinha elementos dos três tipos de peregrinação. Viajei com uma alegre companhia, contei histórias e os ouvi contar também. Observei paisagens sublimes, terrestres e marinhas, e meditei sobre os marinheiros mortos e os navios afundados.

---

[49] Rola, oceano azul profundo e escuro – rola/ Dez mil frotas varrem-te em vão;/ De ruínas o homem marca a terra – seu domínio/ Finda na praia; – em tua aquosa planície/ Só tu provocas naufrágios, não resta mais/ Uma sombra da devastação do homem, exceto a própria,/ Quando por um momento, como uma gota de chuva/ Ele sucumbe em tuas profundezas a borbulhar um gemido,/ Sem sepultura, sem réquiem, sem ataúde e desconhecido. [Tradução livre]

Quanto a batalhas espirituais, embora eu mesma não tenha me envolvido em nenhuma, aqueles que conferiram ao percurso sua notoriedade mal-assombrada mais certamente envolveram-se nelas. Estávamos tomando a mesma rota marítima percorrida por Franklin e seus tripulantes quando eles partiram para descobrir a Passagem do Noroeste em 1845 e nunca mais foram vistos; entre sua partida esperançosa e a descoberta de seus talheres e ossos roídos, deve ter ocorrido muita angústia.

Mas o próprio Franklin não era o objeto direto de minha peregrinação. Minha pauta imediata dizia respeito a uma amiga minha, a companheira poeta Gwendolyn MacEwen. No início da década de 1960, quando estava com vinte e poucos anos, ela escreveu um poema narrativo extraordinário para o rádio sobre a expedição de Franklin, cujo título continha os dois navios de Franklin: o *Terror* e o *Erebus*. Ouvi essa peça quando foi transmitida pela primeira vez e fiquei muito impressionada — especialmente porque Gwen nunca tinha estado no Ártico e nunca havia visitado os três túmulos comoventes da expedição de Franklin. Ela navegou por esses mares apenas na imaginação e morreu aos 46 anos sem sequer ter vislumbrado um iceberg.

Minha peregrinação — se pode ser chamada assim — era realizada por ela. Eu iria aonde ela foi incapaz de ir, ficaria onde ela nunca ficara, veria o que ela só viu com o olho da mente.

Um gesto sentimental, mas as peregrinações são de natureza sentimental.

A viagem prosseguiu. Elementos da peregrinação chauceriana manifestavam-se às refeições, com histórias alegres e pilhérias envolvendo roupas vikings, kilts e barbas falsas e, em uma ocasião memorável, sungas e óculos escuros feitos de pele. A jornada espiritual de autoconhecimento no estilo protestante era uma questão individual, como são tais coisas: foram muitos os diários escritos a bordo. Ruminações sobre o estado humano e o estado da natureza eram frequentes: a ansiedade não com a vida a viver, mas com o futuro próximo, porque era evidente até para um olho não treinado que as geleiras estavam diminuindo em ritmo acelerado.

A versão byroniana da peregrinação foi vivida na ponte ou (com luvas) no convés, enquanto passava um panorama à deriva indescritível (onde estão os adjetivos? "Espetacular", "grandioso" e "sublime" não são suficientes). "Olha aquele iceberg/penhasco/face rochosa", diziam as pessoas, em transe. "Parece uma pintura de Lawren Harris." E sim, parecia, só que melhor, e também aquela outra, e a outra incrível ali, roxa, verde e rosa ao poente, e depois índigo e de um amarelo sobrenatural... Você se via parada, arregalada e boquiaberta, por horas.

Na hora de minha primeira palestra a bordo, as manchas rosadas originais estavam desbotando, mas outras tinham aparecido. (Por consideração, elas pararam na linha do pescoço.) A desorganização do meu discurso provavelmente foi atribuída ao estado confuso em que pensam que as pessoas "criativas" vivem diariamente. Pensei em explicar minha curiosa doença, mas as pessoas podiam achar que estavam em um navio tomado pela peste e saltar da amurada, ou querer um resgate de helicóptero. De todo modo, eu ainda andava e falava. Só não me parecia inteiramente responsável pelo que saía pela boca. "Eu me saí bem?", perguntei a Graeme. Mas ele tinha ficado o tempo todo na ponte, observando fulmares.

O que foi que eu falei mesmo? Acho que comecei dizendo à minha plateia que Voltaire teria considerado todos eles loucos. Pagar por uma viagem, não a um centro de civilização onde o estudo da humanidade seria o homem, nem mesmo a um castelo bem cuidado com jardins simétricos em seu entorno, mas a um deserto gelado com uma grande quantidade de rochas, água e areia — isto teria parecido a Voltaire o cúmulo da insensatez. Os homens não arriscavam a vida em lugares assim, a não ser que houvesse um motivo — dinheiro a ganhar, por exemplo. O que mudou entre Voltaire e nós — ou entre Voltaire e, por exemplo, sir Edmund Hilary escalando inutilmente o monte Everest, e Scott congelando-se inutilmente na Antártida? Uma visão de mundo mudou. A ideia do Sublime, de Edmund Burke, tornou-se um parâmetro romântico, e o sublime não podia ser o Sublime sem o perigo. A história da exploração do Ártico no século XIX era vista por essa ótica, e aqueles que foram ao norte e descreveram e pintaram essas paisagens o fizeram com o herói romântico olhando por cima de seus ombros.

A expedição de Franklin — creio ter dito — ocorreu em uma espécie de articulação do tempo — o momento em que essas explorações arriscadas deixaram de ser empreendidas na esperança de um ganho — no fundo ninguém acreditava, em 1847, que a Passagem do Noroeste seria a chave para a China e deixaria os britânicos muito, mas muito ricos — e começaram a ser empreendidas no espírito da aventura heroica, como uma espécie de descida pelas cataratas do Niágara dentro de um barril. O que estava sendo desafiado pelos intrépidos exploradores e possíveis mártires não eram os pagãos, mas a própria Natureza. "Eles forjaram o último elo com sua vida", diz a inscrição no memorial de Franklin na abadia de Westminster — uma inscrição pela qual Lady Jane Franklin, a viúva, lutou longa e arduamente, enquanto trabalhava para garantir que Franklin fosse visto como um herói no modelo romântico cristão. Mas o último elo do quê? Não faço ideia. Porque como Ken McGoogan demonstra tão habilmente em seu livro *Fatal Passage* — um livro que eu lia enquanto era transportada toda manchada de balsa pela baía de Baffin —, Franklin não encontrou realmente a Passagem do Noroeste. Em vez disso, encontrou uma massa de água que sempre estava sufocada de gelo e com a qual não deveria contar.

Depois que ele morreu, e depois que seus barcos ficaram presos no gelo por três anos, seus homens foram para a terra, cozinhando e comendo uns aos outros. Quando as primeiras notícias dessas atividades culinárias chegaram à Inglaterra, levadas pelo intrépido explorador John Rae, Lady Franklin ficou muito aflita: porque se Franklin tinha cedido ao canibalismo, não seria um herói, mas uma espécie de chef. (John Rae, agora sabemos, tinha razão a respeito do canibalismo, embora o próprio Franklin sem dúvida tivesse morrido antes que isso acontecesse.)

Depois de algum tempo dessa palestra certamente desconexa, li o poema narrativo de Gwendolyn, em que ela sugere que Franklin criou a Passagem do Noroeste por um ato de imaginação e vontade:

Ah, Franklin!
To follow you, one does not need geography.
At least not totally, but more of that,
Instrumental knowledge the bones have,
Their limits, their measurings.
The eye creates the horizon,
The ear invents the wind,
The hand reaching out from a parka sleeve
By touch demands that the touched thing be.[50]

Um tema adequado para peregrinos: pois o que os inspira senão um elo puramente imaginativo entre lugar e espírito?

---

[50] Ah, Franklin!/ Para seguir-te, ninguém precisa de geografia./ Ao menos não de todo, mas do conhecimento instrumental que os ossos têm,/ Seus limites, suas medidas./ O olho cria o horizonte,/ O ouvido inventa o vento,/ A mão que se projeta da manga do anorak/ Demanda pelo tato que a coisa tocada exista.

* * *

Após atravessarmos a baía de Baffin, viajamos pelo estreito de Lancaster e, enfim, pelos penhascos de arenito extravagantes e — de novo me faltam adjetivos — de aparência estranhamente egípcia da ilha de Devon. Devon é a maior ilha desabitada do mundo. Será que foi aqui que vimos dois ursos-polares comendo uma morsa morta, enquanto grupos de focas nadavam no pequeno porto? Acho que registrei o acontecimento e a data — 1º de setembro —, mas não o local exato. Eram vários os locais do povo Thule — aqueles que precederam os inuítes —, e nosso arqueólogo de bordo os explicou a nós. As imensas costelas de baleia que antes serviam como vigas de teto ainda estão lá.

O sol brilha, a brisa sopra. Embora seja outono, várias florezinhas do Ártico ainda estão em botão. Pakak Innuksuk e Akoo Peters, fontes da cultura inuíte, dançaram e cantaram ao som de tambores. Nesses momentos o Ártico fica intensamente vivo. Parece uma paisagem benevolente, mansa, nebulosa e acolhedora, um lugar de muitos prazeres.

O dia seguinte foi mais frio e o vento tinha piorado. Chegamos à extremidade mais a oeste da ilha de Devon e baixamos âncora no porto da ilha de Beechey, um pequeno botão na ponta oeste de Devon. As duas embarcações de Franklin, *Terror* e *Erebus*, passaram seu primeiro inverno ali, protegidos do gelo esmagador A praia, antes à beira de um mar mais quente onde prosperava a vida marinha, agora é tomada de fósseis, estéril, batida pelo vento. Muitos vieram de visita desde os tempos de Franklin; muitos posaram para a câmera ao lado dos três túmulos ali; muitos meditaram.

Alguns anos atrás, os três corpos foram desenterrados, em uma tentativa de saber mais sobre a expedição. Os cientistas envolvidos nesse empreendimento — como está registrado no livro de John Geiger, *Congelados no tempo* — descobriram que altos níveis de envenenamento por chumbo de comida enlatada devem ter feito uma contribuição substancial para o desastre. As latas ainda podem ser vistas na praia: chumbo com a espessura de cera de vela derretida fechava as junções. Os perigos de ingerir chumbo não eram bem compreendidos na época e os sintomas imitam o escorbuto. O chumbo ataca o sistema imunológico e causa desorientação e lapsos de discernimento. Os suprimentos que deveriam manter vivos os membros da expedição na verdade os estavam matando.

Desembarcamos do *Akademic Ioffe* em Zodiacs e caminhamos pela praia. A essa altura eu não tinha manchas; ainda assim, estava meio tonta. Depois de visitar os túmulos — os marcadores são réplicas agora, porque os originais sofreram com o impulso dos peregrinos de tirar uma lasca de uma parte da ação —, Graeme e eu nos sentamos no cascalho ao lado de um antigo depósito de carvão onde os navios costumavam deixar suprimentos para outras embarcações até que os ursos-polares destruíram o depósito. Comemos um pedaço de chocolate, entesourado por mim para essa ocasião, e brindamos a Gwen com água de nossas garrafas, e Graeme cantou "The Ballad of Lord Franklin", as palavras engolidas pelo vento. Mais além na praia, alguém tocava gaita de foles, o som tão fraco que mal conseguíamos ouvir.

Pensamentos incipientes sobre espaços, vazio, hiatos; saltar fendas, escrevi em meu bloco. *Palavras viajando.*

No dia seguinte fomos atormentados pelo gelo flutuante, como Franklin. Era impressionante a rapidez com que o gelo se deslocava, e com que força. Tivemos de percorrer mais de cem quilômetros para nos afastar dele.

Por tradição, os peregrinos levavam alguma coisa de suas jornadas. Às vezes era uma concha para mostrar que estiveram em Jerusalém, ou uma lasca de madeira cara que alegavam ser um pedaço da verdadeira cruz, ou o suposto osso do dedo de um santo. Os peregrinos dos dias de hoje, disfarçados de turistas, levam fotos deles mesmos mostrando a língua na frente da torre Eiffel, ou cartões-postais, ou suvenires comprados — colheres de café com o brasão da cidade, bonés, cinzeiros.

Não havia nenhuma barraca vendendo pedaços do dedo do explorador ou camisetas com *Lembrança da ilha de Beechey*, então levei uma pedrinha. Era idêntica a milhões de outras pedrinhas na praia — de arenito pardo, sem nada que a distinguisse. Essa pedrinha viajou comigo a Toronto em um estojo de maquiagem.

Liguei para o meu médico assim que chegamos e descrevi meus sintomas. "Acho que tive vírus do Nilo ocidental", eu disse. "É difícil de saber", foi a resposta dele. (Na pior das hipóteses, pelo menos eu não teria sido enterrada em permafrost. Teria sido colocada no freezer do navio, mantido especialmente para este fim, para não misturar os corpos com a carne do estrogonofe.)

Em um dia quente e seco de meados de setembro, pus a pedrinha da ilha de Beechey no bolso, peguei uma colher de arroz na cozinha e fui até o Gwendolyn MacEwen Park, imaginando o poema bem sarcástico que Gwen teria feito, tanto sobre o parque como sobre o evento da pedrinha de que eu estava prestes a desfrutar. Acompanhava-me David Young, uma dessas obras — *Inexpressible Island* — que fala de heróis não cantados da expedição de Scott à Antártida, não cantados porque tiveram o gosto duvidoso de sobreviver. Para ser um herói — pelo menos no século XIX e início do século XX —, era quase obrigatório estar morto.

Quando chegamos ao parque, David olhou para o outro lado enquanto eu cavava um buraco de terra com minha colher e inseria a pedrinha. Então agora, em algum lugar no coração da mais sombria Toronto, sua exata localização conhecida apenas por mim, há um pedaço mínimo de geologia trazido da ilha de Beechey. A única ligação entre os dois lugares é um ato da imaginação, ou talvez dois atos — a imaginação de Franklin da Passagem do Noroeste e a imaginação de Gwendolyn MacEwen de Franklin.

> So I've followed you here
> Like a dozen others, looking for relics
> Of your ships, your men.
> Here to this awful monastery,
> Where you, where Crozier died,
> And all the men with you died,
> Seeking a passage from imagination to reality [...].[51]

---

[51] Assim eu te segui até aqui／ Como muitos outros, buscando relíquias／ Dos teus barcos, dos teus homens.／ Aqui, neste horrível monastério,／ onde tu, onde Crozier morreram,／ onde todos os teus homens contigo morreram,／ Procurando uma passagem da imaginação à realidade [...].

51
MORTIFICAÇÃO

MORTIFICAÇÕES NUNCA TÊM fim. Sempre há uma nunca antes vivida nos esperando ao dobrarmos a esquina. Como poderia ter dito Scarlett O'Hara, "Amanhã será outra mortificação". Essas expectativas nos dão esperança: Deus ainda não terminou conosco, porque essas coisas são enviadas para nos pôr à prova. Nunca tive certeza do que isso significava. Onde há rubor, há vida? Algo parecido.

Enquanto esperava pela mortificação ainda por vir, quando terei dentaduras e elas sairão de minha boca em alguma excelsa ocasião pública, ou tropeçarei na tribuna, ou vomitarei em meu apresentador, contarei a vocês três mortificações do passado.

PERÍODO INICIAL

Há muito, mas muito tempo, quando eu só tinha 29 anos e meu primeiro romance acabara de ser publicado, eu morava em Edmonton, em Alberta, no Canadá. Era o ano de 1969. O movimento feminista tinha começado em Nova York, mas não chegara ainda a Edmonton, Alberta. Era novembro. Fazia um frio de congelar. Eu sentia um frio de congelar e saí usando um casaco de peles de segunda mão — acho que de rato almiscarado — que tinha comprado no Exército da Salvação por 25 dólares. Também tinha um gorro de peles que fiz de um *shruggie* de coelho — um *shruggie* era uma espécie de bolero de peles —, cortando os braços e costurando as axilas.

Meu editor organizou minha primeiríssima sessão de autógrafos. Eu estava muito empolgada. Depois de tirar os ratos almiscarados e os coelhos, lá estaria eu, dentro da loja de departamentos Hudson's Bay Company, onde havia um calor confortável — só isto já era empolgante —, com filas de leitores ávidos e sorridentes esperando para comprar meu livro e ter minha garatuja nele.

O autógrafo seria dado em uma mesa colocada no Departamento de Meias e Roupas Íntimas Masculinas. Não entendi qual era a ideia por trás disso. Ali fiquei sentada, na hora do almoço, sorrindo, cercada de pilhas de um romance intitulado *A mulher comestível*. Homens de sobretudo, galochas, biqueiras de borracha, cachecóis e protetores de orelhas passavam por minha mesa, pretendendo comprar cuecas boxer. Olhavam para mim, depois para o título do meu romance. Eclodiu um pânico moderado. Houve o barulho de um estouro abafado enquanto dezenas de galochas e biqueiras de borracha iam rapidamente para o outro lado.

Vendi dois exemplares.

Período Médio

Nesta época eu tinha alcançado uma ou duas colheradas de notoriedade, o bastante para que meu editor nos EUA conseguisse me colocar em um *talk show* da TV americana. Era um programa vespertino, o que naquela época — talvez o final dos anos 1970? — significava variedades. Era o tipo de programa em que tocavam música pop, depois você devia passar com certa teatralidade por uma cortina de contas, carregando seu coala adestrado, ou seu arranjo japonês de flores, ou seu livro.

Esperei atrás da cortina de contas. Havia uma apresentação antes de mim. Era de um grupo da Associação de Colostomia, que falava de suas colostomias e de como usar a bolsa de colostomia.

Eu sabia que estava condenada. Nenhum livro podia ser mais atrativo do que uma colostomia. W. C. Fields certa vez jurou nunca dividir o palco com uma criança ou um cachorro; eu posso acrescentar, "Nunca entre depois da Associação de Colostomia". (Ou qualquer outra coisa que tenha relação com elementos corporais assustadores, como a técnica de remoção de manchas de vinho do Porto que uma vez me precedeu na Austrália.) O problema é que você perde todo interesse por si mesmo e sua dita "obra" — "Como você disse mesmo que era o seu nome? E nos fale da trama de seu livro, só em algumas frases, por favor" — de tão imerso que fica ao imaginar as complexidades horripilantes da... mas deixa pra lá.

Período Contemporâneo

Recentemente estive em um programa de TV no México. Desta vez eu era famosa, até onde os escritores podem ser, embora talvez não tão famosa no México como em outros lugares. Era aquele tipo de programa em que colocam maquiagem na sua cara e eu tinha cílios que se destacavam feito umas prateleiras pretas.

O entrevistador era um homem muito inteligente que tinha morado — por acaso — a algumas quadras de minha casa, em Toronto, quando era estudante e eu estava em outro lugar, sendo mortificada em meu primeiro lançamento em Edmonton. Passamos alegremente pela entrevista, conversando sobre as questões mundiais e coisa e tal, até que ele me fez a pergunta com F. A pergunta "Você se considera uma feminista?". Rebati a bola rapidamente por cima da rede ("As mulheres são seres humanos, não concorda?"), mas ele me pegou de surpresa. Eram os cílios: tão grossos que não avistei a pergunta chegando.

"Você se considera *feminina*?", perguntou ele.

Uma canadense gentil de meia-idade fica toda estranha quando ouve essa pergunta de um apresentador de *talk show* mexicano um pouco mais novo do que ela, ou pelo menos eu fiquei. "Como assim, na minha idade?", soltei. O que significa: *Antigamente, em 1969, costumavam me perguntar isso para me deixar mortificada como em Edmonton, mas depois de trinta e quatro anos eu não devia ter de continuar lidando com isso!* Mas com aqueles cílios, o que eu poderia esperar?

"Claro, por que não?", disse ele.

Contive-me e não disse a ele por que não. Eu não disse: *Meu deus do céu, eu tenho 63 anos e você ainda espera que eu use rosa com babados?* Eu não disse: *feminina ou felina, amigo? Grr, miau.* Eu não disse: *Esta é uma pergunta frívola.*

Batendo meus cílios, eu disse, "Você não deveria perguntar isso *a mim*. Deveria perguntar aos homens de minha vida". (Insinuando que havia uma horda deles.) "Assim como eu perguntaria às mulheres da *sua* vida se você é masculino. Elas me diriam a verdade."

Hora do comercial.

Alguns dias depois, ainda remoendo esse assunto, eu disse, em público, "Meus namorados ficaram carecas e gordos, depois morreram". Depois falei, "Isso daria um bom título para um conto". Depois me arrependi de ter dito as duas coisas.

Algumas mortificações, afinal, são autoinfligidas.

AGRADECIMENTOS

Meus agradecimentos a todos que contribuíram para este livro. A Phoebe Larmore, minha agente de um quarto de século; a Martha Sharpe e Adrienne Leahey da Anansi, que me convenceram de um jeito tão encantador; a Adrienne de novo, por ajudar a compilar este livro; a Gene Goldberg, que tem uma alma de 25 anos e anda de motocicleta; a Jen Osti, minha assistente, e Surya Bhattacharya, que ajudou a localizar as coisas, e a Coleen Quinn, que me manteve eficiente e funcional. Foram muitos, muitos editores com quem trabalhei ao longo dos anos: agradeço a todos vocês.

E a Graeme Gibson, que com tanta frequência e tão sensatamente dizia, "No seu lugar, eu não escreveria isso"; e a Jess Gibson, leitora constante, que às vezes consegue corrigir minha gíria.

Por fim, às quatro irlandesas no trem de Galway a Dublin, entreouvidas por mim enquanto conversavam sobre meus livros: "Os últimos foram meio longos", disseram. Logo depois disso, passei muito mal e fiquei o resto da viagem trancada no toalete — alguns de nós são sensíveis a críticas, ou talvez tenha sido o imprudente suco de cenoura —, mas eu gostaria que essas observadoras soubessem que levei suas críticas a sério. Alguns artigos deste livro são bem curtos. Então eu tentei.

CRÉDITOS

Gostaríamos de reconhecer as seguintes fontes do trabalho contido neste volume:

1. "Revisitando Dennis." *Descant*, nº 39 (inverno de 1982), pp. 13-15.
2. "Imaginando como é ser uma mulher." Resenha crítica de *The Witches of Eastwick*, de John Updike. *New York Times Book Review*, 13 de maio de 1984, pp. 1, 40.
3. "O feiticeiro como aprendiz." Resenha de *Difficult Loves*, de Italo Calvino. *New York Times Book Review*, 1º de outubro de 1984, p. 13.
4. "Margaret Atwood recorda Marian Engel." *Saturday Night*, vol. 100, n.º 8 (agosto de 1985), pp. 38-40.
5. "Introdução a *Roughing It in the Bush, Or, Life in Canada*, de Susanna Moodie" (Londres: Virago, 1986), pp. vii-xiv.
6. "Norte verdadeiro." *Saturday Night*, vol. 102, n.º 1 (janeiro de 1987), pp. 141-44, 146, 148.
7. "Assombrada por seus pesadelos." Resenha de *Amada*, de Toni Morrison. *New York Times Book Review*, 13 de setembro de 1987, pp. 1, 49-50.

8. "Posfácio para *A Jest of God*, de Margaret Laurence" (Toronto: M&S, 1988), pp. 211-15.
9. "Prefácio a *The Canadian Green Consumer Guide*", org. Pollution Probe Foundation, Warner Troyer e Glenys Moss (Toronto: M&S, 1989), pp. 2-3.
10. "Ótimas tias", em *Family Portraits: Remembrances by Twenty Distinguished Writers*, org. de Carolyn Anthony (Nova York: Doubleday, 1989).
11. "Leitura às cegas. Introdução a *The Best American Short Stories, 1989*", org. de Margaret Atwood e Shannon Ravenel (Nova York: Houghton, 1989), pp. xi-xxiii.
12. "A mulher pública como homem honorário." Resenha de *The Warrior Queens*, de Antonia Fraser. *Los Angeles Times Book Review*, 2 de abril de 1989, p. 3.
13. "Escrever utopia." Palestra inédita, 1989.
14. "Uma faca de dois gumes: O riso subversivo em dois contos de Thomas King", em *Native Writers and Canadian Writing*, org. de W. H. New (Vancouver: UBC Press, 1990), pp. 243-50.
15. "Nove começos", em *The Writer on Her Work, Volume 2*, org. de Janet Sternburg (Nova York: Norton, 1990, 2000), pp. 150-56.
16. "Um escravo da própria libertação." Resenha de *O general em seu labirinto*, de Gabriel García Márquez. *New York Times Book Review*, 16 de setembro de 1990, pp. 1, 30.
17. "Posfácio a *Anne de Green Gables*, de Lucy Maud Montgomery" (Toronto, M&S, 1992), pp. 331-36.
18. "Introdução a *The Poetry of Gwendolyn MacEwen: The Early Years*", org. de Margaret Atwood e Barry Callaghan (Toronto: Exile Editions, 1993) pp. vii-xii.

19. "Por que adoro *A noite do caçador*." Resenha de *The Night of the Hunter*, dir. Charles Laughton (1955). *The Guardian*, 19 de março de 1999, p. 12.
20. "A vilania de mãos maculadas: Problemas de mau comportamento feminino na criação da literatura." Palestra ministrada na Cheltenham Lecture Series, University of Gloucester, 8 de outubro de 1993.
21. "O visual grunge", em *Writing Away: The PEN Canada Travel Anthology*, org. de Constance Rooke. (Toronto: M&S, 1994), pp. 1-11.
22. "Nem tão Grimm assim: O poder permanente dos contos de fadas." Resenha de *Da fera à loira: Sobre contos de fadas e seus narradores*, de Marina Warner. *Los Angeles Times Book Review*, 29 de outubro de 1995, p. 1.
23. "A sobremesa farta de uma Carter insolente." Resenha de *Burning Your Boats: The Collected Short Stories*, de Angela Carter. *Globe and Mail*, 6 de abril de 1996, p. C18.
24. "*Um experimento de amor*", de Hilary Mantel. Resenha publicada no *New York Times Book Review*, 2 de junho de 1996, p. 11.
25. "Em busca de *Vulgo Grace*: Sobre a escrita de ficção histórica canadense." Palestra ministrada na Bronfman Lecture Series (Ottawa: novembro de 1996), no Smithsonian Institute (Washington: 11 de dezembro de 1996), na Chicago Library Foundation (6 de janeiro de 1997), no Oberlin College Friends of the Library (8 de fevereiro de 1997), na City Arts & Lectures (San Francisco: 5 de março de 1997). Reimpressa em *American Historical Review*, vol. 103, n.º 5 (dezembro de 1998), p. 1503 (1).
26. "Teatro da obra-prima." Resenha de *A astúcia cria o mundo: Trickster: Trapaça, mito e arte* e *The Gift: Imagination and the*

Erotic Life of Property, de Lewis Hyde. *Los Angeles Times Book Review*, 25 de janeiro de 1998, p. 7.

27. "O sublime desajeitado." *BorderCrossings*, vol. 19, n.º 4 (novembro de 2000), pp. 46-51.
28. "Mordecai Richler: 1931-2001: O Diógenes de Montreal." *Globe and Mail*, 4 de julho de 2001, pp. R1, R7.
29. Introdução a *Ela*, de H. Rider Haggard (Nova York: Random House, 2002), pp. xvii-xxiv.
30. "Quando o Afeganistão estava em paz." *New York Times Magazine*, 28 de outubro de 2001, p. 82.
31. "O homem misterioso." Resenha de *The Selected Letters of Dashiell Hammett, 1921-1960*, org. de Richard Layman e Julie Rivett; *Dashiell Hammett: A Daughter Remembers*, de Jo Hammett; e *Dashiell Hammett: Crime Stories & Other Writings*, org. de Steven Marcus. *New York Review of Books*, vol. 49, n.º 2 (14 de fevereiro de 2002), pp. 19-21.
32. "Dos mitos e dos homens." Resenha de *Atanarjuat: O corredor mais veloz*, dir. Zacharias Kunuk (2001). *Globe and Mail*, 13 de abril de 2002, p. R10.
33. "Polícia e bandido." Resenha de *Cassino Blues*, de Elmore Leonard. *New York Review of Books*, vol. 49, n.º 9 (23 de maio de 2002), pp. 21-23.
34. "Tiff e os animais." Palestra concedida em evento em memória de Timothy Findley, Universidade de Toronto, 29 de setembro de 2002.
35. "A mulher indelével." *The Guardian*, 7 de setembro de 2002.
36. "A rainha do quinkdom." Resenha de *The Birthday of the World and Other Stories*, de Ursula K. Le Guin. *New York Review of Books*, vol. 49, n.º 14 (26 de setembro de 2002).
37. Introdução a *Ground Works: Avant-Garde for Thee*, org. de Christian Bök (Toronto: Anansi, 2002), pp. ix-xv.

38. "A caixa errada: Matt Cohen, fabulismo e taxonomia crítica." Em *Uncommon Ground: A Celebration of Matt Cohen*, org. de Graeme Gibson, Wayne Grady, Dennis Lee e Priscila Uppal (Toronto: Knopf, 2002), pp. 66-82.
39. "Introdução a *Doutor Glas*", de Hjalmar Söderberg, trad. de Paul Britten Austin (Nova York: Anchor, 2002), pp. 5-10.
40. "Os dois maiores erros de Napoleão", em "Bonaparte to Bush: You'll Be Sorry". *Globe and Mail*, 1º de março de 2003, p. A17.
41. "Carta à América." *The Nation*, 14 de abril de 2003, pp. 22-23.
42. "A escrita de *Oryx e Crake*." Book-of-the-Month Club/Bookspan (janeiro de 2003).
43. "George Orwell: Algumas ligações pessoais." Palestra transmitida pela BBC Radio 3 em 13 de junho de 2003. Impressa como "Orwell and Me", *The Guardian*, 16 de junho de 2003.
44. "Argumentar contra o sorvete." Resenha de *Enough: Staying Human in an Engineered Age*, de Bill McKibben. *New York Review of Books*, 12 de junho de 2003, pp. 6, 8, 10.
45. "Jardins Vitorianos." Prefácio para *A Breath of Fresh Air: Celebrating Nature and School Gardens*, de Elise Houghton. (Toronto: Sumach Press, 2003), pp. 13-19.
46. "Carol Shields escreveu livros cheios de delícias", em "Lives & Letters: Carol Shields". *The Guardian*, 26 de julho de 2003, p. 28.
47. "Resistência ao véu: Relatos de uma revolução." Resenha de: *Persépolis*, de Marjane Satrapi; *Reading Lolita in Tehran: A Memoir in Books*, de Azar Nafisi; *The Bathhouse*, de Farnoosh Moshiri; *Shah of Shahs*, de Ryszard Kapuściński; *The Crisis of Islam: Holy War and Unholy Terror*, de Bernard Lewis; e *The Crusades Through Arab Eyes*, de Amin Maalouf. *The Walrus*, vol. 1, n.º 1 (outubro de 2003), pp. 86-89.

48. Introdução a *The Complete Stories, Volume 4*, de Morley Callaghan (Toronto: Exile Editions, 2003), pp. ix-xix.
49. "Ele brota eterno." Resenha de *Hope Dies Last: Keeping the Faith in Difficult Times*, de Studs Terkel. *New York Review of Books*, 6 de novembro de 2003, pp. 78-80.
50. "Rumo à ilha de Beechey", em *Solo: Writers on Pilgrimage*, org. de Katherine Govier (Toronto: M&S, 2004), pp. 201-16.
51. "Mortificação", em *Mortification: Writers' Stories of Their Public Shame*, org. de Robin Robertson (Londres: Fourth Estate, 2003), pp. 1-4.

Impressão e Acabamento:
BMF GRÁFICA E EDITORA